国外住房发展报告

FOREIGN HOUSING
DEVELOPMENT REPORT

倪 虹 主编

第 2 辑

2014

中国建筑工业出版社

图书在版编目（CIP）数据

国外住房发展报告/倪虹主编.—北京：中国建筑工业出版社，2014.10
ISBN 978-7-112-17339-6

Ⅰ.①国… Ⅱ.①倪… Ⅲ.①住宅经济-经济发展-研究报告-世界 Ⅳ.①F299.1

中国版本图书馆CIP数据核字（2014）第228561号

责任编辑：李东禧　张　华　陈仁杰
责任校对：姜小莲　张　颖

国外住房发展报告
倪虹　主编
*
中国建筑工业出版社出版、发行（北京西郊百万庄）
各地新华书店、建筑书店经销
北京锋尚制版有限公司制版
北京盛通印刷股份有限公司印刷
*
开本：787×1092毫米　1/16　印张：24¼　字数：510千字
2014年10月第一版　2014年10月第一次印刷
定价：118.00元
ISBN 978-7-112-17339-6
（26108）

版权所有　翻印必究
如有印装质量问题，可寄本社退换
（邮政编码　100037）

主　　编： 倪　虹

执行主编： 石荣珺　沈綵文　李　宏　熊衍仁　王学东

参编人员： 郑　丹　陈　瑛　谢丽宇　蒋　蓓　戴震青

　　　　　　　温　禾　王国田　田　峰　王晓睿　陈千山

　　　　　　　戴　煊　汪　涵

序 言

住房是重要的民生问题，也是重要的经济和社会问题。改革开放以来，我国城镇住房建设快速发展，居民居住条件明显改善，城镇住房制度改革取得了很大成效。

当前，我国正处在全面建设小康社会的关键时期和深化改革开放、加快转变经济发展方式的攻坚时期，住房发展面临着很多新情况、新问题，住房领域的一些深层次矛盾也逐渐暴露出来。解决这些问题，既需要立足我国国情，也需要继续放眼世界，看看其他国家、地区曾经走过的和正在走的道路。住房发展是有规律可循的，汲取他们在解决住房问题方面的经验，避免他们走过的一些弯路，对完善我国住房政策体系大有裨益。

目前，国内系统性介绍国外住房发展情况的基础数据资料比较少且碎片化，作为全国住房制度改革工作的行政主管部门，我们深感有责任来推进这项基础性工作。初步计划是：每年出版一本报告，系统地介绍国外、境外住房建设发展状况，积累储备国外住房建设发展的详细数据，发挥"年鉴式"的信息工具作用，总结他们解决住房问题的经验教训和政策演进路径，为住房领域的研究者和政策制定者提供参考。2012年，住房和城乡建设部住房改革与发展司委托中国建设科技集团（原中国建筑设计研究院）亚太建设科技信息研究院开展了"国外住房发展与政策"课题研究。同时计划在课题研究成果的基础上每年出版一本书，重点介绍美国、英国、德国、法国、俄罗斯、日本、新加坡、印度、巴西、南非等10个国家的住房建设发展情况，并视情况增加其他一些国家和地区的情况介绍。

我诚挚地希望关心我国住房发展的高等院校、科研院所及相关研究人员对报告提出意见和建议，并提供新的资料和信息，使我们今后的报告越来越完善，为促进住房事业科学发展贡献力量。

倪红
2014年9月

前 言

本书是中国建设科技集团（原中国建筑设计研究院）亚太建设科技信息研究院接受住房和城乡建设部住房改革与发展司委托开展的课题研究成果。本成果以2013年完成的课题成果为基础，在结构上做了一些调整，补充了最新数据，对公共住房政策及其技术支撑体系作了更为全面的阐述，同时作为附录增添了我国香港、澳门和台湾的住房发展与政策研究。本书由倪虹主编，石荣珺、沈绥文、李宏、熊衍仁、王学东为执行主编，参加本课题主研人员有郑丹、陈瑛、谢丽宇、蒋蓓、戴震青、温禾、王国田、田峰、王晓睿、陈干山、戴煊、汪涵等。

在本书的成稿过程中，住房和城乡建设部住房改革与发展司给予了具体指导，同时一些高校和科研单位相关专家也给予了大力支持，特此表示感谢。

本书涉及面较广，资料搜集难度较大，且限于水平，成果中错误与不当之处在所难免，恳请读者批评指正。

编者
2014年5月26日

目录

序言

前言

第一部分 | 综述篇

1 国外住房发展综述 ········· 002

 1.1 城市化与住房发展 ········· 002
 1.2 住房投资与建设 ········· 003
 1.3 住房现状 ········· 006
 1.4 住房金融与税制 ········· 006
 1.5 住房市场 ········· 009
 1.6 住房管理体制 ········· 012
 1.7 住房法律法规体系建设 ········· 013
 主要参考文献 ········· 013

2 国外公共住房发展政策 ········· 015

 2.1 法律法规先行 ········· 015
 2.2 重视调查、计划和预测 ········· 016
 2.3 住房保障方式和发展趋势 ········· 017
 2.4 选择适合国情的公共住房供应执行机构 ········· 020
 2.5 调动一切社会力量和资源解决"住有所居"问题 ········· 020
 2.6 实施贫民窟治理 ········· 023
 2.7 加强公共住房维护管理 ········· 025

2.8　公共住房的可持续发展 ·································· 027
　　主要参考文献 ·· 027

3　公共住房发展的技术支撑体系 ·································· 028

　　3.1　住区规划 ·· 028
　　3.2　住房设计 ·· 030
　　3.3　住宅产业工业化 ·· 031
　　3.4　可持续发展技术与评价 ·· 033
　　主要参考文献 ·· 034

第二部分 ｜ 国家篇

1　法国 ··· 036

　　1.1　住房基本情况 ·· 036
　　1.2　社会住房状况 ·· 038
　　1.3　住房建设量 ·· 041
　　1.4　住房管理机构 ·· 043
　　1.5　"公共住房"与"社会住房"发展 ······························ 043
　　1.6　住房补贴与税收 ·· 047
　　1.7　住房可持续发展 ·· 053
　　主要参考文献 ·· 057

2　德国 ··· 058

　　2.1　住房现状 ·· 058

2.2 住房建设与需求 ·· 062

　　2.3 住房发展管理体制 ·· 065

　　2.4 住房立法与政策 ·· 067

　　2.5 公共住房供应 ·· 071

　　2.6 住房价格、消费与金融 ······································ 072

　　2.7 住房可持续发展 ·· 076

　　主要参考文献 ·· 080

3 俄罗斯 ·· **081**

　　3.1 住房基本情况 ·· 081

　　3.2 住房投资与建设 ·· 084

　　3.3 管理体制 ·· 087

　　3.4 住房制度改革 ·· 088

　　3.5 住房的可持续发展 ·· 092

　　主要参考文献 ·· 098

4 英国 ·· **099**

　　4.1 住房现状 ·· 099

　　4.2 住房建设与标准 ·· 106

　　4.3 住房发展管理体制 ·· 107

　　4.4 住房政策 ·· 109

　　4.5 家庭住房负担率与住房价格 ······························ 117

　　4.6 住房金融与税制 ·· 119

　　4.7 住房的可持续发展 ·· 123

　　主要参考文献 ·· 129

5 巴西 ·· **131**

　　5.1 住房基本情况 ·· 131

　　5.2 城市住房管理部门 ·· 134

  5.3 城市低收入阶层住房建设与改造的措施 …………………………………… 135

  主要参考文献 ……………………………………………………………………… 140

6 美国 …………………………………………………………………………… 141

  6.1 住房基本情况 …………………………………………………………………… 141

  6.2 住房投资与建设 ………………………………………………………………… 148

  6.3 住房建设管理体制 ……………………………………………………………… 150

  6.4 公共住房政策 …………………………………………………………………… 152

  6.5 住房金融与税制 ………………………………………………………………… 157

  6.6 住房可持续发展 ………………………………………………………………… 161

  主要参考文献 ……………………………………………………………………… 166

7 印度 …………………………………………………………………………… 168

  7.1 住房基本情况 …………………………………………………………………… 169

  7.2 住房建设与标准 ………………………………………………………………… 177

  7.3 住房发展管理机构 ……………………………………………………………… 178

  7.4 住房政策 ………………………………………………………………………… 180

  7.5 住房市场及消费 ………………………………………………………………… 183

  7.6 住房金融机构 …………………………………………………………………… 185

  主要参考文献 ……………………………………………………………………… 187

8 日本 …………………………………………………………………………… 188

  8.1 住房基本情况 …………………………………………………………………… 188

  8.2 住房建设 ………………………………………………………………………… 193

  8.3 住房建设管理体制 ……………………………………………………………… 196

  8.4 住房政策沿革 …………………………………………………………………… 198

  8.5 住房消费 ………………………………………………………………………… 205

  8.6 住房金融与税制 ………………………………………………………………… 206

  8.7 住房的可持续发展 ……………………………………………………………… 208

主要参考文献 ··· 213

9　新加坡 ·· 214

　　9.1　住房基本情况 ··· 214
　　9.2　住房建设 ··· 219
　　9.3　住房发展管理体制 ··· 223
　　9.4　住房政策 ··· 223
　　9.5　住房金融与税制 ·· 228
　　9.6　住房可持续发展 ·· 230
　　主要参考文献 ··· 233

10　南非 ·· 234

　　10.1　住房基本情况 ··· 234
　　10.2　住房建设与标准 ·· 239
　　10.3　住房政策与立法 ·· 242
　　10.4　设立多层次的住房保障机构 ·· 246
　　10.5　住房金融与税制 ·· 249
　　10.6　住房可持续建筑原则 ·· 252
　　主要参考文献 ··· 253

第三部分　｜　统计篇

1　经济与社会发展 ··· 256

　　1.1　国内生产总值 ··· 256
　　1.2　国民收入与生活消费水平 ··· 257
　　1.3　国土面积与人口 ·· 261
　　1.4　城市化与人口老龄化 ··· 263

2 住房建设投资与建设量 ... 266

2.1 住房投资情况 ... 266

2.2 住宅相关产业的生产诱发效果 ... 269

2.3 新建住房量 ... 269

3 现有住房状况与标准 ... 271

3.1 住房存量与自有率 ... 271

3.2 现有住房平均面积 ... 275

3.3 住房使用与满意度 ... 276

3.4 住房标准 ... 279

4 公共住房 ... 281

4.1 社会住房量与支出 ... 281

4.2 公共住房经济政策 ... 283

5 住房家庭负担能力与市场 ... 290

5.1 住房负担能力 ... 290

5.2 住房市场及调控 ... 300

6 住房金融 ... 305

6.1 住房融资 ... 305

6.2 住房消费信贷 ... 306

6.3 住房财税政策与基金制度 ... 308

7 住房可持续发展 ... 312

7.1 住房维修与管理 ... 312

7.2 住宅可持续性认定与评价标准 ... 316

附 录

1 香港 ... 328
1.1 住房基本情况 ... 328
1.2 公共住房类别 ... 333
1.3 公共住房政策 ... 333
1.4 住房管理机构及其职能 ... 339
1.5 屋邨管理与维修 ... 340
1.6 屋邨规划设计 ... 342
主要参考文献 ... 344

2 澳门 ... 345
2.1 住房现状 ... 345
2.2 住房建设 ... 348
2.3 住房交易价格 ... 351
2.4 住房管理机构 ... 352
2.5 住房政策 ... 353
2.6 可持续发展规划 ... 355
主要参考文献 ... 358

3 台湾 ... 360
3.1 住房基本情况 ... 360
3.2 管理与研究机构 ... 364
3.3 "国民住宅"及其政策措施 ... 366
3.4 住房市场 ... 371
3.5 绿色建筑 ... 371
主要参考文献 ... 374

第一部分 | 综述篇

1　国外住房发展综述
2　国外公共住房发展政策
3　公共住房发展的技术支撑体系

1 国外住房发展综述

住房是人类生存和发展的最基本的物质条件。世界各国都毫无例外地要长期面对和解决居民居住问题。

欧美经济发达国家,在解决居住问题上走过了几十年上百年的历程。从他们的住房发展轨迹看,大致经历了20世纪70年代以前的住房数量发展阶段(解决住房有无问题),70~80年代的住房数量、质量并重阶段和80年代后的重视质量和环境阶段。目前,一些经济发达国家的住房发展正处在第三个发展阶段,虽然,住房短缺问题得到缓解,但随着经济、社会的发展和居民生活水平的提高,以及人口与家庭结构的变化,不断产生新的居住需求,住房新建与改造仍保持在一定水平。发展中国家经济社会发展水平参差不齐,除少数经济基础较好的国家外,多数国家受经济社会发展水平制约,大规模住房建设起步较晚,均不同程度地存在住房短缺问题,面临着同时解决住房数量、质量和环境问题的三重任务。

1.1 城市化与住房发展

城市化进程是影响住房发展的重要因素。城市化进程快速推进时期,住房建设规模呈现快速增长态势。日本在1955~1973年期间,城市化率从56%提高到72%左右(年均约提高1个百分点),住房建设量从25.7万套提高到191万套峰值,以后建设量平稳并缓慢有所下降。韩国在1980~1990年期间,城市化率从57%提高到74%(年均提高1.7个百分点),年住房建设量1988年前还不足30万套,到1990年增长到75万套,以后住房建设量逐步回落并基本保持在40万套上下水平。原西德大部分住房是在第二次世界大战以后建成的。20世纪五六十年代,住房快速发展,到1973年,住房建设量达到71.42万套顶峰,这时对应的城市化率大约在72%左右。我国台湾地区也经历了一段经济高速增长时期(1960~1995年),其间住房建设量快速增长,到1995年,台湾地区住房建设量达到峰值,对应的城市化率为67.4%。

美国和英国在20世纪后住房建设量与城市化的关系不像后起的日本、韩国、原西德和我国台湾这样明显。主要是由于其较早完成工业化,达到了城市化高峰,如:英国1870年城市化率就接近35%，1900年已经达到了77%，以后在两次世界大战的影响下，建设量没有随城镇化水平明显增加。

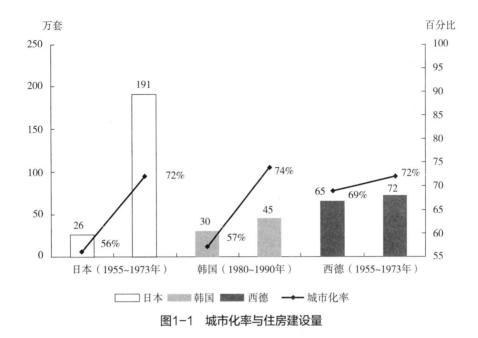

图1-1　城市化率与住房建设量

从日本、韩国、原西德、我国台湾以及美国、英国住房发展情况看，住房建设量快速增长的拐点大致位于城市化率70%左右（日本是72%，韩国是74%，原西德是72%，英国77%，我国台湾是67.4%），以后住房发展趋于平缓。

1.2　住房投资与建设

1.2.1　住房投资

第二次世界大战后，随着经济的恢复和发展，住房建设投资不断增长，但据联合国对世界70多个国家的调查表明，各国住房建设投资占国内生产总值（GDP）的比例大致在3%～8%之间。

日本20世纪50年代平均约为4%，60年代平均约为6%，1973年最高达到8.7%，以后随着住房问题的缓和而逐渐有所下降，2011年为3.0%。法国住房投资占国内生产总值比例的走向与日本近似，20世纪70年代大体在6%～7%之间，80年代大体在5%～6%之间，2001年为4.2%，以后又回升到6%左右。美国和英国，20世纪70年代以后住房投资比例比较稳定，在3%～5%之间波动，并略有下降趋势。韩国住房投资占国民生产总值（GNP）的比例，60年代较低，在1.3%～2.7%之间，70年代上升到6%，1978年最高达到6.8%，以后保持在4%～5%之间。

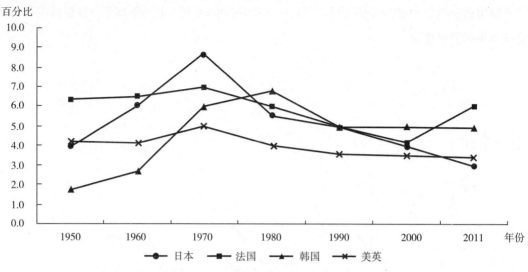

图1-2 住房建设投资占国内生产总值比例

住房建设投资在固定资产形成总额中所占比例也是国外统计的一项指标。该指标一般在20%~30%之间。德国1984年曾达到31.7%，英国1979年最低为16.5%。韩国20世纪80年代下半期大体在16%左右，日本20世纪80年代后至今，一般在15%~21%之间，2011年为14.4%。

1.2.2 住房建设与标准

在住房建设方面，除英国、意大利外，多数经济发达国家都曾出现过一段建设高潮期，每1000居民住房建设量在10套以上。目前，在质量提高阶段，住房建设量在研究的十国中除日本稍高外，一般在2~6套之间。日本在1972年曾达到最高值17.6套之后逐步下降，到2000年为9.7套，2006年为10.1套，2012年为6.9套。美国20世纪50年代平均为10套，1950年曾达到12.82套，近十年来一般在4~6套之间，2000年为5.5套，2006年为5.9套，2011年为2.1套。原联邦德国1960~1974年的十五年间每1 000居民住房建设量平均10套，1991年为3.93套，2002年为3.6套，2007年为2.4套。法国1970~1975年六年间平均近10套，最高达到10.9套，1991年为5.4套，2000年为6.37套，2007年为6.7套，2011年为5.5套。

从各国住房建设标准看，主要有面积标准、功能标准和居住环境标准。

（1）面积标准

经济发达国家大多经历了从不断扩大住房面积到逐步回落至更加合理区间的发展过程。20世纪70年代下半期到80年代初，随着经济的发展和居民消费水平的提高，一些国家新建住房套均建筑面积不断上扬。但80年代前半期以后，随着世界范围内对可持续发展理念的普遍认同以及住房消费理念的更加理性化，各国的住房套均建筑面积渐渐回归到一个更加适宜的区间，即100m²左右。

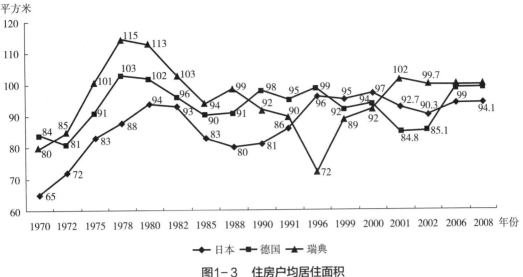

图1-3 住房户均居住面积

美国新建住宅多为民间住宅，面积历来较大，但近二十年来也基本保持在160~190m²之间。瑞典在20世纪70年代末新建住房的平均建筑面积曾上升到115m²，但1994年前后曾一度回落到72m²，2002年便回升到99.7m²，以后基本稳定。德国在20世纪70年代末新建住房的平均建筑面积曾达到103m²，但到2002年回落到最低85.1m²，2006年又升至99.0m²。日本于20世纪80年代初和90年代末出现了两个高峰，超过了95m²，但到1988年回落最低点80.0m²，2012年略升为88.9m²。数据说明，各国并不是一味在追求面积的单纯增大或减小，而是寻求在更好功能和更高舒适度条件下的适宜面积。

一些经济实力有限，住房短缺的国家，新建住房面积较小，目前逐年有所提高，但都不超过90m²，如波兰、罗马尼亚等东欧国家一般在50~80m²之间。

就一个国家而言，自有住房、出租住房和出售住房（商品房）在面积上也是有区别的，一般来说自有住房面积最大。以日本为例，2010年新建住房每套平均面积为90.2m²，而自有住房为125.9m²，出租住房50.4m²，单位出租住房69.5m²，出售住房93.8m²。

（2）功能标准

20世纪七八十年代后，经济发达国家从节约能源和可持续发展角度出发对住房功能不断提出新的要求。以日本为例，住宅都市整备公团所设计的住房每隔几年就提高一次性能标准。1973年提出对防水、隔热、隔声、换气、耐久性、安全性等要求，1981年增加了对内外装修和材料性能的要求，1993年又增加了对节能、维修性等方面的要求。日本居住生活基本计划（2006~2015年）规定：住房功能标准包括抗震性、防火性、防盗性、耐久性、维修管理的方便性、保温性、室内空气环境、采光、隔声、高龄人的方便性等多方面的要求。

（3）环境标准

无论是经济发达国家还是发展中国家，都不同程度地对居住环境提出了要求。日本居住生活基本计划提出了四个方面的居住环境要求：① 安全性（地震、火灾和自然灾害的安全性，日常生活的安全性，防止环境障碍）；② 美观（绿化、街景等）；③ 可持续性（周边的可持续性，环境负荷）；④ 日常生活的方便性（高龄人、抚养儿童家庭的方便性、无障碍设施等）。此外，一些国家以"可持续发展为目标"提出了本国的可持续建筑评价标准，对建筑整体的环境表现进行综合评价，如英国的BREEAM、美国的LEED、日本的CASBEE、加拿大的GBTOOL等。

1.3 住房现状

（1）**居住水平**。目前，经济发达国家在住房套数与家庭数量之比都超过了1，也就是说住房套数超过家庭数。到20世纪末，法国为1.21、日本为1.15、美国为1.11、英国为1.03、德国为1.00。

人均住房面积。经济发达国家人均住房面积大致在35~60m^{2}之间，日本为37.3m^2（2008年），美国为62.3m^2（2011年），英国为39.2m^2（2010年），德国为46.1m^2（2010年），法国为44.0m^2（2006年），俄罗斯为23.4m^2（2012年）。

（2）**住房构成**。按产权结构划分，经济发达国家的自有住房约占40%~70%，美国、英国较高，占68%~70%；出租住房约占30%~60%，德国较高，近60%。

从房龄构成看，经济发达国家在20世纪70年代和70年代以前建成的住房一般占全国住房存量的一半以上，面临住房维修与改造问题。

1.4 住房金融与税制

1.4.1 住房金融

住房金融就是要通过资金筹集和运用，为住房生产和居民家庭住房消费提供长期、稳定、充足的资金。一些经济发达国家都分别依据各自的情况建立了适合本国条件的住房金融制度。为了对各国金融制度进行比较，现从金融机构设置、融资模式两个方面进行归纳和分析。

（1）**住房金融机构**

① 以商业银行为主的金融机构。这种金融机构是与商业性住房抵押贷款制度相对应的，以美国最为典型。在美国的房地产金融体系中，私人和民间机构占主体地位，而多种政府机

构也发挥了重要的调节、扶持作用。商业银行与储蓄信贷协会、互助储蓄银行、抵押联营机构等多种私人金融机构形成了发放抵押信贷的主体。美国是目前世界上商业银行开展住房金融业务最发达的国家。据统计，美国大约有1500家商业银行机构，这些银行机构大多是通过抵押的方式发放住房贷款，并且这种贷款在各家商业银行的抵押贷款业务中都占有相当的份额。从美国各金融机构在住房抵押贷款业务的份额来看，商业银行的市场占有率呈上升的趋势，而政府通过其所属或资助的机构（如联邦国民抵押协会、政府国民抵押协会、联邦住房抵押贷款公司等）直接参与和调控抵押信贷二级市场的运行[①]。此外，联邦住房管理局和退伍军人管理局等政府机构通过对抵押信贷提供担保也发挥了积极的作用。

② 互助合作专业住房金融机构。这种金融机构是互助储蓄式的房地产金融制度下的一种组织形式。以较典型的德国为例，德国的住房金融体系是以中央银行为核心，国营、私营、合作银行并存的多渠道融资体系。参与住房金融业务的有住房储蓄机构（住房储蓄银行）、抵押银行、商业银行、保险公司等，其中住房储蓄银行、抵押银行和建房互助储金信贷社占全国房地产金融业务的60%以上。建房互助储蓄信贷社在政府奖励基金的帮助下，依靠契约储蓄，融通了大量的资金，并在住宅产业的发展中发挥了相当重要的作用。

③ 政府公营的专业政策性住房金融机构。它是强制性储蓄的房地产金融制度下的产物，以新加坡最为典型。中央公积金是新加坡最主要的房地产融资机构。新加坡居民购房资金主要来自中央公积金（其次是邮政储蓄银行），它负责两项业务：一是面向中上层收入者发放贷款购买高级住房，另一项是对公务员和法定机构雇员发放住房贷款。开展住房金融业务的除建屋发展局、中央公积金局、邮政储蓄银行外，还有其他商业银行、财务公司、开发银行、契约基金等机构。

④ 混合型住房融资机构。这种类型融资的特点是民间与官方相互结合，民间金融机构在住房信贷方面非常活跃，而官方金融机构起着重要作用。以日本最为典型。日本在战后初期，由于住房资金不足，政府采取了特殊措施，建立住宅金融公库（特殊法人），长期以来，其贷款额占住房贷款总余额的1/3，同时，私人金融机构运用金融手段广泛融资，从而开拓了介于欧美型和基金信贷型之间的混合型融资方式，有力地促进了日本住房产业的发展。

（2）主要融资模式

① 抵押贷款模式。抵押贷款模式的典型代表是美国，在其政府的引导下已形成了一个比

[①] 联邦国民抵押协会和联邦住房抵押贷款公司是引发2008年金融危机的主要力量之一，由于担心其破产对美国金融市场和整体经济造成严重冲击，2008年7月13日联邦储备银行和财政部宣布了援救"两房"的计划。9月7日，美国财政部长保尔森和联邦住房金融局局长詹姆斯·洛克哈特在新闻发布会上宣布，美国政府接管陷入困境的这两大住房抵押贷款融资机构。2014年3月11日，美国参议院高层领导人与白宫达成了一项框架协议，将逐步关闭这两家抵押贷款巨头。

较完善的住房抵押市场和住房金融体系，即形成了一个由一级市场（发放抵押贷款市场）和二级市场（抵押贷款证券化市场）相互衔接的两级市场体系。美国大规模的住房抵押贷款基本上由各种私人金融机构自发、自主经营的。美国除了大规模的一级市场外，另一个最显著的特点是，它打开了一级市场和二级市场的通道，并拥有一个高度发达的二级市场。

② 合同储蓄模式。德国是合同储蓄模式的典型代表，是由参与者与专门的机构签订存贷契约，在银行存款达到一定的时期和数额后，储户就可以从储蓄银行得到优惠贷款。通常，需要购房的居民与储蓄银行签订契约以后，按合同每月存入储蓄合同额的50%后，住房银行就把合同额贷给储户，贷款按月以固定金额偿还。德国政府还设立了许多种奖励政策和多种税收减免或优惠政策。

③ 公积金模式。新加坡最为典型，他们成功利用公积金制度实现了"居者有其屋"的目标。

④ 混合融资模式。日本的住房金融按资金来源可分为官方融资和民间贷款两大类。其中官方融资即由中央政府、地方政府以及自治团体所提供的住房投融资，在整个住房金融体系中发挥着巨大的作用。日本的民间金融机构在住房信贷方面也非常活跃，提供众多的符合市场要求的产品。这样民间和官方相互结合，较好地满足了日本住宅产业（包括公共住房）的资金需求，极大地促进了日本住房产业的发展和住房政策目标的实现。

1.4.2 房地产税制

国外房地产税收体系大致包括以下三个税种：

① 房地产保有税：是对拥有房地产所有权的所有人或占有人征收，一般以土地、房产和房地合一的房地产存在形态来设置。

② 房地产取得税：是对取得土地、房屋所有权的人课征的税收，一般以房地产取得的方式而设置。

③ 房地产所得税：是对房地产或土地在经营、交易过程中，就其所得或增值收益课征的税收。

虽然各国的税制不同，但其在完善和发展过程中形成了以下共同的特点：

① 地产税收主要划归地方。凡实行中央与地方分享税制的发达国家，房地产税收基本划归地方，构成地方税收的主体税种。房地产税一般要占到地方财政收入的50%~80%，这样一种税收格局使地方政府的税收机制进入"良性循环"。20世纪90年代后，国外房地产税收有两个明显特点：一是房地产税收增幅高于总额的增长；二是房地产税收作为地方政府财政收入的主体税源地位日益加强。

② 房地产保有环节征税。从税收的分布结构来看，国外重视对房地产保有环节的征税，而针对房地产权属转让的税收则相对较少。以英国为例，直接来自于房地产转让的税收仅占

全国总税收的1%~2%，而来自房地产保有环节的不动产税，约占总税收的30%。这样极大地促进了不动产的流动，繁荣了房地产市场，推动了房地产要素的优化配置。

③ 宽税基、少税种、低税率"原则。宽税基，即对除公共、宗教、慈善等机构的不动产实行免征外，其余的不动产所有者或占有者均为纳税对象，这就为稳定充足的房地产收入提供了物质基础；少税种，即国外设置的有关房地产的税种较少，一方面可以避免因税种复杂而导致重复征税现象的发生，另一方面又可以降低税收征管成本，提高税收效率；低税率，即主体税种的税率一般较低，总体税收负担水平也较低，既降低了税收征管阻力，又有效推动房地产市场的发展。

④ 税率地方自行决定。各地方政府大多可根据本地需要自行决定各税种的具体税率，其程序一般是由税务当局每年确定本地区的不动产总估定价值量，然后匡算出地方财政支出同不动产税收入以外的其他收入之间的差额，以确定应收不动产税总额，再依据应收不动产税总额和不动产估定价值之间的比例确定当年不动产税税率。

⑤ 完善的房地产税法。各国政府历来高度重视房地产税收的立法，普遍制定了一套规范、严谨可行的税法体系。如：日本制定了60多个房地产相关法规，且其税法条文规定得很具体，可操作性极强，基本上可杜绝逃、漏税现象。另外，各国严厉打击逃、漏税等行为，如：美国对未按期纳税者处以罚款外，还按法定利率加计利息，并有留置财产权的规定。英国若房屋纳税人不按时申报或提供了虚假资料，不仅受到罚款处罚，而且还将剥夺其选举权。

1.5 住房市场

1.5.1 把握住房价格的合理水平

住房价格是否保持在合理水平，无论对改善居民居住条件，还是对房地产行业的持续健康发展，都具有重要意义。为把握住房价格合理水平，许多国家在积累历史数据的基础上，进行本国的纵向对比，同时也进行一些本国与其他国家的横向对比。从国外经验看，在判断房价的合理水平方面，主要有五类指标。

（1）房价收入比

房价收入比计算简单、涵义直观，是目前大多数国家和国际组织进行住房支付能力评价时所采用的一项指标。联合国对房价收入比的定义是住房市场价格的中位数和家庭年收入的中位数之间的比值。世界银行的定义是住房市场价格的平均数和家庭年收入的平均数之间的比值。世界银行对一些国家考察后得出的结论：一套住房的平均价格应保持在一般居民家庭年平均收入的3~6倍水平，高于6倍，则居民难以承受。

据日本统计资料，美国房价收入比为4.49（2010年），英国为5.14（2009年），德国为3.48（2006年），日本为5.53（2012年）。

（2）住房可支付能力

国际普查机构Demographia将住房支付能力（总房价中间值／家庭税前年总收入中间值）分为四类：房价为收入的3倍及以下为"可负担"，4倍或以下为"中度不可负担"，5倍或以下为"较严重不可负担"，超过5倍为"严重不可负担"。该机构对一些国家的城市进行了九次调查。第九次调查表明，被调查的337个城市中，严重不可负担的有75个，其中在澳大利亚被调查的39个城市中，严重不可负担的有30个；在加拿大被调查的35个城市中，严重不可负担的有6个；在新西兰被调查的8城市中，严重不可负担的有5个；在英国被调查的33城市中，严重不可负担的有17个；在美国被调查的216城市中，严重不可负担的有16个。

（3）可支付性指数

美国国家房地产经纪人协会（National Association of Realtors, NAR）推出住房可支付性指数（Housing Affordability Index HAI），它是国外房地产市场用以评价居民住房支付能力的成熟指标。

NAR规定，住房按揭贷款申请资格年收入是年付的4倍以上，或者说月付不得超过月收入的25%，此时才有资格申请按揭贷款，才被认为是有支付能力的。住房支付能力指数就是当地中间值水平的家庭收入与中间价位住房按揭申请资格收入水平之比。指数为100说明处于中间值水平家庭收入相当于按揭申请资格收入水平。指数越高，支付能力越强。

（4）住房机会指数

美国住房建造者协会（National Association of Home Builders, NAHB）推出住房机会指数（Housing Opportunity Index HOI）：该指数是指当地出售的住房有多少比例是中间收入水平家庭所能支付得起的。美国住房建造者协会按照10%首付和30年期限的贷款标准来计算按揭月付，然后计算每月住房支出，不仅包括按揭月付也包括不动产税和住房保险。NAHB认为，只有每月住房支付低于月家庭总收入的28%，才是有支付能力的。

（5）房价租金比

一般是指每平方米的月租金与每平方米房价之间的比值。国外通常认为应在1:200到1:300之间。英国伦敦高档地段房价为34250美元/m^2，120m^2公寓住房租金为12989美元/套（即108.24美元/m^2），房价租金比为224；美国纽约中心区房价为16933美元/m^2，120m^2公寓住房租金为7976美元/套（即66.5美元/m^2），房价租金比为239.6。按此方法计算，俄罗斯莫斯科的房价租金比为229.4，法国巴黎为298.6，日本东京为255.8。

1.5.2 市场调控与管理

住房是民生保障的主要问题，世界各国为了保障人们的住房需求，建立稳定的住房市场，都采取了相应的措施，并且取得了一定的效果。各国为稳定住房市场所采取的措施可分为三大类：

① 加大住房供应，改善供应结构。近年来，俄罗斯增加经济型住房建设，对遏制房价过快上涨发挥了重要作用。新加坡80%左右的人居住在政府组屋，既改善了住房供应结构，又解决了大部分国民的住房问题。日本也很重视调节住房供应结构，并将增加中小户型普通商品房供应作为平抑房价的一项措施。韩国加快公寓住房建设，较好地满足了中低收入者的住房需求，又由于公寓住房价格受到政府的适度调控，也有利于降低平均房价。美国、英国、德国、法国等国也都曾采取过类似的措施。

② 利用利率杠杆抑制房地产泡沫，稳定房价。美国通过利率对住房市场进行了有效的调节。在经济遭受周期性衰退和"9·11"事件后，美联储从2001年初开始13次降息，并一度将利率维持在1%长达一年。在美联储多次降息后，住房抵押贷款利率降到30多年来的最低水平，极大地刺激了人们的购房热情，截至2005年底，美国住房销售量连续五年创下历史最高。随后，为了控制通货膨胀和防止住房市场泡沫化，美联储又曾连续两年17次提息，导致从2005年底开始出现调整，住房市场明显降温。

墨西哥政府充分利用差别利率杠杆来调节住房结构。墨西哥银行和全国性抵押贷款机构根据房屋预定售价制定阶梯式贷款利率，房价越高，贷款利率就越高，以此抑制高价房的开发；而对于中低价位的房地产项目，则以低于市场利率2%的水平为开发商提供贷款，以此增加中低价位住房的供应。

③ 加大房地产税收力度抑制房地产投机。税收是调节国民收入分配的重要工具。加大房地产在占有、使用、交易、持有各环节特别是非自用住宅交易的税收力度，能有效地抑制房地产投机。从1999年至2006年，法国平均房价上涨了43%，虽然涨幅并不太高，但"房地产市场存在泡沫"的言论仍不绝于耳。为有效抑制房地产投机行为，购房者除缴纳高额地皮税外，还需支付住房税或空房税，以致长期以来法国人并不把房地产市场视为投资或财产保值增值的重要领域。

韩国采取紧缩按揭和税收措施。为抑制房价，2006年的"11·15对策"规定金融机构提供住房贷款的额度不能超过房屋实际市场价格的40%。2006年一年之内央行三次提息。2006年11月23日韩国央行将一年期以下存款储备金率从5%提高到7%，同时将长期存款准备金率从1%下调至0。为抑制房产投机，韩国政府2006年4月将转让第二套以上住房的收益所得税再次提高到50%，以打压炒房投机的收益。对拥有3套以上住房的居民户转让房地产课以60%的高转让税；对那些在全国拥有公寓累计价值在9亿韩元以上的个人，将征收1%~4%

的房屋拥有税、财产税、综合地产税；对多套住房拥有者进行税务调查，对因房地产投机得来的利润课以重税。

1.6 住房管理体制

建立行之有效的住房管理体制是促进住房发展的关键。从各国住房管理体制看，一般可较清晰地看出三个层次：决策协调机构、管理实施机构和咨询服务机构。

1.6.1 决策协调机构

为了制定住房政策和长期发展计划，协调物资、资金、劳动力分配等，各国都设立了高层次的决策协调机构。日本于1949年成立的建设省（2001年后为国土交通省）是其住宅建设的中央管理机构，对住宅建设实行资金、计划、政策、法令、设计、生产、技术一体化管理的体制，大大强化了对住宅事业的综合有效管理。新加坡于1959年成立的国家发展部是主管城市规划、市政建设、住宅发展、公共工程和其他城市建设的主管部门，负责制定长远规划和政策。德国的交通建设和城市发展部、美国的住房与城市发展部、印度的城市发展部、南非的住房部等都是与住房发展相关的主管部门。

1.6.2 管理实施机构

除少数国家外，政府决策协调机构一般不直接参与住房建设。一些国家在决策机构之下设立住房建设执行机构，主要实施公共住房计划，以解决低收入阶层的住房问题。各国公共住房计划具体实施机构主要表现为国有住房公司和民间非营利组织两类。英国在20世纪六七十年代以后，公共住房建设与管理主要由接受政府补贴和税收优惠的住房协会、建房社团等私有或非营利民间企业为主。日本政府1955年成立住宅公团（1981年后改为住宅·都市整备公团），1951年成立地方公共团体（公营住房），1965年成立地方住宅供给公社具体实施公共住房建设计划。新加坡建屋发展局，根据国家法令实施建房计划，专门负责建造向中低收入阶层出售和出租的公共住房。建屋发展局按商品经营原则自主经营，自负盈亏，其资金来源是国家贷款和政府给予的住房差价补贴。成立于1974年的新加坡住房和城市发展公司（HUDC）专门负责中等收入阶层的住房建设和供应，是政府所有的公司。韩国于1962年设立了专门承担公共住房建设的大韩住宅公社，2009年与土地开发公社合并，成立了土地住宅公社。

1.6.3 咨询服务机构（日本的公益法人以及经济发达国家协会咨询公司体系）

为行政主管部门提供决策支持，必须要有决策咨询服务机构进行调查、分析、研究、预测，为正确决策提供依据。经济发达国家咨询服务机构在基础性调研、统计及信息分析等方面开展了多方面的工作，取得显著成效。

1.7 住房法律法规体系建设

建立并不断完善住房法律法规体系是欧美及亚洲主要发达国家和地区的一大明显特点。进入20世纪以后，伴随着工业化和城市化的快速发展，许多发达国家和地区的住宅法律法规相继出台，并逐步从单项法规发展为多项法律相互补充、相互作用的住房法律体系。例如，美国、英国、法国、德国、俄罗斯、韩国、南非等20多个国家先后颁布了反映本国住房总体纲领和基本制度设计的《住宅法》，而各国涉及住房的民法、税法、继承法等综合性法律，以及涉及住房开发建设、土地使用、交易租赁等单项法规更是数不胜数。这些国家法律法规体系具有四大特点：一是法律层次较高，许多国家的住房法律是国家的基本法律之一。通过这些法律法规明确政府、企业和个人在住房方面的责任、义务和权利，其法律效力相对较强，并成为解决住房问题、调节社会财富结构的重要手段；二是在住房方面逐步形成较为完备的法律体系。在中央政府层面确立统一的、权威的住房法律，而地方政府和各部门在基本住房法律框架下，根据本地实际情况和自身职能出台相应的法律法规，彼此相互联系、互为配套，共同规范住房市场行为，确保落实居民基本居住权利；三是根据不断变化的经济社会环境和市场形势及时修订、完善法律内容。例如，日本《公营住宅法》自20世纪50年代初制定实施后，迄今已历经20多次修订。中国台湾《"国民住宅"条例》自20世纪90年代以来几乎每隔几年就要颁布修正版；四是建立起比较严格、规范的住房法律实施体系，有法必依、违法必究。一些国家制定了具有可操作性的执法程序，引入专业化监管机构，通过严格执法，对违规行为形成有力打击，提高了住房法律法规的严肃性。

主要参考文献

[1] 住房和城乡建设部住房改革与发展司，亚太建设科技信息研究院. 国外住房数据报告. 北京：中国建筑工业出版社，2010，9.

[2] 中国建筑技术研究院信息所. 国外住宅统计与发展分析，1998，6.

[3] Building Prosperity Housing and Economic Development UN-Habitat，2009.

[4] 日本住宅经济数据集. 2009、2011.

[5] 中国建筑科学研究院建筑情报研究所. 几个主要国家住宅建设规模标准与技术途径的初步探讨，1980.

[6] 亚太建设科技信息研究院，建设部住宅产业化促进中心. 国内外住宅建设及我国住宅产业化发展对策研究，2005，6.

[7] 张菁等. 房地产金融制度国际比较与借鉴. 上海管理科学，2005（2）.

[8] 房地产税制的国际比较与借鉴，百度文库.

[9] 洪慧娟等. 论中国住房金融发展——基于国外住房金融模式比较. 江西金融职工大学学报，2006，12.

[10] 陈杰. 城市居民住房解决方案——理论与国际经验. 上海：上海财经大学出版社，2009.

[11] 任兴洲等. 中国住房市场发展趋势与政策研究，北京：中国发展出版社，2012，9.

2 国外公共住房发展政策

各国根据各自的历史发展、经济实力、土地资源、人文环境等的不同，形成了各具特点的保障性住房制度和保障模式。对这类住房的称谓也各有不同，但为便于叙述，本综述统一采用"公共住房"一词，即带有社会保障性、为满足中低收入家庭与特定住房困难人群需求的住房。

几十年来，各国公共住房政策不断根据经济社会发展和公共住房建设与管理中出现的问题进行调整，调整的基本思路是在政府适当资助和居民住房合理消费之间寻求平衡和协调，实现在政府经济承担能力范围内更好地满足居民需求。为此，各国进行了多种探索，取得了宝贵经验。

2.1 法律法规先行

法律法规先行，是经济发达国家和一些发展中国家解决中低收入人群住房问题的一大明显特点。美国自20世纪30年代先后出台了《住宅抵押贷款法》、《国家住房法》、《住宅与城市发展法》、《住宅和社区发展法》、《住宅与经济复苏法》等近30部法案，对低收入群体的住房保障做出了相关规定。英国1949年以后先后出台了《住宅法》、《住宅补贴法》、《住宅租金和补贴法》、《社会保险和住房福利法》、《租赁改革、住宅和城市发展法》等。德国在为低收入家庭住房提供公共福利住房方面有《住宅法》，在住房补贴方面有《房租补贴法》，房屋租赁市场有《租房法》，这些法案为公共住房政策的实施提供了法律支持。日本在20世纪50年代以后，先后出台了《住宅金融公库法》、《公营住宅法》、《住宅公团法》、《地方住宅供给公社法》、《住宅建设计划法》、《居住生活基本法》等形成了日本公共住房建设的法律体系。韩国重要的相关法律有《住房供应法》(1963年)、《住房建设促进法》(1972年)、《租赁住房建设促进法》(1984年)、《租赁住房法》(2003年)等。南非1996年通过的《宪法》明确规定"保障每一公民的基本人权"，其中规定"人人有权获得适当居所"。1997年颁布《住房法》，1998年颁布《住房消费者保护措施法》，1999年颁布《租赁住房法》，2008年颁布《社会住房法》等。

2.2 重视调查、计划和预测

开展住房调查，编制符合需求的住房建设计划，进行住房发展预测是推动住房发展，特别是公共住房发展的基础性环节。在大规模住房建设（包括公共住房建设）阶段，这一基础环节显得格外重要，曾受到各经济发达国家的普遍重视。

日本是亚洲解决住房问题较好的国家之一。日本住房调查和编制住房建设计划的经验是值得研究和借鉴的。日本在重点解决住房数量阶段，于1966年国家颁布了《住宅建设计划法》，对全国、地方和都道府县住房建设计划的编制和实施提出了具体要求。为按照该法要求，编制好"五年计划"，在每一个"五年计划"期开始前两年都要进行一次住房调查（包括实态调查[1]），20世纪90年代后还就居民对住房及居住环境的综合评价和满意度进行了统计调查，并据此提出建设目标、建设量和建设标准[2]，使住房建设，特别是公共住房建设纳入科学、有计划的轨道。"五年计划"的编制采取上下结合的办法，即在国土交通省编制全国和地区（全国共分十个地区）住房建设"五年计划"时，各都道府县知事必须提交必要资料；在全国和地区计划下达后，各都道府县必须与市町村协商，编制都道府县的住房建设"五年计划"。这种在住房调查基础上经上下结合编制出的计划，目标明确可行，建设量比较符合实际需求，住房标准（面积、功能、设备与环境）清晰，计划目标基本能实现，需求得到较好满足。

原西德也是住房问题解决得比较好的国家，主要原因之一就是从一开始就十分重视调查研究，掌握现状和需求。他们从两个方面开展调查研究，一个是周期性调查，一个是经常性统计工作。周期性调查包括住房普查和1%抽样调查，住房普查从1950年开始，大致每隔五年进行一次，一直到20世纪70年代住房缓解，以后则根据需要开展普查。1%抽样调查是普查的补充手段，主要是了解一些专门的问题。经常性的统计工作包括住房拥有量按年月的登记统计、住房建设活动统计（住房建筑业）和住房补贴统计等。完成这些工作，准确地把握需求，被视为编制住房建设纲要（计划）和制定住房政策的基础，是住房建设满足居民需求的前提条件。

住房发展预测是住房健康发展链条中的重要一环，是制订住房建设计划的依据，是发展住宅产业工业化的布局导向，也是政府引导相关行业和企业进入住房建设领域的重要手段。在第二次世界大战后住房紧缺的背景下，这项工作受到各发达国家的重视。欧洲一些国家在20世纪五六十年代就开展了住房预测工作。从各国情况看，住房发展预测一般为10年或10年

---

[1] 住房实态调查是调查居民在住房室内空间环境中的生活行为方式，调查结果为住房规划设计创新提供依据。

[2] 建设标准以住房建设五年计划的附录形式出现。

以上，大致包括三个方面的内容：① 住房现状调查评价与需求预测；② 住房建设经济能力的评价与预测；③ 住房建设技术途径的评价与预测。日本在20世纪60年代后期提出发展住宅产业后所抓的第一件事，就是开展面向企业的住房发展预测，掌握住房需求结构，引导他们积极投入住宅产业的发展。原苏联在20世纪70年代上半期，开展了系统的住房预测研究和预测工作，提出了《苏联住宅发展远景》和1976～1990年苏联住宅建设发展预测的计划资料，并被政府采纳，为制订住宅建设计划提供了依据。国外的实践证明，开展住房发展预测工作，对确定住房建设目标、制定住房建设标准、编制住房建设计划和推动住宅产业化的发展都起到了较好的导向作用。

2.3 住房保障方式和发展趋势

2.3.1 住房保障方式

随着社会经济的发展、住房供求关系和居民住房情况的变化，各个国家不断对其住房保障方式进行调整和完善。综观欧美及一些亚洲国家和地区公共住房政策的发展过程，不难看到各国不同发展阶段的主要公共住房保障方式不外三种，即政府直接建造方式、补贴住房建设方式（砖头补贴）和住房补贴方式（人头补贴）。这三种方式往往是根据各国具体条件以一种方式为主，其他方式为辅，而且这三种方式各有优缺点和适用条件。

（1）政府直接建造方式

政府直接建房是各国住房保障初期的主要方式之一。这种方式在住房短缺情况下曾受到各国（地区）政府的重视。这种政府直接干预方式产生于住房供求矛盾尖锐、住房严重短缺的环境，通过专门机构或营利性机构实施。其主要优点是能充分发挥政府的资源动员优势，保证在较短的时期内刺激住房总量的快速上升，解决住房短缺问题。但缺点是政府财政压力过大，房屋建成后还要相应承担养房的费用，同时也在相当程度上限制了私人房产商和市场的作用。

从实施过或目前仍在以这种保障方式为主的国家来看，大致要具备三项条件：

① 拥有高效的住房管理机构。最典型的是新加坡。为了解决广大中低收入居民的住房问题，早在1960年2月，新加坡政府设立了建屋发展局（Housing & Development Board，简称HDB），任务是在尽可能短的时间内为低收入群体提供低成本住房。建屋发展局代表政府建设组屋，不仅负责新加坡公共组屋区的总体规划、设计和建造，还是最大的房地产经营管理者。新加坡建屋发展局是独立的非营利性机构，它的财政预算也被纳入国家计划，政府从贷款、补贴亏损、供地等方面给予建屋发展局全面支持。

② 解决好土地征用问题。在这方面，我国香港地区和新加坡都有较为成功的做法。我

国香港政府拥有整个土地的所有权，它可以以"公用事业"的名义依照《土地再征用条例》低代价征地。新加坡于1960年出台的《土地征用法》则授予HDB下辖部门强制征地的权力，以确保城市更新、土地开发及相关的计划能以远低于私人开发商购地的价位获取所需的私有用地。这一法则在制约房地产投机行为的同时，也为大规模的新城建设和公屋开发提供了可能。

③ 政府拥有稳定的财政收入，以支持公共住房的开发建设。我国香港地产交易和再开发项目所带来的庞大利税是香港政府各项政策有力的财政后盾。新加坡由于缺乏我国香港那样活跃的土地私有化政策和房地产市场，只能依靠政府征收高额所得税和中央远大基金（CPF）来提供财政上的支持。而英国情况则有所不同，于20世纪70年代英国政府曾因财力不足而不得不对公共住房政策进行一些调整。

（2）补贴住房建设方式

在这种方式下，向营利或非营利开发机构发放住房建设补贴，补贴的对象是住房供应方，即"砖头补贴"。以这种方式为主的国家有德国、瑞典、日本等国家，这些国家通过这种方式不仅较快地缓解了第二次世界大战以来城市房荒问题，还形成了针对城市低收入阶层住房问题的一套长期、稳定的住房保障政策。从德国、瑞典、日本这几个国家看，成功实施补贴住房建设方式有两个值得注意的特点：

① 需要有灵活高效的住房机构配合。德国的住房合作社，瑞典的非营利公司与建筑工人联盟，日本的住宅金融公库、公团、公营住房机构等都属非营利性的住房建设促进机构，配合政府达到国家对住房建设领域的干预目的。

② 需要一个诚实守信的经济环境。这一点对于房地产业来说尤为重要。完善的制度设计使不守信的人几乎没有立足之地，全社会形成按规则办事和诚实守信的良好氛围。这种经济环境在客观上减少了政府补助资金在住房建设环节被挪用和转移的概率，这也是上述几个国家能够成功实施补贴住房建设计划的重要因素之一。

（3）住房补贴方式

这是面向消费者的补贴，即"人头补贴"。在这种条件下，财政补贴的作用直接到达所需补贴人群，并全部转化为消费者的福利，而不会在住房建设阶段为生产者所占有。目前几乎所有发达国家和越来越多的发展中国家都不同程度地发放房租补贴，以帮助支付能力有限的低收入家庭能够在住房市场上租到合适的住房。这样做能控制和减少政府的住房开支，还能避免对住房市场自身运行规律和效率的干预，有利于提高存量住房的使用效率。但"人头补贴"这种方式不能对住房供应产生必要的直接刺激。一般地说，房租补贴政策适用于住房供求总量基本平衡甚至供大于求的市场环境，服务于提高现有住房使用率的目标。

2.3.2 发展趋势

从各国住房保障方式的调整过程来看，大致可看到如下发展趋势：

（1）政府从直接干预转向间接干预

当住房供求基本达到平衡时，政府对住房供应市场的干预就转向以间接干预为主。间接干预的方式是：政府对住房发展商住房建设投资和私人住宅投资实行优惠贷款（长期低息贷款或贴息贷款）、贷款利息减免等办法，支持非营利机构发展低成本、低租金住房，从而间接干预住房供应，通过市场为中低收入居民提供住房保障。

（2）地方政府的作用日益增强

在公共住房严重缺乏阶段，各国都十分重视发挥各级政府的作用，特别是中央政府的作用，许多国家通过法律形式规定各级政府的职责。中央政府一般是负责制定法规、政策，对住房建设提供必要的财政支持；地方政府和市政府则根据国家法律、政策制定建设目标，给予财政支持，具体落实建设计划。从发展趋势看，中央政府的作用不断淡化，地方和市政府的作用不断增强。

（3）鼓励购买自住住房改变以租赁房为主的状况

在第二次世界大战后的20世纪五六十年代，为解决住房短缺问题，西方主要国家都普遍采用了政府建造公共住房的政策，来增加住房的供应，并由政府直接管理。但随之而来的政府财政负担加重和住房管理效率低下的问题也日益凸显。因此，20世纪70年代以来，在经济发达国家出现了一股由政府采取税收和贷款优惠以推动公房私有化的浪潮。通过推动公房私有化，相应减轻了政府在住房保障方面的压力。

（4）政府补贴由"砖头补贴"转向"人头补贴"

从住房需求市场而言，为提高中低收入居民的住房消费能力，各国普遍采取税收减免、发放住房补贴等措施。税收减免主要是针对住房购买人，面向几乎所有的居民，它是推动个人购房、提高住房自有率、刺激住房有效需求的有效手段，并兼有启动建筑业、推动经济发展的宏观经济效益；房租补贴是面向低收入租房者的住房保障措施，几乎所有发达国家和越来越多的发展中国家都不同程度地发放房租补贴，以帮助支付能力有限的低收入家庭得以在住房市场上租到合适的住房。

（5）保障范围逐步缩小

随着各国经济社会发展，居民收入的提高和住房供需矛盾的缓解，公共住房的保障范围逐渐缩小。发达国家住房保障制度目标群的范围经历了由大到小的转变。在住房短缺时期，住房保障制度的目标群范围几乎包括高、中、低收入阶层；随着住房短缺问题的逐步解决，住房保障制度目标群的范围逐渐转向中、低收入阶层；而随着住房条件的进一步改善和住房发展阶段的进一步升级，发达国家住房保障制度的目标群完全锁定在低收入阶层。

2.4 选择适合国情的公共住房供应执行机构

总观各国公共住房供应，大致存在着两种执行层模式，一种是通过一定的经济政策由房地产开发企业或其他营利性企业来实施，一种是由专门的非营利性机构来实施。这里将进一步介绍的是专门的非营利性机构的实施模式，这种模式曾在一些国家成功实施，对解决低收入家庭的住房问题起了重要作用。比较典型的国家有日本、新加坡、韩国、英国等国。日本为解决中低收入居民的住房问题，在国土交通省下专门组建了非营利性特殊法人[①]——日本住宅公团（1955年），地方公共团体（1951年，建设公营住宅），地方住宅供给公社（1965年），构成了建设公共住房的非营利性执行层，具体实施公共住房建设计划。新加坡的建屋发展局是公共住房建设的法定机构（与日本特殊法人类似），负责向新加坡居民提供高水准住房，同时协助社区建设。目前，建屋发展局已成为新加坡最大的住房发展商和物业管理者。韩国为完成特定任务而设立专门机构是政府一贯的做法。1962年韩国设立了专门承担公共住房建设的大韩住宅公社，1979年设立韩国土地开发公社，使大量低价供应土地成为可能；20世纪80年代后期设立了租赁住房管理公团，以强化租赁住房建设与管理。2009年10月，大韩住宅公社和土地开发公社合并，成立韩国土地住宅公社。目前，韩国住宅供应主要由韩国土地住宅公社负责，公社每年为中低收入者建设并提供约5万套公共住房。目前，英国的注册社会住房业主[②]（RSLs）是公共住房的主要提供者和管理者。它的前身是住房协会（HA），即非营利性质，进行自愿住房活动（建造、修缮或管理）的各类机构（社团、公司或受托机构）。截至2008年，注册社会住房业主共计提供了约174万户的社会租赁住房。

2.5 调动一切社会力量和资源解决"住有所居"问题

2.5.1 引导私人投资者和企业参与公共住房供应

引导私人投资者和企业参与公共住房供应是受许多国家重视的一项措施。美国低收入住房退税政策（Low Income Housing Tax Credit，<LIHTC>）就属于此类政策。LIHTC运作的基本模式是：美国国内税务署（IRS）每年向各州的住房信贷机构（HCA）分配税务返还额度，HCA再向符合要求的住房开发商发放。开发商获得返还税额度后，可将其卖给包括银

---

① 由行政主管部门根据特别法律设置的独立法人，承担国家责任，行政主管部门对其活动进行监督，同时赋予其相应的经营自主权。

② 注册社会住房业主是经英国住房公司注册的机构。英国住房公司于1964年经议会决定成立。它是由政府拨给资本的独立机构，其主要职能是推动住房协会（以后是注册社会住房业主）的工作。英国住房公司通过多种手段对住房协会的运作的资金使用进行监管。

行在内的投资机构,这些机构买入税收返还额度以降低自己的税收负债,而开发商则通过这种方式实现融资,降低项目的债务成本。LIHTC资助的对象(由HCA来选定)必须符合两条件之一:至少20%的住宅单元是向收入在城市收入中位线50%以下的家庭供应,并且对于他们是可支付的;至少40%的住宅单位向收入在城市家庭收入中位线的60%以下的家庭供应,并且对于他们是可支付的。所谓可支付,是指家庭用于租金的支出不能超出家庭收入的30%。

英国私营开发商也间接地提供一部分公共住房。地方政府通过规划促使私营开发商提供公共住房。1990年《城乡规划法案》106条(简称S106)规定,房地产商有义务根据已知的房屋需求从房屋总建筑量中拿出20%~50%作为公共住房。据协议,房地产商为获得开发许可,须以提供一定比例的公共住房为代价,将其以优惠的价格整体出售给注册社会住房业主,由其进行统一管理和分配。通过S106协议方式,房地产商不但能获得开发许可,亦能获得一些优惠政策,诸如土地成本补贴等,而地方政府则收获了"社区收益",确保公共住房能够合理地分布到不同的社区。

德国除了政府直接建设社会住房外,采取的主要方式是政府通过资助私人企业、住房合作社或个人,促进私有租赁房的建设。私人或企业经过详细测算后可与政府商定政府资助额度和限制期限(向低收入居民出租的期限)。政府资助额越高,限制期越长。在限制期内,社会住房按照不高于政府规定上限的租金水平,向符合条件的居民出租。限制期满后,产权人不再承担将其作为社会住房出租的义务,可在市场上自由出租和出售。

2.5.2 吸收社会住房资源参与公共住房供应

广泛吸纳社会住房资产参与是增加公共住房房源的一个值得注意的方面。这样做的好处是:使财政转移支付的资金得到合理的配置,集中用于保障功能的发挥;能够缓冲住房供给中供给相对需求的滞后效应,建立弹性较高的公租房储备量;通过住房来源的多样性,能够实现租金、房型的多样性,不但能够满足不同家庭的不同需求,也能够实现公共租赁房和租赁市场的对接;无需额外配套基础设施和社区管理服务;困难家庭的分散混居,促进社会各类居民阶层的融合。当然,实施这一措施取决于私人住房的富余程度。只有当私人住房有空闲时,住房出租才有可能。美国政府鼓励私人将符合出租标准的房屋出租给低收入者,当低收入者承租后,低收入者将自己收入的三分之一付给房主,而租金的其余部分由政府代付。这样,不仅解决了低收入居民的住房问题,而且不会损害房东的利益。具体地说,在实施租金证明计划阶段,符合公共住房申请资格的租户可以通过从地方住房管理机构获得租金证明,到私人住房市场上租住满足美国住宅和城市发展局规定的租金范围内的住房。地方住房管理机构则限定租户所能选择的区域范围,协助房客与房主间进行租金谈判,按照市场租金额度支付,其中房客支付的部分不超过自身收入的30%,剩下的由地方住房管理机构予以补贴。在随后实施租金优惠券计划阶段,政府发给受保障家庭一定的租金优惠券,当持租金优惠券的租户在市场上所找到的租房的租金低于政府规定的市场租金时，允许房客保留未花完的优惠券，以后继续使用；同时也可租住高于市场租金的住房，多出的费用自己负担。

德国在欧洲是租房比例最高的国家，租房率在50%以上。原西德联邦政府十分重视租房市场秩序的保障并通过公共财政的大力支持，促进私有租赁住房的建设。在保障租赁住房市场有足够的租赁房后，政府出台了住房租赁法，在租金价格、租户和房东的权利和义务等方面做出了明确规定，以保障租房市场的有效稳定运行。以后又在经济社会发展的新形势下对租赁法进行了有利于租赁人的修改。目前，德国租赁住房主要以市场提供为主，约61%的住房由私人提供，17%由私人企业提供，9%由住房合作社提供，只有10%由政府提供。

2.5.3 重视住房合作社的发展

住房合作社已有200多年的发展历史。1775年英国伯明翰建立了世界第一家互助性建筑社团，标志着合作建房组织的诞生。在它的影响下，法国、德国分别于1860年和1862年出现了住房合作社，以后住房合作社逐步推广到世界40多个国家，对解决广大中低收入居民住房问题起到了积极的作用。

瑞士充分利用民间资本，积极扶持"建房合作社"的发展，是该国建房的一大特色。居民为满足自身住房需求可在政府和专业建筑协会的指导下进行"集资合作建房"。由于不以商业投机和营利为目的，"建房合作社"受到政府的大力扶持和"特殊照顾"，在项目审批、"拿地"、贷款优惠等方面均能享受优惠。合作社房产权属于集体所有，建成后大多租给合作社成员，也可对外出租。租金只覆盖实际建房费用，比市场租金低20%左右，受到广大中产阶级的青睐。同时，合作社建成的住房，还是地方政府增加保障性住房房源的有效渠道。一旦州政府持有的保障性住房出现供不应求的情况，住房管理部门会优先考虑租用合作社的住房，再将其分配给需要住房的低收入群体。在德国，住房合作社，是依照《合作社法》而设立的法人，属于非营利性的住房建设促进机构，负责发放城市住房开发方面的补贴和贷款，配合政府达到国家对住房建设领域的干预目标。住房合作社在德国的住房保障制度上的地位非同一般，是德国从事住房信贷的渠道之一，实行自定的、封闭式的经营模式。在合作社制度下，每个社员的入社资金现为1万欧元。合作社依靠社员入社资金，可获得国家等量资金的资助，并可争取银行等量的低息贷款。房屋建成后分配给社员租住，社员按照入社的先后顺序，排队租房。合作社所收房租，用以偿还贷款本息，组织房屋维修运营；有盈利时，需分配给入社股东。社员即是租户，也是股东。经营得好的合作社，每年可获得4%~6%的分红。合作社所建房屋用于租赁给入会社员，享受国家免税待遇。后期由于住房需求缓和，合作社所建房屋被允许对外出售，但是，一旦所建住房租给社员的比例低于90%时，合作社便失去了免税的资格，需要依法纳税。目前，德国共有600多家住房合作社，共拥有750万套住房，并成立了合作社协会。

由于人们的需求多种多样，各国情况千差万别，所以在实践中涌现出了多种类型的住房合作社，如房产私有的住房合作社、房产共有的住房合作社、租房式住房合作社、劳动合作式住房合作社等，其共同特点是：

① 合作社为非营利性法人；

② 实行民主管理和民主监督；

③ 具有价格和质量优势；

④ 具有自救性和互助性。

2.5.4 采取购房鼓励政策　减轻政府经济负担

20世纪70年代，西方国家面临公共住房建设、管理、经济负担加重和管理效率低下的问题，从而出现了一次住房私有化浪潮。英国比较典型，1979年保守党执政前，公共住房建设、管理、经济压力很大，影响了经济社会发展。因此，他们采取了一系列政策、措施，其中一项就是"可支付住房购房鼓励政策"。1980年，英国保守党实施"购买权"（RTB）、"低成本住房自有"（LCHO）计划。住房购买权政策内容就是地方政府对于居民购买房产给予价格折扣，其幅度约为住房资产总值的46%以上。2005年提出一项新的分享式产权购房计划。该计划提供三种分享式产权购房产品供居民选择：一是公房出售，现有公房的租户以折扣价格购买其承租公房的部分产权；二是新房出售，购买住房协会新建公房的部分产权；三是公开市场购房，在产权贷款的帮助下购买商品房。宽松的住房金融环境，以及RTB、LCHO计划的实施，大大刺激了居民的购房热情，促进了住房自有率的提高，减轻了政府的经济负担。

2.6　实施贫民窟治理

联合国人类居住规划署将贫民窟定义为"以低标准和贫困为基本特征的高密度人口聚居区"。贫民窟的出现，是城市化进程中的一种普遍现象。无论是发达国家还是发展中国家都曾经或正在面临贫民窟问题的困扰。发展中国家当前面临的贫民窟问题，在很大程度上也曾在发达国家发生过，同时发达国家现在也仍然或多或少存在贫民窟问题。可以说，贫民窟治理是一个世界性难题。

2.6.1　贫民窟治理必须采取综合性措施

贫民窟问题实际上是贫困问题，是贫困和社会两极分化现象在城市中的某种体现。治理贫民窟必须采取综合性措施，调动社会各方面力量广泛参与。巴西是贫民窟问题比较严重的国家之一，二十多年来，巴西政府对治理贫民窟十分重视，采取了多种措施，取得了一定成效。

巴西在治理贫民窟的实践中，有两点特别值得重视：

① 改善贫民窟居民的物质条件（硬环境建设）和改善贫民窟居民的非物质条件（软环境建设）并举。巴西的城市贫民窟极度缺乏各种必要的住房和生活基础设施，特别是那些位于城市边缘的贫民窟情况更加严重。改善贫民窟居民的物质条件，开展升级改造是巴西各级政府最早采取的治理措施之一。与此同时，巴西政府也十分重视改善贫民窟的非物质条件，将贫民窟的改造与城市发展紧密结合，将贫民窟逐渐纳入城市发展体系之中，增加社会包容性。里约热内卢市从1994年开始实施的"贫民居住区社区计划"采取将贫民窟融入城市发展规划的方法，促进健康和教育事业的发展。20世纪90年代以来，开始推行"有条件现金转移"（CCT）的反贫政策，这项计划是利用资金转移支付的方式来帮助贫困人群，达到在短期内减少贫困的目的。该计划鼓励人力资本投资，特别是对贫困人群的下一代投资，防止贫困的代际传递。2003年10月，政府又推出"家庭救助计划"，该计划是世界上最大规模的有条件现金转移项目，它通过每月向最贫困家庭提供平均24美元的政府补贴，提高儿童的入学率，满足贫困人群的卫生医疗需求，从而达到减少贫困、减少社会不平等现象和提升社会包容性的目的。

② 充分发挥非政府组织、非营利机构、社区组织、私营机构、教会，以及相关国际组织的积极作用。巴西政府主导的很多贫民窟治理项目都有非政府组织的参与。由于各种非政府组织（妇女联合会、防止种族歧视组织、儿童保护组织、教育协会、环保组织等）有各自的专业领域，所以它们在参与巴西联邦政府或地方政府的贫民窟治理计划时，一般只负责执行相关的具体项目，有些地方政府还雇用当地的非政府组织进行社区管理。圣保罗州政府的"Renda Cidadã"计划是一项改善贫困居民收入状况的项目，项目的合作者不但有州政府和地方政府，还有多达2400个社会实体和非政府组织。

在城市贫民窟治理过程中，除了巴西本国的非政府组织外，还有国际上的一些非政府组织参与。在圣保罗地区的三个贫民居住区改造中，就有来自意大利、日本和德国的志愿者参与当地的治理工作。这些外国非政府组织的志愿者的工作主要涉及向当地居民提供职业培训、性教育、艾滋病防治和垃圾安全回收等领域。

积极争取国际金融机构的支持也是值得重视的一个方面。巴西贫民窟治理所需要的资金主要依靠地方财政预算和社会保障基金是难以实现的。因此，除了政府投入之外，巴西的许多贫民窟治理项目都有赖于国际金融机构的资金支持。在这些提供援助的国际金融机构中，世界银行和美洲开发银行是巴西政府的主要合作伙伴。

教会在减少贫困和贫民窟治理中也起着积极的作用。巴西是一个天主教国家，全国70%的人口是天主教徒，天主教会无论在富人区还是在贫民窟都具有十分重要的影响力。

重视增强贫民居住区内自身的治理能力。社区组织的自助活动和贫民窟内部的治理工作是巴西贫民窟治理的重要组成部分。首先，社区组织是居民的自治组织，贫民窟的居民有很高的参与度。一些社区组织的领导本身就是贫民窟的居民,而且过去就是贫民窟自助活动的积极分子,曾经通过自己的个人努力为贫民窟的改善做出过贡献,赢得了居民的信任并且被选为社区领导。其次,社区组织为居民的切身利益工作,且救助方式灵活多样,受到普遍欢迎。第三,社区组织成为贫民窟居民与政府沟通的桥梁,得到居民的信任。

此外,作为一个特定的弱势群体,妇女在贫民窟治理中也具有不可替代的作用。

2.6.2 避免住区衰退

要避免一些经济发达国家的"低收入居民住区衰败"(即贫民窟化)现象出现。法国从20世纪50年代建设了80多万套公共住房(大部分在郊区),从数量上基本满足了需求。但是在城市郊区大规模建设住宅区,也为法国留下了隐患。这些公共住房多为集合住房,缺乏必要的公共空间。到了20世纪70年代末,住房市场开始多元化发展,经济条件较好的居民逐渐迁出这些地区,使这些地区成为贫困阶层的聚集地,产生了很多社会问题。

英国安置城市贫民始于1890年,20世纪五六十年代又建造了很多社区住房用于安置贫困居民,这些住房质量不高,环境较差,但是住宿和生活费较低,能够满足低收入群体的需要。这一时期所建住房提高了工人住房条件,但是工人居住区在空间上与中上层居住区隔离,总体人居环境也比较差。政府所建的大量公共住房以后又逐渐变成了贫民窟,成为难以治愈的城市病。

美国在1937年颁布了《住宅法》(瓦格纳法),特别是在第二次世界大战之后,进行了大规模的公共住房建设,以缓解战后的住房危机。1949年及1954年相继出台的《住宅法案》将公共住宅的建设与治理内城贫民窟的"城市再开发"(Urban Redevelopment)与"城市更新"(Urban Renewal)运动结合在一起。但在实际建设中,城市中较好的地块被开发成了办公、商业等其他功能。公共住房多在内城较差的贫民窟清理街区或中低收入人群集中的城市边缘区进行建设。随着时间的推移,这些住区逐渐衰败。在美国一般人的印象中,所谓"住区衰败",就是住房失去应有功能,由依靠救济的孤儿寡母家庭租用,社区充斥着流氓、毒品和犯罪行为。在美国大多数大城市都有一个或几个这样的社区。社区衰败已成为公共住房的一大特征。

2.7 加强公共住房维护管理

公共住房维护管理是使住房保持良好功能和居住环境,避免"住区衰败"的重要环节,受到各国普遍重视。从国外住房维护管理看,有以下几点值得重视:

① 设置维护管理机构。建立健全维护管理机构是公共住房管理的组织保证。国外许多国家采取以地方公共住房机构为主,以私营管理企业和居民团体参与为辅的模式。美国设置了

公共住房管理机构（Public Housing Agency, PHAs），其职责是：房屋的维修和养护、物资的购买和储存、提供管理信息、负责财务和会计、统计住房占有率、一般行政管理、人事和培训、住房管理、安全防卫以及社会服务。据统计，美国分布于各地的管理机构有3800多家，每一机构所管理的房产从500套到9000套不等。它们从成本效率出发也选择一些私营管理者通过签订合同参与住房运营管理与维修。英国的注册社会业主（RSLs）是公共住房的主要提供者和管理者，属非营利性机构，此外，近距离管理组织（Arm's length management organization, ALMO）是由地方议会设立的非营利物业公司，代表地方议会管理维护议会住房。法国90%的社会住房由低租金住房机构（HLM）运营和管理。目前，HLM在全国各区共有900多家，计6.5万职工。

② 建立住房档案制度。日本认为，住房属于固定资产，住房所有者希望维持甚至提高资产的价值，为此必须把住房从设计阶段一直到现在的履历进行记录，以准确把握住房变化的经过和现在所处的状态。建立"住房档案"也是日本提出的"200年住房构想"中的一项内容。美国的社区物业管理电脑系统中管理资料齐备，存有公寓小区的各种图纸和设备管线资料，为物业管理提供信息支撑。

③ 建立科学的住房维修制度。美国住房物业的维修内容包括日常性维修养护；预防性维修养护；维护性修缮；新增项目建设等内容。日本的建筑物和设备的维护管理包括维护保全和功能改善两部分内容。其中维护保全又包括定期维修、日常修缮、计划修缮和灾后恢复等内容。

④ 解决运营管理资金问题。住房运营管理需要大量资金，而且随着房龄的增加，资金需求量不断提高。美国住房和城市发展部每年向地方住房管理机构提供两类资金：即公共住房运营资金和公共住房资本资金，前者用于满足公共住房项目管理、运营和日常维护等支出；后者用于满足公共住房条件的改善，包括开发、翻新、拆除破损等。如果地方住房局所获得的资金不足以满足当年改善公共住房条件的需求，他们也可以以未来将获取的补贴资金为抵押，从私人金融机构贷款，部分经济条件好的州也可申请特别预算。英国、法国、新加坡等国采取大致与美国类似的模式。

我国香港则采取"以商养房"的策略。香港的公屋租金十分低廉，且还包含管理费。房屋署大量投入建房资金、管理人员，每年耗资巨大，但房屋署近年来却还是盈利的。这主要是小区内的商场和停车场都属于房屋署的产业，房屋署根据区内各行各业的需求设定好铺位后，向社会公开招标，竞价出租，向中标的承租者定期收取租金和管理费。近年来，房屋署还采用协商的方式，与一些有影响的商业集团进行接触，把小区内的大型商场全部或部分以低于招标价的价格租给他们，再由他们分割商铺招商经营。这样，房屋署一方面可以利用这些大商业集团的声誉吸引更多的消费者；另一方面把繁杂的物业管理任务交给商业集团，以减少房屋署的工作人员。房屋署每年对屋邨进行商业推广，虽然耗资巨大，但提高了知名度，增加了屋邨商户的经营利润，房屋署则可从中获得更高的租金收入。由此可见，香港房屋署以商养房策略还是颇见成效的。

2.8 公共住房的可持续发展

为寻求公共住房可持续发展的整体框架，英国高富诺集团Richard Barkham 博士汇集分析了各国公共住房实践中8个较为成功的项目：英国BedZed项目、丹麦8 House项目、巴西Cantinho de Ceu项目、意大利Via Gallarate项目、智利Qinta Monroy项目、黎巴嫩Type渔民住宅、新加坡Treelodge项目和美国Tronhorse项目，提出了公共住房可持续发展的三个方面的目标。

① 经济可持续性目标：有效降低项目成本；多渠道筹集资金；促进社区经济发展。

② 环境可持续性目标：尽量减少对资源的使用；尽量减少污染；保护生物多样性。

③ 社会可持续性目标：住房宜居、舒适，符合人们的需求；提供足够的社会公共服务和设施；促进社区各阶层、各类人群的融合。

主要参考文献

[1] 中国房地产动态政策设计研究组. 国外公共住房发展政策及启示，2011，6.

[2] 阿列克斯·施瓦兹. 美国住房政策. 北京：中信出版社，2008.

[3] 亚太建设科技信息研究院. 国外公共住房建设与管理机制研究，2012，6.

[4] 李莉. 美国公共住房政策的演变. 厦门大学博士学位论文，2008，5.

[5] 吴东航等. 日本住宅建设与产业化. 北京：中国建筑工业出版社，2009，9.

[6] 郭玉坤等. 国外住房保障制度的共同特征及发展趋势. 城市问题，2007（8）.

[7] 杜悦. 巴西治理贫民窟的基本做法. 拉丁美洲研究，2008，2 30卷 第一期.

[8] 顾启浩等. 住宅产业现代化的思路与对策，1996，6.

[9] 亚太建设科技信息研究院. 美国、日本物业管理与老旧住宅整治开发研究报告，2011，11.

[10] 中国发展研究基金会. 中国城镇化进程中的住房保障问题研究. 北京：中国发展出版社，2013，4.

3 公共住房发展的技术支撑体系

3.1 住区规划

住区规划是大规模住房建设（包括保障房）的重要课题，是经济、合理利用土地和空间，创造宜居的居住环境和保持社会和谐稳定的重要环节。许多经济发达国家在大规模住房建设中建设了无数住宅区，经历了丰富的住宅区规划实践，取得了不少经验和教训。

3.1.1 避免公共住房过于集中和"新贫民窟"现象出现

低收入居民住区衰退（贫民窟化）现象曾出现在英国、法国和美国（见本书"国外公共住房发展政策"2.6）。根据美国专家从工程规划建设与管理角度分析，住区衰败的原因不外六个方面：① 20世纪50年代后，大规模建造的公屋大多位于地价较低、基础设施缺乏的劣势区位；② 公共住房集中布局，弱势群体集聚；③ 学校、卫生以及其他公共服务设施缺乏；④ 公共住房远离就业岗位，就业机会下降；⑤ 工程质量差；⑥ 资金不足，疏于维护管理等。

在低收入居民住区衰退的背景下，英国以规划手段调控私人住房建设。英国规划法第106条款要求，开发项目必须向地方规划管理部门提出规划申请并获得规划许可证。开发商要获得规划许可证必须承担规划责任，其中一项重要内容就是配建可支付住房。这些住房的价格通常在市场价的70%~85%，在一定年限内不得上市销售，或只能向当地居民或特定人群出售。第106条款要求，通过地方规划管理部门和开发商之间就单个开发项目的具体协商，决定可支付住房建设的规模、数量、标准，产权类型和位置等具体要求。

法国提出和实施社会混合政策。社会混合是一个具有法国特色的概念，《法国城市规划词典》对它的定义是"通过住房计划，使得不同社会阶层的人们能够共同生活在一个城市单位里，是各项社会政策所希望达到的终极目标。"1990年通过《博松法》（la loi Besson）把贫困人口的重新分布、社会混合和社会公正联系在一起。为了统筹解决社会住宅数量不足和居住隔离问题，《博松法》要求每个城市根据自身特点和问题滚动编制为期5年的"地方住房发展规划"（PLH），该规划的主要内容是根据人口和社会发展计划，确定本市需要建设的社会住房数量、建设方法，并对社会住房的空间分布做出安排。这是一种通过强制性规划来减少居住隔离，促进社会混合的方法。1991年以反对社会隔离和推进社会融合为目的的《城市引导法》建议建设混合型的住区与城市，每个人口超过2万的市镇都应该拥有不少于20%的社会住房。2000年通过《社会团结与城市更新法》(la loi SRU)，强制规定"每个人口超过3.5万的市镇都必须拥有不少于20%的社会住房。达不到要求的地方政府，要根据所差的社会住房的套数，向中央政府缴纳罚金。中央政府保留直接从地方征地建设社会住房的权力。"

3.1.2 安排就业地点

为了在新镇周围提供就业机会，新加坡在新镇内预留10%～20%的土地用于工业配套设施，一般位于新镇的边缘。主要设置一些无污染的小规模劳动密集型工业，如制衣、纺织和电子配件制造厂等解决居民的就近就业问题。加拿大的经验表明，当就业机会存在于经济适用房附近时，地方经济就会有所发展。企业主发现，如果附近有良好的经济适用房，他们就会很容易找到所需的员工，而且离职率较低，培训成本也会相应降低。北美地区的公司正逐渐意识到企业靠近经济适用房住区的重要性。

3.1.3 住区布局与交通设施建设密切相关

加拿大将交通是否方便视为提高住宅购买力的一个因素，他们认为住在商店、商业区、学校和交通要道附近的居民在日常出行中采取走路、骑自行车等方式，家庭可不买车或少买一辆车，从而可以提高住宅的购买力。日本公共住房社区在选址时十分重视交通的便利性，如新潟市三个规模最大的小区（曾野木951户、新石山649户和石山448户）都分布在铁路线和快速铁路沿线。我国香港则视新城为公屋建设的主要载体，而轨道交通为公屋建设的重要支撑。新城建设基本上都依附于大容量及迅捷的轨道交通。每个主要住区都设一个公交换乘枢纽，通过密集的公交线路、便捷的交通接驳服务和完善的步行系统，将乘坐地铁的市民迅速地输送到周边各个地区。

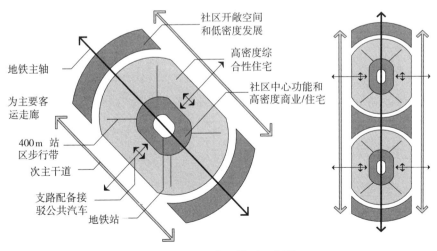

图3-1 新城发展模型示意图

3.1.4 配建相应的配套服务设施

美国认为小区内相应的配套设施,如公共洗衣房、小商品库房、就业培训指导中心等设施都是必不可少的,要尽量在社区周边能够解决困难家庭的生存问题和子女入学问题,给予这些社会弱势群体创造改变命运的可能,避免再出现贫民窟现象。我国香港的公共住房社区不仅公交线路配套便捷,而且相应的公共服务设施(包括幼儿园、小学校、体育设施、商业服务设施、公共活动空间等)也配置齐全,使公房的住户和私人房屋住户,能够享受相同品质的配套服务设施和生活环境。

3.2 住房设计

人们至少有三分之一时间是在住房内度过的。因此,住房设计的好坏关系居民的生活与健康。世界各国对住房设计都十分重视。根据目前掌握的资料,国外公共住房设计具有以下几个特点:

① 重视安全性。日本将确保住房的安全性视为公共住房最重要的性能。在公共住房设计上特别要求把建筑结构的安全性和避难通道的设置作为住房必备的条件。住房设计中要求在发生火灾时,必须保证每个住户都有双方向的避难通道(走廊和阳台)。多层以上住房还要求在设计时考虑防止人员意外跌落的措施。在住房一层出入口上方设置防护装置,防止坠落物造成人身伤害。

② 合理使用套内空间。各居住空间在开间、进深的设计上考虑家具的配置和生活的流线,满足生活行为的需要。厨房、卫生间满足设备的设置和使用所需的空间,户内设置必要的储藏空间。

③ 发挥套外共用空间的功能。共用空间指住宅中住户公共使用的空间,主要包括户出入口处的套外空间、楼电梯间、公共平

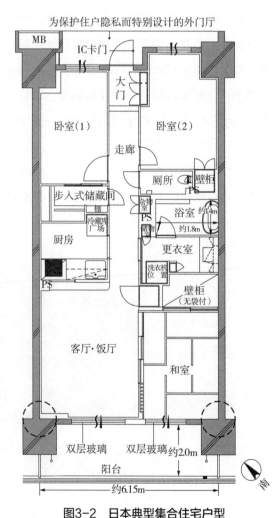

图3-2 日本典型集合住宅户型
(71.5m², 3LDK)

以及入楼门厅等。对公共部位的基本要求主要包括保障安全、满足老龄社会的适应性以及构建良好的居住社区环境三个方面。日本对此十分重视，要求对公共部位采用防灾、防火建筑构造；满足避难和消防要求；确保双避难通道畅通；满足老年人的使用需要；尽可能设置有利居民交流的空间。

④ 提高全寿命周期内的适应性。具有良好居住品质的公共住房应具备长期使用的可能性，能适应今后的社会变化、技术发展和使用需求的变化。首先，结构主体部分应具有良好的耐久性，通过隔断提供房间布局变化的灵活性。建筑配管、配线和设备部分要考虑以后更新的可能性和日常维护管理的方便性。

⑤ 应对老龄化社会的需求。为了应对日趋严重的老龄化问题，日本提出了目前建设的公共住房不但要满足居住者的一般需要，而且还要满足居住者随着年龄增长，身体机能衰退或身体活动机能出现障碍时的居住需要，也就是说目前所建设的公共住房都要把老年人居住的可能性作为住房设计的一般要求，满足日本《应对长寿社会的住宅设计指南》的要求。

图3-3 一室户集合住宅户型（专用面积20m²左右）

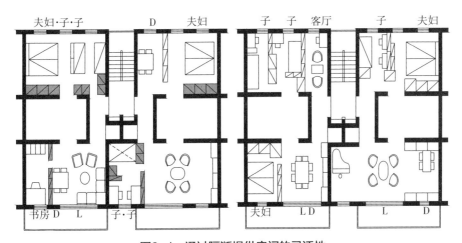

图3-4 通过隔断提供房间的灵活性

3.3 住宅产业工业化

国外住宅产业工业化经历了半个多世纪的发展，积累了丰富的经验，取得了明显的效果。

3.3.1 工业化发展的共性特点

综观国外住宅产业工业化的发展过程，可以明显观察到以下几个带有共性的特点：

① 大规模的住宅建设是推进住宅产业工业化的极好契机。国外住宅产业工业化的快速发展期都是伴随着大规模住房建设而出现的。

② 住宅产业工业化的优越性突出表现在建设速度快、节约用工（特别是技工）、社会效益显著等方面。各国住宅产业工业化的发展都为解决本国住房短缺问题做出了贡献。

③ 各国都努力避免20世纪五六十年代住宅产业工业化发展中曾经产生过的问题。在20世纪五六十年代严重房荒，技术工人奇缺，解决住房有无问题是第一任务的形势下，在推行住宅产业工业化进程中曾经出现过一些问题。概括起来说，曾出现过两方面的问题：第一是工业化方法建造的建筑物，外形千篇一律，规划设计考虑不周；第二是对住宅产业工业化理解不全面，过于追求主体结构的装配化，忽视了机械化现浇工艺的优越性。这两方面问题以苏联和法国最为典型。以后各国采取了多方面的措施，使住宅产业工业化得到更全面的发展。

④ 努力以"通用体系"为理念实施住宅建筑结构、设备和装修的全面工业化。法国、原苏联等国限于经济发展水平，首先着眼于主体结构的工业化，而后逐步重视设备和装修。美国建筑工业化较全面，社会化、商品化程度较高，日本则十分重视部件化的发展，全面推动了工业化水平的提高。

⑤ 强调标准化工作的极端重要性。标准化是工业化的前提。第二次世界大战后，欧美各国首先认识到基础标准，特别是模数协调标准对住宅产业工业化的重要意义。20世纪60年代，联合国在总结各国建筑工业化经验的基础上提出关于建筑模数协调的建议。《建议》指出，"普遍采用模数协调将是推进建筑全过程全面工业化的最有效手段，也是现今为人们普遍承认的解决住房问题的最有效手段"。目前，国际标准化组织（ISO）已颁布《模数协调》系列标准，各国的模数协调标准正在向国际标准靠拢。

⑥ 科研、生产、设计、施工紧密协作配合。在大规模住房建设中，原苏联的房屋建造联合企业、日本的"设计施工一贯制"，以及法国生产"专用体系"住宅的大型企业都是科研、生产、设计、施工相结合的群体，有利于各个环节之间的信息交流，形成合力，推动住宅产业工业化水平的提高。

3.3.2 政府的主导作用

在推动住宅产业化方面，政府的主导作用是不可缺少的。政府的主导作用主要表现在制定适当的技术、经济与管理政策、制度和指导方针，并促进其实施。以日本为例，政府的主导作用主要表现在以下几个方面：

（1）建立住宅产业的政府咨询机构——审议会

审议会是政府管理部门的决策咨询机构，它要对管理部门首长（如通产大臣、建设大臣等）提出的课题进行调查并提出建议。20世纪60年代末，为推动住宅产业的发展，在通产省产业结构审议会下新组建了"住宅·都市产业分会"，作为通产大臣的咨询机构。该审议分会成立后首先提出了促进住宅产业发展三大步骤的设想，即：① 准确地掌握现在和将来的住宅需求结构；② 大力推动标准化工作；③ 寻求适当的住宅生产与供应体制。

（2）推动标准化工作

推动住宅产业标准化工作，是企业实现住宅产品大批量社会化生产的前提，受到通产省（日本工业标准的归口管理部门）和建设省的重视。1969年通产省委托其工业技术院制订了《推动住宅产业标准化五年计划》，开展材料、设备、制品标准化、住宅性能标准、结构材料安全标准等方面的调查研究工作。并依靠各有关协会加强住宅产品的标准化工作。1971年2月，通产省和建设省联合提出"住宅生产中优先尺寸的建议"，对房间、建筑部件、设备等优先尺寸提出了建议。

（3）采取相应的财政金融手段

财政金融手段是日本政府管理部门除立法、行政指导外引导民间企业经营活动的一项有效手段。为了推动住宅产业的发展，通产省和建设省都采取了一些财政金融政策。1974年为了促进住宅部件化，通产省建立了"住宅体系生产技术开发补助金制度"。建设省于1972年制定了《住宅生产工业化促进补贴制度》，以促进住宅生产工业化所需的技术开发项目的实施。对建设省在技术开发计划中提出的课题，通过公开招标后对承担企业给予一定的研究经费补贴。根据《企业合理化促进法》，企业为其生产合理化而制定的研究开发课题，经审查后给予补贴。

对于新技术、新产品在方案竞赛后在建设中实施实用化、产业化时，政府金融机关将给予低息长期贷款。如涉及中小企业，还可根据中小企业新技术改造贷款制度，由"中小企业金融公库"发放低息长期贷款。

（4）发挥行业协会的作用

行业协会一般是同行企业按照自愿原则组织起来的民间组织。行业协会同会员企业之间的关系比较松散。协会通过为企业服务，推动行业的发展。同时，协会作为会员代表同政府各有关部门联系，反映企业的意见和要求。1990年与住宅产业有关的协会共有385家，它们都在六个方面发挥着作用：① 调查研究与预测；② 收集整理技术、经济信息；③ 制订修订标准；④ 技术服务（组织会员进行技术开发，为中小企业提供试验研究设施等）；⑤ 为企业经营进行咨询指导；⑥ 人才培训（有的协会还设有职工学校）。

3.4 可持续发展技术与评价

建筑工程活动不仅需要大量自然资源，而且可能影响和破坏自然生态环境，因此，各国建筑工程活动可持续发展是其经济、社会可持续发展的一个组成部分。各国在这一领域不断推进技术创新，推广采用一系列新技术。

从国外资料看，各国在可持续发展住房建设中主要采用了以下技术：

① 天然能源利用技术；

② 高气密性、高隔热性技术，墙体蓄热技术；

③ 水循环、再利用技术，雨水利用技术；

④ 废弃物处理及再生利用技术；

⑤ 节能设备与热电联产系统；

⑥ 建筑材料有效利用及无害化技术；

⑦ 住房绿化技术；

⑧ 土地资源有效利用技术。

近十几年来，各国以"可持续发展"为主要目标，提出了本国的可持续建筑评价标准，对建筑整体的环境表现进行综合评价，如英国的BREEAM、美国的LEED、日本的CASBEE、加拿大的GBTOOL等。这些评价方法的共同点是集中地反映了以下三个方面的基本评价内容：

① 资源、能源的节约、合理利用和循环利用，减少污染物（气体、固体、液体）排放，降低对室内、外部环境的负荷；

② 健康舒适的室内环境，如适宜的温度、湿度、光环境、声环境、振动、防辐射、无害的空气环境等；

③ 保护和营造外部生态环境和人文环境，如保护原有的地形地貌、地表土壤、树木、水面，营造良好的景观，合理的地表水管理，考虑当地原有文化的继承，营造居民与当地社区的交流空间等。

主要参考文献

[1] 亚太建设科技信息研究院. 国外保障性住房规划设计与建设改造技术，2013，8.

[2] 住房和城乡建设部住房改革与发展司，亚太建设科技信息研究院. 国外住房数据报告No.1北京：中国建筑工业出版社，2010，9.

[3] 吴东航等. 日本住宅建设与产业化. 北京：中国建筑工业出版社，2009，9.

[4] 叶耀先等. 世界建设科技发展水平与趋势. 中国科技出版社，1993，8.

第二部分 ｜ 国家篇

1　法国　　6　美国
2　德国　　7　印度
3　俄罗斯　8　日本
4　英国　　9　新加坡
5　巴西　　10　南非

1 法国

GDP：20 323亿欧元（折合26 111亿美元，2012年）
人均GDP：27 680欧元（折合35 563美元，2012年）
国土面积：55.16万km^2（法国本土）
人　　口：6 370万人（2013年1月法国本土）
人口密度：115人／km^2
城市化率：86%（2012年）

1.1 住房基本情况

2013年1月1日法国住房存量为3 437万套，其中主要住房2 863万套，占83.3%，第二套住房与临时住房320万套，占9.3%，空闲住房245万套，占7.4%。个人住房1 939万套，占56.4%，集合住房1 499万套，占43.6%。

表1-1 法国不同类型的住房量（单位：%）

	2000年	2003年	2006年	2009年	2010年	2011年	2012年	2013年
住房量（千套）	29 613	30 664	31 776	32 943	33 306	33 665	34 016	34 371
主要住房	83.2	83.7	83.9	83.6	83.4	83.4	83.4	83.3
第二套住房与度假房	9.9	9.8	9.7	9.5	9.4	9.4	9.3	9.3
空闲住房	6.9	6.5	6.4	6.9	7.2	7.2	7.3	7.4
总计	100.0	100.0	100.0	100.0	100.0	100.0	100.0	100.0
个人住房	56.0	56.4	56.7	56.6	56.6	56.5	56.5	56.4
集合住房	44.0	43.6	43.3	43.4	43.4	43.5	43.5	43.6
总计	100.0	100.0	100.0	100.0	100.0	100.0	100.0	100.0

注：第二套住房是指为周末、娱乐或度假而购买的，偶尔使用的住房。临时住房是指因工作需要，偶尔使用的住房（例如工作日上班，周末回家的人）。临时住房和第二套住房之间的界限通常很难划定，因此一般将二者划入同一分类。

从住房所有权分析，自有住房率逐年有所提高，2000年自有住房率为55.6%，2009年为57.6%，2013年为57.8%。租赁住房率稍有下降，2000年为39.8%，2009年为39.0%，2013年为39.2%。

法国主要住房的所有权状况（单位：%）　　表1-2

	2000年	2003年	2006年	2009年	2010年	2011年	2012年	2013年
房主	55.6	56.3	57.1	57.6	57.7	57.7	57.7	57.8
无还贷负担	34.3	35.8	37.6	39.0	39.4	39.8	40.1	40.5
贷款	21.3	20.5	19.5	18.5	18.2	17.9	17.6	17.2
租户	39.8	39.5	39.2	39.0	39.1	39.1	39.1	39.2
社会住房	18.0	17.7	17.6	17.5	17.5	17.5	17.5	17.5
私人住房	21.8	21.8	21.7	21.6	21.6	21.6	21.6	21.7
其他*	4.6	4.1	3.7	3.4	3.3	3.2	3.1	3.1
总计	100.0	100.0	100.0	100.0	100.0	100.0	100.0	100.0

注：*主要是免费住房的人口。

约17.5%的家庭居住在社会住房里，十几年来这一比例略有降低；租用私人住房的家庭比例稳定在21.6%~21.8%之间。

从住房房间数量看，3个、4个房间的住房占比例最大，分别占24.5%和28.5%，其次是2个、5个房间的住房，分别占14.3%和17.1%。

法国2010年住房居民人数与房间数（单位：%）　　表1-3

人数	房间数						总计	平均房间数
	1	2	3	4	5	6及以上		
1	4.6	8.8	9.0	6.1	2.8	1.3	32.7	2.95
2	1.2	3.6	8.4	9.7	5.8	3.0	31.6	3.82
3	0.3	1.0	3.7	5.3	3.0	1.5	14.8	3.99
4	0.2	0.6	2.2	4.9	3.4	1.9	13.2	4.30
5	0.1	0.2	0.7	1.7	1.5	1.1	5.3	4.54
6及以上	0.1	0.1	0.3	0.8	0.6	0.5	2.4	4.48
总计	6.5	14.3	24.5	28.5	17.1	9.1	100.0	3.68

法国主要住房的住房条件（单位：%）　　　　表1-4

	2005年	2008年	2010年
1949年以前建造的住房	29.5	29.8	28.2
缺少卫生设施的住房*	2.1	1.7	1.4
平均住房面积（m^2）	91.6	91.5	92.9
平均居住人数	2.3	2.3	2.2
无中央供暖或电暖住房	7.1	5.9	5.3
屋顶漏水、墙/地面/地基/潮湿，窗框或地面发霉	12.2	12.7	11.7
没有阳光，过于阴暗的住房	8.0	9.0	9.1
难以供暖或供暖费用过高的住房	25.2	26.4	26.9

注：*至少缺少以下条件之一：热水、卫生设施、卫生间。

住房面积不断增加：1978年住房平均面积为77m^2；2000年以来，住房平均面积已经超过90m^2，原因是独栋住房（别墅）面积有所增加，而公寓面积保持不变。与此同时，平均每栋住房的居住人数降低：1984年，平均居住人数为2.7人；2000年以来，平均每栋住房居住2.2人；根据法国统计研究所Insee的预测，2030年该数字将降低至2.0人。

2010年，法国本土几乎全部的住房（98.6%）有热水，内部卫生间以及卫生设施（淋浴或浴缸），这个比例近30年来不断提高。2010年，5.3%的住房不具备中央供暖或电暖，26.9%的住房难以供暖或供暖费用昂贵，9.1%的住房被认为太阴暗，接近12%的住房存在屋顶漏水，墙或地面潮湿，甚至窗户地面发霉。舒适住房应该具备最基本的卫生设施，不应存在上述缺点。中等舒适住房是指具有一个或两个上述缺点的住房，或某些设施不能达到满意程度。2010年，64.1%的家庭认为他们的主要住房为舒适住房，33.4%的家庭认为中等舒适，2.4%的家庭认为不够舒适。

1.2 社会住房状况

社会住房是指针对低收入或中等收入家庭的租金较低的住房。据社会住房联合会（l'Union sociale pour l'habitat）2011年的调查报告，社会住房数量从1950年到1980年间迅速增长，社会住房租户占家庭总数比例总体来看比较稳定，1984年后一直保持在15%左右。

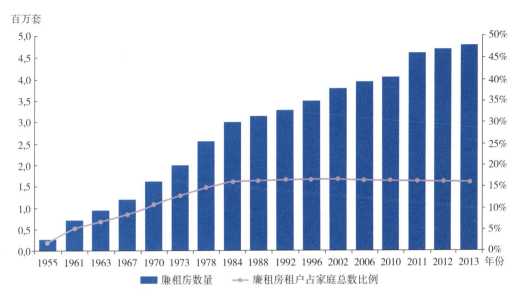

注：全法国数据，含空住房

图1-1 法国社会住房数量以及占总住房量比例

表1-5 法国2012年社会住房量和构成（单位：%）

	2011年	2012年
住房种类		
别墅式住房	15.4	15.6
集合住房（公寓）	84.6	84.4
住房房间数		
1–2间	23.6	23.9
3–4间	65.9	66.0
5间及以上	10.4	10.2
住房所有机构		
公共住房署（OPH）	47.7	47.2
住房社会公司（ESH）	42.1	42.2
经济混合公司	7.6	7.7
其他	2.6	2.4
空房率	3.2	3.2
2011年租户新迁入的住房比例（%）	9.8	10.0
新投入出租数量（千套）	97.5	87.2
其中新住房比例（%）	78.9	91.0
住房总数（千套）	4 576	4 652

社会住房建造年代：由于1950年到1970年间社会住房数量迅速增长，目前很大比例（62%）的社会住房是1980年以前建成的。

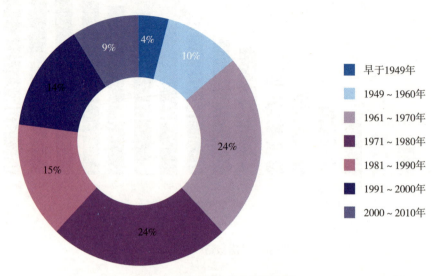

图1-2　法国社会住房建造年代

社会住房类型：尽管社会住房中很大一部分是大型楼房（28%），最近10年建设的住房倾向于小型住房。

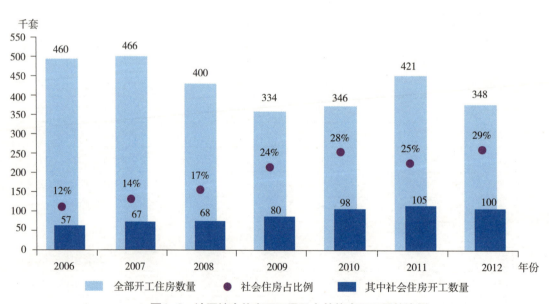

图1-3　法国社会住房开工量及占总住房开工量的比例

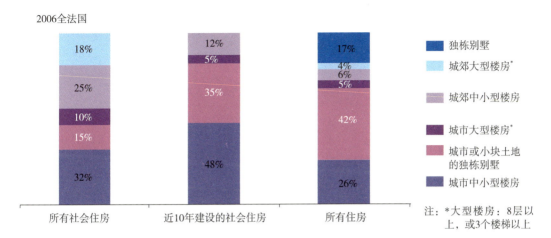

图1-4 法国社会住房的类型构成

1.3 住房建设量

近十年来,法国新建住房量一直保持在每年30万~40万套,2005~2007年超过40万套,2008年后开始回落至40万套左右。对法国住房建设量维持在40万套属于合理的范畴,其中29万~30万套为新购房者购买,2.5万~3万套为有房者购买的第二套住房,3万~4万套为空置房,4万~5万套为替代已毁坏的住房。

法国历年新建住房量　　　　　　　　　表1-6

项目	2004年	2005年	2006年	2007年	2008年	2009年	2010年	2011年	2012年
新建住房量（万套）	39.8	44.42	46.03	46.57	40.02	33.44	34.6	42.13	34.65
新建住房面积（万m^2）	4 196	4 562	4 680	4 700	4 037	3 547	3 292	3 955	3 258

图1-5 2002~2012年法国批准建设、销售与完工住房量

法国平均每套住房面积在2009年以前均在100m²以上，且当年达到近十年的峰值106.7m²，此后，回落到100m²以下的适宜面积。其中别墅类住宅套均面积在100m²以上的占69%，而集合住宅中在100m²以上的不足10%，见图1-6。

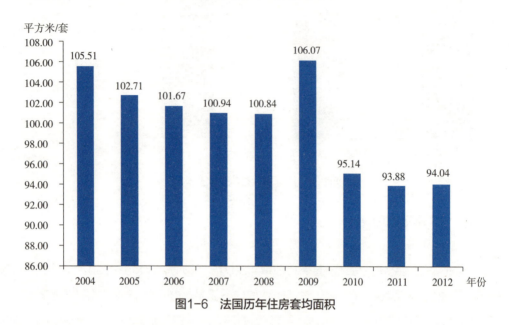

图1-6　法国历年住房套均面积

2012年法国各类新建住房比重（单位：%）　　　　　表1-7

别墅式住房	2012年比重
不足60m²	5.1
60~80m²	8.3
80~100m²	17.8
100~150m²	43.7
大于150m²	25.1
总计	100.0
集合住房（公寓）	2012年比重
不足20m²	5.0
20~40m²	7.2
40~60m²	15.0
60~80m²	40.4
80~100m²	22.8
大于100m²	9.6
总计	100.0

目前住房需求一直保持较高水平。据相关专家介绍，法国现在还至少缺50万～90万套社会住房，还约有350万人居住条件很差。根据现在对出生率、死亡率以及独身比例的预测，住房需求将持续下去。同时，对住房的面积和房间数的需求有所降低，但对住房套数仍保持较高的需求。

1.4 住房管理机构

在国家层面，设有国家住房局，主管各地住房等领域的事务，负责制定相关领域的政策并促进其实施。

在社会住房层面，组建了低租金住房机构（HLM），兼有社会住房建设与管理职能。

"HLM"是社会非营利组织，经过几十年发展，目前在全国各区共有900多家，6.5万职工。每一处机构的成立，都需经国家的批准。该类组织，分为两大类型，一类属于行政管理型，有300多家，由政府派官方代表和地区租房住户代表组成董事会，其房屋产权属于国家。另一种类型是由私人大型企业、保险公司、社会团体组成的住房管理股份公司，该类公司须由7股以上的发起单位组成，其董事会中有2～3名租房住户的代表。"HLM"经营管理的主要内容有：开发建造福利住宅；出租或出售住房，以出租房为主；对房屋及其设备进行经营管理、维护保养和大修改造。在建房、出租房、维修改造房屋上，都可以从国家获得政策性补贴和优惠贷款。

在300多家管理型机构中全国最大的唯一跨地区的OPV管理局，是第二大住房管理局，其特点在房屋的经营管理上不断创新开发、新建和改造旧房，使其资金能自我平衡，不需政策补贴，且使政府及住户双方都感到满意。

1.5 "公共住房"与"社会住房"发展

法国政府对住房市场的干预由来已久，针对低收入和贫困群体的住房保障有两种，"公共住房"与"社会住房"。公共住房是指政府兴建并营运的住宅，各地区的形式有所不同，以公寓型居多，其由政府出资兴建并拥有业权，以廉价金额出租或销售给低收入居民。而"社会住房"是指在政府资助下，由公共部门、社会自治团体、私人以及非营利性住房公司投资建设并经营管理的低租金、低价格住房，其中也包括在税收上得到国家优惠的大中型企业自筹资金建造的职工住房。尽管公共住房与社会住房目标都是为低收入与特困群体提供可负担得起的住房，但其贫困条件、分配标准的界定均有所不同。公共住房在解决二战后严重的住宅短缺问题上发挥了巨大的作用。但由于其对财政的依赖过重，不利于经济的可持续发展。进入20世纪80年代后,法国政府将直接投资建设公共住房转向以政策引导企业、社会团体及个人投资建设社会住房。目前,社会住房供应主要有三种:① 由私人或HLM机构提供的低租金住房,其最普遍,占法国所有住房的16%,大约有400万套,约1 300万人居住;② 由私营部门建造的补贴性住房;③ 由社会团体提供的廉租房。

在法国HLM机构提供的低租金住房标准较低,在既有低租金住房中72%为小户型公寓,新建中96%为小户型,套均面积约20m^2。HLM建设的住房是通过账户储蓄的集资方式实施的,截至2011年账户储蓄集资280亿欧元。

1.5.1 社会住房发展初始阶段(19世纪中叶~1945年)

工业革命以后城市人口快速膨胀,而基础设施建设滞后,因而城市的居住条件严重恶化。高强度、长时间的劳动及恶劣的饮食都使工人的身体素质下降,高密度、缺乏卫生设施的居住环境又使得流行性疾病易于传播,造成城市的死亡率很高。1850年法国通过法令,规定了住房的卫生标准,并且给予市镇对住房卫生条件进行监管的权力,这是法国政府干预住房建设的开端。但这个时期的住房建设主要是私人出资,国家只规定住房的卫生标准,并不提供资金。

19世纪末到20世纪初,随着城市贫民阶层的扩大,以改善贫民居住条件为目的的斗争也越来越多,这迫使法国于1894年通过了《施格弗莱德法》,创建了"廉价住房委员会",倡导企业通过向工人集资的方式建设集合式住房,以解决工人的住房问题,避免爆发革命。国家对企业为工人建设住房提供一定的财政资助。

1912年的《保诺维法》创建了隶属于地方政府的"廉价住房机构"(HBM),由它们负责工人住房的规划建设,并改善已有的工人住区条件,从而奠定了政府介入社会住房建设的法律基础。

1.5.2 二战后恢复重建时期的住房政策(1945~1977年)

第二次世界大战以后,法国遭遇了严重的住房危机。危机的产生有三方面的原因,一是受战争的破坏,大量建筑毁坏;二是长期以来很多普通的老建筑由于缺少必要的维护而十分破败,不符合最基本的居住要求;三是大量的农村人口涌入城市。

数量巨大的住房需求意味着政府必须支持或直接参与住房建设。1948年的法律对社会住房的建设标准和租金标准进行了详细规定,完善了社会住房制度,对其后的住房建设起到了指导作用。1949年的法律把"廉价住房机构"(HBM)更名为"低租金住房机构"(HLM)。"低租金住房机构"的职责是进行住房开发建造,以低于市场的价格将住房出租、出售(以出租为主)给低收入的居民,并负责房屋的日常维修和管理。低租金住房是法国社会住房的主要组成部分。1953年国家调整了土地供应政策,简化了住房建设的程序,完善了政府介入住房建设的机制。同年国家开始对10人以上的公司征收工人工资总额1%的住房建设税,这项税收构成社会住房建设资金的重要来源。

但是这些努力并没有能够快速解决住房数量不足的问题，城市中仍有很多无家可归或不能达到基本居住条件的个人与家庭。这引发了1954年由艾比·皮埃尔领导的声势浩大的公众运动，迫于压力，政府直接负责建造了1.2万套新住房，用来容纳无家可归者。

实际上只靠公共部门建设，短期内无法满足住房需求，因此为了鼓励私人投资建设社会住房，法国政府开始大幅度地发放"住房建设补贴"。国家给"低租金住房机构"和一些私人企业提供了低息贷款，这种贷款的期限长达45年，年利率仅为1%，其数量最高可以覆盖总建设费用的95%。这样在社会各界的共同努力下，法国的住房建设速度非常快。为了保证基础设施、公共服务设施与住房建设相配套，1957年8月法国出台了《优先城市化地区（ZUP）政策》，把住房建设和由住房建设引发的设施配套问题通盘考虑。

此后的20年间，法国共设立了195个"优先城市化地区"，完成了80.3万套住房的建设，从数量上满足了住房需求。但该政策也留下了隐患，"优先城市化地区"一般设在郊区，这些地区的建筑多是形态单一的多层集合住房，建筑密度较高，公共空间匮乏。20世纪70年代末，在住宅数量基本满足需求、住宅市场向多层次发展的情况下，"优先城市化地区"很快为富裕阶层所遗弃，沦为贫困居民的聚居地。

1.5.3 住宅供给的多层次发展与居住隔离的产生（1977年～20世纪80年代初）

经过20年快速的住房建设，到20世纪70年代中期，法国的住房数量已经能够满足要求。在这种背景下，法国于1977年1月3日进行了住房政策的改革，鼓励住房供给多样化，并设立了"个人住房补贴"。"个人住房补贴"是根据居民的收入和住房水平，提供不同形式和数量的资助，帮助他们改善居住条件。对于贫困家庭，政府直接发放货币补贴，使他们能够以较低的价格租住社会住房；对于有一定经济实力的家庭，政府主要提供低息贷款，鼓励他们购买住房，以此拉动房地产市场。实际上，目前法国与社会住房相关的补助有三部分，除"住房建设补贴"和"个人住房补贴"外，还有一些税收上和贷款上的优惠措施。

这项改革直接促进了房地产市场的差异化发展，满足了不同收入群体的居住要求，但也放松了国家对社会住房建设的控制。从实际效果来看，新政策促使富裕阶层、一部分中产阶层乃至经济条件稍好的工人家庭离开他们原来居住的城郊社会住宅区，造成这些地区的居民构成以经济条件很差的失业工人或外来移民为主。所以1977年住房政策的改革，在拉动房地产业发展的同时也造成了居住隔离。

在20世纪80年代，法国同很多西方国家一样也经历了严重的经济危机——经济发展缓慢，失业率高，购买力下降，贫困家庭增多。经济、社会情况的变化和住房政策的改革，共同导致了城郊社会住宅区的人口构成进一步贫困化，居住隔离现象越来越明显。贫困人口在城郊社会住宅区的聚集，导致该地区政府的税收减少，从而政府对医疗、教育等设施的投入不足；同时高失业率导致闲散人员增多，社会治安状况差。这些因素使得这些社会住宅区继续"贫民窟化"，社会问题日益严重。

1.5.4　对衰败的社会住宅区的改造（20世纪80年代）

为了解决郊区社会住宅区的社会问题，政府起初在这些地区实施城市复兴政策，希望通过在社会住宅区中建设文化、体育中心，增加公共绿地，美化街区环境，使这些地区具有和城市其他地区一样的生活品质，从而吸引部分富裕阶层重新回到这些地区。但这些试图通过环境改造来带动贫困社区重建项目无一例外地都失败了。虽然郊区的物质环境改善了，却还是很少有富裕阶层愿意回到这些地区居住，社会住宅区的人口构成仍很单一。

法国政府逐渐认识到改善建筑、空间质量不是解决社会问题的有效方法。因而社会政策更加关注郊区贫困人口的日常生活，努力创造就业岗位，加强对青年人的教育，重构街区内部社会联系，社会住房政策逐渐走向多元化和系统化。1982年形成了比较全面的"街区社会发展计划"（DSQ），对社会住房与街区空间质量的改善成为这个综合计划的一个方面。随后，"街区社会发展计划"的应用范围和内涵都得到不断扩大，形成了一套更为完整的"城市社会协调发展政策"。为了落实该政策，国家设立了"城市街区管理部"（1e ministre de la ville）。通过国家、地方政府以及各相关部门签订协议的方式，共同管理、解决全法国1300个贫困街区的社会问题。相比以前单纯以改善空间质量为主的政策，"城市社会协调发展政策"取得了较好的效果，在一定程度上改善了贫困居民的生活水平，缓解了社会矛盾。但该政策的重点是对贫困人口给予多方面的帮助，实际社会住宅区的人口构成没有明显变化，居住隔离现象仍然在存在。

1.5.5　社会混合政策的提出和城市更新战略（1990年～至今）

直到20世纪90年代初期，法国对居住隔离和由此带来的社会问题的解决方法都局限于郊区范围内，随着问题的不断严重和实践经验的积累，政府认识到郊区问题是和整个城市联系在一起的。因此，为了根本性地解决郊区问题，需要在整个城市范围内重新分布社会住房，以此带动不同阶层人口的重新分布，消除居住隔离，创造"社会混合"。

因此，从20世纪90年代开始，社会混合政策得到社会各界的普遍认同，作为可持续发展政策的重要组成部分付诸实施。社会混合是一个具有法国特色的概念，《法国城市规划词典》对它的定义是："通过住房计划，使得不同社会阶层的人们能够共同生活在一个城市单位里，是各项社会政策所希望达到的终极目标。"

1990年通过的《博松法》（Besson），是一种通过强制性规划把贫困人口的重新分布、社会混合和社会公正联系在一起。该法将"住宅权"作为核心内容加以阐述，指出："保障住宅权是举国上下共同的责任。"强调"所有在生活上有困难的个人或家庭，都有权利通过政府的帮助而获得或使用一套符合各项基本生活标准的住房"。实际上，这个法律加强了公共部门对住房市场的干预与调控，奠定了其后十多年法国住房政策的基础。

为了统筹解决社会住宅数量不足和居住隔离问题，《博松法》(Besson)要求每个城市根据自身特点和问题滚动编制为期5年的"地方住房发展规划"(PLH)，该规划的主要内容是根据人口和社会发展计划，确定本市需要建设的社会住宅数量、建设方法，并对社会住宅的空间分布做出安排。这是一种通过强制性规划来减少居住隔离，促进社会混合的方法。

1991年以反对社会隔离和推进社会融合为目的的《城市引导法》(LOV)提出，建设混合型的住区与城市，反对建造均质性住宅，凡人口超过2万的市镇都要求拥有不少于20%的社会住房。

2000年为了更好地促进《城市引导法》的实施，又通过了《社会互助与城市更新法》(la loi SRU)，其强制规定："人口超过5万的大城市中人口超过3500人的小镇要求拥有不少于建设面积20%的社会住房。达不到要求的地方政府，要根据所差的社会住房的套数，向中央政府缴纳罚金。中央政府保留直接从地方征地建设社会住房的权力"，此外，该法对住房的宜居性做了界定："房屋出租人向承租人交付的住宅应当是宜居的，即不应存在对居住者人身、健康造成明显威胁的隐患，并具备符合居住用途的必要装备。"

配合该法律的实施，法国开始了大规模的城市更新运动，并成立了专门的"国家城市更新机构"(ANRU)负责城市更新项目的融资与管理。城市更新运动包含两部分并行的内容，一方面拆除郊区的部分社会住房，降低郊区社会住房的比例；另一方面在城市的高端地段建设社会住房，从而实现贫困人口在整个城市空间范围内的重新分布，解决居住隔离问题。

2006年执行的《国家住宅管理法》(loi ENL)，其目的是通过扩大某些低租金住宅机构的权限和修改它们的制度来发展社会租赁住房。内容共分四个主题：帮助社区建设，增加有限租金的房屋供应量，支持收入微薄家庭获取社会住房产权，加强普及舒适住房。

2007年出台了《DALO法》。随着该法的颁布，将住宅权提升到新的高度，即提出了"可抗辩住宅权"，就是指符合条件的无住宅者可以要求权力机关给予其住宅居住，并可以首先提出"和解救济"，如若问题得不到解决可以再诉诸法院。《DALO法》对可抗辩住宅权分两段实施：第一段：2008年末，适用人群仅包括极端困难的人，包括无家可归者、贫穷的工作者、独自抚养孩子的妇女、居住在有损健康或条件极差的住宅中人。第二段：2012年1月1日，适用范围扩展到所有符合申请公共住房条件的人。

1.6 住房补贴与税收

1.6.1 住房补贴

考虑到住房在经济和社会中的重要性，法国一直采取各种性质的补贴措施：

①"零利率贷款"（PTZ+：Prêt à taux zéro）政策：法国政府于2011年1月1日出台的PTZ+——新"零利率贷款"政策，规定"零利率贷款"贷款条件：两年内没有任何房产者第一次购买待建的房产（包括工程许可证或房产所在地皮费）；购买未曾有人居住过的新房；由非居住用途的建筑改建成的住房（与待建的房产性质相似）；翻新老房（一切房屋所必需的费用）。

政策规定：在所有贷款还清之前，业主必须以此住房作为自己的主要居所。但若出现以下特殊情况，业主有权将该住房出租：工作地点与住房相距超过50km或超过1个半小时路程；与己分担税务的家庭成员去世；离婚或PACS解除；残疾；失业超过一年。

在还贷期限终止之前欲售出房产，就必须立即清偿所有贷款。而之后贷款者若要再购置新房，则可继续享受"零利率贷款"政策（新购房仍要满足之前的条件）。

"零利率贷款"的申请没有收入限制，但还贷期限却与申请者的收入、房屋的居住人数和房屋所在区域有关。申请者的收入越高，所能获得的还贷期限就越短。

②"住宅储蓄"制度（Epargne logement）：人们在银行开立CEL账户或参加PEL住宅储蓄计划。CEL账户是一种存取自由的储蓄账户，从开立该账户后的第18个月开始，账户所有人可以得到最高1 144欧元的国家津贴；PEL住宅储蓄计划，个人可以与银行订立合同，在一个不短于四年的确定期限内每个月都向其在银行的账户存入一定金额，该期限到期后，合同订立者可以得到最高1 525欧元的国家津贴，并享受优惠利率贷款。

③公共住宅租赁补贴（PLUS：pretslocatifs à usage social）：它是用于资助HLM机构管理下的廉租住宅，其租金为5.03欧元／m^2，62%的法国居民可以获得。

④社会租金贷款（PLS）：用于资助那些收入超过PLUS租户30%的家庭，其租金为7.54欧元／m^2，大约70%的法国家庭可以获得。

⑤中等租金贷款（PLI）：用于资助那些中等价格的住房，这些价格处于社会租赁房和自由市场价格间，任何人都可以申请，没有收入限额，其租金为9.47欧元／m^2。

⑥"援助租赁贷款"（PLAI：prêts locatif aidé）：是为那些特别困难的家庭所提供的补贴，其家庭收入是PLUS租户收入最高限额的60%，其租金为4.46欧元／m^2。

⑦"援助购买产权贷款"（PAP：prêts aidés à l'accession à lapropriété）：对购买新房和二手房、收入微薄家庭提供的补贴，且配以"零利率贷款（prêt à 0%）"政策。

⑧"特困家庭住房补贴"（ALF和ALS）：这种资助是针对以上不能覆盖的特困家庭或人员而发放的补贴，例如：孩子较多家庭，收入有限以及没有固定工作的法国人。

各类补贴均有各自的发放标准：如住房者收入最高限额、申请者的状况、居住类型、住房质量等，如下表：

法国各类住房补贴标准　　　　　　　　　　　　　　表1-8

家庭种类	家庭最高收入（欧元/年）		
	PLAI 援助租金贷款	PLUS 公共住宅租赁补贴	PLS 社会租金贷款
1	11 261	20 477	26 620
2	16 407	27 345	35 549
3	19 730	32 885	42 751
4	21 955	39 698	51 607
5	25 686	46 701	60 711
6	28 947	52 630	68 419
附加人员	3 328	5 871	7 632

法国各类住房租金最高限额（欧元/m²使用面积）　　　　表1-9

PLAI 援助租金贷款	PLUS 公共住宅租赁补贴	PLS 社会租金贷款	PLI 中等租金贷款
4.46	5.03	7.54	9.47

在1990~2010年间，法国政府所发放补助金个人补贴、贷款买房补贴和租房补贴、减税、减息、贷款等各类补贴，占GDP的比重从1.6%增长到2.1%，约合406亿欧元。20多年来住房补贴以平均每年4.6%的速度增长。

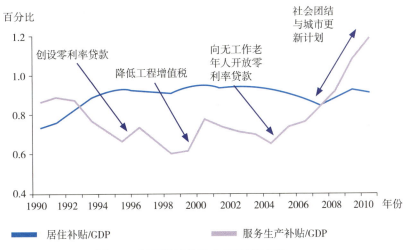

图1-7　法国住房补贴占GDP的比重

近一半的住房补贴是直接发放给需要支付住房费用的家庭和促进社会住房供应的社会机构。另一半补贴主要是税收补助（低税率增值税、税收抵免、减税等）或低息贷款。

近十年来法国创立了众多住房补助措施，如个人住房补贴、降低节能改造工程的增值税、住房投资税收抵免、零利率贷款或社会住房补助金等，目的是加强住房供应，拓宽住房入住通道，改善住房条件，让社会住房和非社会住房的各类家庭均可受益。

法国不同种类的住房补贴　　　　　　表1-10

项目 \ 百分比	1990年 En %	1995年 En %	2000年 En %	2005年 En %	2010年 En %	2010年 百万欧元
住房居住补助	46.0	58.4	54.9	55.2	43.3	17 610
发放补助（1）	46.0	58.1	50.5	50.4	39.8	16 196
其中个人补助	45.7	57.2	49.5	49.2	39.2	15 928
税收优惠	0.0	0.2	4.4	4.8	3.5	1 414
住房服务生产补助（2）	54.0	41.6	45.1	44.8	56.7	23 034
发放补助	7.3	8.0	3.8	4.0	5.4	2 176
定价优惠	22.7	13.4	8.5	6.7	13.9	5 652
税收优惠	21.5	19.1	24.4	24.9	27.7	11 276
其他补助	2.6	1.2	8.5	9.2	9.7	3 930
补助总计	100.0	100.0	100.0	100.0	100.0	40 645
占GDP比重（%）	1.6	1.6	1.7	1.6	2.1	—

（1）个人补助和其他补助（住房连带责任基金，临时住房补助），不包括管理费。
（2）住房服务生产补助主要是指能够促进投资的补助，不管是以建设、购买住房，还是翻修现有住房的形式，它涉及居住自己住房的房主和住房出租人，私人或社会出租人。

住房补贴作为行政机关解决众多家庭住房问题的重要措施，2010年补助金额高达406亿欧元，它涉及房屋的居住、建设、购买以及修缮工程的补贴。

1.6.2　住房类税收

法国的全部税务体系是由《税收总法》（CODE GENERAL DES IMPOTS）进行规定、规范的。所有税务的征收、分配、处罚、检查等工作均以《税收总法》为准。

法国税制立法及实施有四条原则，分别是：法制原则、公立原则（由中央政府对税务部门实行一元化领导）、平等原则（个人与税务机构有争端时，双方以平等地位通过法律来解决）、富者多交贫者少交原则。

根据《税收总法》第1407条、第1408条、第232条、第1409条中的有关规定，居住税、住宅空置税的主要内容如下：

（1）征税房屋的认定

① 居住税。只要满足居住条件的房屋，在征税当年1月1日有人居住。政府机构及私人公益用房免征。此外，与居住房屋功能直接依存的部分，包括私人停车场、佣人房，也在居住税的计算范围内。由于这些直接依存部分不一定与住所相连，因此规定在1km范围内均属征收对象。

这样规定的原因是，法国某些高档别墅、庄园的房间并非都连在一起。而居住税的税基又是该整套住房的租金，所以必须将其周围连带功能房一并计算在内。

② 住房空置税。在征税时点1月1日前两年内，该房屋基本无人居住。基本无人居住的含义是每次连续居住的时间少于30天。

在特定条件下，两年的时间可以延长至三年。这个特定条件是指：（a）空置房的持有人如果能证明，通过所有渠道，该房屋仍未租出或仍未找到买主；（b）房龄过长，已成为危房；（c）由于市政改建工程而必须暂停使用。

因此，如果不想交住房空置税，要么提供水电费收据，证明在其中的连续居住时间超过30天；要么因为市政、房屋改造工程而不能居住；要么将空置房出租。

③ 职业税。在征税当年1月1日用于经营活动的房屋。

（2）纳税人的认定

居住税、住宅空置税、职业税三类税种以每年1月1日作为认证时点。

① 居住税纳税人。在计税日当天的房屋使用者如果是业主本人，纳税人即为业主；如果是租户使用，纳税人为租户（以租约包含的时间为准）；如果是公房免费借住，纳税人为借住人（以合同时间为准）。

总之，不论谁使用，只要有证明（租约等凭据），他就是当年的居住税纳税人。苛刻的规定是，不论1月1日之后是否变更使用者，纳税人仍以1月1日的使用者为准。

② 住房空置税纳税人。如果在征税年1月1日之前有过连续居住少于30天的两年的空置期，到1月1日之时仍未使用，则缴纳住宅空置税；反之，则缴纳居住税。住房空置税的纳税人即是造成空置期的人。这类人可能是拥有第二居所而未去居住的业主；或已签订了租约而未居住的租户；甚至还可能是导致房屋空置的装修公司等。

③ 职业税纳税人。如果1月1日的使用用途是租给私人公司、组织等，由承租方负担。这种对纳税人的规定保证了不论哪年都会有人或组织缴纳居住税、空置税或职业税。

（3）税基和税率的相关规定

① 居住税。居住税由地方政府按照国家规定的计算流程，通过对住房所占用土地租金价值的测算，再乘以国家规定税率，并附加各类减免政策后所得出的年度性、地方性税种。地方政府征税后，国家会向地方政府再次征税（实则为税收提成）。具体做法是，国家对地方政府的土地部门征稽其土地收益8%的税收，并将其中的4.4%返还当地用作第一居所的建设。对于此税种而言，特定人群可以享受减免待遇。

● 完全免税人群：60岁以上或是孤寡的且不必支付上一年财富税的人（法国对富人征收财富税）；领取低保的人群、残疾人或丧失工作能力者；收入过低以及合住者中有收入过低者。因为法国是按户交居住税，所以合住者的收入低，也可以连带享受税收减免政策。

● 普通减税及特殊减税人群：这两类都是针对公房使用者而制定的，且只能应用于第一居所。普通减税是由居住人提出申请，当地政府表决通过，降低税基，并依据情况从5%、10%、15%的税率中选择。特殊减税则是在普通减税的基础上，如果纳税人的收入低于前一年最低收入限制，还可以同时享受基于低收入的减税。

● 因家庭负担而减税的人群：如因子女、直系长亲需照顾者。

② 住房空置税。住宅空置税征税税基由第1409条法案提及的住房租金价值组成。税率为第一年10%，第二年12.5%，自第三年起15%，并同时附加税金总额9%的手续费。

法国使用着的房屋的税收状况 表1-11

可用于居住的房屋	需征税的房屋	征收职业税	纳税人房产中不用于居住的部分
		征收居住税	被私人组织占用却不适用于职业税的住宅
			由各级政府、私人公益机构所占用的非工商业类房屋
	不必征税的房屋		用于农村开发的建筑物（谷仓、牲口棚）
			中小学校及寄宿生宿舍
			公务员办公室
			大区大学及学校事务管理中心COURS管理的大学宿舍

法国住房空置的税收状况 表1-12

规定城市的空置房	不必缴纳空置税	低租金组织HLM，经济联合会SEM以及根据资源情况预留的房屋
		用于度假的第一居所以外的私人居所，但要交纳居住税
	缴纳空置税	其他空置房

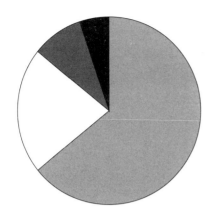

图1-8 法国住房税收集合

由于住宅空置税是针对富人的税种,因此对于纳税人没有减免措施。税率为累进税率,也体现了富人多缴税的原则。

1.7 住房可持续发展

1.7.1 建筑节能

目前在法国的社会终端能源消耗中,建筑能耗为70.6万tce,占到社会终端总能耗的40%以上,超过了工业和交通,位居终端能耗总量的首位。建筑的CO_2年排放量为120Mt,占到法国总排放量的23%。因此,建筑节能是法国的重点节能减排领域。

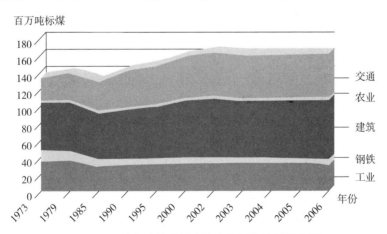

图1-9 法国建筑能耗占社会终端总能耗的比例

(1) 建筑能耗构成及建筑节能目标

法国的建筑节能标准规定建筑能耗包含生活热水、采暖、空调、通风和照明等能耗,而电梯和家用电器等用能设备的能耗不算做建筑能耗。建筑能耗中近70%为采暖和生活热水消耗。法国目前的居住建筑的采暖主要采用天然气、电力和热油3种形式。在单体独立建筑中,三者的使用比例几乎相当；在多层集中供热的公寓式建筑中，使用天然气采暖的住宅占56%，使用热油采暖的约占21%，其他能源的区域采暖占23%；而在分户采暖的集合建筑中，电力采暖和天然气为最主要的采暖方式，分别占50%和48%。在所有建筑中，使用天然气采暖的住房约占44%，使用热油和电力采暖的分别为26%和21%。

在建筑节能方面，法国政府自1974年以来相继出台了多部有关建筑节能和提高能效的法规，加强了对建筑的能源管理。法国政府在2004年制定的《气候变化对策实施纲领》中明确规定建筑节能规范每5年更新一次，建筑节能目标是每5年新建建筑的单位能耗降低10%，2020年以前实现建筑能耗比2000年降低40%的目标。

（2）建筑节能标准

法国政府在1973年石油危机之后便立刻开始着手第一部有关住房采暖节能标准的制定与实施，对建筑单位面积的采暖能耗进行限制，并对建筑物墙体等围护结构的热工性能做出了强制性要求，同时开始在全国大力推广各种住房节能技术以降低新建建筑的单位采暖能耗。第一部建筑节能规范（RT1974）出台之后，分别在1977年、1982年、1988年、2000年和2005年先后进行了修订，节能标准也在不断提高。RT2000之前的建筑节能规范主要考虑如何降低居住建筑的采暖能耗，而RT2000开始对建筑的空调能耗进行规范。

随着建筑节能规范的修订，建筑节能的目标也经历了4个阶段的发展。第一部节能标准（RT1974）提出了节能25%的目标（与1974年能耗水平相比）；第二部节能标准（RT1988）提出了新的节能衡量指标；第三部节能标准（RT2000）提出了在1988年的基础上节能25%的目标；目前执行的节能标准提出了在2000年的基础上再节能15%的目标，并提出了具有绿色建筑概念的"HQE"高环境质量标准。

① RT1974（1974~1988年）

这部规范规定所有新建建筑在冬季室内温度达到18℃的前提下，采暖能耗比当时的既有建筑降低25%。规范对建筑物的综合传热系数G和围护结构各个构件的传热系数K的上限依照房屋的类型和所处的气候区域做出了明确的规定。

② RT1988（1989~2000年）

修改后的规范规定新建建筑的热工性能提高25%，同时对生活热水的能耗、不同能源和不同类型建筑墙体和其他部分的保温性能和单位采暖能耗进行了限制规定。另外，还引入了3个新的住宅建筑热工性能指标，并同时开始考虑采暖设备的能效，利用单位面积年采暖能耗C来限制居住建筑的采暖能耗。

③ RT2000（2001~2005年）

在对建筑的采暖能耗做出限制的同时，RT2000对建筑整体能耗（包括采暖、空调、通风、热水和照明等）做出了详细规定，要求居住建筑节能10%，非居住建筑节能25%。规范要求建筑设计人员对采取的各种建筑节能措施所对应实现减少CO_2排放的贡献进行具体量化。这样，RT2000使得对住宅建筑的环境效益评估得以实现。

④ RT2005（2006年至今）

这是法国目前最新的一部建筑节能规范，从2006年开始正式实施。RT2005的目标是将建筑的热工性能再提高15%，鼓励屋顶利用太阳能、其他可再生能源的利用以及垃圾的回收利用。对于有条件利用可再生能源供应生活热水而没有使用的设计方案，在进行具体的能耗计算评估后将有相应的惩罚措施。

另外，在房屋建设完工后，业主必须向法国政府相应的行政管理部门出示"建筑热工性能调查书"。

⑤ HQE——高环境质量标准

高环境质量标准（HQE）是一个针对建筑施工过程对环境的影响和使用者的舒适度与健康度的整体管理概念，目的在于要求建筑物必须达到相应的环境质量要求。包括3个等级：低能效——达到能效规范（RT2005）要求的级别（100~130kWh/（$m^2 \cdot a$）），中等能效——在能效规范规定的级别之上（80~105kWh/（$m^2 \cdot a$）），高能效——在资金支持的基础上尽可能达到的最高能效水平（50~65kWh/（$m^2 \cdot a$））。

（3）可再生能源应用

法国太阳能日辐射量为3.34kWh/m^2，属于太阳能资源一般条件地带，为推动可再生能源的利用，法国政府在2000年发起了号召使用太阳能热水器的"太阳行动"，法国地方政府和法国环境与能源管理局每年拨出专款，除培训太阳能热水器安装修理人员外，还承担消费者购买和安装太阳能热水器30%的费用。2008年，法国又提出在2011年之前每个大区将至少建造1座太阳能发电站，政府支持各地，特别是南方等阳光充足的地区发展太阳能，并使电价更具竞争力，届时全法国太阳能发电量有望达到300MW，这相当于建造2座核电站。另外，在2009~2010年拨款10亿欧元设立"可再生热能基金"，主要用于推动公共建筑、工业建筑和第三产业建筑中采用太阳能和地热能，提供热资源的多样化。

2020年将可再生清洁能源占总能源消耗的比例由2005年的10.3%提高至23%以上，相当于节省2 000Mtce消耗。其中太阳能光伏发电由2008年的18MW达到2020年的5 400MW，风力发电装机容量由现在2 500MW提高到2020年的25 000MW，地热利用到2020年将在现在的基础上增加5倍，使200万户家庭能够使用上地热能源。

1.7.2 住房建筑工业化

法国是世界上推行住房建筑工业化最早的国家之一。20世纪50年代到70年代走过了一条以全装配式大板和工具式模板现浇工艺为标志的建筑工业化道路。在这一阶段进行了大规模成片住房建设，在城市周围建成了许多新居住区，以解决住房有无问题。与此相应，出现了许多"专用建筑体系",如比较著名的卡缪（Camus）体系、巴雷（Barets）体系、特拉可巴4型（Tracoba-4）隧道模体系等。不同建筑体系出自不同厂商,各建筑体系的构件互不通用。到20世纪70年代,住房矛盾有所缓和,工程规模缩小,建造量分散,原有构件厂开工率不足,再加上工业化住房暴露出的千篇一律的缺点,迫使法国去寻求建筑工业化的新途径。为适应建筑市场的需求,发展通用构配件的设想应运而生。

为发展建筑通用体系,法国于1977年成立构件建筑协会（ACC）,作为推动工业化的调研和协调中心。1978年该协会制订尺寸协调规则。同年,住房部提出以推广"构造体系"（Systeme Constructif）,作为向通用建筑体系过渡的一种手段。

构造体系是以尺寸协调规则为基础,由施工企业或设计事务所提出的主体结构体系。它由一系列能相互代换的定型构件组成,形成该体系的构件目录。建筑师可以采用其中的构件,像搭积木一样组成多样化的建筑（积木式体系）。建筑师使用这种体系时,必须采用构件目录中的构件,并遵循相应的设计规则,当然在建筑艺术上也会受到一定的限制。所以,法国不主张在全国只搞一个构造体系,而是搞一批,以供业主挑选。

住房部为了评选构造体系,委托建筑科技中心（CSTB）组成由工程师、建筑师和经济师三方面人员组成的评审委员会,对构造体系进行审批。到1981年,全国已选出25种构造体系,年建造量约为1万户。在选出的25种构造体系中,除少部分是木结构和钢结构外,绝大部分是混凝土预制体系,多户住房体系略多于独户住房体系。构造体系一般表现出以下特点:

——为使多户住房的室内设计灵活自由,结构较多采用框架式或板柱式,墙体承重体系向大跨发展,Leiga建造体系的跨度为12m。

——为加快现场施工速度,创造文明的施工环境,不少体系采用焊接和螺栓连接。

——倾向于将结构构件生产与设备安装和装修工程分开,以减少预制构件中的预埋件和预留孔,简化节点,减少构件规格。施工时,在主体结构交工后再进行设备安装和装修工程,前者为后者提供理想的工作环境。

——构造体系最突出的优点是建筑设计灵活多样。它作为一种设计工具,仅向建筑师提供一系列构配件及其组合规律,至于设计成什么样的建筑,建筑师有较大的自由。所以采用同一体系建造的房屋,只要出自不同建筑师之手,造型大不相同。

构造体系虽然遵循尺寸协调规则,但规则本身较灵活,允许不同的协调方式,另外各体系的结构及接点也不一致,不同体系的构件一般不能通用,所以构造体系仍属专用体系范畴。通过发展构造体系建立一个通用构件市场的设想未能实现。

1982年,针对上述情况,法国政府调整了技术政策,推行构件生产与施工分离的原则,发展面向全行业的通用构配件的商品生产。法国认为,要求所有构件都做到通用是不现实的,因此准备在通用化上做些让步,也就是说,一套构件目录只要与某些其他目录协调,并组成一个"构造逻辑系统"即可,这一组合不仅在技术上、经济上可行,还应能组成多样化的建筑。每个"构造逻辑系统"形成一个软件,用计算机进行管理,不仅能进行辅助设计,而且可快速提供工程造价。

从20世纪90年代开始,为了缓解全球气候变暖、降低温室气体排放,法国等欧盟国家率先提出城市和建筑的可持续发展,住房建筑工业化的重点转向节能、降低住房的能源消耗、水消耗、材料消耗,减少对环境的负荷,实现资源的循环利用,倡导可持续发展。2000年1月法国开始实施"预防气候变化全国行动计划",同年12月又出台了"全国改善能源消耗效率行动"方案。

1995年,法国正式推出"HQE"建筑认定体系,在延续其住房性能(品质)的基础上,进一步加入了高性能住房与环境和谐共生的内涵,提出了发展"高品质环保"建筑的概念。经过10多年的努力,法国已经形成了十几个高品质环保住房的模式。

主要参考文献

[1] Insee, compte satellite du logement.

[2] CSL 2011−estimations en dates réelles à partir de Sit@del2 base au 30/06/12, France métropolitaine.

[3] SoeS, Compte du logement 2010.

[4] SoeS, EPLS au 1er janvier 2010.

[5] 赵明,弗兰克·舍雷尔. 法国社会住宅政策的演变及其启示. 国际城市规划,2008,23(2).

[6] 刘成璧,张晓蕴. 法国住宅类税收及其对中国的借鉴[J]. 北京工商大学学报(社会科学版),2007,22(2).

[7] 武涌,孙金颖,吕石磊. 欧盟及法国建筑节能政策与融资机制借鉴与启示[J]. 建筑科学,2010,26(2).

[8] 法国政府官方网站:http://www.gouvernement.fr/gouvernement/composition-du-gouvernement.

2 德国

GDP：26 442亿欧元（折合33 973亿美元，2012年）
人均GDP：3.23万欧元（折合4.15万美元，2012年）
国土面积：35.7万km²（2012年12月）
人　　口：8 200万人
人口密度：230人／km²
城市化率：74%（2012年）

2.1 住房现状

2011年德国住房市场有4 047.4万套住房，4 044万户家庭（每户家庭平均有2.0人），即平均每两人拥有一套住房，人均居住面积达43m²，住房市场总体供需平衡。住房空置率约为8.6%，这一数据相较2006年的调查上升了0.5个百分点，2006年住房空置率为8.1%。

德国2008~2011年住房规模及面积　　表2-1

	单位	2008年	2009年	2010年	2011年
住房总数	千套	40 057.3	40 183.6	40 318.5	40 473.8
其中住房房间数					
1间	千套	849.5	852.2	854.9	858.7
2间	千套	2 454.2	2 462.3	2 472.2	2 483.5
3间	千套	8 576.9	8 591.1	8 608.6	8 628.4
4间	千套	11 751.0	11 767.1	11 785.2	11 808.8
5间	千套	7 833.6	7 863.0	7 892.8	7 927.1
6间	千套	4 357.3	4 384.1	4 411.3	4 442.0

续表

	单位	2008年	2009年	2010年	2011年
7间及以上	千套	4 234.8	4 263.8	4 293.5	4 325.5
房间数合计	千个	176 859.7	177 523.5	178 218.4	179 007.6
总居住面积	100万m²	3 462.3	3 479.0	3 496.4	3 516.2
每千人拥有住房数	套	488	491	493	495
每套住房的居住面积	m²	86.4	86.6	86.7	86.9
人均居住面积	m²	42.2	42.5	42.8	43.0
每套住房平均房间数	个	4.4	4.4	4.4	4.4

从住宅的类型来看，德国住房分为独户住房、两户住房、多户住房（三户及以上）及其他住房。在德国，多户住房占比较大，其次为独户住房。细观东西地区可以发现，东部德国的多户住房比例较大，独户和两户住房比例均小于西部地区。

德国2003~2013年家庭数量及住房类型占比（单位：%） 表2-2

	全德国			原西部德国（不包括原西柏林地区）			原东部德国（包括整个柏林）		
	2003	2008	2013	2003	2008	2013	2003	2008	2013
总家庭数（千户）	37 931	39 077	40 032	30 861	31 771	31 440	7 070	7 306	8 592
独户住房	32.0	33.0	33.1	33.6	34.3	35.1	25.6	27.4	25.7
两户住房	13.9	11.9	11.1	15.2	13.1	12.5	8.2	6.7	6.1
多户住房	52.2	53.3	53.9	49.3	50.8	50.4	64.6	64.3	66.5
其他住房	1.8	1.7	2.0	1.9	1.8	2.0	1.6	1.5	1.7

从住房建造时间来看，德国近十年来新建住房占比例较小，近半数的现有住房是在1949年至1978年间建成的。2011年的统计数据显示，2000年以后德国新建住房仅占总数的6.20%，约为247.1万套，1949年前建造的房屋仍占总数的24.2%。

德国住房建造时间、住房类型及其所有权　　　　　表2-3

	住宅楼	
	住宅楼（单位：幢）	楼内的住房（单位：幢）
总量	18 387 704	39 887 964
建造时间		
1919年以前	2 464 205	5 360 579
1919～1948年	2 237 552	4 280 762
1949～1978年	7 029 725	17 271 001
1979～1986年	1 795 051	3 847 057
1987～1990年	721 743	1 416 545
1991～1995年	1 128 808	2 556 777
1961～2000年	1 411 439	2 683 817
2001～2004年	781 174	1 178 815
2005～2008年	587 703	910 834
2009年及之后	230 304	381 777
住宅楼中住房的数量		
一套住房	11 961 722	11 930 332
两套住房	3 164 161	6 259 424
3至6套住房	2 171 311	8 915 550
7至12套住房	871 506	7 706 650
13套住房及以上	219 004	5 076 008
住宅楼的所有权		
集体所有*	1 756 915	9 059 389
私人所有	15 545 662	23 093 229
住房合作社	288 241	2 101 767
地方及地方住房企业	307 278	2 278 118
私营住房企业	305 299	2 165 937
其他住房企业	93 130	603 546
联邦或联邦州	40 553	298 279
非营利机构	50 626	287 699

注：*原文为：Gemeinshaft von Wohnungseigentümern

从住宅楼的所有权来看，私人所有的住宅楼占比为84.5%，而属于各级政府所有的住宅楼比率则为1.9%。

根据德国EVS2013调查统计[①]，截止到2013年1月1日，德国住房市场总体上仍然是租房者比率（57%）高于自有住房者比率（43%），且该数据在过去15年内都未发生过大的改变，与其他各国相比德国租赁住房的比率较高。在西部联邦州区域租房家庭与拥有自有住房的家庭占比差距不明显，且拥有自有住房的家庭占比在小幅增加（但比率一直低于50%），而在原东德地区租房者比率就远高于拥有自有住房者，且这一比率在1998年至2013年间未出现明显的变化。

从住房面积与住房所有权关系来看，2013年德国家庭住房平均面积为91.9m²，租房家庭的面积远低于自有住房家庭的住房面积，约为其面积的57%。西部联邦州的住房平均面积仍远大于原东德地区（分别为95.7m²和78.3m²）。

德国住房面积与住房所有权的关系　　　　　　表2-4

年份	德国			老联邦州			新联邦州		
	总计	租房者	自有住房者	总计	租房者	自有住房者	总计	租房者	自有住房者
（单位：%）									
1998	100.0	59.7	40.3	100.0	56.4	43.6	100.0	74.1	25.9
2003	100.0	57.0	43.0	100.0	54.4	45.6	100.0	68.3	31.7
2008	100.0	56.8	43.2	100.0	54.3	45.6	100.0	67.5	32.5
2013	100.0	57.0	43.0	100.0	53.9	46.1	100.0	68.6	31.4
（单位：m²）									
1998	88.6	68.3	118.6	92.3	70.8	120.1	72.3	60.7	105.5
2003	91.6	70.1	120.1	95.0	72.4	121.9	77.0	61.7	109.9
2008	91.7	69.4	121.0	94.9	71.4	122.9	77.7	62.4	109.5
2013	91.9	69.4	121.9	95.7	71.5	123.9	78.3	63.4	110.7

2012年德国城市住房租赁市场供求关系持续激化，而乡村地区房屋空置率有所上升，地区间住房市场发展差异明显。人口大量流向城市带来的德国"再城市化"的现象，让住房问题成了2013年德国联邦大选的热门议题，如何解决城市低收入人群住房需求的问题也成为政府急于解决的难题；资金应该用于旧房改造还是新房建设，也成为各联邦州当下思考的问题。

[①] EVS统计是由德国官方进行的针对德国家庭生活情况作出的调查统计，每五年进行一次，https://www.destatis.de/DE/ZahlenFakten/GesellschaftStaat/EinkommenKonsumLebensbedingungen/EVS2013/EVS2013.html, 2013.11.10.

1998～2010年德国及东西部住房空置率（单位：%）　　　　表2-5

年份\地区	1998年	2002年	2006年	2010年
德国	7.5	8.2	8.1	8.6
西部德国	6.1	6.7	6.8	7.8
新联邦州	13.2	14.4	12.4	11.5

经济、社会及人口的发展影响着德国民众对住房的需求。随着德国社会老龄化程度的加深，家庭人口结构发生变化，特别是单人户或是因职业因素两地分居的家庭在不断增多，德国民众对于住房的需求还在上升。另外，德国仍在经历再城市化过程，一线城市的住房压力在未来还会逐渐增大。

2.2 住房建设与需求

2.2.1 住房建设

观察德国历史上的住房建设周期可以发现，其新房建设量自第二次世界大战后经历了比较大的变化。在20世纪50年代，德国大量建设新房及社会住房，以解决战后房荒问题。而从60年代起，建设量就开始逐步减少，以满足基本住房需求为目标。两德统一后，德国西部接纳了大批东部移民，故而在20世纪90年代中期新房建设量又达到高潮。自1996年起，建设量开始下降，随着住房需求的升温，又使德国开始增加住房建设量。

德国房屋建筑批准新建量（包括住房和非住房建筑）　　　　表2-6

年份	住宅楼数 单位：幢	总体积 单位：千立方米	住房套数 单位：套	使用面积 单位：千平方米	居住面积	建设预算 单位：百万欧元
2009	119 026	289 178	157 029	33 380	17 890	46 957
2010	125 661	294 472	167 759	32 761	19 165	46 685
2011	144 797	338 033	204 724	36 061	23 324	55 751
2012	139 492	339 051	216 594	36 166	23 953	58 279

2012年德国批准新建住宅数量　　　　表2-7

项目	住宅楼数 单位：幢	总体积 单位：千立方米	住房套数 单位：套	使用面积 单位：千平方米	居住面积	建设预算 单位：百万欧元
总计	109 128	126 986	212 636	6 040	23 614	33 849
按住宅楼类型（单位：%）						
独户住房	81.3	56.1	41.7	57.1	55.8	55.8
两户住房	8.2	8.4	8.5	8.6	8.3	8.3
三户及以上住房	10.3	34.3	45.7	33.1	34.7	34.5
宿舍楼	0.2	1.2	4.1	1.1	1.2	1.4
按住房所有权（单位：%）						
公共机构[①]	0.5	1.4	2.6	1.3	1.4	1.7
住房企业	16.9	28.8	36.6	26.1	29.6	28.6
房地产基金	0.2	0.5	0.8	0.5	0.5	0.5
其他企业	3.2	4.8	5.8	4.9	4.7	4.7
私人户主	79.2	64.5	54.2	67.2	63.8	64.5

注：① 公共机构：地方政府、社会保险机构或非营利机构。

德国房屋建筑竣工量（包括住房和非住房建筑）　　　　表2-8

年份	住宅楼数 单位：幢	总体积 单位：千立方米	住房套数 单位：套	使用面积 单位：千平方米	居住面积	建设预算 单位：百万欧元
2008	122 939	303 590	155 820	33 773	17 939	42 382
2009	109 053	282 519	140 166	32 018	16 087	41 134
2010	111 330	260 194	142 891	29 636	16 415	40 267
2011	125 022	276 057	164 178	30 728	18 898	45 095

2011年德国住宅竣工量　　　　表2-9

项目	住宅楼数 单位：幢	总体积 单位：千立方米	住房套数 单位：套	使用面积 单位：千平方米	居住面积	建设预算 单位：百万欧元
住宅楼	96 549	100 959	161 186	4 728	18 636	25 056
按住宅楼类型（单位：%）						
独户住房	84.0	63.6	50.3	64.4	63.3	63.5
两户住房	8.2	9.3	9.9	9.5	9.3	9.3
三户及以上住房	7.6	26.1	38.0	24.8	26.9	26.0
宿舍楼	0.2	1.0	1.8	1.3	0.5	1.2
按住房所有权（单位：%）						
公共机构①	0.5	1.4	2.1	1.5	1.1	1.6
住房企业	18.2	26.3	33.9	22.4	27.4	25.8
房地产基金	0.1	0.2	0.4	0.2	0.3	0.2
其他企业	3.4	4.2	4.8	4.4	4.0	3.9
私人户主	77.8	68.0	58.8	71.6	67.2	68.5

注：① 公共机构：地方政府、社会保险机构或非营利机构。

对新房建设的大量需求主要集中于人口密集城市和地区，例如慕尼黑或是法兰克福及周边地区，有些地区的批准建设量增长近七成，这样的需求预计在2012年还会得到延续。据估计，到2017年还缺少82.5万套住房。

新房建设量势必会随着住房市场的需求而增长，据德国科隆经济研究所的预测报告，至2015年新建成的多层住房会达23.6万套，相比2010年建成的住房量要多出五成。如果算上一定比例的空置住房和未交付的新房，2015年很可能会有26万套的新建住房量。但由于近十年来，住房建筑成本上升了26%，德国和欧盟对房屋的节能标准也有所提高，所以很多房产公司新建住房开工还是十分谨慎的。

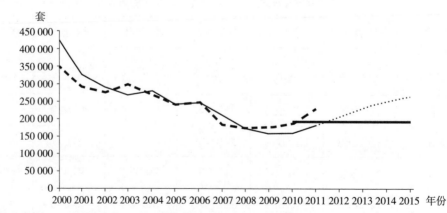

图2-1　2000~2011年德国批准建设量，2010~2015年新建设住房量需求，及由BMVBS估算的2011~2015年的预计建设量

针对德国买房者偏好单户房的需求，新房建设也是更集中于建设此类型的住房。据预测，至2025年德国的单户房的建设量都会高于多户房。

德国住房建造预测量　　　　　表2-10

项目	合计	2010～2015年	2016～2020年	2021～2025年
新建单户和两户住房	344 000	122 000	115 000	107 000
新建多户住房	203 000	71 000	70 000	62 000
合计	547 000	193 000	185 000	169 000

但除了一线城市外，许多地区特别是东部地区，面临着大量房屋空置的问题。2010年德国可居住住房中住房空置率达8.6%，与2006年相比有小幅上升。西部房屋空置率相比东部要低，但东部房屋空置率相比2006年时已有所下降，这是由于东部各州拆除了不少空置住房。

2.2.2　住房需求

据研究机构最新预测报告，未来十年德国一线城市的人口还会增加，随之而来对住房的需求还会上升，许多城市如慕尼黑、科隆、汉堡等房租会出现较快上涨，对于居民尤其是对于低收入人群而言，居住的负担将会加重。专家预测，一线城市房租的上涨，可能会带来城市周边地区的自有住房比率相应提升。

随着德国人口结构的变化，德国住房市场的住户结构也在发生变化。综合德国出生率、移民水平、预期寿命及人口老龄化等因素，预计到2050年德国人口将减少900万，达到或超过60岁的人将占总人口的34%。但由于单身住户和双人住户的比重会不断上升，故而据预测到2050年，德国单身住户的比例将超过40%，在某些联邦州甚至可能会达到55%。因此，未来人口数量的减少并不会带来德国住房市场上住房需求的减少。不过这也会使未来德国住房市场更加复杂化，因为不同的生活方式会对住房条件产生不同的要求。而市场在解决这样的问题会比政府干预要更加高效，联邦政府在不放弃对弱势群体的帮助前提下，给市场提供更多自由，将是符合社会市场经济的基本原则的。

2.3　住房发展管理体制

在德国，住房建设被视为德国社会福利机制的重要部分。在政府层面，住房保障责任在三级政府间有明确划分，联邦负责设立法律框架，16个联邦州参与法律制定，并具体负责社会住房项目，而市镇级政府则负责城市土地管理，为住房提供基础设施，具体办理社会住房出租管理等。2006年生效的联邦制度改革，将住房职责划归各州政府，联邦政府从2007~2019年仍会向地方发放财政资金，但以后将由各州自主负责住房领域。

联邦层面主管住房领域的是联邦交通、建设和城乡建设部（BMVBS），该部前身是联邦交通、建设和住房部（BMVBW），负责所有交通和建设领域的基础设施部分。同时，联邦家庭、老人、妇女和青年部（BMFSFJ）也会在例如老年人居住等方面和联邦交通、建设和城乡建设部或其他第三部门机构共同合作。另外，联邦财政部（BMF）会提供财政支持。

联邦州层面上还有州建设部长会议常务委员会（ARGEBAU），由德国各联邦州主管住房领域的部长和议员组成，委员会每年定期举行一次会议，并为制定及修改各州相关法律条款提供框架意见。

在房地产市场上，政府鼓励市场建设住房，通过市场来解决住房供给。在普遍房荒时期（如第二次世界大战后，20世纪六七十年代和两德统一后），政府会通过财税金融政策鼓励个人和私人房产企业进行建设、购置住房。而至20世纪90年代末，德国住房供给基本能满足市场要求，政府便取消了对住房建设的各种优惠政策，逐渐退出住房建设领域。

住房领域的第三部门机构参与住房领域在德国可追溯到19世纪中期，德国第一个非营利性住房合作社诞生于普鲁士时期，它集中使用会员缴纳的资金和国家贷款及补贴来建设保障性住房，所建住房的产权归集体所有，而社员享有其使用权。政府会对住房合作社提供财税金融等方面的政策性支持。随着合作社的发展，1949年，德国住房与不动产企业联邦协会在柏林诞生，该组织代表各地方联合会和全国众多的住房合作社，是德国房地产业最大的联合会。目前协会旗下有3000余家房产企业，管理超过1300万人口居住的600万套出租住房，占全德出租市场的近三分之一。2010年，联合会旗下的3000多个成员在城市建设、住房建设与维护等领域投资约90亿欧元。

鉴于房地产业对德国国民经济发展的重要意义，联邦政府也注重与房地产业界的沟通与交流。特别是在当前住房市场正在经受各方面挑战的时期（全球化，气候变化及人口结构发展等因素），联邦政府更加注重在制定政策之前与业界的沟通。2007年11月，联邦政府发起"房地产经济对话"，对话在高层和基层两个层面进行，2012年起增加了专家层面的对话，话题包含节能、老人宜居、市场预测、现房改造翻新及住房金融等。2012年共进行了一次高层对话，一次专家对话和两次基层对话。

另外，德国租房者协会也是成立较早的、至今影响力较大的法团组织。自20世纪60年代起，协会能较成功地表达和实现租房者的政治诉求（租房法中的"解约保护"等）。协会主要任务是保护租房者的利益，并为会员提供法律咨询，另外还会在地方住房政策制定过程中发挥影响作用。租房者协会的政治主张主要是要让所有人付得起房租，要求有效的住房补助金和足够的住房，特别要求持续推进社会住房的建设。协会还会在城市建设和发展、房产中介、水电燃气和暖气费用规定等方面的问题提供意见和建议。租房者协会和政府共同建立较为详细、持续更新的租金数据库，为本地区不同类型的住房提供市场可比的租金标准，为住房租金价格管理提供重要基础。该协会在全德国16个联邦州共有350个地方租房者协会。

除了这两个协会外，住房领域还有许多其他协会、利益集团参与，如德国房屋土地中央协会，德国自由不动产和住房企业联邦协会等。

2.4　住房立法与政策

住房具有"社会物品"及"经济物品"双重属性。二战结束后的巨大住房缺口，20世纪六七十年代人口的增长及移民的增多以及德国统一后东部地区大量居民涌入西部，都曾对德国住房市场造成很大压力。在这些社会问题背景下，德国政府更多强调了住房的"社会物品"属性，采取多种措施来恢复及稳定住房市场秩序。而自20世纪90年代末以来，德国住房市场供求基本平衡，广大居民的住房需求已得到基本满足，故而联邦政府开始转变其住房政策，逐渐淡化政府在住房市场中的角色，从强调社会公平转向更多突出经济自由，开始更为注重住房的"经济物品"属性。

2.4.1　法律法规

德国住房政策的法律基础是《民法典》，它规定了居住权是公民权利的重要组成部分，保障公民的基本居住条件是德国政府住房管理的基本目标。在"住有所居"的目标下，德国自二战后制定了较为完善的住房法律框架，兼顾住房的经济属性和社会属性，在住房建设、住房保障和住房租赁等各个方面都制定了法律条款。

在住房建设方面，原西德先后于1950年与1956年通过了第一部《住房建设法》和第二部《住房建设法》，明确规定了联邦、州、地方政府在住房建设方面的公共资金支持、税费减免、融资支持、住房保障等方面的职责和具体措施。

在住房保障方面，1965年原西德联邦政府颁布的《住房补贴法》，规定向低收入家庭发放住房补贴，补贴数额考虑家庭人口、收入水平和租金水平等因素，使补贴后家庭实际负担的住房支出相当于税后收入的20%至25%左右。

在住房租赁方面，德国《民法典》第535至580条规定了房屋租赁当事人的基本权利和义务。其中第535条到548条规定了租赁合同的一般规范，适用于所有租赁关系；第549至577条专门规范住房租赁制度。与其他租赁法相比较，住房租赁法最重要的是对承租人的解约保护。这种以承租人利益为导向的租赁法规定，早在德国1917年的《民法典》中就确立了下来，主要保护房客不被房东驱逐、房租不盲目上涨，着重维护住房租赁合同的稳定性。

另外在住宅现代化改造、税收、城市建设等多个与住房有关的方面，德国均有相关法律条款。而对住房市场上如住房售价过高、房租定价过高或其他投机行为，德国法律也有严格限制。如《刑法》规定，地产商制定的房价或是房东所定的房租超过"合理价格"的50%，则构成犯罪，会处以罚款或最高被判三年徒刑。地产商制定的房价或是房东所定的房租超过"合理价格"的20%，也将面临高额罚款。

随着欧盟一体化的深入，欧盟法对于德国住房市场的影响也越来越大。虽然具体住房职责是归各成员国及地方政府实施，但欧盟法还是会对各国的住房和城市规划政策产生间接影响，例如在发放住房补贴领域，欧盟在2011年12月出台的新补贴审查规定就为给社会提供公共服务的企业提供补贴，这在一定程度上也会改变企业的决策。欧盟的能源政策也影响着德国住房建设和修缮房屋时节能原则的优先度。另外，欧盟对金融市场规制的某些措施，也会对德国住房市场产生影响。2011年3月，欧盟提出立法建议，主张严格管理抵押贷款市场，建立负责任的抵押贷款市场，加强对消费者的保护。

2.4.2 住房政策

（1）第二次世界大战后的住房政策

鉴于第二次世界大战后住房严重紧缺问题，原西德联邦政府在短期内施行了严厉的住房管制政策，希望快速有效解决公民基本住房需求。其政策具体包括禁止取消租赁合同，租金由国家制定，私房由国家分配给需要的人等措施，但这些政策仅是短期调控手段，不能从根本上解决住房短缺问题。随着德国社会市场经济体制的建立，国家经济和社会生活逐步走上正轨，联邦政府在住房领域实施了一系列住房调控政策，以恢复有序的住房市场。

在社会保障方面，社会住房建设和住房补贴是其中最重要的手段。20世纪50年代，联邦政府实施了以推动大规模建设社会住房为核心的住房政策，对社会住房的适用范围进行限定，规定特定收入以下的人群才能申请承租，而租金则在低收入人群可承受范围内。这一时期的社会住房项目极大地促进了住房的建设，到1960年为止，400万套新建租赁房中有60%都是在政府的资助下兴建的。社会住房极大地缓解了战后初期住房短缺问题。1960年，联邦政府中止了住房管制政策，随后的住房市场商业化的发展带来租金上涨，加重了居民，尤其是低收入家庭的房租负担。政府于1965年颁布《住房补贴法》，规定向低收入家庭发放住房补贴，补贴数额考虑家庭人口、收入水平和住房支出等因素。多年实践证明，住房补贴政策对解决中低收入群体的住房需求起到了重要的支撑作用，被认为是一项切合市场需求的住房调控手段。

在住房市场方面，联邦政府重视对租房市场秩序的保障，同时促进自有住房的建设和购买。在第二次世界大战后，政府通过公共财政大力支持促进私有租赁房的建设，包括向私人或企业提供长期无息贷款及土地优惠等政策，吸引私人或企业来投资，推动住房建设。在保证租房市场有足够的租赁房屋后，政府又出台住房租赁法，在租金价格、租户和房东的权利和义务等方面做出明确规定，以保障德国租房市场的有效稳定运行。在租金方面，租金价格由当事人商议确定，以后租金可以上涨，但三年内房租涨幅不得超过20%，排除了出租人单方面决定上涨租金数额的权利。对于购置私有住房以供自己使用的人，第二部《住房建设法》规定对自有住房建设进行扶持，其主要措施包括：提供建筑用地；提供贷款担保和利息补贴，给予税收和其他费用的减免优惠；为住房建设储蓄提供补贴。此后，20世纪70年代中期开始实施促进二手房私有化的措施，80年代开始对参加住房储蓄计划的居民和信贷机构进行补贴，鼓励住房基金的积累和有效使用。1996年，联邦政府还实行自有住房补贴政策，鼓励私人购买住房。

以上这几种对租房市场及自有住房的调控手段，解决了第二次世界大战后德国严峻的住房紧缺问题，有效抑制了租金上涨，保障了公民的住房需求和权利。在这些手段的综合调控下，德国住房市场的供求关系基本平衡。2002年德国住房数量超过3800万套，人均住房面积达到41.6m^2。与战后相比，德国住房市场已发生了根本性的变化，基本处于稳定状态，房价及房租水平浮动相对很小。

（2）20世纪90年代以后住房政策的变化

由社民党与绿党组成的联合政府上台后，对德国多个领域进行了改革，德国的住房政策也发生了变化。

在住房保障方面，由社会住房促进取代社会住房建设，政府加强了住房补贴的作用。2001年底联邦政府最终停止了社会住房建设，2002年《房屋促进法》颁布实施，取代了1956年的《住房建设法》。该法规定，政府住房政策的调控目标"不再是为广大的市民阶层，而是为那些在住房市场上以自己的能力无法获得住房的人群解决住房问题"，这是因为现今运作良好的住房市场已可以保证德国大多数家庭的住房需求。"以自己的能力无法获得住房的人群"包括低收入家庭、多子女家庭、单亲家庭、老人、残疾人等需要帮助的居民。该法律虽然认可了社会住房作为具有社会责任的住房政策的基本地位，但同时指出，随着时代的变迁，社会住房的使命已经发生了改变。早在该法律出台之前，自20世纪60年代起社会住房建设就已经大幅减少。在两德统一后的1994年，社会住房建设又再次达到高潮，超过了16万套，此后逐渐减少。1999年到2001年的建设总量已不足14.5万套。在住房数量基本满足市场需求的情况下，政府不再大力建设住房，转而引导支持旧房改造和修缮工作。另外，政府对住房补贴也进行了改革。2001年颁布的新《住房补贴法》提高了住房补贴，并将房租和收入的变化纳入考虑范围，使之更符合家庭需求；家庭人口变化也成为住房补贴数额计算的考虑因素之一。这样，可以增强弱势群体在住房市场上的自主能力。由此，联邦政府也相应增加了对住房补贴的财政支出。

除了上述两个福利方面的住房政策变化外，考虑到人口老龄化程度加深的现实因素，近两年联邦政府还重视开展多个旨在为老年人自主生活营造便捷放心环境的项目。

在自由住房市场上，政府放宽了对公有住房（特别是联邦、州及市镇所有的住房）私有化的限制。私有化可以是直接将出租房卖给租房人而成为租房人自己的财产，即租房人私有化；或是出售给私有企业，由企业再卖给单个租房人；或成套出售给私人投资商或住房企业，或直接出售给住房企业或建立住房合作社。1997年联邦政府与德国邮政将39000套住房出售给了德意志银行的一家子公司，由此拉开了公有住房私有化的序幕。以后，私有化住房的数量和价值总额都明显增加。而造成公有住房私有化进程加快的原因，是联邦政府和州政府财政赤字严重，无力再维持公有住房的维修和翻新，只能通过出售这些住房或住房企业以改善联邦政府和州政府的财政状况。

另外，政府还根据社会的发展阶段，相应调整住房政策。针对人员流动性的增强，及传统家庭解体等现象，对租赁法进行有利于租赁人的修改，不仅对租房权进行改革，将有关租房权的规定进行了统一并重新解释，以便于理解，并且还对解约保护和提高房租的相关条款进行了重新规定。为解决人口流动带来的短租问题，租赁法缩短了用户的解约通知期限，此前租户和房主的解约通知期限总是相同，通常与租期挂钩，最长可达12个月。而改革后的租赁法将租户的解约通知期限缩短为三个月，且不再与租期挂钩，但房主的解约通知期限还是与租期长短有关，最长可达九个月。而对住房领域的税种也开始调整，例如自2006年地产购置税归州政府所管后，大多数联邦州都提高了该税税率。除此以外，联邦政府还注重提高住房市场的信息化和透明化，并越来越重视节能环保技术在新房建设和旧房修缮环节中的运用。

针对住房市场区域性差异大、社会住房资源不均衡的现状，政府还施行了"社会城市"计划和"东部城市改造"计划。由于两德统一前，东德实行了土地公有、住房分配等住房政策，这使得统一后新老联邦州之间住房经济有很大不同。政府注意到两德统一后德国住房市场的明显区域性差异，并认为城市和乡镇应当在当地住房政策中承担更多责任，为此分别于1999年和2002年开展了"社会城市"计划和"东部城市改造"计划。"社会城市"计划主要针对人口密度大、居住拥挤、基础设施不完善的社会区域，通过科学的建设住房、安置居民、翻新住房，完善基础设施，创造更多工作岗位等方式来改善这些地区的居住条件和生活水平；"东部城市改造"计划则主要针对人口密度小、经济不发达的东部地区的住房空置现象，目标是提高东部城市和乡镇的生活、住房和就业水平。这两个计划是以城市作为申请者来申请促进资金，而资金先前已按照特定比例分配给各州，但这两个项目没有被作为法律规定下来。

从上述转变可以看出，住房数量不再是德国住房市场的主要矛盾，中低收入阶层的住房需求也基本得到满足。在拥有一定数量的社会保障房基础上，德国的住房政策就不再单纯关注住房数量，而是更注重少数弱势群体的住房需求，增强他们在住房市场上的活动能力。同时联邦政府在逐步弱化自身在住房市场上的地位，包括减少对住房市场的干预，更多让私有企业或私人参与市场，地方政府或地区也开始发挥更大作用，即住房经济在朝着更为自由化的方向发展。另外，随着欧洲一体化和全球化的深入，住房政策的横向跨领域特征越来越突出，政府制定政策时要考虑的因素也日渐增多。

2.5 公共住房供应

2.5.1 社会住房建设

德国采用"社会住房"概念，得到政府资助是这类住房的最大特征。第二次世界大战后原西德联邦政府开展了大规模的社会住房建设，除了政府直接建设社会住房外，采取的主要方式是政府拨款，通过资助私人企业、住房合作社或个人等，促进私有租赁房的建设。私人或企业可与政府签订合同，政府为他们提供30年的长期无息贷款及土地优惠政策，住房建成后，优先以低价出租给政府审核过的低收入人群，待合同期满后（约为30年），才可以市场价出租或出售。1951年至1980年间，原西德联邦政府约支出1150亿欧元，建设了600万套社会住房，解决了战后大规模房荒的问题。而随着住房供给增加，联邦政府调整优惠政策重心，不再为住房合作社和企业提供直接补贴或优惠，逐渐退出社会住房建设领域。目前德国租赁住房整体主要以市场提供为主，78%的住房为私房，仅10%为政府提供。

对于社会住房住户的收入水平，德国政府设有严格的准入标准。德国法律目前规定的申请者最低收入为：单人年均收入12 000欧元，或家庭年均收入18 000欧元；每增加一名家庭成员，此标准可提高4 100欧元。符合此标准的个人或家庭可申请获得补贴性租房资格，该类住房的价格和使用权都受到严格管控。此标准还会根据不同时期、不同地区的实际情况相应地调整。具体标准由各州政府制定。

2.5.2 社会住房促进

随着住房供给的增加，大部分家庭的住房需求已得到满足。在均衡的住房市场上，新房建设不再是居民最主要的需求，将现有住房改造为更符合当前居民住房需求的住房则成为政府需要实现的更为重要的目标。2001年底，联邦政府最终停止了社会住房建设，2002年颁布实施《房屋促进法》，取代1956年的《住房建设法》，将重点放在社会住房促进方面，包括对房屋的节能修缮，对老年人住房进行宜居、无障碍设施改造，对低收入家庭进行住房补贴（以平衡因修缮房屋而上涨的房租）等。

随着2007年联邦制度改革，社会住房促进划归各州主管。2007~2010年间，每年为低收入或有其他困难的家庭平均新建或改造约6.5万套住房。2010年，各州为社会保障房促进投入了约10亿欧元。

2007~2010年德国受到资助的住房单元数量（单位：套）　　表2-11

所有联邦州	2007	2008	2009	2010
受资助的住房总数	56 312	72 203	73 286	57 643
其中：新建住房	19 828	21 042	23 558	22 176
投资现房措施	36 484	51 161	49 728	35 467
投资租赁房	35 664	42 508	41 688	30 845
投资自有住房措施	20 648	29 695	31 598	26 798

社会保障房促进政策中最重要的就是住房保障优惠政策的重心调整。联邦政府加强了对个人和家庭住房补贴的作用。住房补贴会根据不同家庭收入情况和家庭人口数量等设立不同的补贴标准，以保证低收入家庭有能力负担合适的住房。2011年德国政府约投入15亿欧元用作住房补贴，其中联邦和州政府各承担一半 。而自1996～2006年实行的自有住房补贴计划，则由于费用过高且效果不明显而被废除（不能有效提高德国自有住房率）。

2.6 住房价格、消费与金融

2.6.1 住房价格

德国住房市场的房价与房租相对稳定，居民住房负担总体不高。过去十年里，德国物价平均每年涨幅2%，房价每年上涨1%，即扣除物价因素，德国房价实际上在以每年1%的速度缩水。即使是金融危机，也没有对德国房价带来太多负面影响。但自2009年危机过后，德国房租出现上涨趋势，然而总体来看房租负担不大。

德国房价长期保持较低水平的主要原因有以下几点：

（1）建立相关法规

德国《宪法》和《住宅建设法》都明确规定，保障居民住房是联邦政府首要的政策目标之一。建造面积、布局、租金适合广大居民需要的住房，是德国政府制定房地产政策的出发点。

德国出台了《租房法》和《经济犯罪法》，用来保护租客利益和遏制投资投机性需求。《租房法》规定房租涨幅不能超过合理租金的20%，否则房东就构成违法行为，房客可以向法庭起诉；如果超过50%，就构成犯罪，房东甚至要被判刑。合理租金的界定标准非常严格，是由当地房屋管理部门与房客协会、中介组织沟通协商，定期给出不同类型、不同地理位置房屋的合理租价水平，这是法庭判定房租是否合理的重要依据。

德国还出台了多项严厉遏制住房投资投机性需求和开发商获取暴利行为的政策。比如，德国对住房交易及所获收益征收高额土地购买税和资本所得税。土地购买税率是3.5%，税基是土地和地面建筑物的价值总和。对住房交易获利部分，如果该房在十年内出售，就征收资本收益的25%，这一税率还适用于买卖房地产公司的股票。德国法律还严格规定房地产开发商的定价行为，按照《经济犯罪法》的规定，如果开发商制定的房价超过合理房价的20%，购房者就可以向法庭起诉。如果超过50%，就定性为"获取暴利"，开发商将面临高额罚款和最高三年徒刑的严厉惩罚。

（2）长期稳定的房贷政策

德国实行"先存后贷"合同储蓄模式和房贷固定利率机制，为稳定购房者预期和房价水平提供制度保障。德国对住房储蓄业务实行严格的分业管理，购房者不会受到国家宏观调控政策，特别是货币政策变动的影响，也不受通货膨胀等利率变动的影响。

（3）实行多元化的住房供应体系

德国住房供应体系的多元化特征明显。政府每年按照人口需求制定住房建设纲要。各地方政府会根据当地人口结构明确规定所有住房中公共住房的比例，来满足不同收入阶层居民的住房需求。另外，德国政府鼓励合作建房。政府通过贷款、土地、税收、补贴等方面的优惠政策，鼓励居民通过合作社方式建房。

另外，德国租赁市场非常发达，对分流购房需求有很大作用。与欧洲各国相比，德国的自有住房率很低。

（4）布局合理的城市发展模式

德国城市数量多且分布均匀，柏林和汉堡的人口分别只有340万和180万。2004年，德国有82个10万人口以上的行政区，70%的人口分布在2 000～10 000人的小型城镇里。合理的城市布局，使大多数德国居民分散在众多中小城市，不会出现大城市甚至超大型城市的集聚效应，为大城市房价涨幅长期保持在合理区间创造了条件。

2.6.2 住房消费

居住和能源的支出是德国家庭最重要的支出，据联邦交通、建设和城乡建设部的2011住房报告统计，这一费用当前占德国家庭消费支出约三分之一。

在租房市场上，由于有住房租赁法对租金价格方面的限制，德国住房的租金上涨幅度不大。综合2001～2011年的数据，纯冷租（不含煤气、暖气和水电）每年增长约1.1%，略低于这十年德国的通货膨胀率（约为每年1.6%）。具体来看，2010年，租房者平均每月需支付的不包含任何杂费的房租约为376欧元，折合即为5.43欧元/平方米。而家庭每月因暖气及其他杂费的支出平均约为86欧，折合为1.25欧元/平方米。

相比于家庭可支配收入，2010年纯冷租支出占德国家庭可支配收入约22.5%，加上暖气等杂费后的租金支出则约占家庭可支配收入的27%。但如果将联邦政府对于德国500万户家庭的住房补贴考虑在内，暖租支出则约占居民可支配收入的25%。

不过一些低收入家庭仍然认为房租负担过重，特别是退休人员家庭或单亲家庭。约有三分之一的退休人员家庭所付的纯冷租占家庭可支配收入的35%甚至更多，而单亲家庭的房租负担与家中未成年孩子的数量有关，一个孩子的单亲家庭所付的纯冷租约占家庭可支配收入的28%，两个孩子占30.2%，三个或三个以上则占31.1%。

对于自有住房的所有者而言，自2001~2011年，不包含暖气等杂费的私房住房成本平均每年上涨约1.5%，仍在正常的物价上涨范围内，但能源价格（包括暖气、电费等）在同一时期却涨幅明显，年增长率约为4.9%。

2.6.3 住房金融体系

德国拥有多元化的住房融资体系。在德国从事住宅信贷的金融机构很多，主要包括抵押银行、住房储蓄银行、复兴信贷银行（KFW）、各州促进银行、保险公司和商业银行等。其中，住房储蓄银行以独特的融资机制，在住房市场上占有重要的位置。

德国住房贷款的融资安排特点在于，大多数人需要从多家金融机构来获得购房所需的全部贷款，例如比较健康的融资安排可以是家庭储蓄积累、抵押贷款和住房储蓄金各为三分之一。这样多元化的融资安排不仅有利于金融机构分散风险，而且家庭的还款负担较小，是德国人对贷款工具的有效选择。

目前，德国居民使用的主要住房金融工具有以下几种。一是第一抵押贷款，主要由抵押银行和储蓄银行提供，多为可调整利率，期限为20~30年，银行对抵押资产有第一处置权；二是第二抵押贷款，主要由住房储蓄银行提供，一般期限为6~18年，平均期限为11年，这一贷款利率低且固定不变；三是浮动利率的短期抵押或无抵押贷款，主要由商业银行和保险公司提供；四是向低收入家庭提供的低息、无息贷款，主要由公营抵押银行和储蓄银行提供。

德国住房金融工具的多样化和多种融资安排，促进了各金融机构在住房市场上的公平竞争和改善金融服务。德国的抵押银行、住房储蓄银行、商业银行和保险公司之间均有密切合作，可以为客户提供"一揽子住房金融服务"，即客户只需在一家金融机构提交申请并接受审查，最后签订一份合约，即可从多家相关金融机构同时获得所有所需贷款。

2.6.4 独特的住房储蓄制度

德国住房储蓄制度是为自助而相互合作，通过大量储蓄者的参与形成一个互助集体，实行自愿、平等、互利互惠的原则，以达到住房融资的目的。1885年德国就建立了第一家住房储蓄银行，最初的理念就是大家共同集资建房购房。第二次世界大战后，由住房储蓄银行专门开展这一住房储蓄业务。

与一般商业银行的住房贷款不同，住房储蓄银行的资金是封闭运作的，它只向住房储蓄客户吸存，也只向自己的住房储户发放购建房贷款，即住房储蓄其实是份期权合同，只有借款人履行了合同规定的储蓄义务，才能获得低利率贷款的权利。客户首先与银行签订一份一定金额与一定期限的住房储蓄合同，客户按月向银行存款，当存款总额达到合同金额的40%～50%时，储户即可向银行申请合同规定的全额购房贷款。住房储蓄银行还会用一套严格的借款人资格评定体系，按存款额与存款时间等指标决定配贷顺序，以保证资金的安全公平使用。

住房储蓄制度主要有以下特点：一是先储蓄，后贷款；二是贷款利率固定，低息互助；三是政府实行储蓄奖励。该制度保障了所有需要购房的人都有机会参加住房低息储蓄，并按照购房者的储蓄来确定其获得贷款的资格，保证了储蓄与贷款之间权利与义务的对称，也保证了储户之间的机会均等。另外，住房储蓄银行的储蓄品种多样，实行多种利率，再配合政府实行的储蓄奖励和税收减免等措施，调动了居民参加住房储蓄的积极性，从而吸引大量的社会闲散资金流向住房储蓄。

虽然住房储蓄银行的资金是封闭运作，但为了加强风险控制，住房储蓄银行一般不单独发放贷款，而是与普通银行联合发放贷款，组成组合贷款，即第一抵押贷款与第二抵押贷款。由于住房储蓄互助的性质与一般商业贷款不同，客户通过先期的储蓄已证明了自己的偿还能力，所以住房储蓄贷款要比一般住房贷款的风险小，故而其利率固定，且低于普通住房贷款。

另外，政府还对住房价格进行有效调控，保证储蓄的住房购买力不会出现大幅贬值，这也是德国住房储蓄制度得以稳定有效发展的一个重要外部条件。

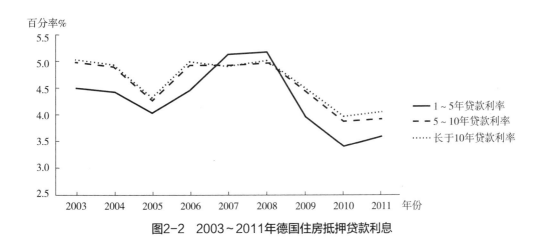

图2-2　2003～2011年德国住房抵押贷款利息

2.6.5　住房税制

从税收角度看，德国的房地产税收在欧洲是属于非常重的，且税种的设置分布在房地产建设、销售和持有等各个环节，有效抑制了房地产投资投机的行为。其税种主要有以下几种：

地产税（或土地税）属于市镇征收范围，其征税基础是每年年初按税收评估法（由相关机构根据成交土地价格得出同类土地的纳税价值）所确定的课税标准，一年一缴。同时，单户住房和多户住房也分别有不同的税率。为了鼓励居民购买住房自住，政府对居民用于自住而购买的首套住房免征地面建筑物部分的税，即此类居民每年仅需缴纳住房基地部分的地产税。

地产购置税是在土地交易环节中征收，该税曾长期是联邦税，全德国统一税率，为土地和地面建筑物两者价值总和的3.5%。自2006年起该税转变为地方税，税率由各联邦州自主决定。近年来，地产购置税税率在多数联邦州均有上调（多调为4.5%或5%）。

用于出售的房地产，还需要缴纳房屋评估价值1%~1.5%的不动产税。德国鼓励发展居民自住型购房需求，故而自有自用的住房无须缴纳不动产税。而用于营利的房产，其盈利部分也要征收税，税率为15%。如果购买的住房在十年内再次交易，则其盈利部分需要征收25%的税，同样租金也要纳入所得税征收范围，租金收入会扣除房屋折旧、房屋修缮费用等与住房有关的费用后再进行纳税。这样便大幅减少了投机炒房的收益，目的就是在鼓励房主长期持有房地产。

对拥有多套住房的人，其第二套或第二套以上住房所在地的政府，可对其第二套或第二套以上住房征收"二套房税"，且每年都需缴纳，这也大大抑制了投机炒房的行为。对于闲置空房，政府也会进行行政干预，会通过提高税率的方式来减少闲置空房的增加。

在房屋的继承环节，德国还有遗产与赠与税，其税率的高低取决于房产的价值及接受者与实施方之间的关系，例如给直系亲属的遗产与赠与税要低于给陌生人的税，税率从7%~50%不等。

另外，德国的税收征管也很严格，偷税漏税的行为将受到严厉处罚，延迟缴税也需要缴纳罚金。

总体来看，德国房地产的税收主要并非以房地产的现价来征税，而是从收益部分来征税（土地税和遗产与赠与税除外）。这样的税制设置，使投机资本在德国房地产市场很难有收益，这也和德国将房地产业定位为福利事业的理念息息相关。

2.7 住房可持续发展

自2002年起，联邦政府着手调整其住房政策，将重点置于社会住房促进方面。其中，除了向低收入家庭发放住房补贴外，政府主要着眼于房屋的改造，包括节能改造和适宜老年人居住的改造。

2.7.1 节能政策

受日本福岛核事故的影响，2011年默克尔政府做出了退出核电的"能源转向"决定，出台"2050能源概念"（Energiekonzept 2050），明确了德国至2050年的气候保护政策目标，扩大可再生能源利用与提高能效的目标，提出以1990年为基准年，至2050年，德国能源消耗应减半，温室气体排放量至少削减80%，并将可再生能源在发电量中所占的份额提高80%，可再生能源占最终能源消耗比达到60%。实现该目标，对能源消耗进行大幅削减，对德国今后40年经济、技术和社会发展将是一个巨大挑战。为逐步淘汰核能，德国大力发展以可再生能源为主的多样化能源系统，并采取一系列措施加快非核形式发电能力的投资，以便为可再生能源的利用提供支持，同时强调节能，重视能源利用率的问题。

此前，欧盟和德国已经出台了多项中长期计划，以进行经济的低碳转型。在欧盟气候变化行动计划（ECCP）、德国国家能源效率行动计划（EEAP）和德国能源与气候一揽子计划（IECP）三大成套政策框架下，德国在法规修订、市场制度、资金支持、企业引导和社会认知等各个方面都进行了相应工作。

数据显示，住房是德国主要生产消费部门中碳排放量较高的消费部门之一，故而政府主要希望减少住房的碳排放表2-10。

1990-2009年德国主要生产消费领域二氧化碳排放量（单位：亿吨）　　表2-12

部门	1990年	1995年	2000年	2005年	2008年	2009年	1990~2009年间降幅（%）
制造业建筑业	1.76	1.34	1.18	1.12	1.18	1.02	-42.0
能源生产业	4.23	3.65	3.57	3.71	3.62	3.39	-19.9
农林渔业	0.111	0.087	0.071	0.063	0.064	0.061	-45.0
住房	1.29	1.29	1.18	1.11	1.07	1.02	-20.9
运输	1.62	1.75	1.80	1.60	1.53	1.52	-6.2
商务/机构	0.640	0.527	0.451	0.397	0.409	0.376	-41.3
全部	10.61	9.52	9.18	8.95	8.83	8.23	-22.4

在三大政策框架下，德国实行了包括针对建筑物节能的能源节约法令、对新建筑引入"能源证书"、对家电实行能效标识、改革生态税等一系列法律法规，并开展多种资金支持措施，如德国复兴信贷银行（KFW）向既有建筑物的碳减排改造及新建筑物开展生态建筑项目等提供长期低息贷款。另外，政府还适度修改了《租赁法》，在房屋租赁中推广能源绩效合约

的签署。由表2-10可见，1990～2009年，德国住房领域碳排放量减少了20.9%。

据联邦经济技术部和环境部联合编制发布的第一份"未来的能源"监测报告 数据，2011年德国住房领域的最终能源消耗相比前一年下降了约18%，但报告也指出，这与2011年全年气候较为温和有关，气候因素可直接导致住房领域对供暖的需求。

"2050能源概念"的出台，表明联邦政府希望提速德国房屋碳排放量的减少，旨在到2050年将房屋热需求量减少80%，减少能源消耗（包括使用节能家电）的同时，还要大大提高住房领域对能源的利用率（包括对旧房的保温隔热改造）。

2.7.2 住房节能修缮和能源使用

总体来看，德国住房领域约有40%的终端能源消费用于供暖、生活热水及照明等，约三分之二的终端能源是由1 800万套住房所消费的，另外三分之一的能源是由约150万栋非住房建筑消费的。2011年建筑领域的终端能源消费占总量约31.1%，其中住房领域占总量的20.5%（供暖占16.5%，热水占4.0%）。

全德国现存的约四分之三的旧房是在1978年出台的建筑节能法令之前建造的，以今天的标准看来其节能措施是十分落后的。尽管政府已对部分此类旧房进行了节能整修（主要包括更换暖气和窗户），但对旧房整修还有很多工作要做。

为了实现节能和节电的目标，"能源概念"将住房领域的具体目标定为，每年建筑物翻新改造率 应增加到占建筑物的2%，2050年与2010年相比，建筑物的初级能源使用量要下降50%，基本实现建筑物的"气候中性"（klimaneutral）。2011年，房屋翻新率仍为1%。

在政府努力实现至2050年全德国大幅节能的目标的同时，社会达成的普遍共识是，对房屋的节能整修不应成为房东或租房者的过度负担。当前燃气、暖气及其他能源费用在不断攀升，近十年来德国住房冷租的涨幅一直低于其通货膨胀率，也就是说房东并不能从房租上涨中获利，而租户特别是大城市的租户所担负的租金压力却在不断增加，故德国住房与不动产企业联邦协会认为，国家应该为住房节能整修拨付更多的国家资助，从而缓解房东和租户因住房节能整修而承受的经济压力。

因住房节能整修所需费用较大，德国复兴信贷银行对既有住房的能源改造提供低息贷款和补贴。但据统计，德国约有12%的住房，若对其进行节能改造，要比拆除再新造的花费更高。因此也有专家建议，德国复兴信贷银行的贷款也应对旧房的拆除及新建开放。

2011年，约有1 662亿欧元投入到住房建设上，其中投资新房约408亿欧元，投资于现房的达1 253亿欧元，其中用于节能改造的部分约为384亿欧元（见表2-13）。

当前德国住房的供暖主要依靠传统能源，如燃油、天然气等。在终端能源消费中仅供暖系统，可再生能源的使用比重由1990年的约2.1%提升到2011年的11%，其中生物能的使用占据了最主要部分。

德国住房建筑领域的投资额（单位：十亿欧元）　　　　表2-13

年份	2010	2011
住房建设	151.8	166.2
其中：新建住房	32.9	40.8
现房整修（节能部分）	118.9（38.6）	125.3（38.4）

2.7.3 老年人住房

除了建筑能源方面的可持续性外，对老年人住房的无障碍设计和改造也是德国住房领域可持续发展理念的重要组成部分。

由于德国社会老龄化发展进程的推进，老年人占德国总人口比例越来越高。到2030年，约有近30%的人口超过65岁，而到2060年这一人口比例将会达到近三分之一。据联邦统计局统计，随着现代医学发展带来的人类期望寿命的延长，2010年德国超过80岁的人约有420万，至2030年这一数据会增长至约650万，到2050年则会达到高峰值（约1000万人）。而据统计，2011年德国约有24%的家庭是超过65岁的独居老人。这一高比例的老年人家庭结构对其居住环境提出了特殊要求，也让老年人能获得的社会接触及支持性服务变得十分重要。

为了应对社会快速的老龄化，德国联邦内阁2012年4月通过了一项人口战略的决议，其中包括决定开展"自主老年"的长期项目，旨在为老年人的自主生活创造放心而便捷的环境。联邦政府投入不少资金用于既有住房及住房周围的设施改造，截至2020年，将约有390亿欧元的投入用于对现有300万套住房的相应改造。另外，2009~2011年，联邦政府还为德国复兴信贷银行（KFW）的"老年人住房改造"项目提供了8 000万至1亿欧元的低息贷款或投资补贴。该项目启动后，也在公众中引起很大反响，因为公众看到了社会老龄化发展趋势带来的巨大挑战。2011年底联邦政府对德国复兴信贷银行资助到期，自2012年起，德国复兴信贷银行将会继续自主进行该项目，房东对私人住房的无障碍改造将会得到相应的税收优惠。

德国家庭、妇女和儿童部也推出倡议项目：社会居住——老年人居住项目。项目主要目的是让老年人尽可能久地自主自由生活。在此倡议项目下，德国家庭、妇女和儿童部联合多方，努力为老年人创造软性无障碍居住环境，发展新形式的近救援和创新服务。"活跃老年"（Aktiv im Alter）项目联合当地的合作机构，鼓励乡镇的老年人也能积极参与社会活动，发挥自己的潜力和创造力。另外，还倡导老年人与不同年龄的人多接触。

主要参考文献

[1] 联邦统计局,https://www.destatis.de/DE/ZahlenFakten/GesellschaftStaat/EinkommenKonsumLebensbedingungen/Wohnen/Tabellen/Wohnungsbestand.html, 2013.12.09.

[2] 联邦统计局,https://www.destatis.de/DE/Publikationen/Thematisch/EinkommenKonsumLebensbedingungen/EinkommenVerbrauch/EVS_HausGrundbesitzWohnverhaeltnisHaushalte2152591139004.pdf?__blob=publicationFile, P.14.

[3] 联邦统计局,https://www.destatis.de/DE/PresseService/Presse/Pressekonferenzen/2013/Zensus2011/gwz_zensus2011.pdf?__blob=publicationFile, 2013.12.10.

[4] 联邦统计局,https://www.destatis.de/DE/ZahlenFakten/GesellschaftStaat/EinkommenKonsumLebensbedingungen/Wohnen/Tabellen/HuG_Wonflaeche_AnteileEVS.html.

[5] 联邦统计局,https://www.destatis.de/DE/ZahlenFakten/GesellschaftStaat/EinkommenKonsumLebensbedingungen/Wohnen/Tabellen/Leerstandsquote.html.

[6] 左婷,郑春荣. 德国住房政策的转变及其原因分析,中外企业家[J],2011,20.

[7] 联邦统计局, Bauen und Wohnen: Mikrozensus – Zusatzerhebung 2010, Bestand und Struktur der Wohneinheiten, Wohnsituation der Haushalte, P. 13.

[8] 德国科隆经济研究所,德国住房调查,2012.10.21.

[9] 余南平. 金融危机下德国住房模式反思,德国研究[J],2010,3.

[10] Oezguer Oener. 德国的保障房与住房租赁市场,中国发展研究基金会研究参考[J],135:1.

[11] 德国租房者协会,http://www.mieterbund.de/aufgaben_ziele.html,2012.11.10.

[12] 联邦统计局,https://www.destatis.de/EN/FactsFigures/Indicators/LongTermSeries/Population/lrbev05.htm

[13] BMVBS, Bericht über die Wohungs- und Immobilienwirtschaft in Deutschland 2011, P. 45.

[14] 德国科隆经济研究所,http://www.iwkoeln.de/de/infodienste/immobilien-monitor/archiv/beitrag/87157?highlight=Eigentumsquote,2012.11.17.

[15] ZDB, Analyse & Prognose: Bauwirtschaftlicher Bericht 2011/2012.

[16] Pestel Insitut, Bedarf an Sozialwohnungen in Deutschland.

[17] Oezguer Oener. 德国的保障房与住房租赁市场[J] 中国发展研究基金会研究参考第135期.

[18] 中国驻德国使馆经商参处,http://de.mofcom.gov.cn/aarticle/ztdy/201207/20120708208500.html,2012.11.24.

[19] BMWi & BMU, Erster Monitoring-Bericht – "Energie der Zukunft", P.23.

[20] 联邦统计局,2013统计年鉴.

3 俄罗斯

GDP：625 990.57亿卢布（折合20 148.85亿美元，2012年）

人均GDP：14 056美元（2012年）

国土面积：1 707.54万km²

人　　口：14 334.7万人（2012年末）

人口密度：8.38人／km²

城市化率：74%（2012年）

3.1 住房基本情况

据《俄罗斯统计年鉴2013年》数据，2012年现有住房总量为33.45亿m²。人均住房面积为23.4m²，据《俄罗斯统计年鉴2012年》数据，在2011年6080万套中一室户1440万套，二室户2410万套，三室户1760万套，四室及四室以上户480万套。2011年每套平均面积为53.2m²，其中一室户33.6m²，二室户47.4m²，三室户63.6m²，四室及以上户103.7m²。2011年危旧住房量为9 900万m²，占住房总量3.0%。2011年登记申请住房的户数为279.9万户，占总户数的5%（表3-3），得到住房的户数为18.1万户（占6%）（表3-1）。

俄罗斯住房条件主要指标　　　表3-1

内容＼年份	1980年	1990年	1995年	2000年	2005年	2006年	2007年	2008年	2009年	2010年	2011年	2012年
现有住房（百万m²）	1 861	2 425	2 645	2 787	2 955	3 003	3 060	3 116	3 177	3 231	3 288	3 345
人均住房面积（m²）	13.4	16.4	18.0	19.2	20.8	21.0	21.4	21.8	22.2	22.6	23.0	23.4
住房套数（百万）	—	48.8	52.0	55.1	57.4	58.0	58.6	59.0	59.5	60.1	60.8	—

续表

内容\年份	1980年	1990年	1995年	2000年	2005年	2006年	2007年	2008年	2009年	2010年	2011年	2012年
其中												
一室	—	—	12.1	12.8	13.3	13.4	13.6	13.7	13.9	14.1	14.4	—
二室	—	—	21.9	22.6	23.2	23.4	23.6	23.6	23.7	23.9	24.1	—
三室	—	—	15.0	16.2	16.8	17.0	17.1	17.2	17.3	17.4	17.6	—
四室及以上	—	—	2.4	3.5	4.1	4.2	4.3	4.5	4.6	4.7	4.8	—
每套平均面积（m²）	—	46.6	47.7	49.1	50.4	50.8	51.3	51.8	52.4	52.9	53.2	—
一室	—	—	31.7	32.0	32.3	32.5	32.6	32.9	33.3	33.4	33.6	—
二室	—	—	44.7	45.4	45.7	45.9	46.2	46.5	46.9	47.2	47.4	—
三室	—	—	59.3	60.4	61.0	61.4	61.9	62.3	62.8	63.4	63.6	—
四室及以上	—	—	77.3	82.6	91.8	93.2	95.5	97.5	100.0	101.9	103.7	—
年内大修住房面积（千m²）	55 742	29 103	11 666	38 32	5 552	5 302	6 707	12 381	17 316	8 660	4 326	—
年内居住条件得到改善的户数（千户）	—	1 296	652	253	151	139	140	144	147	244	181	—
占申请住房户数的百分比	—	14	8	4	4	4	4	5	5	9	6	—
申请住房户数（千户）	—	9 964	7 698	5 419	3 384	3 118	2 911	2 864	2 830	2 818	2 799	—
占总户数的百分比	—	20	15	11	7	6	6	6	6	6	5	—

俄罗斯住房设施状况　　　　表3-2

全部住房（年）	住房设施所占比重（%）						
	供水	排水	采暖	浴室	燃气	热水	落地电灶
1995	71	66	68	61	69	55	15
2000	73	69	73	64	70	59	16
2005	76	71	80	65	70	63	17
2006	76	72	80	66	70	63	18
2007	76	72	81	66	70	64	18

全部住房（年）	住房设施所占比重（%）						
	供水	排水	采暖	浴室	燃气	热水	落地电灶
2008	77	73	82	66	69	64	18
2009	77	73	83	66	69	65	19
2010	78	74	83	67	69	65	19
2011	78	74	83	67	69	65	19

俄罗斯危旧住房状况（单位：百万m²）　　表3-3

项目	1990年	1995年	2000年	2005年	2006年	2007年	2008年	2009年	2010年	2011年
破旧与危险住房总量	32.2	37.7	65.6	94.6	95.9	99.1	99.7	99.5	99.4	99.0
其中：破旧房	28.9	32.8	56.1	83.4	83.2	84.0	83.1	80.1	78.9	78.4
危险房	3.3	4.9	9.5	11.2	12.7	15.1	16.6	19.4	20.5	20.6
破旧与危险房所占比例（%）	1.3	1.4	2.4	3.2	3.2	3.2	3.2	3.1	3.1	3.0

从住房设施状况看，2011年住房设施（供水、排水、供暖、热水、燃气及落地电灶）配备率平均达到62.7%，与2010年相比提高了13.3%，但至2012年1月1日居住在没有供水设备的住房里的居民仍有2 920万人，缺少排水设备的有3 490万人，缺少供暖设备的有2 220万人，没有热水供应的有4 710万人。

从现有住房的墙体材料看，砖材、石材是墙体主要材料，占住房面积的40.2%，板材占25.5%，木材占20.2%。

俄罗斯不同墙体材料占住房总面积的百分比（单位：%）　　表3-4

材料 \ 年份	2001	2009	2010	2011
石材、砖	38.5	39.9	40.1	40.2
板材	26.5	25.8	25.6	25.5
木材	22.8	20.6	20.4	20.2
砌块	5.2	5.4	5.5	5.6
混合	2.9	3.3	3.3	3.3

续表

年份 材料	2001	2009	2010	2011
现浇	—	1.0	1.1	1.2
其他	4.1	4.0	4.0	4.0

2011年俄罗斯不同房龄住房所占比例和损坏率（单位：%）　　表3-5

	住房总面积	独户住房数量	多户住房数量
建成年份			
1920年以前	2.6	4.9	4.4
1921~1945年	4.5	10.2	7.2
1946~1970年	29.7	43.3	36.9
1971~1995年	42.5	27.7	44.1
1995年以后	20.7	13.9	7.4
损坏率			
0~30%	62.1	39.5	39.4
31%~65%	34.3	53.5	51.5
66%~70%	2.6	5.2	6.6
70%以上	1.0	1.8	2.5

从住房建设年代看，房龄在40年以上的住房占很大比重，其损坏程度在30%以上。

2009年，俄罗斯社会调查数据显示，大约有60%的家庭在不同程度上存在着需要改善居住条件的问题，其中32%的家庭面临严重的住房问题并需在近3年内加以解决。有1/4家庭的住房条件非常差，等待分配社会住房的时间，2009年为8年，2010年降低到5~7年。

3.2 住房投资与建设

3.2.1 住房投资

2000年以来，俄罗斯住房投资一般占GDP 2%~3%之间，2012年住房投资19 105亿卢布占GDP 625 990亿卢布的3%。2000年以来住房投资在固定资产投资中所占比例一般在11%~15%之间，2012年较高，为15.2%。

俄罗斯固定资产投资状况　　　　　　　　　　　　表3-6

	2000年	2005年	2006年	2007年	2008年	2009年	2010年	2011年	2012年
	单位：十亿卢布								
固定资产投资总额	1 165.2	3 611.1	4 730.0	6 716.2	8 781.6	7 976.0	9 152.1	10 776.8	12 568.8①
其中									
住房	132.0	434.2	557.2	876.3	1 193.8	1 036.9	1 111.2	1 566.9	1 910.5②
除住房外的建筑物与构筑物	502.2	1 460.2	1 935.3	2 798.4	3 742.2	3 482.2	3 965.5	4 751.9	5 354.3②
机械、设备	426.6	1 484.0	1 917.5	2 612.3	3 311.9	2 970.2	3 470.5	3 791.2	4 562.5②
其他	104.4	232.7	320.0	429.2	533.7	486.7	604.9	666.8	741.5②
	单位：百分比								
固定资产投资总额	100	100	100	100	100	100	100	100	100
其中									
住房	11.3	12.0	11.8	13.0	13.6	13.0	12.2	12.7	15.2
除住房外的建筑物与构筑物	43.1	40.4	40.9	41.7	42.6	43.7	43.3	43.3	42.6
机械、设备	36.6	41.1	40.5	38.9	37.7	37.2	37.9	37.9	36.3
其他	9.0	6.5	6.8	6.4	6.1	6.1	6.6	6.1	5.9

注：① 按现行价格计。
② 根据百分比换算得出（俄罗斯统计年鉴2013年只有百分比数据）。

3.2.2 住房建设

近几年俄罗斯住房建设量一直在6 000万m²上下徘徊，2012年达到最高水平，为6 570万m²。

图3-1　2000～2012年俄罗斯住房竣工量

从不同所有制关系看，2012年建成的住房中，国有住房占5.1%，地方所有住房占2.6%，私有住房占87.8%，其他住房占1.2%。

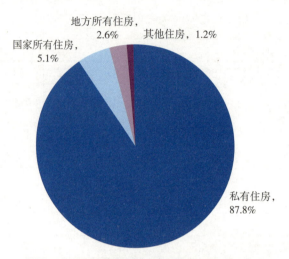

图3-2　2012年俄罗斯竣工住房不同产权的构成

从竣工套户的类型看，2012年竣工83.8万套（每套平均面积78.4m^2），其中一室户占38%，二室户占32%，三室户占20%，四室及四室以上户占10%。

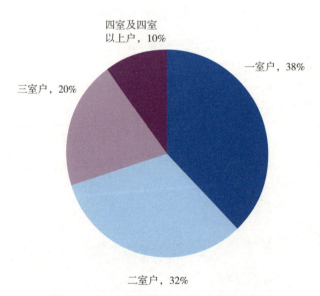

图3-3　2012年俄罗斯竣工住房的户型构成

在改善居住条件方面，2011年初申请住房户为282万户，占总户数的5.1%；在2011年已改善居住条件的户数为18.1万户，占申请住房户的6.4%。

图3-4 俄罗斯申请住房户和已改善住房户

3.2.3 到2015年的建设规划

俄罗斯于2010年12月颁布了《2011~2015年联邦住房专项规划》,《规划》要求到2015年要实现以下主要目标：

① 改善居住条件：人均住房面积从2009年的22.4m²，提高到24.2m²；

② 提高住房购买能力：总面积54m²标准套户的平均造价相当于3口之家4年的年平均总收入（2009年为4.8）；利用自有资金和借贷资金能够购买符合住房面积标准的家庭从12%提高到30%。

③ 住房年竣工面积从2009年的5 980万m²，提高到2015年的9 000万m²；符合经济型住房标准（见3.5.3节）的住房竣工量到2015年要达到40%。

④ 通过联邦、各联邦主体和地方预算拨款，在2011~2015年间保证为17.2万青年人家庭提供住房；通过联邦预算，在2011~2015年间为8.69万法律规定的各类居民家庭（如现役、退役军人家庭，强制搬迁家庭，参与救灾、核辐射、家庭等）改善居住条件。

⑤ 在"促进住房公用事业改革基金"支持下，在2011~2015年间将对48万危房户进行搬迁。

3.3 管理体制

在住房与市政领域，可以明显看出决策管理层和科技支撑层两个层次。决策层表现为俄罗斯地区发展部的活动；科技支撑层则集中表现为俄罗斯建筑学与建筑科学院的活动。

3.3.1 地区发展部

从2005年起,俄罗斯地区发展部承担全国住房与居住市政事业发展的管理工作。该部工作的总目标是为全国各地区发展创造最为良好的条件,其职责范围要比以前的国家建委广得多。该部在地区发展战略与规划方面做了大量的工作。目前,该部已制定批准了全国8个大区的发展战略,并在发展战略框架下,确定了33个首期投资项目,开展了各联邦主体的国土规划编制工作和城市圈的总平面规划工作。在这项工作中由于有地区发展部的统一管理而消除了过去的部门壁垒。

在住房建设方面,该部编制了俄罗斯联邦2011～2015年住房专项规划,并经政府批准实施。除专项规划外,还编制了"市政基础设施项目现代化改造"、"青年人住房保障"、"实施对联邦法律规定各类居民住房保障的国家义务"、"激励实施俄罗斯联邦主体住房建设发展规划"、保证个别类别居民住房的措施、支持居民购买住房需求的措施、科学研究工作等事项规划和措施。

3.3.2 科技支撑体系

建筑学与建筑科学院(РААСН)是最重要的国家科研单位。该院于1992年成立,主要从事基础研究,是行业发展的科技支撑中心机构,对国家经济社会发展起着举足轻重的作用。该科学院的研究领域是建筑学、城市建设和建筑工程。该院参与国家规划的编制,并在实施过程中发挥科技支撑作用。该院与国家其他领域的科学院、俄罗斯教育与科学部、地区发展部、文化部和其他国家机构保持着密切联系,与俄罗斯联邦主体的政权机构保持合作关系,同时在俄罗斯7个大区都组建了分院,面向各地方开展科学研究工作。俄罗斯地区发展部的相关工作业绩与该院的参与密不可分。可以说该院是地区发展部重要的科技支撑机构。

此外,重要的科研机构还有建筑物理科学研究院(НИИСФ)、中央城市建设科学研究院(ЦНИИПградо)、中央住宅科学研究设计院(ЦНИИЭПжилища)等。

3.4 住房制度改革

3.4.1 住房制度改革过程

在苏联时期,实行福利性住房制度,住房由国家统一分配,居民无偿使用。1991年苏联解体后,俄罗斯在向市场经济转轨过程中开始了住房制度改革。叶利钦时期,大力推行住房私有化。《俄罗斯联邦住房和私有化法》等法律详细规定了公民参与住房私有化的条件、范围、权利和义务。到2001年私有住房已占存量住房的63%,公房只占37%。1997年叶利钦又签署《住房公用事业改革》总统令,开始进行市政公用事业改革。

普京时期,面临俄罗斯住房市场的诸多问题:中低收入家庭无力购买住房(1999年房价收入比曾高达6.2）；住房建设量不能满足需求；缺乏有效的长期住房贷款体系；市政公用设施老化严重；保障型住房的建设速度缓慢；住房价格持续上涨等。

针对住房领域存在的问题，普京总统在2004年国情咨文中特别强调了住房问题，并在其第二任期开始实施住房制度改革计划。根据《住房改革法》（2005年1月1日生效）和《2002~2010年俄联邦住房专项规划》（2005年12月31日俄政府第865号决议通过）要求，迅速提高住房建设量，存量住房数量在2004年28.5亿m^2的基础上增加一倍；提高人均住房面积。住房政策采取两种运行机制：一是实行计划机制，即国家依法保障低收入家庭和享受住房优惠阶层的住房，二是促进住房市场机制运行，即创造条件保障国家计划机制外的居民利用抵押贷款和自有资金改善居住条件。

普京时期住房制度改革的具体措施包括以下几个方面：

① 确定各阶段住房保障的量化指标、资金来源和资金数额。按照《2002~2010年俄联邦住房专项规划》和"住房国家优先项目"的要求，俄罗斯住房改革的基本量化指标如下：到2010年住房竣工面积增加到8 000万m^2，住房按揭贷款额达到4 150亿卢布，贷款年利率下降到8%，使有能力用自有资金和银行信贷购得标准住房的家庭占到家庭总数的30%；2002~2010年解决属于联邦宪法保障义务范围内的22.91万户家庭的住房问题，其中2002~2005年帮助9.68万户家庭改善居住条件，2006~2010年解决其余13.23万户家庭的住房问题；2002~2010年联邦预算资金资助29.57万户年轻家庭改善居住条件，其中2003~2005年资助11.4万户家庭，2006~2010年资助18.17万户家庭，到2010年将获得经济型住房的年轻人家庭比重从9%增加到30%；提高住房公用事业服务质量，将住房公用基础设施的老化程度从60%降低到50%；将低收入者获得国家免费住房的排队期限从20年降低到5~7年。此外，确定实施《2002~2010年住房专项规划》的资金来源和资金数额。

② 鼓励发展住房抵押贷款，构建住房抵押贷款体系。2004年12月底，国家杜马审议通过了《银行按揭法》。该法规定，按揭贷款的间接费用将会减少，贷款利率降低1%~1.5%。为构建住房抵押贷款再贷款体系，具体实施了三项措施：一是允许银行发行住房抵押贷款证券，到公开市场上吸纳私人投资者的资金，以此增强为公民提供信贷的能力；二是中央银行降低对商业银行发行抵押贷款债券的自有资金比例要求，从14%降低到10%；三是成立住房抵押贷款公司，公司的运行机制是购买银行的不动产抵押贷款的抵押权，以此作为还债保障，发行和出售住房抵押贷款债券（国家提供担保），获得资金后为银行再贷款。2006年国家为住房抵押贷款公司抵押贷款债券提供140亿卢布的国家担保，又为其拨款37亿卢布扩大资本，2007年的拨款数量为45亿卢布，国家担保额为160亿卢布。因此，自从住房抵押贷款公司成立后，银行即使在长期资金不足的情况下也可以扩大信贷规模、降低贷款利率和延长贷款期限。

③ 创建土地抵押贷款融资方式。这种融资方式规定，自然人、法人和市政机构均可以将土地抵押获得贷款。具体步骤是：拥有土地的自然人或者法人可以将土地抵押获得贷款，用所获贷款在该块土地上建设住房公用设施，之后将这块已建好公用设施的土地重新估价，获得新的贷款，再用新的贷款建造房屋主体结构，然后将建好房屋主体结构的土地再重新估价，再次获得新贷款，用这笔新贷款将房屋建造完成。

④ 推进住房公用事业改革。住房公用事业改革的滞后一直是俄罗斯住房制度改革的一大缺陷。过去住房公用事业费主要由地方财政补贴，地方财政负担较重，许多地方政府因而经常拖欠热力、电力、天然气等生产企业巨额债务。企业则因缺乏资金被迫停工，造成居民生活困难。此外，因为资金缺乏，房屋和各种管道长年得不到维修，公用设施老化程度严重，事故频发，已经危及居民安全。普京执政后下决心进行住房公用事业改革，计划逐步提高居民公用事业收费的缴费比例，到2005年让居民100%承担公用事业费。但同时规定，如果住房公用事业费支出在居民家庭总收入中的比重超过22%，国家则给予相应补贴。此外，俄罗斯目前正在通过成立业主委员会、引入竞争机制、应用节能技术等方式解决住房公用设施发展滞后问题。

⑤ 制定对个别群体的专项扶持政策。

"国家住房优先项目"给需要住房和需要改善居住条件的年轻家庭提供预算支持。国家可以为他们购买或自建住房支付部分款项，或者为他们的住房抵押贷款支付首付款。能够获得支持的家庭是夫妻双方年龄均未超过30岁，或者有1个或多个子女的单亲家庭，并且家长年龄未超过30岁。联邦预算保障为老战士和残疾人提供住房。他们享有《俄联邦老战士法》和《俄联邦残疾人社会保障法》所规定的权利。为此，2006～2007年国家投入84亿卢布，为3.01万人改善居住条件。此外，对于复员军人、从拜科努尔迁移出的居民、从北极等地区迁移出来的居民、参与核辐射事故善后处理的人员、强制性移民，国家以住房优惠券方式发放补贴。住房优惠券可以兑现的数额按他们拟购住房当地的市场价格核定。针对这类人群，2010年的拟拨款数额为1 330亿卢布，也即可以解决13.2万户家庭的住房问题。对于如上享受住房优惠的人群，补助标准为：单人家庭33m^2；两人家庭42m^2；三人家庭或更多人口的家庭，人均18m^2。

3.4.2 住房制度改革特点

（1）完善法律体系

俄罗斯宪法规定：每个公民有权拥有住房；联邦和地方政府支持建房，为公民实现住房权创造条件；贫困公民及由法律规定的特定群体，可免费获得公有住房或公有廉租房。这些要求为俄罗斯进行住房制度改革提供了法律指导原则。1991年6月，俄罗斯议会通过了《俄罗斯联邦住房私有化法》；1992年5月，俄罗斯政府颁布了《关于联邦住房原则》；1993年11月，俄罗斯政府又公布了《俄罗斯境内住房资源无偿私有化示范条例》，详细规定了公民参与住房私有化的条件、范围、权利和义务。为了进一步巩固住房制度改革的成果，2004年12月，俄罗斯国家杜马通过了《住房法》和《城市建设法》等17项配套的法律文件，为发展国内住房市场及改善居民住房条件奠定了法律基础。

《住房法》规定，根据居民的实际住房状况、家庭成员收入及资产状况，政府可与符合条件的困难居民签署协议，向其提供公有廉租房，其中特别困难户可获租金优惠或免缴租金。另外，俄罗斯住房政策的法律基础还有《城市建设法》、《土地法》和《不动产抵押法》等多项法律。它们分别规定了城建住房用地、个人建房用地以及个人住房抵押贷款规则。这些有关住房的配套法律文件将推动解决长期存在的住房问题，保障全体居民的住房权益。

（2）强调政府责任

拥有住房是公民的宪法权利，创造条件使公民实现其权利是政府的宪法义务，这是俄罗斯住房政策的法律渊源。《住房法》明确表明了俄政府在解决住房问题中的主体地位，体现出了政府的宪法义务。相关法律规定，对2005年3月1日前所有登记改善住房条件的居民，政府将继续承担提供住房的义务。对此后登记的居民，则依2005年3月开始实施的俄罗斯联邦《住房法》提供公有社会住房或公有廉租房。

俄罗斯相关法律专门就老战士和伤残人、退役军人、低收入者及其他特定群体的住房问题做出规定，政府将向此部分居民直接提供住房。例如，符合条件的退役军人，可免费得到由国防部或其他相应机构颁发的记名有价《国家住房证书》，持有证书者可在常住地获得一套标准住房或相当于标准住房成本的购房补贴；参加过卫国战争及苏联境内外军事行动的人、模范退役军人、模范公职人员和劳动模范都可获得住房社会保障，而老战士和残疾人还可优先获得政府提供的公有社会住房或优先改善住房条件；为了吸引青年参军，俄罗斯国防部决定把不再需要的财产出售以筹集资金，为军人及其家庭建造住房，而所有在军中服役三年和三年以上的俄罗斯军人都将获得享受优惠住房贷款的权利。

俄罗斯年轻人的收入总是赶不上房价上涨的速度，他们难以用自己的积蓄购置住房。为此，政府在鼓励个人建房、购房的同时，还通过诸如"年轻家庭住房计划"和"年轻家庭住房保障"等专项计划向年轻家庭提供购房补贴。2006年为4.95万个家庭，2007年为5.22万个家庭（拨款额为110亿卢布），2007年为1万名此类公民的抵押贷款提供国家保险（10亿卢布）。2006年，俄罗斯从联邦预算中划拨20亿卢布、从地方预算中划拨27亿卢布为青年专家及其家人建设经济型住房，为1.6万名青年专家及其家人解决住房问题。另外，政府还向夫妇双方均不超过30岁的年轻家庭提供购房（或建房）补贴。补贴方式是政府为其支付部分购房款（含支付购房首付）。对于政府补贴加个人储蓄仍不足以购房的年轻家庭，政府将以提供贷款担保的形式帮助其办理贷款，或帮助其办理住房抵押贷款。这一国家项目受到了俄罗斯年轻人的热烈欢迎。

（3）完善公共服务

为了适应住房制度改革的需要，俄罗斯实行了一系列新的物业管理机制。其主要目的是将竞争机制引入住房的维修和保养领域，但政府仍然继续承担居民区公共基础设施建设的公共责任。在将竞争机制引入物业管理领域后，政府得以集中精力完善居民区的公共服务体系。俄罗斯住房社会政策的目标是要形成一个能够保障居民基本住房需求的住房保障体系，既保证贫困居民的住房条件达到国家确定的住房标准，又保证居民住房安全，以形成高效的住房、住房建筑用地、建筑材料和住房公共服务等市场，满足居民的住房需求。为此，在坚持住房私有化和市场化的过程中，俄罗斯《住房法》规定：政府在促进房产市场发展的同时，还要保障公民在公共服务（水、电、暖、气等）和房屋修缮方面的权益。根据俄罗斯《城市建设法》、《公共服务单位价格管理原则》和《关于租让协议》，从2005年10月起，改由地方政府承担与住宅小区配套的公共基础设施（水、电、暖、气、道路和交通等）的建设，其目的是为了减少行政壁垒和行业垄断，使建筑商集中资金和力量建房，降低单位成本和增加市场供给，最终使普通购房者受益。而《2002～2010年俄联邦住房专项规划》和相关细则纲要也规定，地方政府投资上述基础设施，可从联邦政府获得国家贷款担保和利息补贴。投资的回收方式是把公共基础设施用地使用权租赁给从事公共服务的私人公司以及收取合理的设施接入费等。

3.5 住房的可持续发展

3.5.1 住房维修与改造

俄罗斯认为住房维修与改造是解决住房问题十分重要的一个方面。20世纪下半期以来，主要是注重提高新建住房量，对住房维修改造不够重视，投入不足，以致维修改造欠账过多。目前情况是大约60%多的存量房房龄在30年以上，危房约占3%（至少需建房1.1亿m^2）。住房领域，每年每平方米面积的耗能量为87～89kg标准燃料，比相当气候条件的挪威和加拿大高2.5倍。因此，现在如不及时进行维修改造，再过10～15年将会产生严重后果。

俄罗斯认为及时进行住房维修改造能取得很大的社会经济效益。第一是不需要增加用地；第二是与新建相比，增加面积所需的费用要便宜50%，材料消耗和工程设施费用减少25～40%；第三是通过改造可以增加稀缺户型；第四是此类住房一般在市内中心区，住房位置也是一个具有诱惑力的卖点。

住房改造措施包括改善街坊空间平面布置；改变套户、单元、楼层或非居住房间的布局；通过增设阳台、凸窗的办法增大厨卫面积；在一、二层或顶层设计双层户型；通过增加层数或加大住宅楼层平面扩大住宅楼空间；改变住宅楼用途；提高居住舒适性和住房的建筑艺术质量；提高围护结构保温性能等。

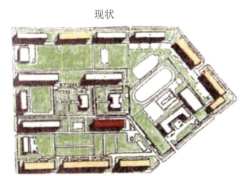
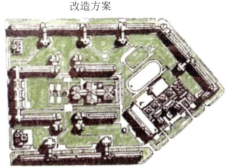

图3-5　莫斯科州雷特卡里诺市第5街坊改造方案
（当前状况—714户，改造后—1015户）

图3-6　苏尔古特市第8小区改造方案
（当前状况—945户、4.56万m^2，改造后—1270户（提高45%）、7.1万m^2）

为实现住房维修与改造的规范化，俄罗斯编制了《住房改造与现代化》组织标准（CTO 00043363-01-2008），该标准由建筑学与建筑科学院建筑理论与城市建设科学研究院编制，由地区发展部批准执行。内容包括：法规与技术标准基础、住房技术状况评价、建筑与城市建设方案、结构方案、工程设备系统的现代化、防火措施和卫生保健要求、设计前期工作特点、维修改造工程特点，以及名词与定义等几个部分，同时还安排了相关实例作为附件。

3.5.2　发展低层住房建设

所谓低层住房是指：供一户居住的三层以下独立住房；联排三层以下住房，联排单体不多于10个，每一单体供一户居住；三层以下多户单元住房，单元不超过4个，每一单元有若干户。

近十几年来，上述低层住房出现了持续发展的趋势。低层住房的建设量，1990年为620万m^2，2000年上升到1 260万m^2，2010年又上升到2 530万m^2。

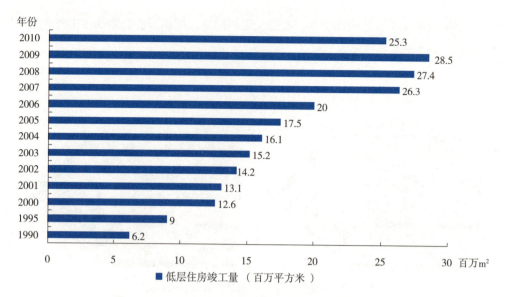

图3-7　1990~2010年俄罗斯低层住房竣工量

2002~2010年俄罗斯低层住房建设量　　　　　表3-7

年份	2002	2003	2004	2005	2006	2007	2008	2009	2010
住房建设总量（百万m²）	33.8	36.4	41	34.5	50.2	60	63.8	59.8	58.3
低层住房建设量（百万m²）	14.2	15.2	16.1	17.6	19.8	26	27.4	28.5	25.3
低层住房所占比例（%）	42	41.7	39.2	40.1	39.5	42.5	43	47.7	43.4

根据俄罗斯相关专家分析，低层住房建设量持续上升的原因主要有两个：

① 住房需求结构出现了新的变化。据社会调查，约有59%的居民愿意住在个体的住房内，只有27%的居民希望住在单元户套内。大多数居民都希望"接近地面"。

② 政府支持发展低层住房建设。俄罗斯国家杜马2009年通过了发展低层住房建设的纲要，现行的联邦住房规划中特别指出优先发展低层住房建设，并提出了具体专项措施。联邦地区发展部还发布了《发展低层住房建设》部门规划，支持低层住房发展。

俄罗斯认为，低层住房具有以下优势：

① 居住的心理舒适性；

② 造价低：私人住房可由家庭或一个建筑队进行建设，造价每平方米不超过1.5万~2万卢布；

③ 工业化水平高：可以采用大量建设低层住房的现代工业化方法，可降低造价，使用费也比多层建筑低得多；

④ 节能：采用先进施工工艺和材料很容易使低层建筑达到节能标准；

⑤ 生态条件好：低层建筑多数是建在城市郊区，与市区相比生态安全性较好，对环境影响较小；

⑥ 建设周期短：低层建筑建设周期比多层建筑短，低层建筑建材厂的建设周期也比较短。

3.5.3 发展经济型住房

根据《2011～2015年联邦住房专项规划》，到2015年，符合经济型住房标准的住房竣工量要达到住房竣工总量的40%。

多户住房的套户推荐面积如下：

居住房间数（间）	1	2	3	4	5	6
套户推荐面积的上下限（m²）	28～45	44～60	56～80	70～100	84～116	103～126

多户住房房间面积推荐值不低于以下值：

一室户的房间—14m²

两室及两室以上套户的起居室—16m²

卧室—8m²（双人为10m²）

厨房—6m²

居住房间高度（从地面到顶面）不低于2.7m。

3.5.4 建筑节能

（1）建筑节能现状

据统计，建筑领域能耗约占全国总能耗的40%~45%，低于发达国家，高于发展中国家。

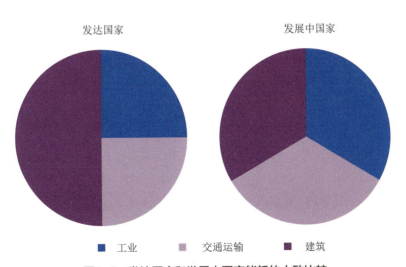

图3-8 发达国家和发展中国家能耗的大致比较

1917~2000年俄罗斯建成住房25亿m²，这些住房的能源消耗大多不符合当前的要求。据俄罗斯地区发展部数据，住房采暖的平均能源消耗为350~380Wh/m²·年，比德国和其他欧盟国家高4~6倍，某些类型住房达到680Wh/m²·年。

应用最适合于莫斯科气候条件的17层三单元定型住房的能源消耗结构见图3-9。

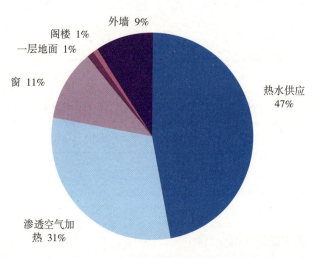

图3-9 莫斯科17层三单元定型住房的能源消耗

由图3-9可见，能源消耗最多的是热水供应占47%，渗透空气加热占31%，通过围护结构的能源消耗占22%。

2009年以来，许多大城市对70~80年代兴建的多层住房进行了大修，包括对墙体保温，更换窗户，改装工程设施等。但是由于种种原因（多选择造价低的方案，改善旧房采暖系统并加装计量表有困难等），效果不明显，采暖能源消耗只降低了10%~15%，与德国住房改造效果相差甚远。

新型能源的利用（太阳能、风能、地热等）在俄罗斯还很少，在这方面节能空间还是很大的。

（2）节能法规标准

俄罗斯第一个与节能有关的法律是1996年4月发布的联邦《节能法》。该法要求将能源有效利用指标，以及建筑物采暖、通风、热水供应和照明等的耗能指标纳入规范文件。根据这一要求编制了节能的国家标准：ГОСТ Р 51387-99《节能·标准方法保障·基本规则》和ГОСТ Р 51541-99《节能·能源效率·指标构成·基本规则》。

2009年11月颁布了《节能、提高能源效率和修改联邦若干法律条文》的联邦法律。该法提出的主要目标是为激励节能和提高能源效率建立法规的、经济的和组织的基础并提出了极难完成的任务：从2007~2020年要将GDP的能源消耗降低40%。

为执行这一法律文件，经政府2010年12月批准实施《到2020年节能和提高能源效率》国家专项规划。该规划是多部门的，其主要目标为到2020年GDP的能源消耗降低13.5%（不是40%），规划中有关住房领域节能和提高能源效率方面的要求是：第一阶段（2011~2015年）一次能源总节约量为2 918万吨标准燃料，在整个规划期（2011~2020年）节约9 783万吨标准燃料。同时该规划还设置了一章《各联邦主体节约和提高能源效率的激励》，提出了激励措施。

为使节能不以降低建筑物房间内部小气候质量为代价，建筑物理研究院（НИИСФ）编制了《居住和公共建筑物·房间小气候参数》ГОСТ30494-96。在建筑物理研究院参与下，编制了法规《独户住房》СНиП31-02-2001，其中在节能部分提出了建筑物单位能耗定额原则，编制了《建筑物热防护》СНиП2302-2003和《建筑气候分区》СНиП，建筑物理研究院还编制了规范《建筑物热防护设计》СП23-101-2000以及标准《建筑物和结构物·房间和建筑物在实体条件下空气渗透性的计算方法》ГОСТ31167-03和《居住建筑物·建筑物采暖热能使用量的计算方法》ГОСТ31168-03。

3.5.5　大板建筑的复兴

预制大板建筑是苏联（其中包括俄罗斯）住房的典型结构体系。这种建筑体系在解决20世纪50~70年代之间的住房短缺问题中曾起到了重要作用。当时建立了近400个大板厂和钢筋混凝土构件厂，在1956~1960年间每年住房建设量的增长幅度达到575万M^2，1987年住房竣工量曾达到7 820万M^2，比2012年住房竣工量还高出1 250万M^2（2012年住房竣工量为6570万M^2）。目前在400家构件厂中只有210家还在运行（其余的构件厂，有的停产，有的废弃）。每年竣工住房仅为1 000~1 200万M^2（生产能力为3 500~4 000万M^2）。目前，大板建筑在住房建设总量中的比重仅占10%。

俄罗斯专家认为，当前住房问题还是很严重的：22%住房无上水；26%住房无排水；35%住房无热水供应；2010年危旧住房有2 050万。为了完成《2011~2015年联邦住房专项规划》，复兴大板建筑是必然趋势。

目前，俄罗斯组建了咨询专家委员会，监督实施到2020年建材工业和大板住房建筑的发展战略。

装配式大板住房建筑（КПД）具有经济和建设速度快的优点，但纯大板结构也约束了设计师的创造性，因此今后将发展大板与框架相结合的结构体系（ПКД），在大板建筑中采用多孔楼板和框架构件（梁、柱），既发挥预制厂的优势，也发挥设计人员的创造性。

主要参考文献

[1] 俄罗斯统计年鉴. 2012年，2013年.

[2] 俄罗斯统计通报. No.6（187），2012年.

[3] 2011~2015年联邦住房专项规划.

[4] 俄罗斯联邦总统命令No.724，2008年5月12日.

[5] 地区发展部. 2011年工作总结与2012年任务.

[6] 俄罗斯联邦政府2009年5月6日关于俄罗斯建筑学与建筑科学院的决定（No.393）.

[7] 2012年建筑学与建筑科学院大会总结文件.

[8] 高晓慧等. 俄罗斯住房制度改革及绩效［J］. 俄罗斯中亚东欧市场，2008，8.

[9] 肖来付. 从住房问题看俄罗斯的住房社会政策［J］俄罗斯中亚东欧市场，2010，5.

[10] 组织标准（CTD 00043363-01-2008）住房改造和现代化. 莫斯科，2008.

[11] 俄罗斯低层住房建设发展问题 莫斯科 ЦНФРРА-М 2011；

[12] 中央住宅与公共建筑科学研究设计院,（ЦНИИЭПжилища）院长С.В. Николаев 等, http://www.ard-center.ru/home/pub1/ts 3-2012/kpd3，2012.

[13] 经济型住房标准, http://www.pandia.ru/text/77/22/52630.php.

4 英国

GDP：15 622亿英镑（折合24 440亿美元，2012年）

人均GDP：24 702英镑（折合39 276美元，2012年）

国土面积：24.4万km^2

人　　口：6 370万人（2012年中）

人口密度：261人／km^2

城市化率：80%（2012年）

4.1 住房现状

4.1.1 住房类型

1949~2012年，英国的住房数量和住房所有权类型都发生了很大变化。

住房的总体数量在半个世纪内不断增加。在1991年，英国的住房总量是23 550千套，2012年的住房总量则增加到27 767千套，住房数量增加了4 215千套(表4-1)。

在住房所有权类型方面，1915~1919年和1979年为两个关键的历史节点。1915和1979年为私人租赁住房急剧萎缩时期的起点，而自有住房和社会住房相对比例增加。从1979年到2000年代早期，自有住房与社会住房相比数量大大提高。直到1995年以来，私人租赁住房比例开始相对较快增加（表4-2）。

租赁居住在英国具有深厚的社会基础，也是英国传统住房文化的重要组成部分。从表4-1、图4-1可以看出，20世纪80年代大力推行的住房私有化政策，使70%的人群取得了自有住房。自2006年后，自有住房的比重有逐渐下降的趋势，私有出租房比重有所增加。这种相对衡定的住房结构，将会是英国长期的住房形态。

最近的趋势表明，不同住房所有权类型比例的变化已经达到了另一个历史性的转折点。自有住房比例在21世纪首次显著下降，然而私人出租比例显著增加。这种趋势是因为住在自有住房和社会租赁房屋的家庭绝对数量保持相对稳定，而住在私人租赁的家庭数量

2005~2009年之间增加了100万户。如果现在的趋势持续下去,到2013年,私人租赁住房数量将大于社会租赁住房。十年后,五分之一家庭将住在私人租赁房屋中。

2012年,英国居民中有近64.2%的居民拥有自有住房产权,10%的居民租赁社会业主房屋,7.9%的居民租赁当地政府公有住房,17.7%的居民租住私人房屋。这种住房消费格局,是长期以来英国住房政策特别是公有住房政策实施的结果。

1991~2012年英国不同类型住房数量及所占比例（单位:千套） 表4-1

项目 年份	自有住房	私人出租房或 就业单位提供	注册社会业主	地方议会出 租房	其他公共部 门住房	全部住房
1991	15 525	2 011	711	5 136	167	23 550
1992	15 743	2 078	743	5 046	151	23 763
1993	15 907	2 141	822	4 923	153	23 946
1994	16 090	2 205	896	4 795	150	24 136
1995	16 280	2 276	989	4 651	145	24 339
1996	16 422	2 354	1 092	4 521	141	24 528
1997	16 637	2 384	1 147	4 421	132	24 721
1998	16 895	2 393	1 220	4 282	121	24 914
1999	17 180	2 351	1 335	4 120	110	25 095
2000	17 404	2 382	1 475	3 919	101	25 281
2001	17 616	2 430	1 637	3 682	103	25 470
2002	17 762	2 512	1 712	3 540	112	25 638
2003	17 723	2 880	1 967	3 162	104	25 837
2004	18 011	2 926	2 039	2 984	83	26 043
2005	18 150	3 104	2 140	2 798	82	26 276
2006	18 128	3 401	2 205	2 702	82	26 518
2007	18 208	3 606	2 303	2 583	75	26 774
2008	18 182	3 924	2 440	2 427	74	27 048
2009	18 086	4 222	2 531	2 355	74	27 266
2010	17 999	4 476	2 591	2 316	66	27 449
2011	17 914	4 712	2 694	2 230	63	27 614
2012	17 836	4 920	2 746	2 189	75	27 767

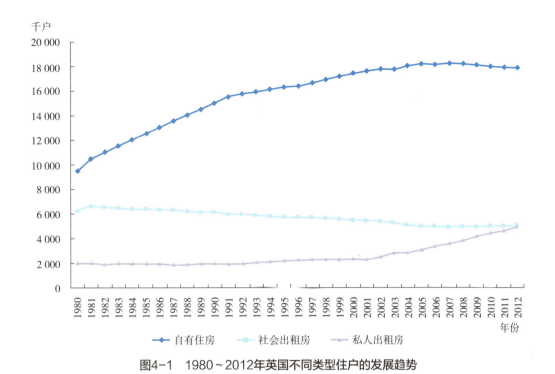

图4-1　1980~2012年英国不同类型住户的发展趋势

1991~2012年英国历年各种住房按住房所有权分类各类型所占比例（单位：%）　　表4-2

年份	自有住房	私人出租房	社会出租房
1991	65.92	8.54	25.10
1992	66.25	8.74	24.36
1993	66.43	8.94	23.99
1994	66.66	9.14	23.58
1995	66.89	9.35	23.17
1996	66.95	9.60	22.88
1997	67.30	9.64	22.52
1998	67.81	9.61	22.08
1999	68.46	9.37	21.74
2000	68.84	9.42	21.34
2001	69.16	9.54	20.88
2002	69.28	9.80	20.49
2003	68.60	11.15	19.85
2004	69.16	11.24	19.29
2005	69.07	11.81	18.79
2006	68.36	12.83	18.50
2007	68.01	13.47	18.25
2008	67.22	14.51	17.99

续表

年份	自有住房	私人出租房	社会出租房
2009	66.33	15.48	17.92
2010	65.57	16.31	17.88
2011	64.87	17.06	17.83
2012	64.23	17.72	18.04

表4-3、图4-3为英国住房空置率。2002～2012年十年间空置率基本维持在3%~4%。2009年空置率最高，达到了4.6%。

图4-2　2002~2012年度英国不同类型住房所占比例

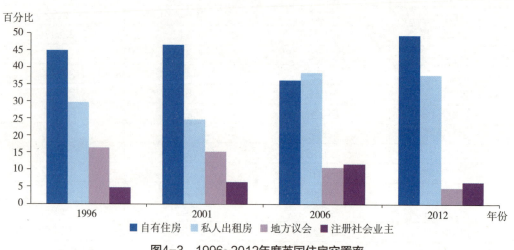

图4-3　1996~2012年度英国住房空置率

2001~2012年度英国住房空置率（单位：千套）　　　　表4-3

年份	2001/02	2002/03	2003/04	2004/05	2005/06	2006/07	2007/08	2008/09	2009/10	2010/11	2011/12
已用	20 457	20 513	20 648	20 814	20 957	21 113	21 242	21 223	21 333	21 445	21 713
空置	683	825	836	799	824	876	947	1 016	1 002	941	1 005
总计	21 140	21 338	21 484	21 613	21 781	21 989	22 189	22 239	22 335	22 386	22 718
空置率	3.2%	3.9%	3.9%	3.7%	3.8%	4.0%	4.3%	4.6%	4.5%	4.2%	4.2%

4.1.2 住房规模

英国住房的套均面积为85m^2，平均5.2室，每室的平均面积为16.3m^2。新建住房的建筑面积、房间数量稍有减小，半均面积为76m^2，平均4.8室，每室的平均面积为15.8m^2。英国政府对土地的住房开发限制很严格，是导致英国住房面积小的原因。

英国住房供给方式主要有四种，即租赁私房、自有住房、租赁住房协会房（Housing Association Homes）和租赁地方政府住房（议会住房，Council Houses）。

自有住房相对于出租房建筑使用面积要大。表4-4表明，2012年，英格兰住房平均使用面积为92m^2。私人住房的面积大于社会住房。社会住房的平均面积为63m^2，而私人住房的平均面积为98m^2。私人住房中，自有住房面积（104m^{2}远大于私人出租房面积74m^2）。2/3的社会住房面积小于70m^2，然而70%以上私人住房的面积大于70m^2（图4-4）。

2012年英格兰各类型住房不同使用面积比例（单位：%）　　　　表4-4

使用面积（m^2）	自有住房	私人出租房	地方议会	注册社会业主	全部住房
<50m^2	4.3	21.7	29.3	30.3	11.8
50~69m^2	18.2	33.7	36.8	36.3	24.1
70~89m^2	28.3	24.5	27.4	26.4	27.4
90~109m^2	17.4	9.5	5.0	5.3	13.9
≥110m^2	31.7	10.7	1.5	1.8	22.9

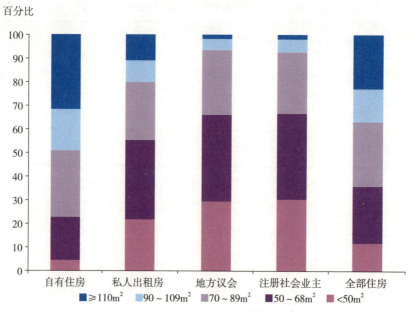

图4-4 2012年英格兰住房使用面积比较

与拥有自住房者相比，社会和租赁私房者居住在较拥挤的环境中。造成此现象的确切原因尚不清楚，但可能是拥有自住房者收入较高，也可能是拥有自住房者有更大的自由度来修改住房，通过阁楼的转换和扩展，以满足他们的家庭需要。

4.1.3 住房存量与住房户数

第二次世界大战以后，为缓解住房严重短缺，英国开始进行大规模的住房建设，建设规模逐年提高，1968年新建住房35万套，达到历史最高值。到20世纪70年代，住房严重短缺问题基本得到解决，住房建设规模逐年减少。但随着经济发展与人口的增加，到20世纪90年代，新建住房规模基本在17~20万套之间，与住房需求相差400多万套。

表4-5、图4-5为2002~2012年英国住宅户数变化情况[①]。2012年，英国的总住宅户数达到了2 640万户，相比1996年增加了11%，比2002年增加了5.98%，这要比同期英国的人口数增长要快，这是由于家庭规模逐渐变小的趋势所致，在此期间，四人（及以上）户数所占比例由1996年的21.6%下降到2012年的19.6%，而同时单人户的比例却由27.8%上升到了29%。二人户的比例基本不变，维持在35%左右。

---

① Labour Force Survey. Office for National Statistics, 2011.

2002~2012年英国住宅户数（单位：千户）　　　　　　　　　　表4-5

年份 住户类型	2002	2003	2004	2005	2006	2007	2008	2009	2010	2011	2012
住房存量	—	20 739	20 758	20 932	21 092	21 178	21 407	21 530	21 554	21 893	22 215
单人户	7 217	7 242	7 194	7 203	7 266	7 396	7 480	7 473	7 521	7 570	7 633
二人户	8 685	8 758	8 746	8 890	8 921	8 901	9 025	9 062	9 128	9 166	9 223
三人户	3 836	3 809	3 933	4 003	4 000	4 041	4 093	4 178	4 196	4 224	4 341
四人户	3 429	3 443	3 449	3 428	3 423	3 464	3 427	3 501	3 528	3 495	3 510
五人户	1 143	1 156	1 162	1 146	1 173	1 183	1 170	1 145	1 141	1 148	1 141
六人及以上户	465	469	453	461	480	472	491	472	490	533	507
户数总计	24 776	24 878	24 936	25 130	25 263	25 457	25 687	25 830	26 006	26 135	26 355

资料来源：Office for National Statistics. Families and Households, 2012.

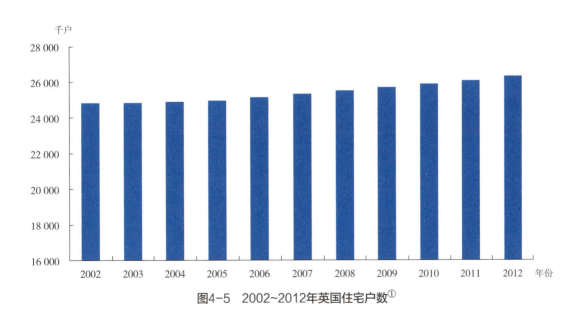

图4-5　2002~2012年英国住宅户数[①]

---

① Labour Force Survey . Office for National Statistics, 2012.

4.2 住房建设与标准

4.2.1 住房建设量

2007年，英国住房绿皮书提出的政府住房目标是保持每年新增住房24万套，到2016年累计达到200万套，2020年将达到300万套。

从表4-6可以看出，住宅建设量持续走低，基本维持在每年18万到20万套之间。2011年，私营机构建造住宅数量降至历史新低。这将无法满足由于人口增长压力、新家庭的形成、搬迁、现有住房替换的需要等各方面所带来的需求。因为英国经历了从20世纪90年代后期房价的快速上涨，并且导致居民的住房支付能力恶化，在伦敦与英格兰东南地区尤为明显。英国政府已经在对刺激、支持私人和公共住房供应方面采取了针对性措施。

2000~2012年英国永久性住宅按所有权分类竣工量（单位：套）　　　表4-6

项目 年份	私营企业	住房协会	地方当局	总计
2000	154 580	21 990	280	176 850
2001	152 650	21 080	360	174 080
2002	162 770	18 940	250	181 960
2003	172 620	17 620	250	190 490
2004	182 700	20 660	130	203 490
2005	185 850	23 490	230	209 580
2006	186 530	26 000	290	212 820
2007	198 480	27 660	280	226 420
2008	155 380	32 230	630	188 250
2009	122 480	35 050	840	158 370
2010	106 050	29 860	1 360	137 260
2011	106 040	32 070	3 100	141 180
2012	109 730	31 340	2 500	143 580

4.2.2 住房标准

在英国，一直对保证居民的居住标准十分重视，并主要控制房间数量、最低居住面积、满足基础功能与活动需要，包括解决残疾人等困难人群居住问题的三个指标。

英国现有各种标准的最低居住面积（单位：m²）　　表4-7

各种住房类型的居住面积（m²）	1卧2人公寓	2卧3人公寓或平房	2卧3人2层别墅	2卧4人公寓或平房	2卧4人2层别墅	3卧5人公寓或平房	3卧5人2层别墅	3卧5人3层别墅	4卧6人公寓或平房	4卧6人2层别墅	4卧6人3层别墅
伦敦规划更新草案3.5（2009）	50	61	—	70	83	86	96	102	99	107	113
HCA国家标准	48	61	71	70	80	86	96	102	99	108	114
住房协会－针对HQI v4（2008年）	45~50	57~67	57~67	67~75	67~75	75~85	82~85	85~95	85~95	95~100	100~105
英国质量标准及伙伴关系（2007年）	51	66	66	77	77	93	93	93	106	106	106
国民住宅基金发展量化标准（2008年）	50	61	—	70	82	86	96	102	—	108	114
苏塞克斯郡中部地区委员会，居住标准SPD（2009年）	51	66	77	66	77	93	93	93	111	111	111
肯辛顿－切尔西区住房标准SPG（2002年）	44.5	57	—	57	—	70	72~74.5	—	80.5	82~85	94
伦敦南华克区住宅设计标准SPD（2008年）	45	60	—	60	—	75	—	—	90	—	—
都柏林城市发展规划（2007年）	55	80~90	80~90	80~90	80~90	100	100	100	—	—	—

4.3 住房发展管理体制

4.3.1 提供及管理房屋的机构及职能

在英国提供及管理房屋的机构有下列三类：① 社区与地方政府部（Department for Communities and Local Government），议院赋予房屋大臣法定权力制订及执行有关法规。② 地方委员会，地方委员会通过地方政府获得有限度的权力。成员不能涉及权限范围以外的事务，受房屋大臣及地方政府监管。这些委员会是指区议会，如大伦敦议会。工作包括评估当地房屋需求及制定计划以解决有关问题。③ 房屋信托基金及房屋机构，大致可分下列四大类：慈善房屋基金、企业房屋机构、住房合作社（Housing Cooperatives）、住房协会（政府资助的房屋机构）。

住房合作社（Housing Cooperatives）是由房屋业主组成的合作社，集资购买一套或多套住房。在住房合作社中,每个拥有股份的成员有权拥有一个住宅单元,共同维护、管理和运营住房,或邀请物业公司管理住房。住房合作社已经存在很多年,但从20世纪70年代以后才真正得到普及,现在英国有上万个家庭参加了住房合作社。住房合作社联盟(Confederation of Co-operative Housing)是英国住房合作社的最高组织机构。英国政府的调查研究表明,住房合作社是最好的住房管理形式。

住房合作社联盟(Confederation of Cooperative Housing)是英格兰和威尔士的住房合作社(Housing Cooperatives)自愿联盟组织。

4.3.2 地方房屋管理部门的组织结构及职能

英国地方议会以副总理办公室的住房发展战略为指导,综合性地提供住房及与住房相关的服务。

地区房屋部门的主要服务有:

(1)房屋发展战略

通过专业公司的调查,研究本市住房现状、居民需求,按照提供"体面、安全、舒适、可负担"的原则,制定中长期住房发展计划,多层次地提供住房,促进经济新生、反贫困和邻里关系重构;通过规划政策和土地出售等方式,解决当前主要矛盾,如房价过高、住房品质不佳、居民申请等候时间太长、房源紧缺等问题。

(2)政府房产租、售(Letting Service)

建立一套公平、效率、平等、连续的政府房产分配体制,以"居民选择"为导向,通过双向选择和公平竞争,为需要住房者提供合适的、高质量住房。同时,广泛地与注册社会业主组织和私人房东配合,为居住提供多元住房选择。

(3)无家可归者服务(Homeless Service)

政府为无家可归者准备住房并提供服务,这种服务不仅包括提供B+B临时住所,还包括为他们选择适合其居住的、相对长久的房屋,并通过与出租人、法庭和债权人合作,提供解决债务计划、社会福利资助指导以及重建生活信心、提高生活自理能力,帮助他们重新加入到社会。

(4)私人房产服务(Private Sector Housing)

政府不仅着眼于提高自有房产和社会房产的品质,还投入大量精力提高私人房产的标准(特别是在城市重建中),从而整体上提高全社会住房质量,整体改善居住条件和城市环境,运用重建区域计划、资助解决不宜居住房屋、资助维修更新给排水和供热系统、资助改善私人租赁房、减少空置房等手段,提高私人住房标准和水平,保证社区和谐和持续发展。

(5)资助特殊人群(Supporting People)

中央通过资助委员会根据地方呈述分配援助资金,用于与房屋相关服务中最优需求的满足,提供稳定住房支持。这项计划2003年开始实施,国家计划三年投入五十亿英镑。具体措施包括提供租金补助以延长租期避免形成无家可归者，负担住房服务成本，提供临时避难所等，从而提高弱势群体的生活水平，维持社会稳定，实现平等发展，主要服务有为老人和病弱者定期探视、安排简易旅馆、家庭暴力庇护所、团结户房，形式有寻找永久居所、日常生活技能、社会交往技能培训、提供工作机会、健康关爱和情感关怀。

（6）房屋经营管理（Housing Management）

主要职责是征收房租、维修房屋和防止反社会行为。根据经济社会发展水平设定政府租金，采取邮局、支票、借记卡、直接借记（IT部门定身安排）等多种付款方式，如发生欠租，一般通过法院解决。房屋维修可通过电话、写信、上门、电子政务等方式提出申请，维修部门按标准、按时限完成任务。针对反社会行为，专门小组为庭审收集证据，保障承租人合法权益。

4.4 住房政策

4.4.1 21世纪初住房政策的变革

进入21世纪以来，英国住房市场出现价格持续上涨、住房供给不足，政府面临的住房困境也日趋严峻。英国政府除了延续以往的一些住房政策外，还陆续出台、修订了一系列住房政策、法规，试图解决面临的住房问题，进而实现住房目标。

（1）实行以需求方为主的住房补贴

现行住房制度中针对住房支出的补贴由两部分组成：一是资产方面的补贴，即供给方的补贴，由地方政府、住房协会等提供；二是收入方面的补贴，即需求方的补贴，由地方政府向承租社会住房、私人租赁房的住户按其收入标准给予住房补贴。住房补贴的形式主要是租金折扣和租金补贴，其中，租金折扣受惠对象主要是承租地方政府所属社会住房的承租人，租金补贴则为住房协会、私人房东所属住房的承租人[①]。

英国住房补贴（Housing Benefit）是1983年为一些低收入的公民而设立的，无论工作与否，只要满足申请条件，证明自己需要经济上的帮助来支付房租，公民便可申请房屋福利。补贴方式，从20世纪80年代开始，对需求方的补贴迅速增加而供给方的补贴快速减少[②]。1975~1976年度到2000~2001年度，对供给方的住房补贴占全部补贴的比重由81.87%减少到20.3%，需求方的补贴则由18.13%增加到79.7%。21世纪初期，对住房供给方的补贴开始回升，而对需求方的补贴有所减少。自2003~2004财政年以来，住房补贴的规模持

---

① Gibb, K., Whitehead, C. Towards the More Effective Use of Housing Finance and Subsidy. Housing Studies, 2007, 22（2）: pp.183~200.

② Hills J. Ends and Means: The Future Roles of Social Housing in England. ESRC Research Centre for Analysis of Social Exclusion, London School of Economics [C], CASE report 34, 2007.

续、快速上升（见图4-6、图4-7），至2009~2010财政年，住房补贴达199.76亿英镑，是2000~2001财政年的1.79倍[①]。截至2012年8月，已经有505.11万人享受到住房补贴。除2002年至2003年补贴稍微缩减，整体呈现每年增加的趋势。

图4-6　1996~2011年大不列颠发放的房屋补贴

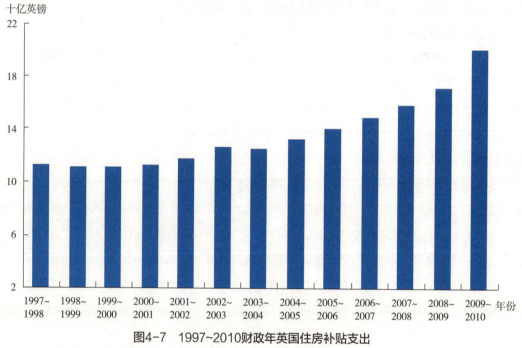

图4-7　1997~2010财政年英国住房补贴支出

[①] Department for Work and Pensions. Housing Benefit & Council Tax Benefit Summary Statistics. London: DWP, August 2012.

2008年8月，英国住房补贴政策发生了重大变革，地方住房津贴（LHA）自2003年试点后开始正式实施。地方住房津贴主要是针对租赁私人住房的承租户，旨在使他们也能享受到住房补助的权利，该方法是现有补贴体系下计算住房补助的另外一种方式，旨在使住房补贴计算更加透明、公平，促使承租人以当地租金的水平找到更加经济的住房，同时也是为了强化地方政府的住房职责，完善住房补贴管理以及减少工作障碍。

2012年8月，有505万人得到了住房补贴利，其中1/3的人低于65岁。每周的住房补贴为89.42英镑。收到住房补贴者67%是社会住房承租人。164万私人出租房客中的82%收到当地房屋补贴。

2012年改革以前住房补贴并无上限，福利金的多少与当地房屋补贴利率有关（Local Housing Allowance Rate），利率则以当地平均房租为准。2012年6月，英国政府公开表示将改革房屋福利制度，2011年开始福利金最高上限将为每周400镑，同时还将把房屋补贴利率从"当地平均水准"降到"当地最低水准"，即把原有的50%改为30%。

（2）以低于市场的租金提供社会住房

以低于市场的租金提供社会住房是英国政府提供的另一项重要住房保障政策，社会住房租金与市场租金的差值即可视为政府提供的经济补贴。在租金水平上，社会住房租金为市场租金水平的40%左右，对租户具有很大的吸引力。至2007年末，租赁社会住房的家庭达到482.3万户。但从近几年来看，社会住房保有量呈下降的趋势（其原因是持续实行的RTB政策使社会住房数量减少，而新增社会住房数量增长缓慢），使大量社会住房申请者的需要得不到满足。近几年，私人租赁住房比重有所上升，2011年占全社会住房存量的16.5%，但仍低于其他西方主要国家[①]。

（3）推行基于选择的出租模式

长期以来，基于需求的分配制度强化了社会住房的残余化、社会排斥，英国政府不得不开始重新审视并弥补现有的租赁制度[②]。为了使社会住房申请人在更大程度上参与住房申请过程，赋予其更大的选择权，2000年环境、交通与区域部（DETR）将基于选择的出租模式写入了住房绿皮书[③]，同年10月推出试点，并在2001年3月首次实现了该模式的成功招标。具体

---

① 其他主要西方国家私人租赁房比重分别为：美国32%（2004年）、澳大利亚21%（2006）、法国20%（2006）、德国48%（2006）.

② Department of the Environment, Transportand the Regions（DETR）. Quality and Choice: A Decent Home for All: the Housing Green Paper. London: DETR, 2000.

③ 1989年，荷兰代尔夫特市率先采用了基于选择的出租模式（也称代尔夫特模式）供给社会住房，被广大学者视作分配政策领域的重大变革，后来被许多城市纷纷仿效。到2000年，80%的荷兰城市采用了该供给模式。基于选择的出租模式也得到英国、澳大利亚等国家的响应，2000年，英国环境、交通与区域部就将此模式写入了住房绿皮书。

步骤是：先由注册的社会住房申请人查看住房部门发布的住房广告，如果对广告中的住房感兴趣即可投标，住房部门依据投标人的资格和住房分数确定入围名单后，邀请入围者现场看房，最后将住房租给想居住在那里同时拥有最高分数的人。到2010年，要求全部地方政府的社会住房采用该出租模式。目前，基于选择的出租模式正被许多地方政府成功运用。

（4）给予住房自有者税收优惠

英国政府给予住房自有者的保障政策主要是税收上的优惠[①]。最初，英国政府对住房抵押贷款利息实行免税政策，该政策曾是20世纪八九十年代英国住房自有率快速上升的主要推动力。但此项政策在20世纪90年代逐步停止执行，直到2000年被取消。相对于其他资产，住房自有者可以获得一些税收方面的优惠，例如住房资本利得税、租赁税、新建住房增值税免除，用于修缮住房的贷款利息优惠等。2002~2008年，每个财年度针对住房自有者的税收减免达到237~284亿英镑。受经济衰退影响，2008~2009财年度税收减免降至159亿英镑。

（5）改善既有住房及增加新建住房

进入21世纪，英国政府陆续发布了一系列住房发展规划及修订的政策法规。例如，2000年4月发布了《住房绿皮书》；2004年出台新的《住房法》（Housing Act of 2004）；2005年发布了住房5年规划（Sustainable Communities: Homes for All）；2006年发布了涉及住房的《福利改革绿皮书》（A New Deal for Welfare: Empowering People to Work）；2007年发布了《住房绿皮书》；2011年发布关于住房的规划政策宣言（PPS3）。上述法规、发展规划、住房政策为政府的住房目标做出了详细的安排（表4-8），并制定出了保障实施的政策措施（表4-9），旨在通过增加新建住房和改善既有住房，达到解决居民住房问题的目的。

英国住房政策目标一览　　　　　　表4-8

目标		目标分解及描述
住房规模	住房总量	保持每年新增住房24万套，到2016年累计达到200万套，2020年达到300万套
	可承受住房	2007年起政府投资80亿英镑用于可承受住房建设；到2010~2011年每年新建7万套可承受住房；到2010~2011年每年新建4.5万套社会住房，以后每年新建5万套社会住房；到2010~2011年每年新建2.5万套共有产权住房
住房质量	质量标准	利用规划政策指导住房建设（Planning Policy Statement 3: Housing, PPS3）；开展设计竞赛，提高设计标准，建设生态城镇
	质量管理	强化质量管理，保证质量，确保新建住房能满足人们的多种需要

---

① Mullins, D., Murie, A. Housing Policy in the UK. Basingstoke: Macmillan Publishers, 2006.

续表

目标		目标分解及描述
住房邻里环境	硬环境	进行系统化的基础设施规划，建设良好的地方基础设施，包括交通、学校、医院及社区设施等；利用新技术，结合城市开发整合绿色空间
	软环境	利用规划，建造多种不同承受能力水平的住房，通过良好的基础设施，建设可持续性社区，促进社区融合
住房节能减排	新建住房	实现绿色住房目标。到2010年实现25%的新建住房二氧化碳零排放；到2013年实现44%的新建住房二氧化碳零排放；到2016年实现所有新建住房二氧化碳零排放；提高新房能源利用效率，节水达到20%
	现有住房	改进住房设施，提高能源利用效率

英国住房政策措施一览　　　　　　　　　　　　　　　　表4-9

类别		政策措施描述
住房供给	新建住房	政府投资，组建新的住房公司；鼓励私人开发商开发建设，形成住房协会、私人部门、地方住房公司等供给主体多元化格局
	存量住房	充分利用现有空置、废弃建筑物（现有50万空置私人住房），政府鼓励将其转换为可支付住房；打包购买未售存量住房，用于租售；由政府设立ALMO，管理其全部或部分存量住房
土地保障	土地供给策略	改进土地利用规划制度，保证未来15年提供足够的住房建设用地；充分利用剩余公共部门土地、废弃土地以及轻污染工业用地
	土地供给来源	土地来源包括中央和地方政府的富余土地，军队、高速铁路公司、卫生部门的富余土地等，并通过英国合伙企业管理、转让用于住房建设；60%的新增住房将建在轻污染工业用地上
资金保障	基础设施建设	2006~2007年度已经有140亿英镑政府投资用于主要增长区的基础设施建设；筹措3亿英镑的社区基础设施建设基金；社区与地方政府已在增长区投资10亿英镑；成立社区基础设施基金（CIF）；鼓励私人部门资金投资
	住房建设	由政府、住房协会、地方住房公司、私人部门公司等多种主体投资，保证住房供给，其中地方政府扮演战略角色。2011~2015年，政府将投入22亿英镑用于公共住房建设。已筹集16亿英镑资金用于整饬、翻新既有社会住房（其中5亿英镑用于住房协会所管理的社会住房），到2014~2015年将有15万套住房达到"合宜住房"标准
	住房购买	建立新的债券制度，协助抵押贷款公司提供更多的长期固定利率贷款；增加基金比例，允许建筑协会更灵活地提供抵押贷款；消除障碍，公开信息，提供指导，提高住房抵押市场效率
	住房租赁	对社会住房实行租金改革，按房间数提供固定住房补贴
技术保障	技术标准	由英国建筑及环境委员会（CABE）及住房建造联盟提供技术指导，包括节水节能、可持续性强制标准等
	技术人员	制订培训计划，增加建筑师、地方规划人员、建筑工人等技术人员数量，满足住房建设需要

续表

类别		政策措施描述
特殊群体住房及救助	首次购房者	由地方住房公司每年提供2.5万套共有产权住房,帮助缺乏支付能力的家庭及重要岗位从业者实现住房目标;扶持社会住房承租人购买自有住房;扩大公开市场购房者的扶持范围,提供17.5%的政府贷款;对首次购房者实行印花税、土地税减免;通过"先租后买"(Rent to Home Buy)计划帮助首次购房者实现住房需要;继续提供低成本住房
	老年人	许多老年人居住在低于供热和安全标准的住房里,新的规划将解决这些问题

4.4.2 新的住房发展策略

自2008年以来,英国经济已连续两次陷入衰退,即出现所谓的"双底衰退"。2013年第一季度英国经济出现复苏迹象,实现0.3%的正增长,摆脱了经济学中所说的"三底衰退"。从宏观经济政策效应来看,英国经济增长得益于先前采取的一系列经济刺激措施。为了抵消紧缩计划对经济增长的消极影响,刺激英国经济复苏和增长,英国央行一直实行低利率和量化宽松的扩张性货币政策。自2009年以来,英国央行已连续四年多将利率维持在0.5%的历史低点。2009年3月11日,英国央行正式启动了"量化宽松"货币政策,并已连续五次扩大量化宽松规模。目前英国央行的量化宽松规模总量已达3 750亿英镑(约合5 672亿美元)。

2011年11月,英国政府发布了一项刺激住房建设与消费计划,想通过打破银行惜贷、建筑商无力建房和消费者无钱买房的恶性循环,来刺激房地产市场复苏及经济增长[①]。计划强调,要增加投放公共部门拥有的土地(Public Sector Land)和住宅供应、帮助首次购房者买房(First Buy计划)、继续大量投资建设新的保障房(New Build Indemnity计划,Custom Home Building计划)并向低收入群体提供更多的保障性住房、降低房屋空置率。政府计划设立总额为4亿英镑(约合40亿元人民币)的住宅建设投资基金(Get Britain Building 计划),支持开发资金短缺的企业。威尔士政府日前也决定斥资1.2亿英镑,在未来30年内建设1 000套经济适用房。

为了鼓励银行增加对个人及中小企业的贷款和融资,刺激个人住房消费和企业投资,2012年7月13日英国央行和财政部联合启动了"贷款换融资计划"(The Funding for Lending Scheme,缩写为FLS)。2013年3月20日,英国财政大臣奥斯本向议会公布了以促增长为特点的英国新预算案。新预算案提出了增加基础设施投资、为购房者提供融资便利、提高个税起征点、降低公司税等刺激经济增长的措施。新预算案明确提出了刺激房地市场的"购房援助计划"(Help to Buy Scheme),通过为购房者提供融资便利来刺激房地产,提振

---

① https://www.gov.uk/government/publications/laying-the-foundations-a-housing-strategy-for-england--2.

英国经济。

应该说，政府的有关计划给房地产市场带来了利好，使得英国的房价不断攀升。目前伦敦的房价比12个月前上涨了10%，达到了2008年金融危机以来的最高水平。

目前英国房屋政策，可归纳为以下方面[①]：

（1）**购房援助计划**（Helping People to Buy a Home）

2013年，英国财政大臣奥斯本(George Osborne)最新发布的财政预算中，提出通过政府免息借款或按揭担保等方式帮助英国居民买房的新政策，包括"购房援助计划"－房屋净值贷（Help-to-Buy Equity Loans）、"购房援助计划"－贷款担保（Help-to-buy Mortgage Guarantees）、"购房援助计划"—共有产权（Shared Ownership）、购买权（Right to Buy）计划[②]。

（2）**增加住房数量**[③]（Increasing the Number of Available Homes）

第一，新家补助。英国政府于2011年4月介绍了一项补助计划——"New Homes Bonus"，希望这个计划能够帮助社区发展，为收入低的家庭提供更多能负担起得房子，解决空房闲置现象。地方政府建造越多房子，就能获得更多的资金。每一个在地方政府的"地方税"(Council Tax)名单里注册的新购房者都将得到奖励。英国社区与地方政府部门为每一户新家提供补助，金额相当于这个房产相应等级的地方税的全国平均值，补助发放时间长达6年。举例来讲，如果新房产被评为D级，以2011-2012财年的数值来算，可享受房产税补助为每年1 444英镑，六年间可以省下8 664英镑。2013-2014年发放新家提供补助668.3百万英镑，截止到2013年底该项补助发放总额将达13亿英镑。

第二，新购买计划（NewBuy Guarantee Scheme），NewBuy Guarantee Scheme 始于2012年3月，旨在帮助那些只能提供5%定金、需要95%的贷款购买新建房产的人。

第三，新房屋保障计划（New Build Indemnity Scheme），新房屋保障计划始于2012年春天。开发人员/建设者将房产价格的3.5%的现金作为基金，用于当借款人发生违约时保护贷款人的地位。该基金将持续七年，并付利息。时期结束时该基金返还给开发人员。如果在此期间信用贷款受到损失，返回给开发人员的基金会减少。基金将汇集，由开发人员根据计划，贷款人可以利用该基金来补偿因开发人员卖房产造成的损失。新房屋保障计划适于租屋和别墅。不会强迫开发人员加入该计划，放款者和开发者将决定协作对象。

---

① https://www.gov.uk/government/policies?keywords=&topics%5B%5D=housing&departments%5B%5D=all.
② https://www.gov.uk/government/policies/helping-people-to-buy-a-home/supporting-pages/right-to-buy.
③ https://www.gov.uk/government/policies/increasing-the-number-of-available-homes.

第四，首次购房计划（First Buy）首次购房计划在2011年财政预算中提出。政府和100个住房开发商联合提供4 000万英镑，帮助英格兰10 500个首次购房者购买房屋，截止到2013年春有20%的贷款。

（3）完善住房租赁部门

私人出租房在房地产市场起着至关重要的作用，它为广大民众提供灵活的选择，从学生和年轻的专业人士到家庭和老年家庭。私人出租大幅度增长，2005年以来增长30%，现在英格兰住在私人出租房的住户约340万户(16%)。大约三分之一的私人出租房住户得到住房补贴。

2010年私有房屋房东调查显示，90%的私有房屋房东管理着71%的租赁房屋，只有1%的住宅隶属某些机构，而在大多数欧洲国家这个比例是10-15%。这提供了一个清晰的机会发展多元化投资基地，吸引新类型的投资者和新的资金来源。特别是，这可能在抵押贷款融资受到限制时有助于维持住房供应。

（4）提供住房保障弱势群体

政府将提供住房保障弱势群体，主要通过：

① 地方议会来帮助他们，改善与住房相关支持服务。

② 帮助老年人和残疾人居住时间更长。

③ 政府也在努力减少露宿街头的人数。

我们努力使住在房车内的居民（一般是退休或半退休人员，有些是弱势群体）更容易、更便宜、更快捷地维护自己的权利。对有地产的住户的不合理行为进行纠正。

（5）福利房限制[①]

英国政府从2013年4月开始，发起数十年来英国最大规模的社会福利制度改革，这场改革的核心就是大力消减社会福利。

① 救济金封顶，这些救济金只包括平时吃饭逛街买衣服的零花钱，不包括住房。从2013年4月15日逐渐开始，适龄就业人员（16－64岁）领取的救济金将会封顶，不能超过：

A. 普通工薪家庭平均收入的数额：大概每年2.5万英镑，就是2千英镑一个月，这是没有扣掉税收的，合25万人民币一年，2万人民币每月。税后实际收入大概每年1.8万英镑，每个月1500英镑，合1.5万人民币元）。（参见本页最底端英文资料：平均每周的收入是442英镑。）

[①] Laying the foundations: a housing strategy for England，2011.11.
https://www.gov.uk/government/publications/laying-the-foundations-a-housing-strategy-for-england--2.

根据这项改革：

B. 没有工作的单身人士（没有孩子）每周可领取的救济金大约是350英镑（每月1600英镑，合人民币1.6万元）；

C. 没有工作的夫妇或单亲家庭（有孩子），不管孩子多少，每周可领取大约500英镑救济金（每月2200英镑，合人民币2.2万元）。明显超过上面A.辛辛苦苦的普通工薪家庭平均收入。

② 福利房限制

以上A.普通工薪家庭，没有这个福利，只有B、C才会有。住在政府提供的福利房和住房协会住宅的家庭也将面临变革。从2013年4月开始，如果他们的福利房住宅面积超过所需，他们收到的住房救济金额将被减少。这里住房救济金额不是指上面①中的救济金。就是说，如果你有一间多余的卧室，住房救济将减少14%，如果你有两间或更多的闲置卧房，住房救济将减少25%。

根据新的福利住房政策，一个成年人或一对夫妇可拥有一间卧房的住宅，有孩子的家庭，两个16岁以下的同性孩子要同居一室，10岁以下的孩子不分性别也要同住一间卧室。这项福利房限制政策改革，将在本财政年度为纳税人节约4.9亿英镑。政府估计，将有超过66万家庭包括单身人士会受到此项改革的影响，平均每家每周失去14英镑的福利。不过，家里有严重残疾儿童、收养儿童的家庭和现役军人家庭将不受这项政策的影响。

4.5 家庭住房负担率与住房价格

4.5.1 家庭住房负担率

家庭住房负担率是国外的一个通用指标，主要反映工薪阶层房贷还款额占收入的比例。英国2010年至2012年的住居支出见图4-8。

4.5.2 住房价格

1986~2012年住房价格见表4-10。1986~2012年，英国房价经历了三次持续性上涨，其中1987年、2001年、2010年的房价分别比上一年上涨了11%、10.8%、11%。2000年、2010年的英国房价分别是1986年水平的2.83倍和6.97倍。英国房价上升的原因离不开世界各国房价普遍上涨的国际背景，另外也有其自身的原因。一方面，长期实行低利率政策，住房贷款迅速增加，刺激了房价快速上涨；另一方面，住房供给短缺（见4.1.3节分析），加剧了供需失衡。房价上涨导致居民住房支出增加，住房支出超过家庭可支配收入30%的家庭比重由1997~1998年的22%上升到2003~2004年的25%。

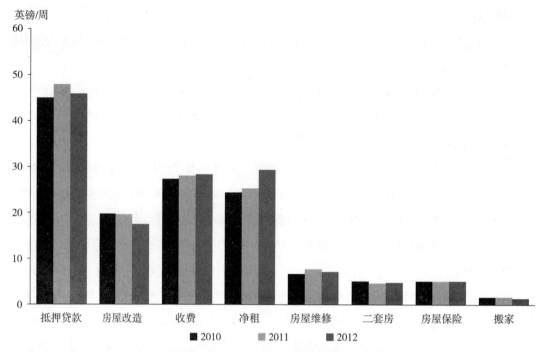

图4-8 2010~2012年英国住房周消费

2000~2012年英国住房价格（单位：英镑/套） 表4-10

年份	新住宅	其他类型住宅	全部住宅	首套房	自居房
2000	122 000	99 000	102 000	76 000	122 000
2001	132 000	110 000	113 000	85 000	132 000
2002	158 000	125 000	128 000	104 000	139 000
2003	186 000	154 000	156 000	109 000	165 000
2004	208 000	177 000	180 000	132 000	191 000
2005	212 000	188 000	191 000	141 000	209 000
2006	222 000	204 000	205 000	146 000	239 000
2007	224 000	223 000	223 000	159 000	258 000
2008	221 000	228 000	228 000	163 000	263 000
2009	199 000	228 000	226 000	166 000	260 000
2010	214 000	254 000	251 000	184 000	284 000
2011	223 000	248 000	245 000	180 000	280 000
2012	231 000	247 000	246 000	182 000	283 000

4.6 住房金融与税制

4.6.1 住房金融
（1）个人住房抵押贷款政策

在英国，住房抵押贷款是购房者重要资金来源。据统计，英国约有四分之三住房是通过抵押贷款购买的。购房者通常可贷到房价90%的购房款，有的还能贷到100%的购房款。在还本付息期间，如申请抵押贷款的购房者发生失业等特殊情况而不能按时付款时，银行并不以处置抵押房产为主要手段，一般都给予一定的还款宽限期，在此期限内可只付息不还本。另外，政府和银行都希望贷款者在贷款的同时，购买贷款保险（失业与疾病保险），以保证还款期间贷款者的收入发生大的变化而暂无还款能力时，保险公司可以帮助居民还款。

英国的住房贷款银行对居民购买住房提供的贷款有信用贷款、不动产担保贷款等，但最主要的形式是住房抵押贷款。各保险公司和商业银行等金融机构提供的住房贷款也基本上是住房抵押贷款。

英国通过各种财税金融措施为居民购房提供帮助。

1）通过财政支持措施，鼓励居民购房

2013年，英国推出的4种政府协助购房方案，通过政府免息借款或按揭担保等方式帮助英国居民买房。

① "购房援助计划"——房屋净值贷（Help-to-Buy Equity Loans）。自2013年4月份起实施，计划将延续三年。新建房屋购买者自己承担房屋价值5%的首付款，政府将提供另外20%的免息（5年之内）贷款。这意味着购房者仅需向银行或其他借贷者贷款房屋总价值的75%。

具体适用对象：房产买家的主要住所（包括首次购房者，或虽然现有房产但想换住所的买家）；房产价值不超过60万英镑；房产户主在买家一人名下；房产买家是英国人或是拥有英国永久居住权的公民；不需要是首次购房者，也没有最高收入限制。

② "购房援助计划"——贷款担保（Help-to-buy Mortgage Guarantees）。2013年10月7日起启动，将延续三年，适用于新建房屋和二手房，面向首次购房或再次购房者。购房者仅需提供5%的首付款，政府向银行或其他借贷方提供房屋价格15%的按揭贷款担保，剩余80%为购房者向银行申请按揭贷款。

具体对象：房产买家的主要住所（包括首次购房者，或虽然现有房产但想换住所的买家）；房产价值不超过60万英镑；房产不可以转租；购买房产为新房。

③ "购房援助计划"——共有产权（Shared Ownership）。英国的共有产权（Shared Ownership）住房是政府对有一定购房支付能力，但又难以完全承担从市场途径购买住房的

部分群体的一种资助。这里的"共有产权",是指由"住房协会"(Housing Association)与购房人共同拥有住房产权,购房人对"住房协会"持有的产权部分支付租金,在具备能力后,购房人可逐步购买"住房协会"持有的那部分产权。在其首期购买和逐步购买剩余部分产权的过程中,政府会给予一定的政策性优惠。"共有产权"住房针对不同的购房群体,有不同的政策设计。

购房人可先期购买25%、50%或75%的产权,并对剩余部分的产权支付租金。先期购买的产权份额越多,所需支付的租金就越低。随着购房人支付能力的提高,购房人可以逐步购买剩余部分的产权,直到获得住房的全部产权。

"共有产权"住房适用对象:家庭年收入不超过6万镑;首次购房者(或者以前有房子,但现在买不起房子);租住当地政府或住房协会产权房屋内。

"共有产权"住房的支持对象,主要是那些通过其他方式买不起合适住房的家庭,这些家庭必须是急需购买住房或急于迫切改善自己居住条件的家庭,符合条件的家庭需要在当地政府部门或者"住房协会"排队。

④ 购买权(Right to Buy)计划。购买权计划始于1980年,赋予居民"购买权",鼓励租房者按一定折扣购买租住房屋。只要租住保障住房满3年,地方政府不得拒绝租户的购房要求,购买折扣在30%~70%之间;同时考虑到低收入群体无法一次性付清购买款,政府实施分享式产权计划。

折扣根据支付租金年限而定,不同地区亦不同。1998年前英格兰最高折扣为5万英镑,1998~2003年,最高折扣为1.6~3.2万英镑,2012年4月,最高折扣为7.5万英镑。2013年3月,伦敦将最高折扣提高到10万英镑。享受这项政策,居民至少需要租住2年,如果是2005年1月后入住的,则需要租住5年。如果在5年内出售所购住房,需将折扣部分全部退还议会。

2)对住房抵押贷款实行免税政策

英国的住房贷款利率较低,并且具有可变性。政府对住房抵押贷款实行免税政策,因此金融机构可以用较低的利率向居民提供贷款,从而减轻了借款人的利息负担,刺激居民贷款购房。住房抵押贷款的利率可根据通货膨胀和市场利率的变化进行调整。

3)大力发展住房抵押贷款机构

1982年以前建房互助会是英国住房抵押贷款的主要供给者。此后随着政府对消费信贷限制的取消,商业银行等机构也被允许进入住房抵押贷款市场,形成了多元化的经营主体,包括专业性住房抵押贷款机构(如建房互助会、住房抵押贷款公司和英国住房公司)和非专业性住房抵押贷款机构(包括商业银行、国民储蓄银行、信托储蓄银行、退休基金组织、人寿保险公司都可以经营住房抵押贷款业务)。除上述直接发放贷款的机构之外,还包括金融顾问、抵押贷款经纪人和房产评估机构等中介机构，以及保险公司、担保公司等为抵押贷款提供保险、担保服务的机构等，这些机构各司其职，形成富有特色的英国住房抵押贷款一级市场。目前，在英国的零售抵押贷款市场中约60%的产品是通过中介机构完成的。

英国实行分支行制的金融组织形式。分行制、存款型的商业银行和"住房互助会"（building society）组成了全国性的资金市场，通过这些存款机构的分支网络能以最低的交易费用实现资金的流动。

（2）英国私人住房开发金融政策

私人房地产开发领域的金融政策方面，政府较少直接干预，主要通过利率和资金流动性的调整控制整体融资规模，如为抑制2003年房价快速上涨的局面，英国政府于2003年11月到2004年8月之间连续5次上调利率；2012年提出通过出借短期国库券的方式改善金融机构流动性。在公有住房方面通过住房协会向私人部门融入资金，从而推进保障房建设。

英国私人房地产开发商从银行贷款占其融资总额的比例较少，而主要通过债券尤其是私募债券、股权等直接融资工具进行融资。例如，2011年末英国最大房地产开发商Marratt的银行贷款余额占借入资金总余额的比例为42.04%，而私募债券融资余额占借入资金总余额的55.27%。

（3）公共租赁住房多样化融资手段

英国公共租赁住房融资手段的多样化表现在，公共租赁住房建设的资金来源既包括政府财政资金，也包括政府依托税收减免政策而鼓励私人组织和非营利性组织投入的资金，还包括资本市场和货币市场的借贷资金。

政府主导时期，公共租赁住房的建设几乎全部依靠政府投资，因此，政府几乎成了公共租赁住房建设的唯一主体。进入市场化阶段后，政府的财政投入逐渐减少。大量的公共租赁住房被转移给住房协会等非营利性住房组织，同时，非营利性住房组织的权限也进一步扩大，拥有了建设公共租赁住房的权力。另一方面，随着公共租赁住房补贴从"向供给方补贴"转向"向需求方补贴"，承租人可以自主选择私人住房作为公共租赁住房。因此，许多私人房东实际上也成了公共租赁住房的供给者。现在，公共租赁住房的供给者既有政府，又有住房协会等非营利性业主，还包括私人建造者，公共租赁住房的供给者呈现多元化的局面。

4.6.2 税制

英国对不动产保有环节课征的房地产税种有住房财产税和营业房屋税两种。

（1）住房财产税

① 征税对象及纳税人

英国的住房财产税是对居民的住宅，包括楼房、平房、公寓、出租房屋、活动房以及可供居住使用的船只，依据其基本价值征收的地方税种。其纳税人为年满18周岁的住房所有者或承租者。

② 税金及税收计算

税基。课税对象包括土地和附着其上的建筑物和构筑物。计税依据是纳税人拥有的一切居住房屋的评估价值，包括自用住宅和租用住宅。住房包括楼房、平房、公寓、分层式居住房间、活动房屋、船宅等。

税收计算。住房财产税税率模式采用定额税率，税费按年度缴纳。英国所有房屋根据其市场价值被划分为A-H八个级次，其中以D级为基准税级，其他档次的纳税额分别是D级的一定百分比或倍数，各级房屋的价值均基于1991年4月1日的市场价值。住房财产税的税率由各地方政府按当年的预算开支情况以及从其他渠道可获得收入的具体数额来确定，各等级住宅的纳税额根据实际情况每年有波动，8个等级在不同地区的具体纳税数额是不同的。表4-11为英格兰的住房财产税评估级次表。根据这一税收结构，各地方政府只要确定D级房产的应纳税额，再乘以税收乘数，由此即可计算出A级到H级房屋的当年应纳税额。

英格兰住房财产税评估级次表　　　　　　表4-11

级次	英格兰房价（英镑）	税收乘数（%）	房屋数量占比（%）
A	40 000以下	6/9	25
B	40 001~52 000	7/9	20
C	52 001~68 000	8/9	22
D	68 001~88 000	9/9	15
E	88 001~120 000	11/9	9
F	120 001~160 000	13/9	5
G	160 001~320 001	15/9	4
H	320 001以上	18/9	1

由表4-11分析，G级房屋价值是A级的八倍，而税收乘数，即纳税额却仅有三倍，由此判定，英国实行税率累退制，对较贵物业的征收税额虽然增加，但税率却是较低的。

税收评估和征管。为保证公平，住房财产税的等级评估由独立的专门机构"评估局"—国税与海关局下属的评估办公机构（Valuation Office Agency）评估，而非地方政府的税务部门评估。各等级住房财产税的纳税额每年都会调整，从今年情况看，住宅纳税额呈增长的态势。

税收的分配。住房财产税被地方政府主要用于以下三个方面：支付教育、社会服务、房屋修缮、娱乐设施、交通设施、公共卫生设施的支出；改善居住环境、提供警察和消防服务；地区长远规划和发展。

减免政策。英国的住房财产税有非常详细的免税范围，如只由学生、未成年人、外交人员或残疾人居住的房产是完全免税的，空置的住宅也有最长六个月的免税期。住房财产税全额课税的基本条件是至少两名成年人居住在该住宅内，如果只有一名成年人，可减收25%，若是无人居住的住宅或居民的第二套住宅可减收50%，对于有残疾人居住的住房，可给予适当的税收照顾。

（2）遗产与赠与税

英国政府将赠与税与遗产税合并在一起征收，主要针对遗产的继承、赠与和管理的公民，而征税范围则是死者生前遗留和死亡七年内所赠的全部财产。计税依据是死者遗留财产的总价值，税率是根据该税的规定实行统一税率40%。

4.7 住房的可持续发展

4.7.1 住房节能

在2012年，91%的家庭（2.06千万所住宅）有节能、高效的中央空调。150万所住宅（7%）采用蓄热炉供暖，616000所住宅采用局部采暖[1]。

采用中央空调的家庭自1996年的80%稳步增加到2012年的91%，而同期内采用局部采暖的住宅比例由12%降低到3%。采用蓄热炉供暖的家庭比例保持在7%~8%。

2012年，私人出租房中采用中央空调的比例最小，仅为81%，住房协会房屋中，86%的家庭采用中央空调。自有住房、地方议会出租房中采用中央空调分别为94%和93%。

1996~2012年英国家庭采暖系统　　　　表4-12

年份	住宅数（千套）				住宅百分比（%）			
	中央空调	蓄热炉	局部采暖	总和	中央空调	蓄热炉	局部采暖	总和
1996	16 178	1 643	2 515	20 335	79.6	8.1	12.4	100
2001	18 177	1 600	2 001	21 140	86	7.6	9.5	100
2003	18 604	1 587	1 294	21 484	86.6	7.4	6	100
2004	18 919	1 616	1 078	21 613	87.5	7.5	5	100
2005	19 179	1 609	993	21 781	88.1	7.4	4.6	100
2006	19 553	1 532	904	21 989	88.9	7	4.1	100
2007	19 862	1 552	776	22 189	89.5	7	3.5	100
2008	19 862	1 641	736	22 239	89.3	7.4	3.3	100
2009	19 982	1 673	680	22 335	89.5	7.5	3	100
2010	20 082	1 603	701	22 386	89.7	7.2	3.1	100
2011	20 502	1 591	661	22 754	90.1	7	2.9	100
2012	20 588	1 515	616	22 718	90.6	6.7	2.7	100

[1] https://www.gov.uk/govern ment/statistics/english-housing-survey-2012-to-2013-headline-report.

英国住房采用的保温措施主要有阁楼保温、空心墙保温、双层玻璃窗保温、蓄热水箱保温等，1996~2012年英国住房采用的保温措施见图4-9、图4-10和表4-13。

2012年，34%的住房采用厚≥200mm阁楼保温（1996年仅为3%）。采用空心墙保温的住房从1996年的14%提高到2012年的40%，采用双层玻璃住房也从1996年的30%提高到2012年的79%。

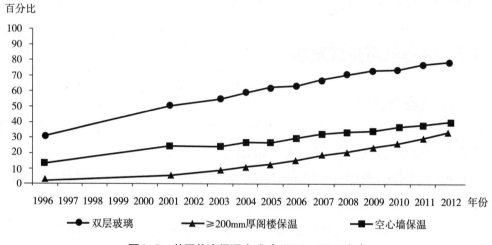

图4-9　英国住房保温方式（1996~2012年）

2012年，采用空心墙保温910万套住房中，49%为社会住房，43%为私人住房，23%为私人出租房。私人出租房采用≥200mm厚阁楼保温的比例为20%，而社会住房为34%，私人住房为38%。

采用双层玻璃的住房中，私人出租房占74%，私人住房为78%，社会住房为88%。

2012年英国不同类型住房的保温方式　　　　　表4-13

保温措施＼类型	自有住房	私人出租房	地方议会出租房	住房协会	全部住房
空心墙	70.10	55.85	72.16	79.84	
空心墙保温	42.61	22.51	49.54	49.13	40.09
≥200mm厚阁楼保温	37.85	20.48	31.40	37.10	34.1
双层玻璃	77.74	73.63	86.83	89.52	78.76

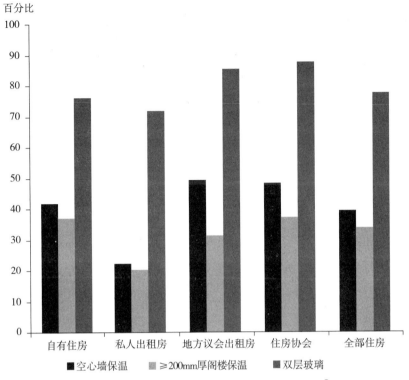

图4-10　2012年英国不同类型住房的保温方式[①]

4.7.2　能效等级

2003年英国能源白皮书（2003 Energy White Pape）对房屋建筑能耗提出了要求。根据2006年版的房屋标准，新建房屋能耗比2002年标准要减少20%。2006年12月，英国政府在财政预算报告中提出到2016年房屋达零碳排放标准的目标。为了鼓励零碳排放房屋的建设，政府对所有新建零碳排放房屋免除高达50万英镑的印花税，并拨款32亿英镑用于住房的节能改造。同时，多种绿色建筑评价体系也相应产生。

采用SAP（Standard Assessment Procedure）对住房能源效益进行计算。表4-14为1996~2012年能源效益认证情况。在这一时期内，由于住房节能措施的改善，获得较高等级A~C的住宅比例提高很大（表4-15）。

2012年18%的住房获得较高等级（A~C），是1996年2%（50万套）的9倍多。较低等级为F和G的住房由1996年的29%减至2012年的6%，减少了接近2/3。约76%的住宅处在D和E间。

---

① 资料来源：https://www.gov.uk/government/statistics/english-housing-survey-2012-to-2013-headline-report.

1996~2012年英国取得不同能源效益等级的住房数量和比例　　　　表4-14

年份 套数	1996	2001	2003	2004	2005	2006	2007	2008	2009	2010	2011	2012
A/B	—	27	—	—	—	35	35	77	140	159	38	138
C	479	919	1 147	1 279	1 484	1 545	1 710	2 229	2 955	3 474	3 311	4 003
D	3 471	4 881	5 404	5 775	6 043	6 555	7 316	7 865	8 380	9 034	11 199	11 629
E	9 024	9 701	9 469	9 275	9 076	9 072	8 859	8 310	7 543	6 832	6 454	5 568
F	5 521	4 415	4 284	4 281	4 201	3 838	3 389	2 972	2 550	2 139	1 363	1 087
G	1 837	1 264	1 158	982	948	943	881	786	766	748	389	293
总计	20 335	21 207	21 484	21 613	21 781	21 989	22 189	22 239	22 335	22 386	22 754	22 718
比例												
A/B	—	0	—	—	—	0	0	0	1	1	0.2	0.6
C	2	4	5	6	7	7	8	10	13	16	14.6	17.6
D	17	23	25	27	28	30	33	35	38	40	49.2	51.2
E	44	46	44	43	42	41	40	37	34	31	28.4	24.5
F	27	21	20	20	19	17	15	13	11	10	6.0	4.8
G	9	6	5	5	4	4	4	4	3	3	1.7	1.3
总计	100	100	100	100	100	100	100	100	100	100	100.0	100.0

2012年，在不同住房类型中，取得A~C能源效益等级的比例以社会出租房为最高（39%住房协会出租房，32%地方议会出租房）（图4-11）。但就数量而言，等级A~C范围内私人出租房（20%）比自有住房多（13%）。因为私人出租房以公寓为主，而公寓比别墅具有较高的SAP等级。

1996年、2012年英国取得不同能源效益等级的不同类型住房数量（单位：套）　　表4-15

	自有住房		私人出租房		议会出租房		住房协会出租房		全部	
	1996年	2012年	1996年	2012年	1996年	2012年	1996年	2012年	1996年	2012年
A/B	—	—	—	—	—	—	—	—	—	138
C	108	1 901	—	777	169	550	77	774	415	4 003
D	2 722	7 734	367	1 901	966	980	378	1 013	4 432	11 629
E	6 993	4 144	767	1 010	1 522	210	350	203	9 632	5 568
F	3 440	756	524	288	684	22	107	—	4 754	1 087

续表

	自有住房		私人出租房		议会出租房		住房协会出租房		全部	
	1996年	2012年	1996年	2012年	1996年	2012年	1996年	2012年	1996年	2012年
G	652	183	279	102	123	—	26	—	1 079	293
总计	13 927	14 783	1 998	4 119	3 469	1 775	941	2 042	20 335	22 718

2012年，处于F~G等级范围的各类型住房比例比1996年减少了很多，其中社会出租房所占比例仅为1%（比1996年的21%减少了20%）。自有住房和私人出租房分别为6%、9%（1996年分别为29%、40%）。

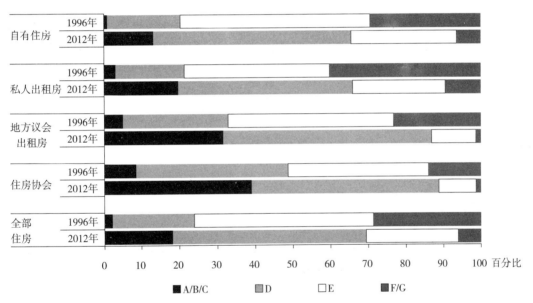

图4-11 不同类型住房取得能源效益等级的比例（1996年、2012年）

1996年、2012年英国不同类型住房取得能源效益等级的比例（单位%） 表4-16

	自有住房		私人出租房		地方议会出租房		住房协会		全部住房	
	1996年	2012年	1996年	2012年	1996年	2012年	1996年	2012年	1996年	2012年
A/B/C	0.9	13.3	3.1	19.8	5.0	31.6	8.6	39.1	2.2	18.2
D	19.5	52.3	18.4	46.2	27.8	55.2	40.1	49.6	21.8	51.2
E	50.2	28.0	38.4	24.5	43.9	11.8	37.2	10.0	47.4	24.5
F/G	29.4	6.3	40.2	9.5	23.3	1.4	14.1	1.3	28.7	6.1
总计	100.0	100.0	100.0	100.0	100.0	100.0	100.0	100.0	100.0	100.0

4.7.3 老年人住房

(1) 老年人住房发展概况

老年人住房是英国社会保障的重要内容之一。英国于1948年实施国民救助法时,规定每一城市政府都要为贫困无家的老年人设置老年公寓,市政府如财力不足,可与慈善团体合力兴建。1969年,英国住房建设部门和地方政府就明确了老年人居住建筑的分类标准。1975年《轮椅住房标准》,对以老年人为居住对象的特殊住房,以及以非老年残障者为对象的特殊住房做出了规定。

目前,具有代表性的老年住房有三种类型:(1)内部无障碍设计的老年住房,称为无支持住房(Housing without support),适于可以独立生活的老年人;(2)内部无障碍设计并有紧急联络特别护理人员的通信系统。日常特别护理人员住所和老年人住房相邻,能及时处理老年人的突发事件,并就老年人发生的某些问题与有关部门联系,称为支持住房(Housing with support);(3)内部无障碍设计并有紧急联络特别护理人员的通信系统,护理人员每天最少提供一次饮食服务,其服务对象为身体虚弱、行动不便的老年人,称为照顾住房(Housing with car)。照顾住房中大部分的老人仍能够基本自理。

照顾住房是为腾出养老院的床位而设的。照顾住房的规模约为30~50单位,平均的规模为40单位,设施设备十分简单,仅包括一间房间、小厨房及简单卫浴设备,在人力配置上仅需一名管理员。

照顾住房将住居、支持性服务及健康照护合为一体,强调老年人的选择权、自主性及隐私权。

表4-17为在英国各地区老年人住房数量。其中约120000套为无支持住房。自用老年人住房所占比例很小。用于社会出租房的老年人住房占老年人住房总数的比例,英格兰为76%,苏格兰为85%,威尔士为87%,北爱尔兰为97%。

2011年英国地区的自用或者出租的老年住房(单位:套) 表4-17

地区	出租	自用	总数
英格兰	409 297	123 904	533 201
北爱尔兰	8 508	195	8 703
苏格兰	36 161	6 454	42 615
威尔士	23 545	3 533	27 078
英国	477 511	134 086	611 597

2011年英国有21 893 000套住房,611 597套老年人住房只占总数的2.8%。因此,能够住在老年人住房的老年人占更小的比例。老年人住房数量占退休人员的比例,全英国56‰,

苏格兰为45/‰，威尔士为44/‰，北爱尔兰为31/‰。

（2）老年人住宅国家标准

英国老人照顾住宅国家标准指标（Home Care for Older People National Minimum Standard）对以下7个方面做了规定：①住宅选择；②健康与个人照护；③日常生活与社会活动；④抱怨与保护；⑤环境；⑥员工；⑦管理与行政。

公用空间：每一个老人应有至少4m²的公共空间，其他包括禁烟环境、个人房间、会议间及室外空间。

厕所和浴室：必须提供足够的厕所、洗衣间及浴室，必须邻近每一个人房间，从2002年4月开始，所有的新建住房必须是套房。

适应性设备：设备的适用性必须评估，老人可以使用所有公共空间，每一个房间要有储物柜以及呼叫系统。

个人需要：每人最小空间10~12m²，共用房间者亦不得超过两人。

个人的适应性家具：个人寝室必须配备家具，务使老人感到舒适，并保护隐私。

暖气与照明：暖气、照明、通风，以及水的提供必须符合健康与卫生，并符合老年人的需要。

环境卫生与感染控制：场所必须保持干净、卫生以及避免异味入侵。

主要参考文献

[1] https://www.gov.uk/government/uploads/system/.../141389.xls.

[2] https://www.indexmundi.com/united_kingdom/demographics_profile.htm；United Kingdom Demographics Profile. 2012.

[3] Rebecca Roberts-Hughes The Case for Space: The Size of England's New Homes，© Royal Institute of British Architects. 2011.

[4] English Housing Survey Headline Report 2010-11, Department for Communities and Local Government. 2012.

[5] Department of Communities and Local Government. Facing the Housing Challenge: Action Today, Innvoation for Tommow. DCLG: London. July 2008.

[6] Guardian News (2010), 'Housing was Labour's great Failure'.[online] http://www.guardian.co.uk/commentisfree/2010/jul/13/housing-labour-failure-now-gets-worse.

[7]   Munro M. Evaluating Policy Towards Increasing Owner Occupation [J]. Housing Studies, 2007 (2): 243-260.

[8]   Hills J. Ends andMeans: The Future Roles of Social Housing in England. ESRC Research Centre for Analysis of Social Exclusion, London School of Economics [C], CASE report 34, 2007.

[9]   National Statistics website: www.statistics.gov.uk ,Live tables on dwelling stock including vacants.

[10] English Housing Survey, www.gov.uk.

[11] Housing Space Standards, A report by HATC Limited for the Greater London Authority,2006.

[12] Source of ONS data: House Price Index, August 2013: Annual Tables 20 to 39.

5 巴西

G　D　P：20 390亿美元（2012年）

人均GDP：10 263.89美元（2012年）

国土面积：851.49万km²

人　　口：1.984亿人（2012年）

人口密度：23.3人／km²

城市化率：85%（2012年）

5.1 住房基本情况

5.1.1 住户数量和每户平均人口

图5-1所示是住户数量和每户平均居民数量。从2001年到2012年住户增加了1 896.5万

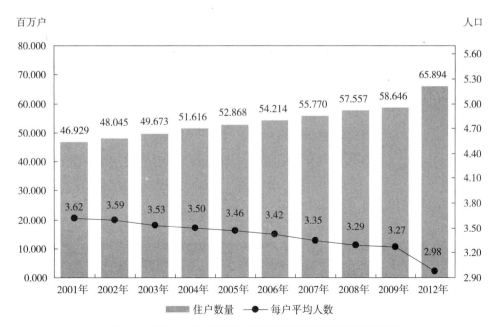

图5-1　2001~2009年巴西住户数量和每户平均居民数量

户，呈不断上升趋势，而每户平均人口从2001年的3.62人下降到2012年的2.98人，呈不断下降趋势。

5.1.2 城市低收入者居住现状

在城市，富人居住在环境好、交通便利的地方，而低收入者则居住在一些低收入者住宅区和贫民窟里。1987年，巴西全国约有2 500万人居住在贫民窟。1991年，贫民窟有3 188个，2000年增加到3 905个，分布遍及巴西所有的大城市，现在已发展到中等城市。以圣保罗市为例，目前圣保罗市市区面积1 500km^2，人口1 100万，其中不安全居住地（PRECARIOUS SETTLEMENTS AREA）面积达到136km^2，涉及人口334万，这其中有贫民窟1 575个。

被圣保罗市政府称为的"不安全居住区"有两种情况：一是居住环境非常恶劣的贫民窟，这种往往是非法占地建成的，巴西地理统计局定义为"50户以上的人家汇住一起，房屋建筑无序，占用他人或公共土地，缺乏主要卫生等服务设施的生活区"；二是在合法土地上自建的住宅区，这里有的是比较简陋的房子，有的是年代久远的"小洋楼"。严格意义上说，应该叫作低收入者住宅区更为贴切。第一种贫民窟主要位于城乡接合部，而市中心也有少量贫民窟。比如，圣保罗市有80%的贫民窟位于城乡结合部，市中心还有4座立体式的贫民窟，指的是一些20多层的高层建筑，原来是富裕阶层的住房，随着城市的发展，他们搬到城市郊区居住，遗弃的楼房被贫民非法占有居住，由于缺乏维护，这些立体的贫民窟外表和内部破烂不堪，与市中心豪华的高楼、精心维护的古老建筑形成鲜明的对比。第二种低收入者住宅区，主要位于市中心区。

圣保罗城市住房部统计，住在市中心不安全地区的共有334万人，其中，住在贫民窟里的有160万人；住在非法住房（ILLEGAL SETTLEMENTS）里的有170万人；住在出租房（TENEMENT HOUSES）里的有4万人。

巴西共有1 020万套住宅面临着城市基础设施不足和环境卫生差的问题，共占全国城市比较坚固的房屋的32.1%。几乎一半的人口没有享受到现代排污系统的便利，4 500万公民缺乏饮用水。在农村，超过八成的住房没有供水系统；六成住房没有排污系统，人的排泄物未经处理直接排放到水源中。1 600万巴西人口没有享受到垃圾集中处理服务。在大中型城市中，垃圾集中处理系统的处理量一般能达到每天固体废物的产生量，但由于人口集中的贫民窟和城中村的多种基础设施极差，这些地区的居民无法获得城市的垃圾处理服务。

5.1.3 巴西住房缺口

巴西住房短缺的原因是城市化速度过快。直至20世纪中期，巴西的人口大多居住在农村。在过去的60多年里，大量人口涌入城市。例如1946年前首都巴西利亚成立时，设计该城市至2000年常住人口为50万。然而到1990年，该城市建成30年后，城市人口已超过100万。目

图5-2　巴西沿河而居大面积平民聚集区

前,巴西三分之一人口集中在9大都市。

在巴西,上百万的家庭缺少获得体面住房的途径。据统计,巴西全国对新住房的需求共计720万,其中550万是城市住房,170万是乡村住房。需求量最大的地区是巴西的东南部各州(39.5%)和东北部(32.4%)。

住房需求主要集中在城市地区和低收入人口阶层,特别是大都会地区。在2000年,88.2%的城市住房缺口是年收入少于最低工资5倍的家庭。

住房问题的另一方面是,有一部分城区住房或属于违规违章建筑、有建筑用地纠纷,或缺少城市服务和设施。

280万城市住房人口过度密集(平均每间房屋超过3人居住),其中52.9%的住房集中在巴西东南部地区。约有84万户住宅的居住条件极差,或者房屋建成时间超过了50年,需要进行重建或加固。这类城市问题和住房问题将在未来几年更加严重,因为大多数巴西住宅的排污系统是20世纪60年代建成的,东南部和东北部分别有50.5万和22.1万这类住房,共占总数的86.5%。

为适应人口和家庭增长,消除城市贫民窟和棚户区,巴西联邦政府已加紧了在住房上的投入。2005年至2006年,巴西新建了160万套住宅。预计2020年巴西家庭数量将比2006年的5 421.4万户增加2 110万户,至2020年需新建住宅2 770万套,每年需要新建200万套。

5.1.4　城市化与"贫民窟"现象

巴西在推动经济快速增长的同时,十分注重推动城市化进程,目前是发展中国家城市化水平最高的国家之一。巴西城市化率由1960年的45.08%,提高到2000年的81.25%。但由于城镇化进程快于工业化，出现"过度城市化"，造成大量"贫民窟"，目前城市"贫民窟"约居住有3 500万人，占全国城市人口的25.4%。里约热内卢市是现代化的国际大都市和世界十大著名旅游城市之一，城区人口550万人，其中就有150多万人住在贫民窟里。

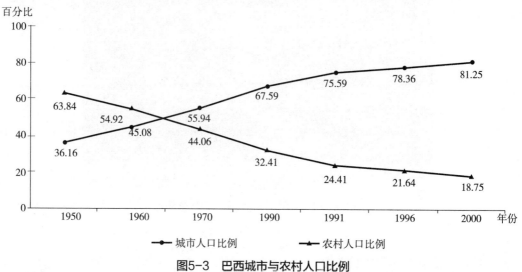

图5-3　巴西城市与农村人口比例

"贫民窟"成为巴西奇特的社会现象，带来了一系列的社会问题，主要表现为：

① 造成社会裂痕。贫民窟居民大部分人处于贫困线以下，享受不到作为公民所应享有的经济社会发展成果，居住、出行、卫生、教育条件极差，不仅影响当代人，也影响下一代人的发展。由于生活水平的巨大差异造成国民感情隔阂，分化了社会，造成社会裂痕。

② 游离于政府监管之外，社会不稳定因素增加。一些"贫民窟"为黑社会所控制，政府无法进入该区进行正常管理，有些区连水电费也无法收缴，政府公务人员不能进入该区，成为城市犯罪的窝点。

③ 城市人口过度膨胀，城市环境恶化。第二次世界大战以后，由于巴西国内的工业品需求加速，引起工资上涨，使越来越多的移民向工业区集中。据估计，20世纪40年代有300万人从乡村移向城市，20世纪50年代增加到700多万人。现在全国51%的人口居住在10万人以上的城市中，其中9个大都市占全国人口的29%。由于城市规划的滞后和人口的迅速膨胀，城市环境遭到严重破坏。

5.2　城市住房管理部门

巴西联邦政府于2003年成立城市部。城市部的建立本身意味着对巴西原有城市发展和住房体制的改造。以前，联邦政府对市政设施建设无强行规定和要求，结果，经济发达的城市市政设施稍好一些，落后地区的市政府债务累累，求贷无门，城市市政设施就差。从20世纪70年代到2000年，巴西城市市政服务设施投资一直处于不稳定，甚至停滞状态。新设立的城市部主要任务：一是帮助没有市政设施的城市社区建设市政服务设施；二是帮助市政府承担建设市政设施和住房的责任。

市政府建立住房部。按照巴西宪法的规定，城市政府要对城市的建设（市政、交通等）承担责任，其中包括贫民窟的改造。城市政府住房部的主要任务是把城市非法的占地逐步合法化。以圣保罗市为例，市政府住房部下设两个部门，一个部门负责贫民窟非法占地进行合法化过程中的法律问题；另一个部门负责技术改造及相关的民生问题。

目前，联邦政府城市部和各个城市的住房部从事的两项重要工作是：一是偿还历史旧债，改造贫民区市政设施。其基本原则是不主张搬迁，不破坏原有的经济基础和社会关系。二是为穷人建设低价房，目标是在2010年底建设100万套低价房，下一任的4年要建设200万套低价房。在住房改造计划中，联邦政府的职责是立法、提供房贷等；州政府和市政府要制定住房改造规划。

5.3 城市低收入阶层住房建设与改造的措施

5.3.1 城市规划引导

1988年巴西出台的《宪法》规定了各级政府的自主权，并强调了编制城市规划是市政府的职责。《宪法》中规定：每个市政府制定城市规划大纲，凡是2万人以上的市镇都要有规划大纲，大纲中要明确在一定年限内城市如何发展，怎样解决城市现在面临的问题。

联邦政府则拨款帮助市政府制定规划。2001年时，颁布的《城市章程》，对城市规划和城市发展计划作了详细规定。联邦政府城市部下属规划局的主要工作是：对市政府和非政府组织拨款，帮助市政府制定城市规划；推动城市管理民主化，制定实施规划大纲时要有当地老百姓的参与和监督；推动城市现有土地使用的合法化；恢复被遗弃的市中心的青春，改造废弃楼房为居民楼或低价房；确认有风险的贫民住宅区，防止滑坡等自然灾害。

规划实施的保障措施有：一要有立法保障。2007年通过了新立法，规定所有城市的市政设施由政府负责，可以以许可证的方式由公司来建设。二要有投资项目安排。2007年，巴西提出了"加速经济发展规划"，其中包括许多市政设施建设项目，2007~2010年度的加速经济发展规划中，每年用于改善市政的投资安排有100亿巴币，2011~2013年度的规划，每年将投入130亿巴币。三要有群众的积极参与。巴西成立了国家城市管理委员会，委员会由80多个成员组成，并从各主体中选取代表，其中市民社会代表（公众运动、工会、民间组织、学术组织和商界）占50%多，其余为联邦，联邦州和地方政府的代表。各个城市也建立了城市管理委员会。

5.3.2 对城市贫民住宅区住房和居住环境进行改造

贫民区住房改造是城市住房改造计划中非常艰巨的一项工作，其中相当大部分改造对象是贫民窟。贫民区住房改造计划由市长、市长助理和住房部部长共同制订，并先经过贫民大众讨论，再提交市政府执行。

（1）贫民区住房改造的宗旨、原则和步骤

贫民区改造的宗旨是，使现有的非法定居点合法化，并防止出现新的非法定居点；优先考虑援助低收入家庭，提高贫民居住区居民的生活标准；确保将这些定居点纳入城市社区的正规管理。

贫民区改造的重要原则：一是注重基础设施投入；二是保护水源，按水源分区进行改造。三是保证改造工程连续性，不会受政府换届选举的影响。

贫民区改造过程分4个步骤：一是普查，通过调查研究掌握贫民窟的数量和情况；二是分级，即分清哪些是最紧急的，哪些是次要的，哪些是可以延期改造的，找出那些最危险、最急需改造的贫民窟；三是筛选，选出重点，分期分批进行改造；四是确定时间表，决定改造时间和改造期限。

（2）贫民区住房改造的主要做法

贫民区改造计划主要针对以下两种住房，采取不同的改造对策。

① 合法用地上自建住房的改造

一些合法用地上自建的住房，主要是一些年代久远、设施陈旧的平房和小洋楼。以前，一个楼里住4～5家，共用一个厨房、一个卫生间，不符合规范和安全要求。

对于这种住房，有两种处理方法。一种是如果已经成为危房，那就要拆除。另一种不是危房，结构还可以使用，采取旧房改造的方法。原先住5户家庭，改造后留下1～2家仍居于此，保证每家都有一个厨房和一个厕所，电、燃气、消防设施都按照市政府的要求改造。巴西以前对于城市住房和出租房，没有任何管理规定，1991年圣保罗市政府制定了《城市住房管理法》，对城市住房的水、电、厕所、燃气、消防等设施做出了详细的规定，如消防器材、燃气罐要放在房屋外，电线布置要安全，插座也要用国际标准的安全插座等，要求城市住房或出租房都要达到这些要求才能使用，以保证住户可以在一种有尊严的居住环境下生活，使其能够逐步融入城市。其余的3～4户家庭，由政府提供低息贷款，帮助其另选址建新房居住。

② 非法占地上的住房改造（贫民窟改造）

对于居住在贫民窟里的居民，并不都要求全部搬走。对不同的情况采取不同的处理方法。第一种情况：有的贫民窟如果全都位于危险地段或水源附近，则会采取疏散贫民窟的措施，让他们全部迁移，将原址土地收归国有，改建为公园、绿地、运动场。第二种情况则要区别

处理：有的贫民窟改造是先将部分位于危险地段或水源附近的住户迁出，余下的在原址进行改造。

那些仍留在贫民窟里的居民，一方面政府在法律上使他的住房和土地合法化，登记发证；另一方面政府改善贫民窟里居民的生活条件，使得水、电、道路、排水、公园、绿地、水源、运动场所等设施进入贫民窟。

对于迁出的贫民，在原贫民窟的附近选址，大多是选择已经有学校和医院的地方，由政府建新房（又叫新加坡组屋）。市、州、联邦三级政府都会承担一部分房屋的建设成本，国家再给贫民一定的补贴。这样，需要搬迁的贫民不仅得到价格优惠，还能用分期还款的方式（30年付清）购买新组屋。

(3) 贫民居住区改造的资金来源

城市政府协同联邦政府，再联合由美洲开发银行、世界银行等组成的基金会，共同出资，进行改造。在圣保罗市，联邦政府和市政府要按照一定比例分别出资，圣保罗市由于比较富裕，出资比例比较高。世界银行、联合国机构、日本开发银行等组成的联合基金会对改造计划进行了资助。

(4) 住房分配方式

贫民窟改造住房分配方式分两种，对于最低收入家庭，政府免费提供住房，并且免租金、水电等所有费用。对于低收入家庭，则按月支付低租金（以玛瑙斯市为例，支付租金标准为每月200巴币），并在支付满17年后拥有该房产。对于上市交易，巴西规定，如果已购得该房产，在住满5到10年后可以上市交易，收入全部归个人，但该家庭户主（一般为母亲）不能再申请新的国民住宅。

5.3.3 城市低收入群体的保障性住房建设

(1) 政府的住房发展计划

2009年3月份，巴西总统宣布"我的家，我的生活"住房保障计划，表示将在未来几年年内投入360亿雷亚尔（180亿美元），为中低收入家庭修建100万套住房，但是由于住房缺口较大，政府于2010年3月份又公布了第二阶段的计划，将再投资452亿美元，建设200万套住房，共计300万套，其中160万套分配给家庭收入在0～3倍最低月工资（R 545美元）之间的家庭；100万套分配给家庭收入在3倍～6倍最低月工资的家庭；而其余40万套给家庭年收入在6～10倍最低月工资的家庭。收入越高则获得的补贴越少，收入水平最低的人群最多可以获得最高达100%的补贴，一个低收入家庭在10年内只需支付约3 300美元，便可以购得价值约16 800美元的一套住房。2010年100万家庭签约，2011年交付50万套。政府在2010年和2011该计划预算分别为390亿雷亚尔（约合1 021.8亿RMB）和401亿雷亚尔（约合1 050.6亿RMB）。所有资金由巴西的公共银行和联邦经济储蓄银行提供，且银行还为有资格贷款的家庭提供抵押贷款。

这项计划的另一项好处就是，申请程序比较快捷，申请人只要符合条件，只要几个小时就可以拿到贷款的信用凭证。保障住房建设主要由私营公司承担。

在此之前，巴西政府先后制定的住房发展计划有："全国住房计划"（1964年），计划向所有居民提供适当的住房，并鼓励居民自建房；"全国大众住房计划"（1973年）计划建造平均每套造价为2 500美元的200万套住房，以解决最低收入阶层的住房问题；"全国住房发展计划"（1984年）计划扩建200万套居民住房，为800万居民安装上下水道。

（2）信贷支持政策

为了实施住房发展计划，全国住房建设银行统一掌握住房贷款审批、发放工作。其对居民和开发商申请取得国家住房贷款的主要条件有：① 建设项目必须符合城市规划和长远发展要求；② 建设项目必须达到规定的建筑装修标准和环境要求；③ 自建住房者（一般为中等收入家庭）申请贷款时须向银行提交建房预算、家庭经济收入和自备资金额等资料；④ 建筑商须向银行提交建房预算、购置建房用地费用及法律文件等材料。全国住房建设银行采取区别对待、重点资助中低收入家庭的政策向不同类别的市场输入资金。具体：① 通过各州、市的大众住房公司，给收入为最低收入1~3倍的家庭组成的"平民市场"提供住房信贷，州、市的大众住房公司建造住房，其投资来自全国住房建设银行；大众住房公司所建住房出售给居民，并按最低年利率1% 优惠向其提供长期信贷；② 通过由工会和劳工联合会组成的住房合作社，给予由收入为最低工资3~6倍的家庭组成的"中小收入市场"提供长期信贷。住房合作社建房工程较大，造价和住房质量也高于平民市场，提供给收入低的家庭住房贷款年利率为1%；③ 通过其他机构向收入较高的家庭提供住房贷款，因此类家庭收入高，所建住房质量高，故贷款按市场利率计息。

巴西采取区别对待、重点资助中低收入家庭的政策，为不同收入阶层提供住房贷款。对于年收入相当于最低收入界线1~3倍的低收入者、年收入相当于最低收入界线3~6倍的中等收入阶层，可以购买政府投资建造的住房，并取得最低年利率为1%的长期优惠贷款。但两者购买住房的质量和价格有所不同。

（3）保障就业基金制度

为了保障住房投资与信贷资金的来源，巴西政府于1966年通过改革社会保障制度，创设了"保障就业基金会"，把社会福利计划与筹措住房发展基金巧妙结合起来。保障就业基金实质上是一种强制性储蓄，其主要做法是：雇主必须按工资总额8%的税款交给基金会，存入每个人存款账户，作为其个人福利基金。保障就业基金由全国住房建设银行经营和保管，基金存款按年利3% 由银行付息，为使存款保值，银行对存款进行指数化调整。由银行保管的保障就业基金账户上存款，采取分期付款方式，向住房经营机构供应住房贷款。工人偿还各个期次的贷款本息,才直接从账户提取存款。这时的提存并不支付现金,只是从基金会个人的账户转到银行账户上。随着大批工人参加基金会,全国住房建设银行用于住房和城市发展的资金也日益增加。

保障就业基金的主要用途有以下三点:① 作为职业保险,增进个人福利;② 作为住房建设贷款,促进住房建设;③ 作为住房信贷基金,直接改善工人居住条件。工人参加基金会6年后,购买住房可提取账户上存款,偿还房款。

5.3.4 贫民窟治理的特点

巴西是贫民窟问题比较严重的国家之一,二十多年来,巴西政府对治理贫民窟十分重视,采取了多种措施,取得了一定成效。

巴西在治理贫民窟的实践中,有两个显著特点:

① 改善贫民窟居民的物质条件(硬环境建设)和改善居民的非物质条件(软环境建设)并举。巴西的城市贫民窟极度缺乏各种必要的住房和生活基础设施,特别是那些位于城市边缘的贫民窟情况更加严重。改善贫民窟居民的物质条件,开展升级改造是巴西各级政府最早采取的治理措施之一。与此同时,巴西政府也十分重视改善贫民窟的非物质条件,将贫民窟的改造与城市发展紧密结合,将贫民窟逐渐纳入城市发展体系之中,增加社会包容性。里约热内卢市从1994年开始实施的"贫民居住区社区计划"采取将贫民窟融入城市发展规划的方法,促进健康和教育事业的发展。20世纪90年代以来,开始推行"有条件现金转移"(CCT)的反贫政策,这项计划是利用资金转移支付的方式来帮助贫困人群,达到在短期内减少贫困的目的。该计划鼓励人力资本投资,特别是对贫困人群的下一代投资,防止贫困的代际传递。2003年10月,政府又推出"家庭救助计划",该计划是世界上最大规模的有条件现金转移项目,它通过每月向最贫困家庭提供平均24美元的政府补贴,提高儿童的入学率,满足贫困人群的卫生医疗需求,从而达到减少贫困、减少社会不平等现象和提升社会包容性的目的。

② 充分发挥非政府组织、非营利机构、社区组织、私营机构、教会,以及相关国际组织的积极作用。巴西政府主导的很多贫民窟治理项目都有非政府组织的参与。由于各种非政府组织(妇女联合会、防止种族歧视组织、儿童保护组织、教育协会、环保组织等)有各自的专业领域,所以它们在参与巴西联邦政府或地方政府的贫民窟治理计划时,一般只负责执行相关的具体项目,有些地方政府还雇用当地的非政府组织进行社区管理。圣保罗州政府的"Renda Cidadñ"计划是一项改善贫困居民收入状况的项目,项目的合作者不但有州政府和地方政府,还有多达2 400个社会实体和非政府组织。

在城市贫民窟治理过程中,除了巴西本国的非政府组织外,还有国际上的一些非政府组织参与。在圣保罗地区的三个贫民居住区改造中,就有来自意大利、日本和德国的志愿者参与当地的治理工作。这些外国非政府组织的志愿者的工作主要涉及向当地居民提供职业培训、性教育、艾滋病防治和垃圾安全回收等领域。

积极争取国际金融机构的支持也是值得重视的一个方面。巴西贫民窟治理所需要的资金主要来自地方财政预算和社会保障基金是难以实现的。因此，除了政府投入之外，巴西的许多贫民窟治理项目都有赖于国际金融机构的资金支持。在这些提供援助的国际金融机构中，世界银行和美洲开发银行是巴西政府的主要合作伙伴。

教会在减少贫困和贫民窟治理中也起着积极的作用。巴西是一个天主教国家，全国70%的人口都是天主教徒，天主教会无论在富人区还是在贫民窟都具有十分重要的影响力。

重视增强贫民住区内自身的治理能力。社区组织的自助活动和贫民窟内部的治理工作是巴西贫民窟治理的重要组成部分。首先，社区组织是居民的自治组织，贫民窟的居民有很高的参与度。一些社区组织的领导本身就是贫民窟的居民，而且过去就是贫民窟自助活动的积极分子，曾经通过自己的个人努力为贫民窟的改善做出过贡献，赢得了居民的信任并且被选为社区领导。其次，社区组织为居民的切身利益工作，且救助方式灵活多样，受到普遍欢迎。最后，社区组织成为贫民窟居民与政府沟通的桥梁，得到居民的信任。

此外，作为一个特定的弱势群体，妇女在贫民窟治理中也具有不可替代的作用。

主要参考文献

[1]　Censoc Demograficos IBGE.

[2]　IBGE, SIDRA, PNAD.

[3]　文林峰. 巴西、阿根廷住房保障经验、教训及启示[J]，北京规划建设，2007，4.

[4]　谭炳才. 巴西"贫民窟"现象的启示[J]. 广东经济，2008，2.

[5]　巴西保障住房运作机制及借鉴意义[J]，学生毕业设计.

[6]　徐勤贤、窦红，巴西政府对城市低收入阶层住房改造的做法和启示，城市发展研究，17卷，2010，9.

[7]　杜悦，巴西治理贫民窟的基本做法，拉丁美洲研究，2008，2.

6 美国

GDP：162 400亿美元（2012年）

人均GDP：5.17万美元（2012年）

国土面积：916.2万km^2

人　　口：3.14亿（2012年）

人口密度：34.3人／km^2

城市化率：83%（2012年）

6.1 住房基本情况

6.1.1 住房类别

美国住房分为独户住房、多户住房和活动房屋（工厂生产的活动住房）三类。

据最新统计：从1990年到2007年，独户住房中，大面积住房（2 400ft^{2}即223m^{2}及以上）所占比重较大，由1990年的29%上升到45%。住房面积的中间值由1990年的177m^{2}增长到2007年211.5m^2，但在2009～2012年，1 800～2 399ft^2（167.25～222.9m^2）的独立住房占比最大。住房面积中间值2009年最小，为198.3m^2，2012年为214.2m^2。多户住宅的户型较小，1 000ft（92.9m^2）以下的住房居多。

1990~2012年美国新建私有独户住房特征　　　表6-1

特征	1990年	2000年	2005年	2006年	2007年	2009年	2011年	2012年
新建总住房数（千套）	966	1 242	1 636	1 654	1 218	520	447	483
百分比分布（%）								
1. 建筑类型	100	100	100	100	100	100	100	100
（1）现场修建	—	94	96	95	96	96	96	96
（2）标准组件安装	—	3	3	2	3	2	2	2
（3）其他	—	3	2	2	2	2	2	2

续表

特征	1990年	2000年	2005年	2006年	2007年	2009年	2011年	2012年
2. 外墙材料	100	100	100	100	100	100	100	100
（1）砖	18	20	20	21	23	23	24	24
（2）木材	39	14	7	8	8	9	8	6
（3）灰浆	18	17	22	22	23	19	17	19
（4）聚乙烯壁板	—	39	34	30	30	34	34	33
（5）铝墙板	5	1	1	0	0	（NA）	15	16
（6）其他	20	7	16	18	16	2	2	2
3. 建筑面积	100	100	100	100	100	100	100	100
1 200平方英尺以下（≤111.5m²）	11	6	4	4	4	≤1 400平方英尺（≤130.08m²）		
						13	13	11
1 200到1 599平方英尺（111.5~148.6m²）	22	18	16	14	14	1 400~1 799平方英尺（130.08~167.16m²）		
						20	19	17
1 600到1 999平方英尺（148.6~186m²）	22	23	20	20	20	1 800~2 399平方英尺（167.25~222.9m²）		
						27	25	26
2 000到2 399平方英尺（186~223m²）	17	18	18	17	17	2 400~2 999平方英尺（223~278.66m²）		
						17	18	19
2 400平方英尺以上（223m²以上）	29	35	42	44	45	3 000平方英尺及以上（278.75m²以上）		
						23	26	26
平均值（平方英尺）	2 080（193.2 m²）	2 266（210.5 m²）	2 434（226.1 m²）	2 469（229.4 m²）	2 521（234.2 m²）	2 438（226.5 m²）	2 480（230.4 m²）	2 505（232.7 m²）
中间值（平方英尺）	1 905（177 m²）	2 057（191.1 m²）	2 227（206.9 m²）	2 248（208.8 m²）	2 277（211.5 m²）	2 135（198.3 m²）	2 233（207.4 m²）	2 306（214.2 m²）
4. 楼层数	100	100	100	100	100	100	100	100
1层	46	47	44	43	43	47	46	44
2层及以上	49	52	55	57	56	53	54	55

续表

特征	1990年	2000年	2005年	2006年	2007年	2009年	2011年	2012年
混合层数	4	1	0	0	0	0	0	1
5. 地基	100	100	100	100	100	100	100	100
全部或部分地下室	38	37	31	29	28	30	30	30
底板	40	46	53	56	54	52	53	54
设备空间	21	17	16	15	19	18	17	16
6. 卧室	100	100	100	100	100	100	100	100
2室或以下	15	11	12	12	12	13	13	13
3室	57	54	49	49	50	53	48	46
4室或以上	29	35	39	39	38	34	39	41
7. 卫生间	100	100	100	100	100	100	100	100
1个或以下	—	—	—	—	—	—	—	—
1½个或以下	13	7	4	5	5	8	8	7
2个	42	39	36	36	36	37	34	32
2½个	27	34	33	33	31	31	31	31
3个或以上	18	20	26	26	28	24	28	30
8. 燃料	100	100	100	100	100	100	100	100
天然气	59	70	66	62	60	55	54	59
电	33	27	31	35	38	42	43	39
石油	5	3	2	1	1	1	1	1
其他	3	1	1	1	1	2	2	2
9. 供暖系统	100	100	100	100	100	100	100	100
暖气炉	65	71	67	63	62	56	56	58
电热泵	23	23	29	33	34	37	38	38
其他	12	6	4	5	4	7	6	5
10. 中央空调系统	100	100	100	100	100	100	100	100
有	76	85	89	89	90	88	88	89
没有	24	15	11	11	10	12	12	11
11. 壁炉	100	100	100	100	100	100	100	100
无壁炉	34	40	45	47	48	49	50	51
1个或以上	66	60	55	53	51	51	50	49

续表

特征	1990年	2000年	2005年	2006年	2007年	2009年	2011年	2012年
12. 停车设施	100	100	100	100	100	100	100	100
车库	82	89	91	91	89	86	82	87
车棚	2	1	1	1	1	1	5	1
无车库或车棚	16	11	8	9	9	12	13	11

资料来源：U.S. Department of Commerce, United States Census Bureau.

1990~2012年美国新建多户住房特征　　表6-2

特征	1999年	2000年	2003年	2006年	2007年	2010年	2011年	2012年
新建总住房数（千套）	334	332	292	325	284	155	138	166
百分比分布（%）								
1. 单元数量	100	100	100	100	100	100	100	100
联排住宅	4	4	5	5	4	2	3	2
2~4个单元	7	4	6	7	7	3	3	3
5~9个单元	17	15	15	13	12	7	7	7
10~19个单元	27	21	21	17	17	12	13	19
20~29个单元	24	21	21	17	18	20	30	22
30~49个单元	9	10	10	10	10	12	15	14
50及以上单元	13	14	23	30	33	43	28	32
2. 建筑面积	100	100	100	100	100	100	100	100
1 000平方英尺以下（≤92.9m²）	41	41	33	26	26	33	33	38
1 000~1 199平方英尺（92.9~111.4m²）	31	30	31	27	24	27	29	26
1 200~1 399平方英尺（111.5~130m²）	15	16	18	21	19	23	21	21
1 400~1 799平方英尺（130.1~167.2m²）	9	9	12	15	18	11	13	11
1800平方英尺以上（167.3m²以上）	4	5	6	12	13	6	4	5

续表

特征		1999年	2000年	2003年	2006年	2007年	2010年	2011年	2012年
	平均值 （平方英尺）	1 104 （102.6 m²）	1 114 （103.5 m²）	1 173 （109 m²）	1 277 （118.7 m²）	1 300 （120.8 m²）	1 172 （108.9 m²）	1 159 （107.7 m²）	1 138 （105.7 m²）
	中间值 （平方英尺）	1 041 （96.7 m²）	1 039 （96.5 m²）	1 092 （101.5 m²）	1 172 （108.9 m²）	1 197 （111.2 m²）	1 110 （103.1 m²）	1 124 （104.4 m²）	1 098 （102 m²）
3. 楼层数		100	100	100	100	100	100	100	100
	1~3层	89	86	79	67	64	49	70	66
	4层及以上	11	14	21	33	36	51	30	34
4. 卧室		100	100	100	100	100	100	100	100
	1室	30	33	29	28	26	36	33	36
	2室	48	45	43	49	50	41	40	43
	3室或以上	20	18	22	21	21	12	21	17
	单间 (Efficiencies)	2	5	5	3	3	12	6	4
5. 卫生间		100	100	100	100	100	100	100	100
	1个或以下	40	40	38	33	34	50	44	49
	1½ 个或以下	6	6	6	5	5	5	4	4
	2个或以上	53	55	56	62	61	46	53	47
6. 燃料		100	100	100	100	100	100	100	100
	天然气	43	45	43	41	60	35	37	39
	电	55	54	56	58	38	62	62	59
	石油	1	0	0	0	0	0	0	0
	其他	3	1	1	1	1	3	1	2
7. 供暖系统		100	100	100	100	100	100	100	100
	有电热泵	8	11	14	13	17	23	57	49
	无电热泵	92	89	86	87	83	77	43	51
8. 中央空调系统		100	100	100	100	100	100	100	100
	有	90	90	91	91	91	93	94	94
	没有	10	10	9	9	9	7	6	6
9. 壁炉		100	100	100	100	100	100	100	100
	无壁炉	86	85	91	93	94	97	91	96
	1个或以上	14	15	9	7	6	3	9	4

注：此表中部分数据因四舍五入的原因，存在总计与分项合计不等的情况。

6.1.2 住户数和住房存量

根据美国人口普查局统计数据显示（图6-1、表6-3），截止到2012年，全美大概有1.21亿住户，其中家庭住户为8 050.6万户，非家庭住户为4 057.8万户，平均每户人数为2.55人，其中五人户的百分比由2000年的6.67%下降到2012年的6.0%，而双人户由2000年的33.1%上升到2012年的33.85%，家庭规模呈逐渐缩小的趋势。

2000~2012年美国住宅户数（单位：千户）　　　　表6-3

年份 项目	2012	2011	2010	2009	2007	2005	2000
全部住户数	121 084	118 682	117 538	117 181	116 011	113 343	104 705
家庭住户	80 506	78 613	78 833	78 850	78 425	76 858	72 025
非家庭住户	40 578	40 069	38 705	38 331	37 587	36 485	32 680
单人户	33 188	32 723	31 399	31 657	31 132	30 137	26 724
双人户	40 983	39 718	39 487	39 242	38 580	37 446	34 666
三人户	19 241	18 529	18 638	18 606	18 808	18 285	17 152
四人户	16 049	15 910	16 122	16 099	16 172	16 382	15 309
五人户	7 271	7 346	7 367	7 406	7 202	7 166	6 981
六人户	2 734	2 773	2 784	2 640	2 702	2 497	2 445
七人户及以上	1 617	1 684	1 740	1 529	1 415	1 430	1 428
人数/住户	2.55	2.58	2.59	2.57	2.56	2.57	—
人数/家庭住户	3.21	3.25	3.24	3.22	3.19	3.2	—
人数/非家庭住户	1.24	1.25	1.26	1.25	1.24	1.25	—

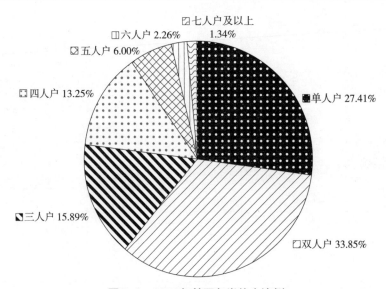

图6-1　2012年美国各类住户比例

表6-4、图6-2所示为住房存量及出租与空置情况。2007~2009年住房总数增加量有所降低,而2011年情况有所好转。租房率一直呈平稳增加的趋势,租房需求日渐增加。空置率2008~2009年最高,到2011年有所下降。

2009~2012年美国房屋总存量(单位:千套)　　　表6-4

项目	2009年	2010年	2011年	2012年
所有住房单元	129 944	130 599	132 292	132 778
1. 空置屋	18 785	18 739	18 758	18 226
(1) 全年空置	14 121	14 294	14 239	13 800
(2) 季节性空置	4 665	4 444	4 519	4 466
2. 入住	111 159	111 860	113 534	114 513
(1) 自住	74 892	74 791	75 091	74 929
(2) 在租	36 267	37 069	38 443	39 583
3. 所有住房单元分配百分比	100	100	100	100
(1) 空置	14.4	14.3	14.2	13.8
(2) 入住	85.6	85.7	85.8	82.2
① 自住	57.7	57.3	56.8	56.4
② 在租	27.9	28.4	29	29.8

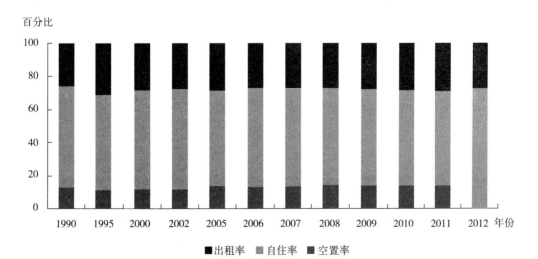

图6-2　美国住房入住与空置状况

6.2 住房投资与建设

6.2.1 住房投资

2012年住房投资占国内生产总值（GDP）的份额是2.7%。在住房投资中民间投资占主要地位（图6-3、图6-4）。

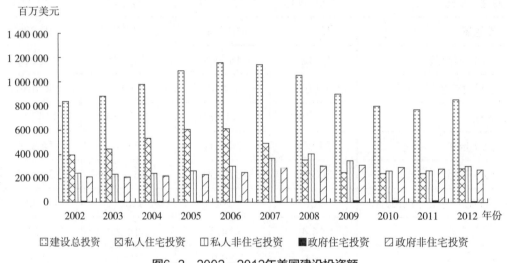

图6-3 2002~2012年美国建设投资额

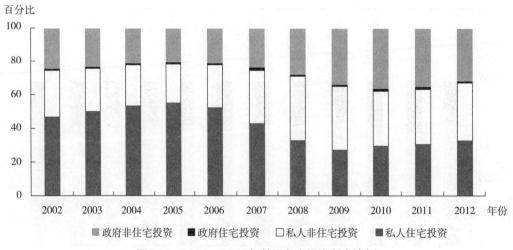

图6-4 2002~2012年美国各类投资所占比例

6.2.2 住房开工量和建设量

美国自2006年开始,各种类型和各地区的住房开工量都不同程度下降,新开工独户住房数量由2006年的146万套下降至2008年的62.2万套,自2009年以来一直保持50万套以下水平,2012年回升到53.5万套。多户住房的建设也处于低迷状态。2012年住宅固定投资,占国内生产总值(GDP)的份额是2.7%。

2000~2012年美国新开工自有住房数量(单位:千套)　　　　表6-5

年份	住房总计	类型		
		独户住房	2~4个单元住房	5个及以上单元住房
2000	1 568.7	1 230.9	38.7	299.1
2002	1 704.9	1 358.6	38.5	307.9
2004	1 955.8	1 610.5	42.3	303.0
2006	1 800.9	1 465.4	42.7	292.8
2008	905.5	622.0	17.5	266.0
2010	586.9	471.2	11.4	104.3
2011	608.8	430.6	10.9	167.3
2012	780.6	535.3	11.4	233.9

2012年月度新住房开工量与营建许可数量与2011年个比略有下降。竣工量的趋势与开工量相同。至2012年7~8月份美国新住房开工数量为75万套左右,约为战后平均水平(150万套/年)的一半,即使按照2012年上半年的高增长速度,新开工住房数量达到战后平均水平仍然需要3年多的时间,达到金融危机前的峰值则需要5年时间。

美国每年竣工住宅量(单位:千套)　　　　表6-6

年份	住房总计	类型		
		一个单元	2~4个单元	5个及以上单元
1991	1 090.8	837.6	36.8	216.6
1995	1 312.6	1 065.5	34.7	212.4
2000	1 573.7	1 241.8	27.3	304.7
2002	1 648.4	1 325.1	35.0	288.2
2004	1 841.9	1 531.5	23.5	286.9
2006	1 979.4	1 654.5	40.8	284.2
2008	1 119.7	818.8	23.7	277.2
2010	651.7	496.3	8.9	146.5
2011	584.9	446.6	8.4	129.9
2012	649.2	483.0	8.7	157.6

6.2.3 住房建设标准

单个家庭和两个家庭住房单元：

最小面积：居住的空间总面积应不小于120ft^2（11m^2）。

其他房间：其他可居住的房间建筑面积应不小于70ft^2（6.5m^2），厨房除外。

R304.3最小尺寸：居住房间任何水平尺寸不得小于7ft（2 134mm），厨房除外。

R305.1最小高度：可居住空间，走廊，浴室，厕所，洗衣房和含有这些空间的地下室，从地面到天花板的高度不小于7英尺（2 134mm）。

R306卫生器具：

R306.卫生间设施：每一个住房单元应设置水厕，盥洗室和浴缸（或淋浴）。

R306.2厨房：每个居住单位应提供一个厨房区并配备水槽。

R306.3污水处理：所有管道装置应连接到一个卫生下水道或获批准的私人污水处理系统。

R306.4供水装置：所有管道装置应确保供水。厨房水槽，卫生间，浴缸，淋浴器，坐浴盆，洗衣桶洗衣机应提供热水和冷水。

火灾报警器：

位置：应安装在以下位置：

每间卧室；

在紧邻卧室外的区域；

在住宅的附加楼层里，包括地下室和阁楼，但不包括楼梯和不适合居住的区域。若住宅内的有错层且没有相互通行的门时，火灾报警器应安装在较高的楼层处，只要与较低层的高度相差小于一个整楼层的高度。

R313自动喷淋装置：联排住房的自动喷淋装置。联排住房应安置自动喷淋装置。在增建或改建的现有住宅中不需要安装自动喷淋装置。

R313.2 一户和两户家庭住房的自动消防系统。2011年1月1日起，一户和两户家庭住房应安置自动消防系统。

R315.1 一氧化碳报警器：对于新建设的住房，对安装燃料设备的住房和有附加车库的住房在紧邻卧室的区域应安装经批准的一氧化碳报警器。

6.3 住房建设管理体制

6.3.1 住房和城市发展部（HUD）

该部是美国负责住房发展的主要政府部门。HUD的任务是为穷人提供必要的帮助，使人人有房住，支持一些低收入家庭有能力买房租房。HUD就是以此理念而设。该部共有9 000

名工作人员，其中6 000人分布在全国各地81处办公，其余3 000人在华盛顿工作。美国住房和城市发展部在机构设置上强调了各部门在职能上的明确分工。该部内设：行业政策执行管理办公室（OFPM），政策发展与研究办公室（PD&R），住房司，公平住房与平等机会保障办公室（FHEO），信仰培养和社区创建中心（FBCIC），健康家园和铅危害控制办公室（OHHLHC），法律顾问办公室（OGC）等机构。此外，HUD对房利美和房贷美拥有监管权利。

6.3.2 住房管理局（FHA）

HUD所属的联邦住宅管理局成立于1934年，是专门负责住宅抵押贷款保险和发放政策性住房补贴的政府机构。

FHA承担了两种职能，一是FHA为中低收家庭提供购房贷款信用保险，FHA信用保险具有国家信用的支持。二是FHA负责专门针对中低收入家庭的利息和租金补贴项目，该项目对贷款额度有限制，具体的额度因房产所在的地区间的差异而有所不同。目前，联邦住宅管理局不仅为合格的中低收入者提供住房抵押贷款担保，而且在不断简化借款者申请联邦住房管理局担保贷款的申请手续，提高工作效率，同时还设计出多种产品以帮助年轻人购买住房。在联邦住宅管理局成立的七十多年时间中，它极大地提高了美国的自有住房率。

6.3.3 国民抵押协会（Ginnie Mae，吉利美）

美国住房抵押贷款二级市场的三大机构分别是吉利美（Ginnie Mae）、房利美（Fannie Mae）、和房地美（Freddie Mac），其中吉利美是1968年由房利美拆分出来，并保留了政府机构的性质，隶属于住房和城市发展部（HUD）。其信贷债务则由美国政府担保。吉利美还通过地方政府或社区给低收入阶层提供住房补贴，补贴资金来源于国会拨款。据统计，美国约有1/5的住房贷款来自房利美融资。目前，房利美、吉利美、房地美三家机构在二级市场上的份额分别约为40%、28%和32%。吉利美的政策性职责：一是收购抵押贷款和证券化，为FHA和VA等联邦机构保险或担保的抵押贷款提供有效的二级市场；二是发放政策性住房补贴，直接给低收入阶层提供补贴或者间接地通过地方政府或社区提供补贴，此类资金则来源于国会拨款。

6.3.4 退伍军人管理局（VA）

退伍军人管理局（VA），于1930年7月成立。退伍军人管理局是一个专门负责处理退伍军人事务的政府机构，其主要职责是制定与退伍军人事务有关的规章制度，争取国会投入更多的资金，帮助退伍军人及其家属，使其享受应有的待遇，主要包括：退役金、教育培训补助金、失业救济金和住房贷款担保等方面。该机构直到1989年3月由新成立的退伍军人事务部（Department of Veterans Affairs）取代。

6.4 公共住房政策

在过去80年探索实践中,在不同的发展阶段美国曾出现三种针对低收入家庭的公共住房政策:住房存量缺口较大时期政府直接投资建设的公共住房(public housing)、政府参与和私人主导的供给端私有补贴住房(Privately Owned Subsidized Housing)和需求端补贴的租房券计划(Housing Voucher Program)。在公共住房计划和补贴住房建设计划中,联邦政府起着公共住房管理者的角色,而在租房券补贴计划中,政府不再对公共住房进行直接管理,而只对接受补贴的住户进行管理。1970年之后,公共住房建设计划逐步退出历史舞台,补贴住房和租房券成为主导性的、相互竞争又相互补充的两种方案。此外,美国联邦及州政府还通过住房信贷、税收减免等政策鼓励居民购房。

6.4.1 政府直接投资建设的公共住房计划

在20世纪20年代末的大萧条时期,美国首次提出由联邦资助提供住房来解决低收入家庭的住房问题。1933年新政时期颁布了《国家工业复兴法》,根据该法第二款成立公共工程管理局房管处,联邦政府开始从事公共住房建设。1937年建立美国第一个房管局(U.S Housing Authority),并颁布了《住房法》。自此,公共住房就成为联邦向低收入家庭提供住房的主要补贴机制。1949年修订后的《住房法》首次强调联邦政府在住房领域负有不可推卸的责任。该法案第三款规定由联邦政府及地方政府在法案颁布后的6年之内新建81万套低租金公共住房,这一数量相当于当时全美住房需要量的10%。第三款中还规定了住房建设开支的上限和住户收入的上限,并规定公共住房的租金至少要比当地最低的私人住房租金低20%。这一法案授予地方城市政府征用土地的权力,"定点清除"萧条的住宅区和衰败的工厂区;决定从1950~1954年5年时间提供5亿美元联邦资金用于此类开发;每一个城市都成立独立的地方开发机构具体负责实施。依据该法设立了城市更新署,接受各城市更新项目申请并进行统一管理。

1954年修订的《住房法》消减了联邦公共住房计划,由之前每年的13.5万套缩减至5万套,原本以公共住房建设为核心的住房援助在一定程度上被弱化。从20世纪60年代初到70年代,提出了以租房补贴为代表的新型住房援助政策,此后逐渐取代了公共住房的核心位置。

1965年,美国国会通过了《住房与城市发展法》,根据此法建立了"住房与城市发展部"(简称HUD)。从此,1965年住房法在公共住房方面有了新的突破。一方面,它授权联邦政府建立24万套公共住房;另一方面它推出了新的租房补贴计划,该计划授权HUD向租住非公共住房的低收入家庭提供房租补贴,补贴的额度为住房租金与租户收入的25%之间的差额。法案还规定,地方住房机构可以购买、租赁、修缮私人房屋作为公共住房的补充,将之提供给低收入家庭居住。在法案的第一个四年建设计划中,准备提供6万套公共住房,其中3.5万套为新建,其余为购买、租赁、修缮的私人住房。

1968年，国会通过了新的《住房与城市发展法》，其将调整的重点放在中低收入家庭的住房上。该法案制定了城市更新运动中规模最大的住房建设计划，授权联邦政府在10年中新建2 600万套住房，其中包括600万套低收入家庭住房。另外，法案继续为低收入居民租住非公共房屋提供帮助，法案授权联邦政府在1970年财年为城市更新项目提供14亿美元的经费，并要求新建的公共住房中50%以上应保留给中低收入家庭使用，至少20%提供给低收入家庭。1968年住房法显示出联邦政府的更新政策再次向中低收入阶层的住房问题倾斜。

在20世纪70年代中期，约翰逊总统建议暂停公共住房建设，美国住房政策也跟着进行了战略性调整，即由补贴住房供应商转变为向住房需求者提供补贴。1974年的《住房与社区开发法》的通过，标志着联邦政府直接兴建的公共住房计划也暂告一段落。自此，政府提供补贴鼓励低收入居民在私人住房领域寻找住房的政策，成为美国联邦政府援助低收入家庭的主要方式，直至今天。

6.4.2 私有补贴住房建设（Privately Owned Subsidized Housing）

政府通过各种优惠政策激励私人机构或非营利机构提供面向低收入家庭的廉租住房。优惠政策包括提供低于市场利率的贷款，所得税优惠，以及提供年度经营补贴等。作为条件，私人开发企业必须同意将开发的项目出租给低收入家庭，并设定低于市场的租金水平以满足这些家庭的支付能力。在补贴建设住房建设中，政府仅作为住房的管理者身份出现。

根据1986年《美国税法改革法》开始实施低收入住房退税政策［Low Income Housing Tax Credit，（LIHTC）］。LIHTC运作的基本模式是：美国国内税务署（IRS）每年向各州的住房信贷机构（HCA）分配税务返还额度，HCA再向符合要求的住宅开发商发放。开发商获得返还税额度后，可将其卖给包括银行在内的投资机构，这些机构买入税收返还额度以降低自己的税收负债，而开发商则通过这种方式实现融资，降低项目的债务成本。LIHTC资助的对象（由HCA来选定）必须符合两条件之一：至少20%的住宅单元是向收入在城市收入中位线50%以下的家庭供应，并且对于他们是可支付的；至少40%的住宅单位向收入在城市家庭收入中位线的60%以下的家庭供应，并且对于他们是可支付的。所谓可支付，是指家庭用于租金的支出不能超出家庭收入的30%。LIHTC分为两类，即9%税收返还政策和4%税收返还政策，开发商获得的税收抵扣配额计算公式：

$$税收返还额度 = 成本 \times \frac{低租金公共住房单元（m^2）}{总建筑单元（m^2）} \times 4\%（9\%）$$

6.4.3 租房券计划（Housing Voucher Program）

（1）租金证明计划和租金优惠券计划（20世纪70年代~1998年）

公共住房建造暂停以后，1973年，美国联邦政府开始试行一项实验性住房津贴项目

（EHAP），对12个城市的租房户提供租房券。1974年政府签署《住房与社区发展法案》第8条款计划，一方面明确私营和非营利发展商承担新建和修复工作，并可获得政府担保的金融支持。另一方面实施租金证明（Section 8 Rental Certificate program）和租金优惠券。该法案第8条款明确针对低收入家庭、62岁以上孤老及残障人士、无家可归者，在住房市场中所租赁的住房市场租金，政府对超限部分提供"差额"补贴。按当时的收入水平，接受政府援助的家庭其收入一般不会超过地区平均收入50%。具体做法是：符合申请计划补贴资格的低收入住户先从地方住房管理机构获得租金证明（Rent Certificate）。然后再到市场上租住符合HUD规定质量等级和租金限额以内的住房。地方住房管理机构负责界定客户所选的区位，协助求租者与房主间的租金谈判，并按市场租金额度，直接支付总租金给房主。此外，接受补贴的低收入住房每5年后需要重新审查，最长补贴期限为20年。

1984年，政府提出"租金优惠券计划（Rent Voucher Program）"，并在1987年写入"住房与社区发展法"。租金优惠券与1974年提出租金证明的区别在于：当持租金优惠券的家庭在市场上租住低于市场租金的住房时，没有花完的优惠券可留做下次使用。同时，参与租金优惠券计划的家庭也可租住高于市场租金的住房，多出的费用自行解决。但参加租金证明计划的家庭选择只能在市场上租住不高于政府规定标准、固定区位范围内的住房，政府再根据其住房总租金的实际情况补贴差价。由于租金证明计划明显地限制了中低收入家庭选择居住地的权力，从而使住房市场的资源配置效率难以达到最大化。

直到1992年，克林顿执政时期，联邦政府将上述两项计划合并。对于进入住房交易市场的新建公共住房，政府规定2/3提供给参与这两个计划的低收入者居住。1993年时超过130万户参与这两项计划，与享受公共住房保障的家庭数目持平。

（2）租房选择券计划

1998年，美国国会通过新的住房改革法案《品质住房与工作责任法》，彻底将租金证明计划与租房优惠券计划合并为"住房选择优惠券计划（Housing Choice Vouchers，或Section 8 Voucher）"，停止实施租金证明计划。住房选择优惠券计划用来填补家庭调整后收入的30%和支付标准（项目允许的当地最高房租由住房管理机构设定）之间的差值，住房管理机构可设定支付标准为地方公平市场房租的90%~110%，同时允许住房管理机构在同一市区根据房租水平的变化设立多项支付标准。

6.4.4 第六希望计划

1989年，国会通过《住房与城市发展部改革法》，建立了"处理严重衰败公共住房国家委员会"探讨造成公共住房衰败的原因，确定86 000套或者全国6%的公共住房处于严重衰败。该委员会提出一个总额为75亿美元（以1992年美元实际价值计算），为期十年的城市复兴示范方案，建议国会每年资助7.5亿美元。后来，该方案称为"第六希望计划"（HOPE

Ⅵ)。"第六希望计划"旨在全面解决这些障碍,使"严重破旧"的公共住房能够得以修复或置换成高质量的住房。"第六希望计划"执行了7年。

"第六希望计划"计划有5个主要目标:(1)改变公共住房的外貌;(2)减轻贫困集中的现象;(3)向公共住房居民提供支持性服务;(4)保持个人和社区防止犯罪的高度责任感;(5)形成计划及构建新社区的公共住房居民、州及地方政府官员、私人部门非营利团体和社区的广泛伙伴关系。第六希望计划是联邦政府到目前为止在解决衰败公共住房方面最为雄心勃勃的计划。通过一套竞争机制,HUD每年向各地的公共住房管理局(PHA)提供一定资金,用于拆除或重建已经毁坏的住房,支持社区建设,改善居住服务。各地PHA在如何进行改造上拥有较大的自主权,但一般倾向于将高密度的社区改建为低密度的联排别墅和花园公寓,并将公共住房和普通住房混建,以避免贫民窟的出现。社区密度降低意味着一部分原有住户必须另觅居所,因此,第六希望计划项目往往和租金券项目结合,对这些需要迁出的家庭实施补贴,以便他们能够顺利在市场上找到合适的住房。

"第六希望计划"提供资金在美国拆除了上百个衰败的公共住房社区。到2006年拆除了约149 000套住房,但是仅有49 000套新公共住房补充拆掉的住房,即33%的补充率。4个符合公共住房或第8条款票券计划的家庭中,只有1个得到了帮助。住房需求急剧上升,而国家却不能补充拆掉的提供给穷人的住房。住房与城市发展部确认,在2005年有600万户没有得到住房帮助的租房户是所谓的"极端缺房户",这意味着他们的收入低于地区中位收入的50%,他们的住房成本超过其收入的一半(或者他们生活在完全不符合标准的住房里)。从2001年到2005年,此类家庭的数量上升了约20%。

HUD精简了几乎所有的公共住房管理方面的规则,在政策运行过程中取消了几十本指导手册和指导方针。此外,HUD把"第六希望计划"补助金的重点放在处理房管部门、私人开发商和管理公司之间发展公私伙伴关系上。房管部门鼓励新形式的资产管理方式,如把大部分的现场管理承包给私营公司等。

在这一计划实施之后,HUD开始积极鼓励当地政府和私营部门的贷方和投资者进行投资。随着"第六希望计划"的推进,私营部门发挥了前所未有的作用,资金更为充足。为了确保社区租户在更大范围进行贫富混合,HUD鼓励开发商利用"第六希望计划"资金发挥杠杆作用,提供公平的一些措施(联邦住房中低收入住房的税收优惠政策),平衡私营部门的债务和其他联邦补助金、本地资本、慈善资金之间的关系,使资金来源更为灵活,从而给那些被排除在传统意义上的金融机构以外的非金融机构的投资提供催化剂。

截至2008年,该计划已授予全美240个公共住房开发项目60多亿美元补助金的资助,加上受该计划的杠杠作用而额外增加的公私投资110亿美元,整个计划的投资共计约170亿美元。至2009年7月,美国大约有10%左右的公共住房建设受到"第六希望计划"计划的影响。

6.4.5 社区发展补助金计划

在社区发展拨款计划（Community Development Block Grants）中，HUD每年向地方政府提供资金，用于满足一系列社区开发活动的需求，包括社区复兴，促进社区经济增长，改善社区的设施和服务等。地方政府在资金的运用上拥有较大的自主权，但所有的社区发展拨款计划项目至少应满足如下要求中的一条：（1）改善中低收入家庭的居住条件；（2）防止或消除贫民窟，避免社区陷入衰退；（3）满足其他较为迫切的社区发展需求。获取的社区发展资金可以用于购置不动产；翻新物业；增加或改进公共设施；清洁；家庭购房援助；以及作为对盈利机构参与社区发展活动的补助。地方政府需要保证其中不低于70%的资金在一段时期内是用于改善中低收入家庭住房条件。

6.4.6 精选住区计划

在"第六希望计划"成功经验的基础上，奥巴马政府在2010年启动"精选住宅区计划"，作为"第六希望计划"的延伸。与"第六希望计划"相比，"精选住宅区计划"更强调住房项目的配套设施发展和可持续性。

公共住宅区配套设施建设虽然也是"第六希望计划"的主要内容之一，但从其款项分配情况看，九成以上都用在了公共住房重建方面，而用于建设学校和医院等配套设施方面的拨款非常有限。"精选住宅区计划"则将公共住房复兴与教育改革挂钩。公共住宅区内的学校通常教育质量较差，这也是中高收入人群不愿入住公共住宅项目的主要原因之一。为此，住房和城市发展部负责的"精选住宅区计划"与教育部主管的"希望住宅区计划"合作，将提高住宅区内教育质量作为主要目标之一。

6.4.7 公共住房管理

在实践中，美国形成了以公共住房管理局（PHA）为主、私营管理选择和居民团体参与为辅的管理体系。

（1）公共住房管理局（PHA）

美国各地的PHA成立时间上有先有后，而且规模大小差别也很大。据统计，20世纪90年代全美约3 400个PHA负责管理和执行各类公共住房计划，多数PHA规模很小，但排名靠前的PHA规模却很大。最大的房屋代理机构是纽约城市房管会，管理着15.7万个住宅单元。小型PHA占PHA总数的86%，仅管理公共住房总量的26%，且每个机构所管理的房产不超过500套；中型PHA占PHA总数的8%，管理公共住房总量的15%，平均每个机构所管理的房产在500至1 250套之间；大型PHA仅占PHA总数的2%，却管理了公共住房总量的18%，平均管理的房产在2 501至9 000套之间。

公共住房管理局有几方面的职能：房屋的维修和养护；物资的购买和储存；提供管理信息；负责财务和会计；统计住房占有率；一般行政管理；人事和培训；住房管理；安全防卫

以及社会服务。

联邦政府在居住资格、住户参与以及租金计算等重要方面确立指导方针。美国以各地区收入中位数为参照划分低收入家庭和极低收入家庭。入住资格根据地方财政预算每年调整公布并实行登记轮候制度。地方住房局对入住者每年的报税收入结合其居住行为表现调查审核，实施强制迁出机制。在租金方面，公共住房租金按房屋所在地市场平均租金确定，入住者个人1/3收入必须用于支付房租，差额部分由政府补贴。住房和城市发展部向地方住房局每年提供的资金分为两类：即公共住房营运资金和公共住房资本资金，前者用于满足公共住房项目管理、运营和日常维护等支出；后者用于满足公共住房条件的改善，包括开发、翻新、拆除破损等。如果地方住房局所获得的资金不足以满足当年改善公共住房条件的需求，他们也可以以未来将获取的补贴资金为抵押，从私人金融机构贷款，部分经济条件好的州也可申请特别预算。

（2）私营管理的选择

成本效率是公共住房管理局考虑选择私营管理者的主要原因，一些地方公共住房管理局为降低自己的经营成本，尝试同私营公司签订管理或维修公共住房的合同。20世纪60年代后期以来，地方公共住房管理局已经以不同的方式同私营公司联合，在公共住房所在地提供维修、租户用品供应，以及租赁、居住、金融和行政管理等服务。

（3）居民团体的介入

居民社团参与公共住房管理的好处是可以得到居民更多的合作，并因而获得更为良好的住房管理。此外，居民管理社团的职能并不限于常规的管理，它们在经济发展、防止犯罪、社会服务以及群体精神方面也都发挥了良好的作用。

6.5 住房金融与税制

6.5.1 住房金融市场融资工具

美国住房金融市场各种创新型的融资工具对美国房地产业的发展起到了重要的支持作用。

（1）住房抵押贷款

1934年，美国成立联邦住房金融管理局（Federal Housing Administration，FHA），为具有一定偿还能力、信用记录良好的中低收入者提供贷款担保。担保采用完全保险的方式，一旦购房人发生违约，将由住房金融管理局负责补偿金融机构的全部损失，继续按期支付剩余本息并持有贷款至到期。

从还款利息支付角度，美国住房抵押贷款主要有：固定利率抵押贷款和可调整利率贷款。使用可调整利率贷款，银行可以稳定利润率，减小利率风险，因此银行极为青睐。而次级抵押贷款普遍采用可调整利率。一般先有1~2年的固定期，之后随行情浮动。

从担保角度,美国住房抵押贷款有:一次抵押贷款;由第一次抵押贷款的房产做担保进行的再一次贷款,这种贷款通常是由住房销售商提供。

① 美国住房抵押贷款的一级市场

所谓一级市场其实就是住房抵押贷款的发放市场,即有贷款资格的金融机构对符合条件的购房贷款申请发放贷款的市场。

提供住房抵押贷款服务的金融机构主要有储蓄和贷款协会、商业银行、互助储蓄银行、储蓄互助会、人寿保险公司、抵押贷款银行家、个人贷款者。

美国住房抵押贷款的担保人有联邦住房管理局(FHA)、退伍军人管理局(VA)、私人抵押保险商。

② 美国住房抵押贷款的二级市场

二级市场则是现有住房抵押贷款的交易市场。一组由金融机构向购房者发放的抵押贷款经过重新组织和安排转换成标准化的证券形式,并通过资本市场在不同的投资者之间进行买卖,从而形成二级市场。一般由专门的机构负责贷款转为证券的业务。他们一方面发行抵押贷款支持证券,另一方面用发行债券的收入从银行购得一些抵押贷款,并对其作适当的组织,满足所发行债券的还本付息安排。

在住房抵押贷款证券化问世之前,美国住房抵押贷款二级市场仅包括抵押贷款本身,即抵押贷款被创造出来之后在储贷协会、政府机构、储蓄银行、保险公司之间转手买卖。但这种交易不足以从根本上解决抵押贷款资金余缺的调剂问题,也不足以在根本上增强住房抵押贷款的流动性。

20世纪60年代末的美国经历着较为严重的经济衰退,通货膨胀加剧,市场利率攀升,使金融机构的固定资产收益率逐渐不能弥补攀高的短期负债成本。同时,商业银行的储蓄存款被大量提取,经营陷入困境。自20世纪70年代产生的住房抵押贷款证券市场仍遵循降低与分散风险的规律进行着金融工具的创新。住房抵押贷款证券化的问世缓解了金融机构资产流动性不足的问题,同时拓展了住房抵押贷款二级市场,为住房金融开辟了一条资金来源的新途径。

(2)反向抵押贷款

反向抵押贷款是指房屋所有者或投保人将拥有产权的房屋抵押给银行或保险公司等金融机构,而房主仍然拥有该房屋的居住权,可以继续终身使用该房屋,在一定的时期内,金融机构根据借款人的年龄、预期寿命、房屋现值及未来价值等,定期支付给借款人固定的贷款或年金,直至房主亡故、永久搬离或出售房屋时合同终止,金融机构将房屋收回进行出售、出租或拍卖,所得的款项用来抵偿贷款的本息。

美国反向抵押贷款的种类主要有三种:

① 家庭住房资产转换抵押贷款(Home Equity Conversion Mortgage,HECM)。

HECM贷款的最高额度为20.8万美元,并受地区贷款额度限制;贷款采取浮动利率;贷款的支付方式比较灵活,有终身支付、定期支付、信用限额或其组合。是目前美国反向抵押贷款市场中最为重要、规模最大的一种方式,其业务量约占全美反向抵押贷款市场的90%以上。HECM由美国联邦政府为借贷双方提供担保。

② 住房持有者贷款(The Home Keeper Program),贷款的最高额度为33.37万美元,受地区贷款额度限制,贷款采取浮动利率。住房持有者贷款由联邦住房管理局提供担保。

③ 财务自由贷款(Finance Freedom),该贷款由老年人财务自由基金公司提供,为私营性质,该贷款适用于住房价值较高,且需要较大贷款额度的借款人,贷款最高额度为70万美元。支付方式有一次性大额支付、购买年金或开放式最高信用额度。

(3) 住房抵押贷款证券化

自20世纪70年代以来,美国住房抵押贷款资产证券化迅速发展,成为住房公共政策的重要载体。目前,除私人机构外,资产证券化的参与主体包括吉利美(Ginnie Mae)、房利美(Fannie Mae)及房贷美(Freddie Mac)。其中,吉利美隶属于HUD,是联邦政府的组成部分,房利美和房贷美(以下称"两房")则属于政府支持企业。

吉利美主要承担FHA等政府担保贷款的证券化业务。证券化的具体流程是,发起人(抵押贷款银行等放贷机构)将政府担保的抵押贷款打包,向投资人发行抵押贷款支持证券(Mortgage-backed Security,MBS)。吉利美的职责是为证券化产品提供担保,保证MBS的本金和利息按时支付。

"两房"主要专注于非政府担保住房抵押贷款的证券化业务。作为政府支持企业,"两房"在追求盈利的同时,还承担部分公共住房职责。一是在每年的抵押贷款购买计划中,安排特定比例的中低收入家庭住房贷款,为放贷机构提供流动性支持。二是执行可支付住房再融资计划(Home Affordable Refinance Program,HARP),帮助部分中低收入家庭在原抵押贷款偿还期内以低利率获得再贷款的机会,完成房屋的建造和修缮。

(4) 住房抵押贷款保险

住房抵押贷款保险属于房地产信用保险的一种,它是对住房抵押贷款证券化还款能力的有效保障。联邦住宅管理局、退伍军人管理局(VA)和私人抵押保险公司是个人住房抵押贷款保险的主要提供者,它们的保险业务各具特色,各有所长,既体现了政府干预,又不乏市场活力,是政府保险与私人保险分工协作模式的典型。

联邦住宅管理局为符合条件的中低收入家庭、第一次购房者和边远地区居民申请高比例的个人住房抵押贷款提供100%的全额保险;当借款人不按期偿还贷款本息时,贷款机构可从联邦住宅管理局取得等于因借款人违约而造成的所有正常损失(包括借款人所欠本金、利息,以及处理房产所发生的各种费用,如律师费、税费、评估费、维护费等)的信用债券,债券本息的支付由联邦政府负责。

退伍军人管理局（VA）可为合乎资格的每位退伍军人申请高比例的个人住房抵押贷款提供保险，以保证其能购买到中等条件的普通住房；但退伍军人管理局（VA）提供的并非全额保险，而只是部分保险。如果借款人违约，退伍军人事务部将直接从借款人的补助金中扣除应当支付的贷款本息。

抵押保险公司只对超过常规个人住房抵押贷款额的部分提供保险，其保险金额仅限于贷款额的20%~30%。当借款人不按期偿还贷款本息时，贷款机构可要求保险公司根据保险合同的约定向其支付一定比例的赔偿；或者通过清算、自愿交换产权等途径获得房产权属，然后出售房产，若出售所得少于负债，可向保险公司就不足部分提出索赔。

（5）房地产投资信托

考虑到美国房地产市场资金需求量大、专用性强、流动性差等弊端的存在，金融机构根据政府通过的《房地产投资信托法》创设了一种新型的融资工具—房地产投资信托（REITs）。

美国的REITs按资金投向不同可分为股权信托、抵押信托和混合信托。股权信托主要投资房地产；抵押信托投资住房抵押贷款或抵押贷款证券化；混合信托介于股权信托和抵押信托的中间状态。

资产证券化在美国的房地产金融中承担了重要的作用，对美国政府实施"居者有其屋"的政策有极大的促进作用。而次贷危机的直接根源则是贷款机构在利益的驱动下，不断放宽住房抵押贷款的标准，同时也反映出政府对风险的监管存在严重漏洞。

6.5.2 税制

美国房地产税制已经过200多年的发展与实践，是西方国家中最完善的（表6-7），其房地产税收的特点是：宽税基、少税种。

美国房地产税收体系　　　　表6-7

项目	具体内容
税收体系	分为联邦、州、地方三级税收管理体系
归属	• 美国的房地产税，主要归于财产税项下，由地方政府征收，包括住房用土地税、经营用土地税、农用土地税、房屋税等，均为地方税 • 财产税立法权归州政府，州议会负责制定财产税基本法律，州政府确定税收要素；地方政府拥有税率、税目调整权和税收减免权等少量立法权
执法权	• 美国实行联邦、州、地方三级财政体制，税收执法权归地方政府
特点	• 宽税基，是指房产税的税基广泛，除对公共、宗教、慈善等机构的不动产实行免征外，其他不动产均需征税，以保证税收来源的稳定 • 少税种，是指税收的种类少，在房地产保有环节只设置财产税，避免因税种复杂而导致重复课税

续表

项目	具体内容
分类	美国对房产的收税主要是交易税和的房产税 ● 交易税：一次性过户时交齐，约为房价的2%~4%，一般由买卖双方平分； ● 房产税：属于财产税，每年都要交。数量是房产估价乘以一定比例的税率，大约是0.8~3%。房产税取决于房产估价和税率，均由政府机构决定。有权收房产税的政府机构包括郡政府、市政府和学区，分别征收郡（county）税、城市（municipality）税、学区（school）税。一般所说的房产税是这三项总和，比例一般为1∶1∶5

早期的美国税法规定，在征收个人所得税时对所有抵押贷款的利息支出均可减免。从1986年起贷款利息减税范围大幅缩小，只有用于购买、建造和修缮住房的贷款利息支出才可以减免税收，这极大地刺激了住房建设的发展和人们买房的积极性。从1997年起，有房户被允许从其应纳税收入中减去首要住房和价值不超过100万美元的第二住房的住房抵押贷款利息。

美国政府也通过限制税收减免政策的适用范围，来抑制住房的过度消费和投机。比如，在征收联邦个人所得税时，住房抵押贷款利息扣除只适用于首要住房和第二住房，房地产税扣除则只适用于首要住房。各州通过发行免息债券，给中低收入家庭提供的低息抵押贷款，这也仅适用于首次购房，并且要求住房价格不超过地区平均住房价格的90%。出售住房资本利得税的豁免仅适用于首要住房，而且每两年只能享受1次。若购入卖出间隔超过一年，则资本利得税（Capital Gains Tax）适用的税率较低。若购入卖出间隔不超过一年，则与一般所得税的税率相同。

1997年《纳税者负担减轻法案》实施，对原有的住房出售资本利得税减免政策进行了调整，减免的标准统一了，受益面也扩大了。根据该法案，有房户出售过去5年内居住满2年（可以是不连续的）的首要住房的（部分）获益可免缴联邦资本所得税。单身的有房户免征资本利得税的最高收益为25万美元，已婚夫妇免征资本利得税的最高收益为50万美元。每两年，有房户可享受该项优惠一次。由于美国的房价并不高、房价变动也相对较小，住房出售收益能够达到以上额度的很少。对于某些特殊情况，如工作地点变更、健康原因、不可预见的环境变化（死亡、离婚、分居、纳税者本人或其他特定的合格个人一胎多生），住房出售时可以按过去5年内居住合格天数占730天（两年）的比例对资本利得税进行减免。

6.6 住房可持续发展

6.6.1 住房节能
（1）立法

1978年颁布《国家节能政策法》（NECPA）。其中与建筑节能有关的规定有：要求公用事业（电、气、水）公司对住房节能进行能源审计，并为用户筹资和安装；制订冰箱、空调器等家用耗能器具能效标准；低收入家庭住房隔热保温补贴，每年2亿美元；低息节能贷款，30亿美元用来资助老人和中等收入家庭。

1987年颁布《国家耗能器具节能法》（NAECA）。授权能源部制订，实施13类家用耗能器具强制性能效标准。

1992年颁布《能源政策法》（EPACT），提高既有建筑和11类新建筑能效不符合标准的产品的节能标准。

2007年颁布《能源独立和安全法案》，要求能源部对住房及时制定能效标准。

2009年颁布《工业化住宅能效法案》。

（2）经济激励

低息贷款。居民在购买经过"能源之星"认证的住房时，可以向一些提供"能源之星"抵押贷款服务的贷款机构申请抵押贷款，享受包括返还现金和低利息等在内的奖励和优惠。节能住房贷款（Energy Efficient Mortgages，EEM）担保主要用于推进可再生能源在住房中的应用，私房房主可以利用联邦能效抵押贷款进行已有住房或者新住房的能效改进和可再生能源利用。

减税。为鼓励使用节能设备和购买节能建筑，美国对新建节能建筑实施减税政策，凡在IECC标准基础上节能30%以上和50%以上的新建建筑，每套房可以分别减免税1 000美元和2 000美元；美国各州政府还根据当地的实际情况，分别制定了地方节能产品税收减免政策。

（3）节能改造

为了保障低收入家庭的福利，节约能源，美国发起了低收入家庭住房节能计划，帮助低收入家庭进行节能改造。政府为低收入家庭免费进行节能改造，每个家庭有一定的限额，主要的计划包括美国能源部（DOE）的保暖协助计划、健康部低收入家庭能源协助计划、房屋耐候改造援助计划等。

创新型的以社区为基础的项目："改进建筑能效"计划（The "Better Building" Program）促进全国范围内的能源升级（专家估计，每年能为家庭和企业节省1亿美元水电费），并把节省的大量能效提供给每个人。

（4）节能技术

联邦政府用于建筑节能研发的费用每年达1亿美元。目前研究重点有：21世纪建筑设计、模拟和检测技术，比ASHRAE标准节能50%的技术。正在研究开发的21世纪建筑节能技术包括：真空超级隔热围护结构，无CFC高效泡沫隔热保温材料，先进的充气多层窗，热反射窗玻璃，耐久反射涂层，先进的蓄热材料，屋顶光伏电池板，热水、采暖、空调热泵系统，先进照明技术，阳光集光和分配系统，燃料电池、微型燃气轮机等分散式发电技术，可按需调节能源，水供应和空调的智能控制系统。这些高新技术的推出将使得建筑节能得到强有力的技术支持。

此外，美国能源部下属的劳伦斯·伯克利研究所重点研究住房节能技术，并和一些州政府合作建设"节能样板房"予以示范，比如"零能耗住宅"、"太阳能住宅"等，有些州还用财政补贴方式支持节能效率高的住房建筑。

美国能源部提出的"建筑技术计划"，对房屋建筑的供暖、供冷热源、输送渠道及实现方式都考虑比较完善，就以建设一套住房为例，节能涉及墙体的隔热层、门窗玻璃、屋顶与地下室的隔热性、通风空调管道的气密性和隔热性，以及热水器和热水管道的保温效率等。美国能源部"建筑技术计划"从每个细节出发，详细解释了该如何才能做到节能，并推荐使用符合"能源之星"节能标准的建筑材料。

6.6.2 可持续住房标准

（1）"能源之星"

在1992年，美国环保署（EPA）推出的"能源之星"（Energy Star）体系。对于2006年前建造的住宅建筑，"能源之星"评分称为"HERS分数"（HERS Score）。该评价体系的参考基准是HERS Reference Home（基于1993年的国家能源标准），符合HERS Reference Home规定的可得80分，每提高1分代表比HERS Reference Home基准节能5%。比HERS Reference Home基准节能30%（86分）或者比各州的能源标准节能15%才能获得该项标识，到2003年末，已经有超过22万栋住宅采用了"能源之星"的标识。

对于新建的住宅建筑，"能源之星"评估师采用能效计算软件HERS对住宅的设计方案能效计算分析，并现场审查，进行建筑物空气渗透性能测试和设备管道渗漏测试，然后对住宅能效打分确认HERS指数（HERS Index）。符合HERS Reference Home规定的（基于2006国际节能规范International Energy Conservation Code）HERS指数为100，零碳住宅HERS指数为零。住宅能效越高，HERS指数越低。每降低1分表明比HERS Reference Home能耗减少1%。在1~5气候区HERS指数为85、6~8气候区HERS指数为80便可获得"能源之星"认证。

2011年"能源之星"认证的住宅的新屋市场占有率为26%。

（2）美国绿色建筑协会LEED for Homes

LEED for Homes运用了建筑物全生命周期理念，倡导创新的绿色建筑新技术、新产品、新材料与新工艺的应用，从8个方面对住宅项目进行评价，其指标分为必需指标和得分指标两种。必需指标没有分数，但必须满足。有四个评估条目应满足最低分要求。LEED for Homes 2008不设立权重系数，而采用以分值体现权重的方法。得分填入计分卡进行汇总，对比评出等级。所有颁布的评定标准中，能源与大气所占的比重都是最高的，这也体现了绿色建筑的特点。

截至2008年12月23日，超过13 700所住房注册了LEED for Homes，1 285家获得了认证，其中271家获得了"认证"资格，547家获得了银奖，267家获得金奖，200家获得白金奖。

截止到2012年6月21日，超过20 000所住房注册了LEED for Homes，根据2012年的麦格劳希尔建筑信息公司的研究，预计到2016年绿色住宅建筑的占有率将达到29%~38%。

（3）美国全国住房建造者协会的ICC 700-2008 National Green Building Standard™

2009年1月，美国全国住房建造者协会（National Association of Home Builders，NAHB）、国际规范委员会（the International Code Council，ICC）联合推出了国家绿色建筑标准ICC 700-2008 National Green Building Standard™，以满足美国国家标准学会（American National Standards Institute，ANSI）的要求。该标准适于低层、多层或高层的住宅，单户和多户住宅，翻新住宅、场地开发项目，同时允许地方根据本地情况变通。

ICC 700-2008 National Green Building Standard™ 要求建设者、建筑改造者和开发商在能源、用水、资源效率、场地开发、室内环境品质、住户教育六方面满足基本要求，并以评分的方式进行评估。

（4）美国全国住房建造者协会的HB Model Green Home Building Guidelines

美国全国住房建造者协会推出的另一个国家绿色建筑标准HB Model Green Home Building Guidelines第一版于2005年发行，仅适用于独户住房。HB Model Green Home Building Guidelines包括两部分：第一部分为各评估条目内容及其分数值清单，第二部分为用户指南。涵盖场地设计、资源效率、能源效率、用水、室内环境品质、住户教育、全球影响七个领域。绿色建筑评定分铜、银、金三个等级。

（5）美国"绿色建筑行动"组织的Green Globes

Green Globes是一个在线的对新建的及现有建筑进行环境绩效审计的系统。它允许设计人员、业主和管理人员对住宅评估和分级，并促使其在施工过程中就纳入绿色设计的原则。

Green Globes对新建筑/大修建筑的设计、现有建筑运行管理、应急管理、建筑环境和设备提供指导。每份Green Globes评估答卷在项目管理、场地、能源、水、资源、排放/影响、室内环境七个相关类别里评估了建筑的环保性能。新建筑设计的评估分为两个阶段：规划和建筑许可证审批阶段和建设后期阶段的最终评估。根据生态评级，为整个项目计算总体得分。达到一定分数的住宅有资格获得Green Globes等级认证，从1到4级不等。

6.6.3 老年人住房

（1）老年人住房相关机构

1965年，美国制定了《美国老年人法》，对老年人的居住问题进行了法律上的救助。美国老年人住房的相关机构主要有：

① 美国老年人住房服务协会（The American Association of Homes and Services for the Aging）（AAHSA）。

② 美国建筑师学会老年人住房设计中心（The American Institute of Architects <AIA>

Design for Aging Center <DAC>）。

AAHSA和DAC每两年共同举办"老年人住房设计竞赛"，申请人既可以是设计师，也可以是投资或经营老年人住房的业主。

（2）老年人居住问题的解决方式

解决老年人居住问题，主要通过以下一些方式：

① 新建老年人公寓及老年人社区，建造多种形式的老年人住房，供老年人选择；

② 对老年人居住的旧房进行改造，或将旧有建筑建成老年人住房；

③ 建造活动住房供老年人使用；

④ 政府对老年人实行某种住房优惠政策，如拨款或提供低息住房贷款、以优惠价出售公房、提供各种形式的住房补贴等；在土地税等方面，对老人有减免的优待；

⑤ 美国政府规定，租赁给老年人的公寓，不得随意对老年人提高房租；对经营管理老年人住房的机构，政策上也给予一定的倾斜。

（3）老年人住房的类型

美国老年人居住建筑是由老年人护理院发展起来的，最初的护理院设计是采用医院的规范标准，常常2人或4人共住一室，服务设施有限。进入20世纪八九十年代，随着社会经济的发展，开发商和养老院的经营者开始推出不同的老年人居住场所供老年人选择，老年人居住建筑类型呈现多样化。2000年老年人住房协会将老年人居住建筑分成了6种类型，分别是老年人公寓（Senior Apartments）、老年人集合住房（Congregate Senior Housing Without Assisted Living）、老年人服务住房（Congregate Senior Housing With Assisted Living）、生活援助型住房（Free-standing Assisted Living）、专业护理之家（Assisted Living With A Skilled Nursing or Specialty Care Unit）、持续照护退休社区（Continuing Care Retirement Communities）。其中，持续照护退休社区实际上就是包含了多种老年人居住建筑模式的集合体，当老年人公寓、老年人集合住房、老年人服务住房、生活援助型住房、护理之家等相邻布置且规模较大时，就会被称为持续照护退休社区。在众多老年人居住建筑类型中，考虑老年人参加各种活动的交通便利的因素，靠近超市、教堂和社区活动中心的城市中心地段，也成为不少老年人向往安度晚年的场所，但由于城市中心土地昂贵，因此，不少的老年社区向高层发展，集独立、辅助及护理居住于一体。由美国PERKINS EASTMAN建筑事务所设计、2006年建成的东京首座老年人退休居住社区（图8-7），就代表了这种在城市中心建设老年人退休居住社区的发展方式。这座31层的老年人退休居住社区位于东京市中心区，其设计理念就是要为那些乐于在城市中心安度晚年的老年人提供舒适的居住场所和酒店式公共服务。建筑由六层裙房和二十五层塔楼组成，其中一、二层及顶部两层为公共部分，内容包括：一层门厅接待及服务、文具图书和礼品店、图书室、阅览室、多媒厅及表演厅、咖啡及茶室、烧烤餐厅等，二层有健身房、有氧运动室、游泳室、日式浴室、美容厅、休闲交谊厅、芳香理疗、按摩理疗及健康门诊等。顶部两层为可饱览港湾景色的餐厅、酒吧及私人俱乐部。三至六层提供134个护理和辅助生活的居住单元，其中，三、四层为辅助居住公寓层，五层为护理居住层，六层是专为患有老年痴呆症老年人所提供的护理居住单元。七至二十五层为老年人独立居住公寓。纵观整个建筑，把老年护理居住、辅助居住和独立居住综合在一起，配以完善的服务设施，体现了老年人退休居住社区所追求的目标。

主要参考文献

[1] US. Department of Housing and Urban Development (2012) US Housing Market Conditions, Fourth Quarter 2011.

http://www.huduser.org/portal/periodicals/ushmc/winter11/USHMC_4q11_national.pdf （accessed 11 March 2012）.

[2] Congressional Oversight Panel (2010) December oversight report: a review of Treasury's foreclosure prevention programs.

http://www.nclc.org/images/pdf/foreclosure_mortgage/loan_mod/lmp_cop_december2010_rpt.pdf (accessed 11 March 2012).

[3] Foreclosures (2012 Robo-signing and Foreclosure Abuse Settlement) (2012) New York Times,16February. Available at.

http://topics.nytimes.com/top/reference/timestopics/subjects/f/foreclosures/index.html?offset=0&s=newest (accessed 11 March 2012).

[4] Harvard Joint Center for Housing Studies (2011) State of the Nation's Housing: 2011 (Cambridge, MA:Harvard Joint Center for Housing Studies).

[5] Board of Governors of the Federal Reserve System (2012) The US housing market: current conditions and policy considerations. White Paper (4 January). Available at

http://federalreserve.gov/publications/other-reports/files/housing-white-paper-20120104.pdf (accessed 11 March 2012).

[6] Hepp, S. (2011) Foreclosed inventory. Presentation to 2011 REALTORS R Conference & Expo. Available at.

http://www.realtor.org/wps/wcm/connect/0556a600491cbf9b813bcd2e39654e23/Shadow_Inventory_Annual_2011_for_website.pdf?MOD=AJPERES&CACHEID=0556a600491cbf9b81

3bcd2e39654e23 (accessed 11 March 2012).

[7] CoreLogic (2011) Corelogic R third quarter negative equity data shows slight decline but remains elevated.Press Release (29 November). Available at.
http://www.corelogic.com/about-us/news/corelogic-third-quarter-2011-negative-equity-data-shows-slight-decline-but-remains-elevated.aspx(accessed11 March 2012).

[8] Harvard Joint Center for Housing Studies (2010) State of the Nation's Housing: 2010 (Cambridge, MA: Harvard Joint Center for Housing Studies).

[9] US Department of Housing and Urban Development and US Treasury (2011) Reforming America's Housing Finance Market. A Report to Congress. February. Available at.
http://hofinet.org/upload_docs/Reforming per cent20Americas per cent20 Housing per cent20Finance per cent20Market.pdf(accessed 11 March 2012).

[10] The staff of the Joint Committee on Taxation. Estimates of federaltax expenditures for fiscal 2008—2012[R]. http://www.jct.gov/publications.html.

[11] http://en.wikipedia.org/wiki/Low-Income_Housing_Tax_Credit.

[12] http://www.cbpp.org/cms/index.cfm?fa=view&id=3586.

[13] http://www.danter.com/taxcredit/.

[14] www.energystar.gov.

[15] http://mountainstates.construction.com/mountainstates_construction_news/2012/0621-number-of-leed-certified-homes-continues-to-grow-across-the-us.asp.

7 印度

GDP：18 250亿美元（2012年）

人均GDP：1 600美元（2012年）

国土面积：298万km²（不包括中印边境印占区和克什米尔印度实际控制区）

人　　口：12.2亿人（2012年）

人口密度：409人／km²（2012年）

城市化率：32%（2012年）

印度是世界上城镇化水平较低的国家之一。印度的城镇化步伐也比较缓慢，在2001年印度72.2%的人口生活在全国63.8万个村庄里，27.8%的人口生活在全国5480个城镇里；而十年后印度的城镇化水平才突破30%。印度目前正处于一个城市化的进程中，预计到2030年这一比例将达到50%。

1951-2012年印度人口状况（单位：亿人）　　　　表7-1

年份	总人口	农村人口	农村人口比例	城镇人口	城镇人口比例
1951	3.611	2.987	82.72%	0.624	17.28%
1961	4.392	3.603	82.03%	0.789	17.97%
1971	5.482	4.391	80.10%	1.091	19.90%
1981	6.833	5.238	76.65%	1.595	23.35%
1991	8.464	6.287	74.28%	2.177	25.72%
2001	10.287	7.425	72.18%	2.862	27.82%
2011	12.102	8.331	68.84%	3.771	31.16%
2012	12.202	8.500	69.00%	3.790	31.00%

7.1 住房基本情况

7.1.1 家庭规模及住房数量

根据2011年统计，印度共有2.467亿户家庭，其中农村1.678亿户，城市0.789亿户。印度习惯大家族的生活方式，每户家庭的平均人口较多。按照家庭人口数进行统计，四口之家所占的比例最高，全国有22.7%的家庭，其中农村21.0%，城市26.4%。独身家庭所占比例最低，约占3.7%。

2011年印度家庭规模统计　　　　　　　　　　　　　　　　　　表7-2

家庭人口数	数量（个）			比例（%）		
	总数	农村	城市	总数	农村	城市
统计的家庭总数	246 692 667	167 826 730	78 865 937	100.0	100.0	100.0
1人家庭	9 043 243	6 195 096	2 848 147	3.7	3.7	3.6
2人家庭	23 982 862	16 454 768	7 528 094	9.7	9.8	9.5
3人家庭	33 661 722	21 108 028	12 553 694	13.6	12.6	15.9
4人家庭	55 977 592	35 181 591	20 796 001	22.7	21.0	26.4
5人家庭	46 263 178	31 675 109	14 588 069	18.8	18.9	18.5
6~8人家庭	61 403 975	45 148 607	16 255 368	24.9	26.9	20.6
9人及以上家庭	16 360 095	12 063 531	4 296 564	6.6	7.2	5.4

根据2011年对330 835 767户房屋进行调查统计，在处于使用状态、有人居住的房屋中，有77.1%的房屋是作为住房使用，共有236 062 866户，有2.8%的房屋是作为住房及其他合用用途使用的，共有8 578 716户。

2011年印度住房统计（单位：户）　　　　　　　　　　　　　　表7-3

	绝对数值			比例（%）		
	总计	农村	城镇	总计	农村	城镇
总数	330 835 767	220 695 914	110 139 853	100.0	100.0	100.0
空置房屋数	24 672 968	13 579 338	11 093 630	7.5	6.2	10.1
处于使用状态的房屋数	306 162 799	207 116 576	99 046 223	92.5	93.8	89.9

续表

	绝对数值			比例（%）		
	总计	农村	城镇	总计	农村	城镇
总数	306 162 799	207 116 576	99 046 223	100.0	100.0	100.0
作为住宅使用	236 062 866	159 928 652	76 134 214	77.1	77.2	76.9
住宅+其他使用	8 578 716	6 227 951	2 350 765	2.8	3.0	2.4

从住户数与住房数的比较中，可以看到仍然存在着住房短缺的情况。如果考虑到大量贫困人口和破旧住房的存在，住房短缺约在2 000～3 000万套之间。

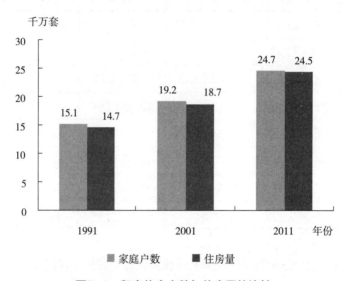

图7-1 印度住房户数与住房量的比较

7.1.2 居民住房条件

根据对居民居住条件的统计，全国住房（包括作为住房和与其他用途合用的住房）使用条件良好的比例为53.2%，其中农村地区为46.0%，城市地区为68.5%；住房状况为：可以居住的，全国的比例为41.5%，在农村地区这一比例为47.5%，城市地区为28.6%；住宅状况为无法居住的，全国的比例为5.3%，在农村地区这一比例为6.5%，城市地区为2.9%。

2011年印度居民住房条件　　　　　　　　　表7-4

	统计数量（套）			比例（%）		
	总数	农村	城市	总数	农村	城市
总数	244 641 582	166 156 603	78 484 979	100.0	100.0	100.0
条件良好	130 124 755	76 364 051	53 760 704	53.2	46.0	68.5
可以居住	101 441 740	78 974 413	22 467 327	41.5	47.5	28.6
无法居住	13 075 087	10 818 139	2 256 948	5.3	6.5	2.9

印度人口增长快，资源相对不足，因此要实现"居者有其屋"是政府面临的一大难题。据统计，目前大约有7 000万印度市民仍居住在城市贫民窟中。印度经济学家普遍认为，改造贫民窟、提高中低收入人群住房条件，已成为孟买等大城市能否真正成为国际大都市的先决条件。

7.1.3 住房短缺状况

印度因处于城市化的进程中，农村人口向城市迁移。2012年城市住房短缺共计1 878万套，其中：生活拥挤需要换新房子的家庭1 499万户，占比80%；无房的家庭53万户，占比3%；居住在无法维修的住房家庭99万户，占比5%；居住在老旧住房的家庭为227万户，占比12%。

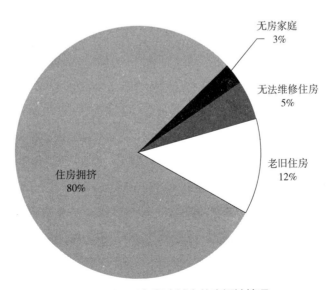

图7-2　2012年印度城市住房短缺情况

城市住房短缺户中，弱势群体（月收入5 000卢比以下）户占56.18%，低收入（月收入5 001~10 000卢比之间）户占39.44%，中高收入（月收入高于10 000卢比）户占4.38%。

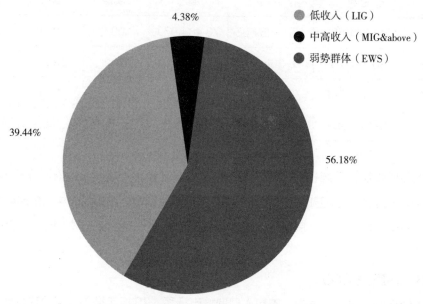

图7-3　印度不同收入群体住房短缺情况

7.1.4　住房类别与设施

根据2011年居民房屋房间数量的统计，在所有统计的住房中，一个房间住房的比例是最高的，全国是37.1%，从地区来看，农村地区39.4%，都市地区32.1%。其次是两个房间住宅，全国占31.7%，农村地区32.2%，都市地区30.6%。三个及三个以上房间所占的比例，都市地区均高于农村地区。

2011年印度居民房屋房间数量的统计　　　　表7-5

按居住房间数的房屋统计	统计数量（套）			比例（%）		
	总数	农村	城市	总数	农村	城市
统计的房屋总数	246 692 667	167 826 730	78 865 937	100.0	100.0	100.0
无专用的房间	9 638 369	7 211 590	2 426 779	3.9	4.3	3.1
一个房间	91 491 894	66 155 450	25 336 444	37.1	39.4	32.1
两个房间	78 124 581	53 987 801	24 136 780	31.7	32.2	30.6

续表

按居住房间数的房屋统计	统计数量（套）			比例（%）		
	总数	农村	城市	总数	农村	城市
三个房间	35 803 824	21 308 634	14 495 190	14.5	12.7	18.4
四个房间	18 377 481	11 071 009	7 306 472	7.4	6.6	9.3
五个房间	6 395 066	3 842 346	2 552 720	2.6	2.3	3.2
六个房间以上	6 861 452	4 249 900	2 611 552	2.8	2.5	3.3

从房屋的所有权来看，据2011年统计资料，印度自有住房86.6%，其中在农村地区自有住宅拥有比率94.7%，都市地区为69.2%。租赁住宅的比例为11.1%，农村地区3.4%，都市地区27.5%。

2011年印度自有、租赁及其他住房用途统计　　表7-6

住宅所有权	统计数量（套）			比例（%）		
	总数	农村	城市	总数	农村	城市
统计的房屋总数	246 692 667	167 826 730	78 865 937	100.0	100.0	100.0
自有住宅	213 526 283	158 983 956	54 542 327	86.6	94.7	69.2
租赁住宅	27 368 304	5 644 581	21 723 723	11.1	3.4	27.5
其他住宅	5 798 080	3 198 193	2 599 887	2.4	1.9	3.3

从住房墙体主要材料分析，2011年以烧制砖为材料的墙体所占的比例最大，全国达到48.1%，其中都市地区的比例为64%，农村地区的40.5%。其次为泥、未烧制的砖为材料的墙体，全国为21.8%，其中都市地区的比例为8.3%，农村地区的28.2%。从不同时期的统计结果来看，以烧制砖为材料的墙体，在所有材料中所占的比例是逐渐增长的，从1991年的34.2%增长到2011年的48%。以泥、未烧制的砖为材料的墙体，其质量远不如烧制砖的墙体，其所占比例逐渐下降，从1991年的31.3%下降到2011年的15%。

2011年印度住房墙体主要材料比例　　　　　　　　　表7-7

墙体的主要材料	统计数量			比例		
	总数	农村	城市	总数	农村	城市
统计的房屋数量	304 882 448	206 563 690	98 318 758	100.0	100.0	100.0
草、竹等	28 947 594	26 417 331	2 530 263	9.5	12.8	2.6
塑料	1 097 831	762 256	335 575	0.4	0.4	0.3
泥、未烧制的砖	66 449 827	58 330 614	8 119 213	21.8	28.2	8.3
木头	2 781 271	2 132 342	648 929	0.9	1.0	0.7
石材，未使用泥浆涂抹	10 441 142	7 751 666	2 689 476	3.4	3.8	2.7
石材，使用泥浆涂抹	33 041 790	20 934 124	12 107 666	10.8	10.1	12.3
金属网、石棉网	2 331 869	1 269 359	1 062 510	0.8	0.6	1.1
烧制的砖	146 545 805	83 618 436	62 927 369	48.1	40.5	64.0
混凝土	10 983 679	3 699 096	7 284 583	3.6	1.8	7.4
其他材料	2 261 640	1 648 466	613 174	0.7	0.8	0.6

居民住房设备条件概述如下：

根据2011年住房用水设备的统计，在统计的家庭中，43.5%的家庭使用自来水，所占的比例最高，其中都市地区是70.6%，远高于农村地区的30.8%，但还有相当一部分的自来水水源未做处理，特别是农村地区。其次是采用手压泵的给水方式，全国的比例为33.5%，农村地区为43.6%，都市地区11.9%。第三为采用水井的给水方式，全国为11.0%，其中农村地区13.3%，都市地区6.2%。

2011年印度住房用水设备统计　　　　　　　　　表7-8

住房用水设备	统计数量（户）			比例（%）		
	总数	农村	城市	总数	农村	城市
统计的家庭总数	246 692 667	167 826 730	78 865 937	100.0	100.0	100.0
自来水	107 407 176	51 705 165	55 702 011	43.5	30.8	70.6
自来水，水源已处理过	78 873 488	29 969 145	48 904 343	32.0	17.9	62.0

续表

住房用水设备	统计数量（户）			比例（%）		
	总数	农村	城市	总数	农村	城市
自来水，水源未处理过	28 533 688	21 736 020	6 797 668	11.6	13.0	8.6
水井	27 185 276	22 333 658	4 851 618	11.0	13.3	6.2
有遮蔽的水井	3 895 409	2 591 028	1 304 381	1.6	1.5	1.7
无遮蔽的水井	23 289 867	19 742 630	3 547 237	9.4	11.8	4.5
手压泵	82 599 531	73 245 349	9 354 182	33.5	43.6	11.9
管井	20 916 074	13 898 837	7 017 237	8.5	8.3	8.9
泉水	1 314 556	1 184 498	130 058	0.5	0.7	0.2
河水/运河	1 550 549	1 412 565	137 984	0.6	0.8	0.2
水槽、池塘、湖泊	2 075 181	1 771 796	303 385	0.8	1.1	0.4
其他水源	3 644 324	2 274 862	1 369 462	1.5	1.4	1.7

根据2011年住房照明能源来源统计数据，电力是主要的能源来源，占各类来源的67.2%，其中农村地区55.3%，在城市地区电力占绝对主导位置，达到92.7%。除了电力外，煤油是第二主要的能源来源，全国比例为31.4%，在农村地区为43.2%，在都市地区仅为6.5%。

2011年印度住房照明能源来源统计　　　　表7-9

住房照明能源来源	统计数量（户）			比例（%）		
	总数	农村	城市	总数	农村	城市
统计的家庭总数	246 692 667	167 826 730	78 865 937	100.0	100.0	100.0
电力	165 897 294	92 808 038	73 089 256	67.2	55.3	92.7
煤油	77 545 034	72 435 303	5 109 731	31.4	43.2	6.5
太阳能	1 086 893	916 203	170 690	0.4	0.5	0.2
其他油类	505 571	407 919	97 652	0.2	0.2	0.1
其他	493 291	361 507	131 784	0.2	0.2	0.2
无照明	1 164 584	897 760	266 824	0.5	0.5	0.3

根据2011年住房卫生洁具分类的统计资料,如表7-10所示,拥有卫生间的家庭占统计家庭总数的46.9%,其中都市地区的比例为81.4%,远高于农村地区的30.7%,农村地区还有超过半数的家庭没有卫生间,达到了69.3%。从卫生间类型的统计数据来看,城市地区的卫生洁具设施要明显优于农村地区,盥洗室所占的比例在城市地区为72.6%,而农村地区仅为19.4%。

2011年印度住房卫生洁具分类统计　　　　　表7-10

住房卫生洁具分类	统计数量（户）			比例（%）		
	总数	农村	城市	总数	农村	城市
统计的家庭总数	246 692 667	167 826 730	78 865 937	100.0	100.0	100.0
拥有卫生间	115 737 458	51 575 339	64 162 119	46.9	30.7	81.4
盥洗室	89 852 052	32 616 824	57 235 228	36.4	19.4	72.6
管道排水系统	29 471 391	3 696 144	25 775 247	11.9	2.2	32.7
化粪池	54 758 885	24 671 448	30 087 437	22.2	14.7	38.2
其他	5 621 776	4 249 232	1 372 544	2.3	2.5	1.7
蹲坑式厕所	23 279 128	17 681 985	5 597 143	9.4	10.5	7.1
铺设石板/通风改良坑	18 813 022	13 746 699	5 066 323	7.6	8.2	6.4
无铺设石板/开放式	4 466 106	3 935 286	530 820	1.8	2.3	0.7
其他形式的厕所	2 606 278	1 276 530	1 329 748	1.1	0.8	1.7
排泄物通过明渠排放	1 314 652	372 009	942 643	0.5	0.2	1.2
排泄物人为搬运	794 390	586 067	208 323	0.3	0.3	0.3
排泄物由动物处理	497 236	318 454	178 782	0.2	0.2	0.2
无卫生间	130 955 209	116 251 391	14 703 818	53.1	69.3	18.6
公共厕所	7 997 699	3 253 892	4 743 807	3.2	1.9	6.0
开放式	122 957 510	112 997 499	9 960 011	49.8	67.3	12.6

根据2011年住房洗浴洁具的统计资料,如表7-11所示,拥有浴室的家庭占统计家庭总数的42%,其中都市地区的比例为77.5%,远高于农村地区地25.4%,农村地区还有超过半数的家庭没有卫生间,达到了55%。

2011年印度住房洗浴洁具统计　　　　表7-11

住房洗浴洁具分类	统计数量（户）			比例（%）		
	总数	农村	城市	总数	农村	城市
统计的家庭总数	246 692 667	167 826 730	78 865 937	100.0	100.0	100.0
浴室	103 679 719	42 545 003	61 134 716	42.0	25.4	77.5
无屋顶的隔间	40 448 190	32 984 319	7 463 871	16.4	19.7	9.5
无浴室	102 564 758	92 297 408	10 267 350	41.6	55.0	13.0

住房污水处理系统分类统计数据显示，2011年在都市地区，具有封闭式排水系统的家庭比例为44.5%，具有开放式排水系统的家庭比例为37.3%，两者合计81.8%。而农村地区，具有封闭式排水系统的家庭比例仅为5.7%，具有开放式排水系统的家庭比例为31.0%，两者合计36.7%，在农村地区还无排水系统的家庭比例超过了60%。

2011年印度住房污水处理系统分类统计　　　　表7-12

住房污水处理系统分类	统计数量（户）			比例（%）		
	总数	农村	城市	总数	农村	城市
统计的家庭总数	246 692 667	167 826 730	78 865 937	100.0	100.0	100.0
封闭式排水系统	44 743 812	9 645 107	35 098 705	18.1	5.7	44.5
开放式排水系统	81 423 941	52 035 163	29 388 778	33.0	31.0	37.3
无排水系统	120 524 914	106 146 460	14 378 454	48.9	63.2	18.2

7.2　住房建设与标准

7.2.1　城市住房建设

印度城市的住房建设，一般都是由政府统一规划、统一征地、统一开发、分别建设。开发好的土地，政府留下20%～30%，其余卖给私人。然后通过以下几种方式建设住房：① 城市发展局在留用的土地上，由所属单位进行设计和组织建设。住房建好后，留下10%左右租给政府的工作人员，其余的卖给个人和单位。② 向住宅合作社出售开发好的土地，合作社按规划建房。③ 把开发好的土地卖给个人，个人按规划自行建房。④ 把开发好的土地卖给企业（包括国营和私营），由企业按规划组织建房；企业也可直接购买政府建造的住房，卖给职工。

7.2.2 城市与住区规划

在印度,住宅区的规划是包括社会、经济、文化、环境等方面在内的综合性概念,目标是改善居住条件,促进经济发展。印度为了合理使用土地,中央政府制订有"征地法"和"城市化法",总的原则是土地要社会化。不同地段的使用有不同的规划。印度的大城市一般不设卫星城,而是在大城市周围发展独立的小城市。如加齐巴特市就是在新德里附近的一个独立的小市。居住区的规划,中央政府有统一的标准,各州(邦)和各城市都结合本地区的情况制订本地区的标准和规定。城市居住区多按低层高密度进行规划,建筑密度一般为50%左右,住房用地一般为17%~20%,人口密度上限为600人/公顷。住宅层数,新德里一般为2~3层,最高四层,孟买一般4~5层,最高8层。

7.2.3 住房设计

印度住宅区设计,分别由政府的设计单位和私人设计事务所承担。印度每户住房的占有面积,主要取决于收入多少。一般分四类住宅:① 贫困户每户建筑面积为12.5~21m^2;② 低收入者每户为20~35m^2;③ 中间收入者每户为40~45m^2;④ 高收入者每户为60~120m^2。为了使赤贫户也能买到房,特设计了最小为12.5m^{2}一套的住房。

7.3 住房发展管理机构

印度根据宪法已经建立了由上至下的三个管理层次,中央政府、州政府、地方政府。地方政府又进一步划分为都市与农村的自制管理体系。农村自治体系进一步划分为村、郡、县。印度宪法设定的行政层次如下:

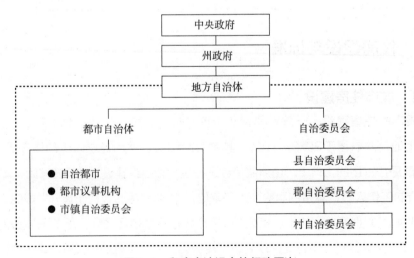

图7-4 印度宪法设定的行政层次

7.3.1 城市发展部（Ministry of Urban Development）

印度住房的最高管理机关是城市发展部，部下设三个局：住房局、规划局和公共工程局。住宅局下设两个处：一是住宅建设处，二是工程监督检查处。印度住房的管理机构见图7-5。

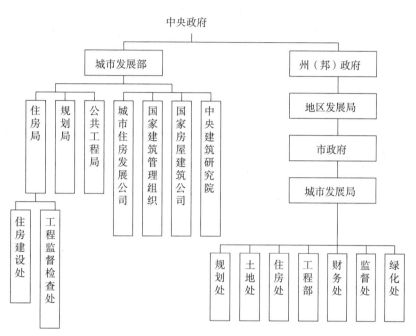

图7-5 印度住房管理机构结构图

7.3.2 住房与城市扶贫部（Ministry of Housing and Urban Poverty Alleviation，India）

印度住房与城市扶贫部，是印度政府的权力部门，在国家层面制定政策，协调中央各部委、州政府和其他与当局的监控程序有关的所有活动如全国城镇就业，贫困人口和住房问题等。在联邦制的印度政权里，宪法规定有关住房和城镇发展的事情应分配给各州政府，宪法第74次修正案更进一步授权城镇当地政府许多这方面的职能。该部通过在城市就业，扶贫和住房等领域制定政策来解决一系列相关问题并提供法律指导。

7.3.3 农村发展部（Ministry of Rural Development）

印度是一个以农村为主的国家，农村发展部起着实施总体发展战略的作用。该部通过各种方案和政策消除贫困，增加谋生机会，发展基础设施。英迪拉AWAS Yojana计划（IAY）就是为农户提供低成本保障住房的重点项目。

7.4 住房政策

7.4.1 一般政策

1976年，城市土地控制法案废除后，都市地区的土地市场发生了巨大的变化，伴随着土地改革法、都市开发法等法令的颁布，土地价格开始上升。为了合理地利用土地，促进住房的建设，需要促使土地价格回归到合理的水平，同时促进向低收入者的住房供给。

1998年制定了住房和居住政策（Housing and Habitat Policy），该政策规定中央政府的义务是提供住房供给，需要形成一个适于住宅产业成长的政策环境。根据1991年的全国普查，截至1991年3月31日国内住房缺口达到2 290万户，其中90%以上都是贫困阶层和低收入者。因此，中央政府在国家治理议程（National Agenda for Governance）的政府计划中，优先实施"所有人都有住房"（Housing for All）计划，提出向贫困阶层每年提供200万户的住房建设目标。在政策上，地方的组织团体对住房不足的情况进行调查，制定出解决住宅不足问题的补助政策，州政府以农村地区为中心，制定地方住房行动计划（District Housing Action Plans），并予以实施。另外，也需要对住房金融机构（HFI）的传统的融资方式进行调整。

以贫困阶层为施政对象，实施创新的政策，执行国家都市更新项目（JNNURM），通过该项目的执行，计划达到以下的目标：① 该项目实施对象为，位于都市的基础设施整顿；② 通过资产形成和管理，形成可持续的项目；③ 为弥补都市基础设施服务的不足，确保提供充足的资金；④ 有计划地开发包含都市周边区域的广义的都市区域；⑤ 提高居民居住的舒适性；⑥ 旧城区的改造；⑦ 提供贫困阶层有能力支付的基本服务。

为达到以上的目标，实施以下战略：

① 制定都市开发计划（CDP）；② 根据CDP计划确定项目，城市地方机构（ULB）及相关机构提供详细的项目报告书（DPRs）；③ 资金的投入：通过JNNURM向都市基础设施部门进行投资，中央政府、州政府的资金通过ULB进行项目投资；④ 提高民间部门的效率，灵活运用公共私营合作制（PPP）。

从2005～2006年度开始的7年间，63个都市的投资预算总额为12 053亿卢比，为了实现该投资，不仅是各都市，国家、州都需要进行基础设施整备的投资。

印度城市部门投资需求（单位：千万卢比）　　　表7-13

都市类别	都市数量	2005～2006年度开始的七年间投资额
400万人口以上都市	7	57 143
100～400万人口都市	28	57 143
100万人口以下都市	28	6 250
合计	63	120 536

7.4.2　1987年后住房政策变化

1987年以来，印度政府已召开过三次全国住房问题会议，第一次在1987年，第二次在1988年，第三次在1990年10月上旬。会议讨论了住房政策改革方案，并通过了决议，其主要内容为：① 针对各州、各地区的具体情况制定住房建设方案，特别要重视东北部地区部族居民的住房问题。② 鼓励建设以出租为目的的住房，修改《房租管制法》中一些不合理的条款，使建房出租能得到合理的利润。③ 加速征购城市建房用地，认真执行《城市土地持有最高限额法》。④ 积极推行由政府拨款实行的"尼赫鲁就业计划"，为住房建设提供劳动力。⑤ 制止豪华住房的投机买卖，引导"黑钱"流向大众住宅的建设。⑥ 允许垄断企业进入大众住房建筑业。

政府对策措施有：① 通过各种途径为建设住房筹集资金；② 为农村贫民和其他经济地位脆弱的阶层如城市贫民窟居民、码头工人和种植园工人等提供由政府补贴的住房；③ 在城市地区征收和开发建房所需的土地，在农村为无地农民提供房宅地。政府主管住房建设的部门主要致力于第三方面的工作，而不是直接投资建设住房。第二方面的工作则主要由住房与城市开发公司负责。至于其他社会阶层的住房问题则由各种住房融资机构和住房合作社等经营办理，并由国家设立为住房建设提供信贷的专业银行，作为这些住房融资机构和住房合作社等筹措资金的后盾。

7.4.3　针对贫困者的住房政策

印度政府，针对居住环境等问题，从社会福利、创造就业岗位等角度制定了政府的住房政策。住房是由州政府进行统筹管理，中央政府从1947年开始每五年制定五年计划，根据国家制定的五年计划，对州政府的计划实施、进行政策和财政上的支援。2007～2012年为第12个五年计划，州政府和联邦政府的支出预算为148 815亿卢比，其中住房方面的预算支出为26 007亿卢比。

此外，印度政府正在孟买试点实施亚洲最大的贫民区改造计划，有1.2万个孟买低收入家庭将迁入这片经过改造的区域。

7.4.4 可负担住房的政策

中低收入层的住房需求需要在中央政府、州政府及地方政府的层面上采取适当的政策加以解决,向中低收入层提供可负担的住房。这就要求在金融和实业领域的机构参与。目前,可负担住房的供给需要公共和私人部门的通力协作,在金融、建设、规划、设计、土地的提供、基础设施等与住房供给相关的领域内的全方位合作,提高在住房供给和基础设施建设上的效率。

印度政府优先考虑发展经济的政策,其中有一项是通过住房开发向都市的贫困人口提供就业机会。2009年4月1日开始实施《提供可负担住房的相关产业协作的指导意见书》。基于指导意见,政府和民间组织、地方团体等进行各种形式的合作,计划提供100万户价格合理、可负担的住房。中央政府对此项计划提供了500亿卢比的预算,成为实施对象的都市分别有5亿~10亿卢比的预算。根据指导意见,主要是为在贫困层、低收入层和都市之间通勤的年轻劳动者提供价格合理、可负担的住房。通过政府的补助金和贷款,购房者能够用较少的初期费用购买住房。

7.4.5 住房减灾与防灾

为了降低因自然灾害而造成的财产与生命的损失,印度政府在2005年通过了灾害管理法案,建立了国家灾害管理机构(NDMA),将防灾工作从防御性被动救灾转向主动预防、缓和灾害和做好灾害前的准备工作。

印度全国约58.6%的土地受到中震、大震的威胁,全国大约12%、超过4 000万平方公里的土地可能发生洪水灾害,在其7 516公里长的海岸线上,约有5 700公里的海岸线易受到台风及海啸的危害。68%可耕种的土地易受到干旱的威胁。在自然灾害的威胁下,低收入阶层更容易受到影响。

NDMA已经发布了指导方针,保障建设的住房、基础设施具有抵御灾害的能力。在提交住房贷款申请之前,结构设计并未完成时,借贷机构并没有程序去确定申请贷款的住房是否具有灾害抵御性能,这是需要注意并改进的地方。住房金融公司可采纳NDMA的指导方针,并针对由其提供金融服务的新建、改建、加建的住房实施监督。

7.4.6 公共住房管理

印度的房屋管理与修缮比较松散。他们对原有私房基本上不进行管理。对政府新建出售的住宅,要求每幢楼的住户组织起来,成立管房委员会,进行管理和修缮,费用由住户按项目分摊。合作社建造的住房由合作社管理。中央政府的公有住宅,官员们租用后,由中央公共工程局负责管理和修缮,各城市的公有住宅由各市的城市发展局负责统一经营管理和修缮。公房租金由公共工程局或城市发展局统收统交,维修费不够的,由国家或州、市财政给予补助。国家的公有住宅的修缮,一般由中央公共工程局或各市的城市发展局下属的房屋维修服务公司负责。

7.5 住房市场及消费

7.5.1 收入阶层分类

根据印度的住房政策,收入阶层分为四类:贫困层(EWS)、低收入层(LIG)、中间层(MIG)、高收入层(HIG)。对这四个阶层,并没有对家庭收入情况做出明确的规定。

印度收入所得阶层分类和月收入统计　　　　　表7-14

收入所得阶层分类	家庭每人平均月收入(卢比)		
	第7个五年计划(1985~1990)	第8个五年计划(1992~1997)	第11个五年计划(2007~2012)
贫困层	700以下	1 250	3 300①
低收入层	701~1 500	1 251~2 650	3 301~7 300
中间层	1 501~2 500	2 651~4 450	7 301~14 500
高收入层	2 501以上	—②	14 501以上

① 2006~2007年以前为2 500卢比。
② 5年计划的相关资料没有明确记录。

根据统计资料,第11个五年计划中每户家庭的年均收入17.4240万卢比以下为贫困阶层,年收入17.4241万~38.5440万卢比以下为低收入阶层,年收入38.5441~76.5600万卢比以下为中间阶层,年收入765 601万卢比以上为高收入阶层。

7.5.2 住房市场情况

印度确立了以各种方式和途径鼓励各阶层居民把储蓄用于建房为核心的国家住房政策,印度政府没有足够的能力为住房建设提供巨额投资,住房建设所需投资的90%要依靠居民自己储蓄。印度大部分低收入家庭的居住条件较差。印度是世界上住房问题最为严重的国家之一,在联合国列举的世界8个"住房最差的城市"中,就有2个城市在印度。

印度主要城市的房价正经历一轮暴涨。在首都新德里,普通公寓的销售价格约为每平方米15万卢比(约1.7万元人民币),在生活和治安环境较好的德里南部地区,房价已达到每平方米90万卢比(约10万元人民币),即便是市郊的高层公寓,售价也超过每平方米7万卢比(约8千元人民币)。在印度的金融中心孟买,房价更是高得惊人。孟买的普通公寓价格约为每平方米44万卢比(约5万元人民币),在全球房价最贵的城市中名列第十。

印度大城市的房地产热,主要表现在高档住房价格的攀升。这些住房的销售对象大多是仅占印度人口2%~3%的富裕人群,他们成为拉动房价上涨的主力。随着经济不断发展以及城市外来移民的大量出现，新兴的白领阶层逐渐成为购房主力。但这部分人的年薪通常是50万卢比（约5万元人民币）左右，要想买得起房，至少也要付出近15年的全部收入。加之低价房紧缺以及保障性住房政策缺失，"印度版房奴"群体和彻底买不起房子的"夹心层"群体的数量都在迅速扩大。

7.5.3 住房消费状况

印度都市地区的人均消费每月支出1 984卢比，农村地区约为一半，1 054卢比。从消费支出的内容来看，都市区域将44.4%花费在食品支出上，而农村区域为57%。都市区域在教育、租金、娱乐、耐久财产消费方面的支出比例均要超过农村地区。

国家应用经济研究委员会（NCAER）根据全国消费情况的调查，将收入阶层进行分类，年收入超过100万卢比的家庭为富裕层，年收入在20万～100万卢比的家庭为中间层，也就是中产阶级，年收入在9万～20万卢比的家庭为上位贫困层，年收入不满9万卢比的家庭为贫困层。按照这样分类，2009~2010年，在家庭总户数中约半数51.5%为贫困层，33.9%为上位贫困层，12.8%为中间层，1.7%为富裕层。中间层从1995~1996年的453万户增长到2001~2002年的1 075万户，约为两倍，2009~2010年增长到2 844万户。

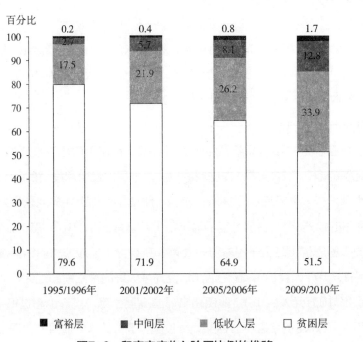

图7-6 印度家庭收入阶层比例的推移

印度家庭收入阶层户数的变化 表7-15

分类	年收入（卢比）	1995/1996年（户数）	2001/2002年（户数）	2005/2006年（户数）	2009/2010年（户数）
高收入层	100万以上	27万	81万	173万	381万
中间层	20万~100万	453万	1 075万	1 640万	2 844万
低收入层	9万~20万	2 890万	4 126万	5 328万	7 530万
贫困层	9万以下	1.3亿	1.35亿	1.32亿	1.14亿

7.6 住房金融机构

7.6.1 住房发展金融公司（HDFC）

20世纪70年代前，印度的金融体系及资本市场是受政府尤其中央政府高度控制的。中央政府利用其权威，在利率、贷款等方面实施严格控制，直接决定了储蓄者的储蓄如何使用。当时的印度金融体系主要作为政府政策的执行工具而存在，不能对市场做出主动的、积极的反映。这种金融体制在印度追求高速工业化的过程中，不可避免地忽视了对住房的贷款。20世纪70年代前，商业银行向住房的抵押贷款很少，一般占信贷的0.5%以下。1971年成立的住房金融机构——住房与城市发展公司也仅仅是为邦政府、邦政府所属的住宅局、住房与城市发展项目提供贷款。这样，向家庭提供抵押贷款数量的短缺与城市化过程中家庭以及私人住房发展商对住房贷款的巨大需求形成了强烈的反差。1977年HDFC正是在这样一种环境下出现的唯一一家向个体家庭提供住房贷款的金融机构。它在组织设计上采取了完全市场取向的结构，使之在市场上具有较强的适应能力和资源动员能力。

HDFC的基本目标是：为中低收入家庭提供长期的金融保证，同时也为住房合作社、住房发展商提供贷款。HDFC的其他目标是：通过储蓄等手段动员长期资源；把短期资源转化为长期住房投资；支持国家住房金融体系的发展；帮助普通资本市场的成长。10多年来的实践表明，HDFC基本实现了它的目标，而且通过不断的努力，HDFC获得了印度政府有关部门的3A级信用评级。HDFC不仅是一个传统的、通过小量储蓄实现较大规模抵押贷款的机构，在很大程度上，HDFC更像一个基于它在金融市场上的信誉而存在的投资银行。

HDFC的经验在很大程度上向印度政府证明了：这样一个机构可以依靠自身的力量而较好地动员资源，而不需要政府的委托信贷配给。对于印度政府来说，住房金融体系的发展完全可以依赖于市场取向的设计，而且这种市场体系、市场取向的努力可以比传统的中央控制的办法更具效率。

7.6.2 国家住房银行（NHB）

在第七个五年计划期间，印度政府开始组建其住房金融体系，以扩大住房融资，满足对住房发展的强大需求。住房金融体系是以政府与私营部门合作为前提，是以市场为导向的。1985年，印度政府在第七个五年计划中指出："政府在城市住房领域的作用已不得不退为推动性的，主要的努力将来自私营部门。"政府的作用是："鼓励、支持住房金融机构将私人资金以较好的方式导向住房建设。"

为鼓励、推动和培育住房金融机构的发展，印度于1988年成立国家住房银行。该银行是印度储备银行（中央银行）的全资机构，作为政策性银行，在住房金融体系中行使中央银行的职能。负责住房金融公司的登记、管理与监督，确保住房金融体系的健康、稳定发展。同时，向中、低收入者提供住宅金融解决方案，为了减少住宅需求和供给之间的缺口，NHB努力将住宅金融变成可负担、可用的服务。2011年NHB向住宅金融领域提供了1 203.5亿卢比的资金，其中1 172.28亿卢比是以再融资的方式提供的，大约35%的再融资是少于50万卢比，主要是针对中、低收入群体的。

7.6.3 住房金融公司

在国家住房银行（NHB）注册的住房金融公司（HFC）是印度按揭借贷机构中的重要组成部分，截至2011年3月31日在NHB注册的共有53家HFCs，其中34家可以接受公众存款，全国共有1 300多家分支机构。2010~2011年HFC的住房贷款的总额比上一年度增加了22%，在零售住房金融市场的份额达到了30%～35%，2011年3月存款总额达到了2 869.4亿卢比，比上一年度增长了6.13%。从HFC统计的贷款期来看，2010年还款期超过7年的贷款占贷款组合的85.32%，处于绝对的主导地位。

7.6.4 商业银行

商业银行（SCBs）吸收了大量储户的存款，而且在经济的各领域都提供了大量的信贷，在过去的10年，银行在住房按揭贷款市场上处于重要地位，住房贷款的总额也在不断增长中，目前占据了60%～65%的住宅贷款市场份额。商业银行的住房贷款总额从2010年3月的31 586.2亿卢比增长到2011年3月的36 736.4亿卢比，增幅为16.3%。

尽管金融体系在不断深化和完善，但目前住房贷款只约占印度GDP的7.25%，（泰国为12%，马来西亚为29%）。目前的主要问题是在住房供给和需求之间的缺口越来越大，还有住房金融方案不足。尽管最近几年住房金融迅速发展，但贫困层中无家可归的比例还在持续地增加。由于借贷机构的作用，住房贷款市场在近些年发展十分迅速，但是这些正规的住房贷款大多只是面向有正式工作、拿薪水的购房者。目前的挑战是需要解决来自中、低收入家庭的住房需求。

除一些正规的金融机构外，还有大量的微金融机构、社区机构、自助团体等在农村和都市地区提供住房贷款的服务。尽管从这些微金融机构获得住房金融服务的代价更高一些，但是他们十分迅速、高效，也很容易获得，是住房金融市场的重要补充。

主要参考文献

[1] 金砖国家联合统计手册（2012）.

[2] 美国国务院：http://www.state.gov/r/pa/ei/bgn/3454.htm.

[3] 国家土地使用统计数据：http://en.wikipedia.org/wiki/Land_use_statistics_by_country.

[4] 印度在线：http://www.indiaonlinepages.com/population/india-current-population.html.

[5] 维基印度人口：http://en.wikipedia.org/wiki/Demographics_of_India.

[6] 印度人口普查网：http://censusindia.gov.in/2011census/hlo/hlo_highlights.html.

[7] 印度住房与城市扶贫部（Ministry of Housing and Urban Poverty Alleviation, India）：http://mhupa.gov.in.

[8] Ministry of Home Affairs, Government of India: http://www.censusindia.gov.in.

[9] NCAER：（National Council for Applied Economic Research）http://www.ncaer.org.

[10] Report on Trend and Progress of Housing in India, 2011.

8 日本

ＧＤＰ：475.5289万亿日元（名义）（折合59 590亿美元，2012年）
人均GDP：368.1万日元（折合46 128美元，2012年）
国土面积：37.79万km²
人　　口：1.2875亿人（2012年）
人口密度：340.7人／km²（2012年）
城市化率：92%（2012年）

8.1 住房基本情况

8.1.1 居住现状

日本统计局每五年对日本的住宅、土地使用情况进行一次调查，根据日本统计局2008年住宅统计调查结果，截至2008年10月1日，日本住房总数为5 759万套，家庭数4 998.9万户，每一家庭平均拥有住房1.15套。

日本家庭数及现有住房套数　　表8-1

项目	年份	1968	1973	1978	1983	1988	1993	1998	2003	2008
总家庭户数（A）	千户	25 320	29 651	32 835	35 197	37 812	41 159	44 360	47 255	49 989
总住房套数（B）	千套	25 591	31 059	35 451	38 607	42 007	45 879	50 246	53 891	57 593
B/A		1.01	1.05	1.08	1.10	1.11	1.11	1.13	1.14	1.15
除安置房外的住房套数	千套	24 198	28 731	32 189	34 705	37 413	40 773	43 922	46 863	49 615
自有住房率	%	60.3	59.2	60.4	62.4	61.3	59.8	60.3	61.2	61.2

据调查，有家庭居住的住房总数为4 960万套，占住宅总数的86.1%，无家庭居住的住宅为799万套（占13.9%），其中空置住宅757万套（占13.1%）。

住房规模是对居住水准进行评估的要素之一，2008年，日本专用住宅平均房间数为4.64室，每户居室的平均面积为32.43榻榻米（1榻榻米面积为1.66m^2），每户平均建筑面积为92.41 m^2。

从专用住宅的类别进行统计，自有住宅的平均房间数为5.79室，居室的平均榻榻米数为41.34，平均建筑面积为121.03 m^2；租赁住宅的平均房间数为2.74室，居住室的榻榻米数为17.70，平均建筑面积为45.07 m^2，不到自有住宅平均值的一半。

日本住宅的规模对比　　　　　　表8-2

住宅产权关系	每户居室数（间）		每户居室的平均面积（榻榻米）		每户住宅的平均面积（m^2）	
	2003年	2008年	2003年	2008年	2003年	2008年
专用住宅	4.73	4.64	32.36	32.43	92.49	92.41
自有住宅	5.91	5.79	41.45	41.34	121.67	121.03
租赁住宅	2.84	2.74	17.74	17.70	45.59	45.07

到2008年，居民对住房及居住环境的综合评价为：满意占18.5%，基本满意占52.6%，稍有不满占24.8%，非常不满占3.6%。

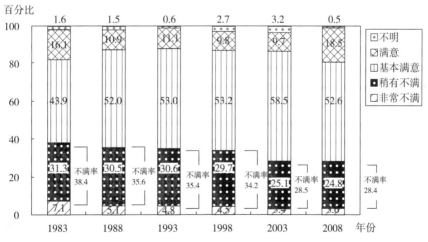

图8-1　日本住房及居住环境居民满意度评价

8.1.2 住房类别

日本住房可分为独户住房（一栋一户）、长屋住房（低层水平联排住房）、集合住房等。据2008年统计：独栋住房为2745万套，占住宅总套数的55.3%，仍是日本住房的最主要形式；集合住房2201万套，占41.7%；联排住房133万套，占2.7%；其他住房13万套。由图8-2所示的数据可以看到独户住房和联排住房所占比例在不断下降，而集合住房的比例在不断上升。

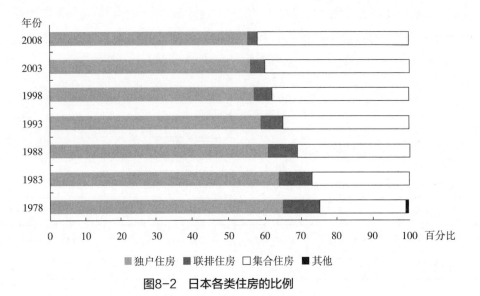

图8-2　日本各类住房的比例

集合住房按层数统计，1~2层集合住房571万套，占集合住房总数的27.6%；3~5层823万套，占39.8%；6层以上675万套，占32.6%，同2003年比较，层数越高的集合住房的增长率越大，表明日本集合住房出现向高层方向发展的趋势。

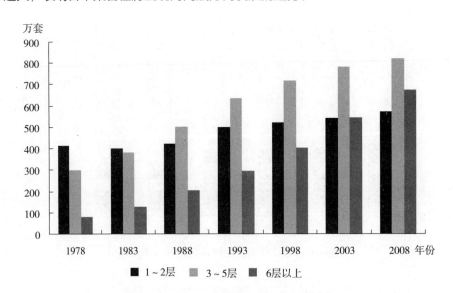

图8-3　日本不同层数集合住房建设量

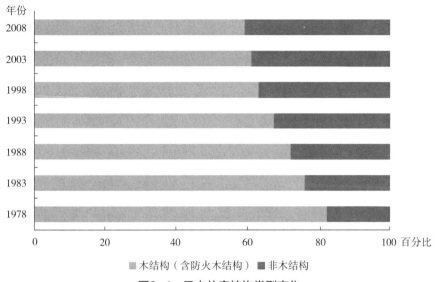

图8-4 日本住房结构类型变化

从住房结构类型看，2008年，4 960万套住房中，木结构住房2 923万套，其中防火木结构住房1 579万套，钢筋混凝土结构住房1 628万套，钢结构住房394万套。独户住房九成以上是木结构，共有2 542万套，占独户住房的92.6%。木结构的联排别墅共101万套，占联排别墅住房的76%。非木结构的集合住房1 794万套，占集合住房的86.7%，从住房结构类型的变化可看出木结构住房在住房中的比例逐年下降，非木结构住房比例逐年上升，从1978年18.3%上升到2008年41.1%。

从住房所有权的分类来看，2008年，自有住房3 032万套，租赁住房1 777万套，其中公营住房209万套，都市再生机构住房92万套，民间住房1 337万套，另有企业员工住房140万套。日本自有住房的比率为61.1%，租赁住房的比率为35.8%。

根据不同类型住房所有权的统计，独户住房的自有住房率为91.8%，租赁住房率为7.0%；联排别墅的自有住房率为27.4%，租赁住房率为66.0%；集合住房的自有住房率和租赁住房率分别为22.6%和72.2%。

日本不同所有权住房的规模　　　　表8-3

住房所有权类别	1套住房房间数		1套住房的建筑面积（m²）	
	2003年	2008年	2003年	2008年
专用住房总平均值	4.73	4.64	92.49	92.41
自有住房	5.91	5.79	121.67	121.03
租赁住房	2.84	2.74	45.59	45.07

续表

住房所有权类别	1套住房房间数		1套住房的建筑面积（m²）	
	2003年	2008年	2003年	2008年
公营	3.42	3.42	51.56	51.51
都市可再生机构·公社	3.13	3.12	48.98	49.51
民营（木结构）	3.00	3.04	48.94	51.29
民营（非木结构）	2.48	2.36	40.13	39.11
企业员工宿舍	3.11	2.97	51.94	51.48

住房的规模是对居住水准进行评估的要素，对专用住宅的平均房间数和建筑面积（包括居住室、玄关、卫生间、厨房等住宅总面积）的统计结果如下：2008年，日本专用住宅平均房间数为4.64室，平均建筑面积为92.41m²；2003年，平均房间数为4.73间，平均建筑面积为92.49 m²。

从专用住房的类别进行统计，自有住房的平均房间数为5.79间，平均建筑面积为121.03 m²，租赁住房的平均房间数为2.74间，平均建筑面积为45.07m²，均小于自有住房。

安装高龄者设施的住房，2008年共2 415万套，占住房总数的48.7%，相对于2003年39.8%的比例，提高了8.9个百分点。按照房屋的类别进行分类，独户住房的比率最高，为59.9%，集合住房为34.6%，联排住房为37.2%。

日本不同类型、所有权和形式的住房设施状况（单位：千套）　　表8-4

住宅类别、所有权、类型	总数	专用厨房	有水洗卫生间	有坐便器的卫生间	有浴室	有针对高龄者的设备	有扶手	有自动火灾报警设备
住房的总数	49 598	47 979	45 009	44 451	47 386	24 146	18 518	22 302
住房类别								
专用住房	48 281	46 690	43 825	43 305	46 137	23 381	17 850	21 861
与店铺等合用的住房	1 317	1 289	1 183	1 146	1 250	765	668	442
住房所有权								
自有住房	30 316	30 316	27 938	28 244	30 107	19 237	15 670	12 008
租赁住房	17 770	17 664	17 071	16 207	17 279	4 909	2 848	10 294
其中：公营	2 089	2 089	1 949	1 888	2 035	…	…	1 379

续表

住宅类别、所有权、类型	总数	专用厨房	有水洗卫生间	有坐便器的卫生间	有浴室	有针对高龄者的设备	有扶手	有自动火灾报警设备
都市再生机构、公社	918	918	918	910	915	…	…	588
民营（木结构）	4 407	4 395	3 906	3 442	4 097	…	…	1 610
民营（非木结构）	8 958	8 928	8 921	8 664	8 860	…	…	5 804
企业员工宿舍	1 398	1 334	1 377	1 305	1 373	…	…	913
住房形式								
独户住房	27 450	27 108	24 373	24 594	26 857	16 432	14 042	8 542
联排住房	1 330	1 240	995	895	1 153	495	414	450
集合住房	20 684	19 510	19 527	18 853	19 260	7 151	4 006	13 258
其他住房	134	121	115	110	116	67	56	52

8.2 住房建设

日本住房建设投资自2006年以后逐年下降，2006年住房建设投资额19万亿日元，2007年下降到16.4万亿日元，2009年为13.1万亿日元。住房投资占GDP（实际）的比例也从3.4%（2006年）下降到2009年的2.5%。住房投资在建设投资总额（名义）所占的比例约在30%左右，2009年为32%。

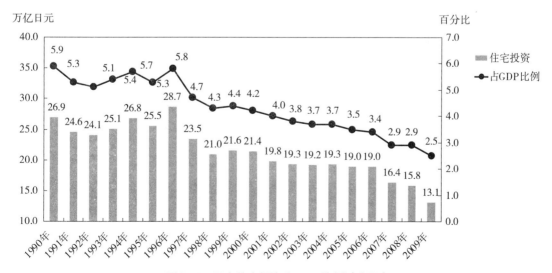

图8-5　日本住宅投资占GDP比例（实际）

1990~2009年日本住宅投资变化情况（单位：10亿日元）　　　表8-5

年度	住宅投资（实际）			住宅投资（名义）		
	实数	前年度比	GDP比	实数	前年度比	GDP比
1990	26 902	5.6%	5.9%	26 027	8.7%	5.8%
1991	24 614	△8.5%	5.3%	24 463	△6.0%	5.2%
1992	24 058	△2.3%	5.1%	24 159	△1.2%	5.0%
1993	25 069	4.2%	5.4%	25 466	5.4%	5.3%
1994	26 768	6.8%	5.7%	27 206	6.8%	5.6%
1995	25 496	△4.8%	5.3%	25 741	△5.4%	5.2%
1996	28 678	12.5%	5.8%	29 305	13.8%	5.8%
1997	23 491	△18.1%	4.7%	24 284	△17.1%	4.7%
1998	21 015	△10.5%	4.3%	21 194	△12.7%	4.2%
1999	21 617	2.9%	4.4%	21 661	2.2%	4.3%
2000	21 429	△0.9%	4.2%	21 391	△1.2%	4.2%
2001	19 817	△7.5%	4.0%	19 517	△8.8%	4.0%
2002	19 323	△2.5%	3.8%	18 838	△3.5%	3.8%
2003	19 160	△0.8%	3.7%	18 724	△0.6%	3.8%
2004	19 293	0.7%	3.7%	19 043	1.7%	3.8%
2005	19 005	△1.5%	3.5%	18 969	△0.4%	3.8%
2006	18 964	△0.2%	3.4%	19 347	2.0%	3.8%
2007	16 423	△13.4%	2.9%	17 149	△11.4%	3.3%
2008	15 810	△3.7%	2.9%	16 940	△1.2%	3.4%
2009	13 092	△17.3%	2.5%	13 470	△20.5%	2.8%

注：△表示下降

日本一直重视计算住宅相关产业的生产诱发效果。经计算，2011年住宅产业的生产诱发系数为1.95，与建筑业持平。

日本住房新开工量在1987年最高达到172.9万套，以后逐渐有所下降，1995年后降到150万套以下，2012年为89.3万套。

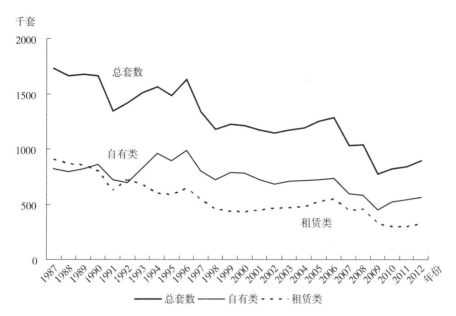

注：自有类——自有、按揭住房；租赁类——租赁、单位低租金住房

图8-6 日本新建住房开工户数

附表 （单位：千套）

年度	1987	1988	1989	1990	1991	1992	1993	1994	1995	1996	1997	1998	1999
总套数	1 729	1 663	1 673	1 665	1 343	1 420	1 510	1 561	1 485	1 630	1 341	1 180	1 226
自有住房	818	795	821	861	720	698	827	959	895	988	802	720	788
出租住房	910	867	852	804	623	722	683	602	589	642	540	460	438

年度	2000	2001	2002	2003	2004	2005	2006	2007	2008	2009	2010	2011	2012
总套数	1 213	1 173	1 146	1 174	1 193	1 249	1 285	1 036	1 039	775	819	841	893
自有住房	784	721	682	707	716	723	738	594	583	451	521	544	566
出租住房	429	452	464	467	477	526	547	441	456	325	298	197	327

日本相关专家认为，几十年来住房建设量都在100万套以上，使日本现有住房量达到5 759万套，超出家庭数799万套。当然，近800万套包含了不能满足抗震要求的房屋，并不都是优良的社会资产，但其中面积狭小的空房所占比例明显减少。还有，日本的人口已从2005

年起开始减少，今后数十年间少子女倾向也不会改变。

据认为，今后住房建设的重点在于有效地继续使用现有的住宅，而不是大量拆旧建新。主要的方法是：其一是以改造（改装）适应新的要求；其二是积极将其投入流通市场和租赁市场以促进有效利用；其三是鼓励拥有多套住房并同时使用。

在住房建设方面，特别值得提出的是住房建设的计划管理。日本在住房数量发展阶段十分重视住宅建设的计划管理手段。1955年制定住宅建设十年计划，1957年又制定住宅建设五年计划，以后根据《住宅建设计划法》[①] 制定了八个五年计划，而且计划编制比较科学，计划实施比较顺利。

从这些五年计划，可以明显看出以下特点：

① 深入调查，掌握现状。从计划资料可以看出，在每个五年计划开始前两年都要进行一次住宅调查，而且特别重视居住实态调查。进入90年代后，还就居民对住宅及居住环境的综合评价和满意程度进行调查分析统计，以便获得真实的数据，并据此得出相应的结论。

② 目标的阶段性较清楚。第一步是基本解决住房短缺，达到每户一套住房目标。根据完成情况，1968年全国住宅总数超过家庭户数，1973年各都道府县的住宅总数超过户数。至此，全面实现了每户一套住房的目标；第二步是每户一套住房基本实现后，向每人一室的目标努力。此目标大致在1975年得以实现；第三步是不断提高居住水平和居住环境水平（1976年到现在）。

③ 每个计划期都规定了几个重点。例如，第八个五年计划（2000～2005年）的重点是：形成优质存量住宅，满足全国居民多样化的居住需求；改善居住环境，与少生育、老龄化社会的需求相对应；促进旧房改造，加快城市居住和地区经济的发展；建立规范的住宅市场，向消费者提供更广泛的住宅信息。

④ 居住水平和环境水平有明确的要求。在第六、七、八个五年计划的附件中，均以文字与表格阐述了先导性居住水平、最低居住水平和外部居住环境水平的具体要求。

8.3　住房建设管理体制

全国住房建设管理在机构设置上主要有四个层次：①国土交通省的住宅局，是全国住宅产业的行政管理部门；②为行政主管部门服务的各个行业的审议会，与住宅产业对口的是社

[①] 该法于1966年颁布（法律第100号）并在1968年、1981年、1983年、1996年进行四次修改。内容包括目的、国家和地方公共团体的责任、政府资金住宅的定义、全国和地方住宅建设五年计划的制订和实施、住宅建设标准及其他。

会资本整备审议会住宅与住宅用地分会,为国土交通大臣提供咨询服务;③为实施住房计划而设立的特殊法人(又称为"执行层");④为行业提供公益性服务的公益法人、行业协会和科研机构。

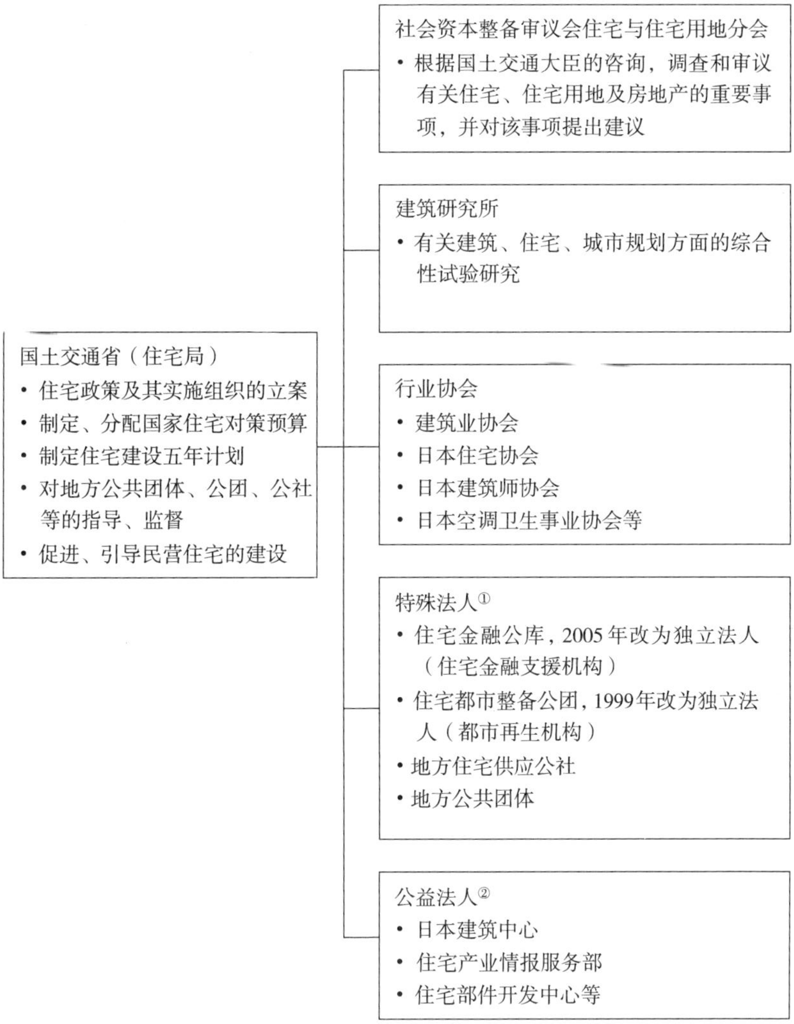

```
国土交通省(住宅局)            ┌─ 社会资本整备审议会住宅与住宅用地分会
• 住宅政策及其实施组织的立案   │   • 根据国土交通大臣的咨询,调查和审议
• 制定、分配国家住宅对策预算   │     有关住宅、住宅用地及房地产的重要事
• 制定住宅建设五年计划         │     项,并对该事项提出建议
• 对地方公共团体、公团、公社   │
  等的指导、监督               ├─ 建筑研究所
• 促进、引导民营住宅的建设     │   • 有关建筑、住宅、城市规划方面的综合
                               │     性试验研究
                               │
                               ├─ 行业协会
                               │   • 建筑业协会
                               │   • 日本住宅协会
                               │   • 日本建筑师协会
                               │   • 日本空调卫生事业协会等
                               │
                               ├─ 特殊法人①
                               │   • 住宅金融公库,2005年改为独立法人
                               │     (住宅金融支援机构)
                               │   • 住宅都市整备公团,1999年改为独立法
                               │     人(都市再生机构)
                               │   • 地方住宅供应公社
                               │   • 地方公共团体
                               │
                               └─ 公益法人②
                                   • 日本建筑中心
                                   • 住宅产业情报服务部
                                   • 住宅部件开发中心等
```

图8-7 日本住房建设管理体制示意图

---

① 对于一些适合企业化经营的与建设有关的工作,如由一般行政机关负责,就会受经费和人员编制的制约无法得到应有的效果。此时,制定特别法律,并根据该法律设置独立法人,并由国土交通省对其实行特别监督,使之承担国家责任,同时,尽量给该特殊法人以经营的自由性和灵活性。

② 国土交通省需要实施的某些工作,如由国土交通省来实施会受经费和人员编制等的限制而难于进行灵活机动的行政管理工作。为此,倡导民间成立非营利性的民间法人,并授权他们进行认定、审定等工作以及制定规范,进行试验研究,宣传普及表彰等建筑行政辅助工作,而国土交通省进行投资或者在经费上给予援助。

8.4 住房政策沿革

第二次世界大战结束后,日本的住房缺口达到420万套,政府首先采用的应急方式是建设简易住房。到了1950年,随着经济景气的恢复,政府认识到应该确立长久、稳定的住宅供给体制。1950年制定了《住宅金融公库法》,设立了住宅金融公库,该机构提供建设住房、购买住房长期低息的住房资金融资。1951年制定《公营住宅法》,地方公共团体从国家获得补助,向低收入阶层提供低租金的租赁住房(公营住房)。1955年制定《日本住宅公团法》,成立了日本住宅公团,其主要任务是向大都市地域的中等收入者提供借贷住宅、按揭住宅以及提供宅地。这样就形成了日本住宅政策的三大支柱,即公库、公营、公团。

在经济的高速成长、人口越来越向城市集中,以及家庭小型化等社会背景下,住房供给不足的状况依然存在,因此,国家、地方公共团体及国民为了协力推进住房建设,1966年制定了《住宅建设计划法》。在住房建设计划的指导下,1973年,日本全国的住房总数超过了日本家庭总数,达到了一户一套住房的目标,解决了战后历经20年的住房供给不足的难题。之后,日本的五年计划将重点转移到提高住房的质量方面,制定了居住环境水准、住房性能水准等相关的标准。

近年来,随着日本少子化、老龄化的急速发展,住房政策从确保住房的数量向包含居住环境的"居住生活质量的全面提高"的目标转变,在住房供给及住房资金方面,对三大支柱(公库、公营、公团)的政策进行了改革。2006年制定了《居住生活基本法》,规划了日本国民现在及将来的居住生活实现路径。

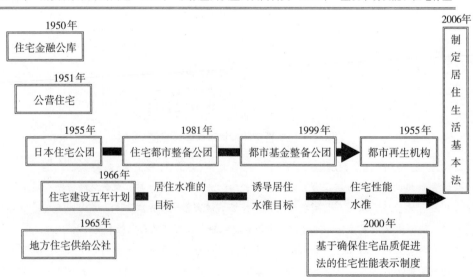

图8-8 日本住宅政策的沿革

8.4.1 住宅金融公库

日本在战后住宅的供给量严重不足，因此在该阶段的住宅政策的最大目标是解决住房不足的难题。1950年制定了《住宅金融公库法》，设立了住宅金融公库，该机构向建设或购买住房的个人提供长期低息的住房金融贷款。

长期以来，住房贷款总余额的三分之一左右是由住宅金融公库提供的。随着住宅贷款利率的自由化等金融环境的变化和民间金融机构贷款业务的发展，公库的作用也从之前的直接融资向作为民间金融机构的支援和补充的方向转变。2001年住宅金融公库改为独立行政法人机构，可从事证券化业务，2007年4月1日，又改组为独立行政法人住宅金融支援机构，不再依靠国家财政投资和补助金，成为自由经营、自负盈亏的独立行政法人。融资对象从建房、购房者转变为提供住房信贷的金融机构。

8.4.2 公营住房

1951年制定了《公营住宅法》，各都道府县及市町村获得国家补助进行住房建设及住房购买，作为面向低收入者的廉租住房。

1951年该制度实施以来，特别是经济高速成长期，大量的劳动者涌入都市，建设了大量的公营住房，最多时一年建成10万套公营住房。目前，每年建成2万套住房，其中80%是翻新重建的住房。为了提供优质的公营住房，近年来，设定了公营住宅整备基准，确定了住房的构造、房间布局、公用设施等项目的基准，而且所有住房都需要考虑到高龄者的居住要求。

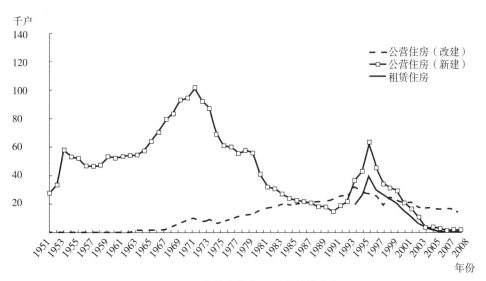

图8-9　日本公营住房开工套数的变化

早期的公营住房，住宅老化，而且以目前的生活水准来看，规模、设备均不能令人满意。因此，对这部分既有公营住房采取重建、增建或改建的方式，改善居住水准、确保接近通勤地点以及最大限度地有效利用土地。近年来，为了使高龄者和身体障碍者能住得更方便，重点进行了设置扶手、消除楼梯等工事改造。截至2007年，公营住房的管理户数为219万户。

8.4.3 都市再生机构

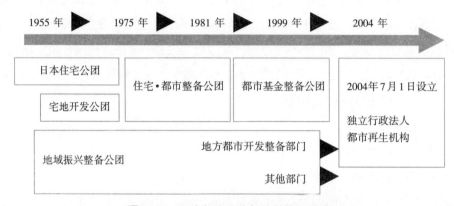

图8-10　日本都市再生机构的发展历程

20世纪50年代初，大量人口涌入大都市地域，造成了城市住宅供给的严重不足，1955年制定了《日本住宅公团法》，成立了日本住宅公团。公团的主要目的是向大都市地域的中等收入者提供租赁住房、按揭住房以及提供宅地。

20世纪60年代，日本住宅公团在首都圈和京都大阪城市圈的郊外建设了许多的集合住宅，同时也作为城市基础设施开发（New Town）的规划、建设的主体，从20世纪70年代开始参与城市再开发事业。

1981年，日本住宅公团和宅地开发公团合并，成立了住宅·都市整备公团，随着经济步入稳定期，对住房的需求逐渐减少，住房建设的政策开始从数量向质量转变。1995年阪神大地震，建设了约2万套的灾后重建住宅。1999年，为了将建设重点放在都市改造与规划上，将住宅·都市整备公团改组为都市基盘整备公团，停止了按揭住宅建设的业务，只从事与都市基础设施的修建、改造和租赁住房供给的业务。

2004年，都市基盘整备公团和地域振兴整备公团的地方都市开发整备部门合并，成立了独立行政法人都市再生机构，简称UR或UR都市机构。从这一年开始，租赁住房的名称就从公团住房改为UR租赁住房。主要的收益是UR租赁住房的租金收入和通过市区改造而获得的土地出让金。目前UR在全国范围内为77万户、数百万人提供了住房。

	住宅总存量	1950 年	1960 年	1980 年	1985~1994 年	1995 年后
管理户数	768 608 户	78 606 户	323 247 户	157 273 户	81 357 户	128 125 户
住宅区	1 806 住宅区	212 住宅区	384 住宅区	347 住宅区	426 住宅区	437 住宅区
住宅区规模	426 户/住宅区	390 户/住宅区	875 户/住宅区 团地规模大大量供应	437 户/住宅区	199 户/住宅区	260 户/住宅区
选址			向郊区延伸		回归市区	
住宅面积	54.0m²/户	39.4m²/户	45.5m²/户 住宅面积狭窄小（低设备水准）	52.7m²/户（前半）65.8m²/户（后半）56.8m²/户	70.6m²/户 改善住宅面积	70.2m²/户
房租	68 200 日元	43 300 日元	49 700 日元	64 600 日元	97 800 日元	115 900 日元
住宅供应背景		解决住宅不足的问题	解决人口密度大城市住宅不足的问题	提高居住水准		促进回归市区

图8-11 日本都市再生机构不同年代所建的UR租赁住房的特征

8.4.4 地方住宅供给公社

1965年，不仅都市住房供给不足，各地方的住房也供给不足，为了推进各地域的住房供给，制定了《地方住宅供给公社法》，不同于公库、公营、公团这三个国家住房供给机构，住宅供给公社是以法人的形式出现，并无权限及税制上的优惠，是作为公库、公营、公团这三大支柱的补充而存在的。公社主要目的是为了使劳动者更容易持有住房，通过公积金和公库融资方式提供住房。

目前，各都道府县及50万人口以上的政令指定都市共成立了53家地方住宅供给公社，主要提供租赁住房和分售住房，截至2007年3月统计，公社共提供住房74.1万套，其中租赁住房17.5万套，分售住房56.6万套。根据《地方住宅供给公社》的修改规定（2005年），公社团体可自由解散。目前不少公社已处于超负债运营，预计今后将缩小业务范围或解散。

8.4.5 特定优良租赁住宅

为了改善居住在租赁住房的家庭的居住条件，特别是向中等收入水平的家庭提供优良的租赁住房，1993年在《促进特定优良租赁住宅供给的相关法律》的基础上建立了特定优良借贷住宅制度。通过该制度，对民间土地所有者建设的优良租赁住房提供建设费用补助和房租补贴，促进向中等收入水平家庭的住房供给。截至2007年底，特定优良借贷住房共有22万套。

8.4.6　面向高龄者的优良租赁住宅

随着日本社会的急速老龄化,且日本住房的无障碍设施的比例还十分低下(2003年只有5.4%),为了提高民间租赁住房的无障碍设施比例,2001年根据《有关确保高龄者居住安定的相关法律》制定了面向高龄者的优良租赁住房制度。通过该制度,对民间土地所有者进行建设费用的补助及减免租金的补助,促进为高龄者或身体障碍者提供设施优良的住房。2009年,制定了面向高龄者支援设施一体化优良住宅的认定制度。截至2007年底,面向高龄者的优良租赁住房总数为3.0万套。

8.4.7　住宅建设五年计划

从1966年开始第一个五年计划,到2005年历经了八个五年计划的建设发展。同时,全国分为10个地域,首先按照地方的条件制定地方住宅建设五年计划,再根据地方的五年计划,制定都道府县的住宅建设五年计划。

通过制定住宅建设计划,主要完成了以下的职能:

① 把握国民多样化、高度化的需求,并反映在住房政策中;

② 通过国家、地方公共团体,为了综合并整合各种政策的实施,明确住宅政策的优先事项及远景目标;

③ 设定住宅政策的目标。

从第一个到第八个五年计划的整个发展过程,大致可分为两个时期:注重住宅供给数量时期(第一个、第二个五年计划)和注重住宅供给质量时期(第三个到第八个五年计划)。

① 注重住宅供给数量时期:家庭户数超过了住宅总数量,为了解决居住困难的难题,第一个五年计划实现了一家一套住房的目标,第二个五年计划实现了一人一室的目标。

② 注重住宅供给质量时期:1973年完成了一家一套住房的目标,从1976年第三个五年计划开始,为了确保所有家庭的"最低居住水准"以及确保家庭的"平均居住水准",将重点转向提高住宅的质量。通过第四个五年计划,设定了"居住环境水准",确保优良的居住环境。在第五个五年计划,设定了为实现丰富居住生活的"诱导居住水准",直到第八个五年计划。

8.4.8　居住生活基本法

日本住宅政策,由住宅金融公库(住宅金融支援机构)、公营住宅、日本住宅公团(都市再生机构)等支柱组成,直接提供住房或住房资金,历经八个住宅建设五年计划,在适应了时代的需求的同时,通过确保住房供给的数量,解决了住房供给的严重不足,并在提高居住水准上取得了一定的成果。

近年来,住房供给十分充足,但是随着少子化、老龄化的迅速发展及环境问题等社会经济情势变化产生了新的课题,直到现在,住房及居住环境的质量还没达到十分满意的水准,还不能说形成了具有良好居住性能的存量住房。

在这个背景下，为了促进国民居住生活质量的提高，推进相关的政策实施，2006年6月8日，通过了《居住生活基本法》，取代之前的住宅建设计划法。这是一部提高居民的居住生活环境，制定具体目标、政策的法律，实施时间是从2006年至2015年。

因此，居住生活基本法的目标从增加住房数量转向提高住房、居住环境的质量，使住房作为社会资产能被下一代继承和继续使用。优良的住房，不仅仅指作为商品的优良品质，而且包含了周边环境、街道社区等社会资产。

居住生活基本法有四个基本理念：

① 提供高质量的住房；

② 形成良好的居住环境；

③ 制定保护购房者利益的政策，创建良好的住房交易市场；

④ 确保居住者居住的安全，特别是特殊人群的居住安全。

居住生活基本计划规定的住房性能、环境与面积水准如下：

日本居住生活基本计划的住房性能、环境与面积水准　　　　　表8-6

住房性能水准

形成满足居民需要和社会要求，具有良好的性能的住宅社会财产

1. 基本功能
　　① 户型的构成和设备水准等；② 集合住宅的共用设施。
2. 居住性能（满足居住者要求）
　　① 抗震性；② 防火性；③ 防盗性；④ 耐久性；⑤ 维修管理的方便性；⑥ 保温性能；
　　⑦ 室内空气环境；⑧ 采光；⑨ 隔声性；⑩ 高龄人的方便性；⑪ 其他。
3. 外部性能（满足社会要求）
　　① 环境性能（节能、使用再生资源、减少拆除时的废弃物）；② 外观等（与周边的和谐）。

住房环境水准

按照各地方的实际情况确保良好的居住环境

1. 安心与安全
　　① 地震和火灾时的安全性；② 自然灾害时的安全性；③ 日常生活的安全性；④ 防止环境障碍。
2. 美观与宽敞
　　① 绿化；② 街道宽阔和美观。
3. 持续性
　　① 地方和周边的持续性；② 减少环境负荷。
4. 日常生活的方便性
　　① 高龄人、抚养小孩的家庭的方便性；② 无障碍物设计。

续表

居住面积水准

			不同家庭人数的居住面积（单位：m²）			
			单身	2人	3人	4人
最低居住面积水准	根据家庭人数而设定的，为确保健康的、正常的生活而必需的居住面积水准		25	30（30）	40（35）	50（45）
诱导居住面积水准	根据家庭人数而设定的，以富裕的生活为前提，为满足多样的生活习惯而必要的居住面积水准	都市居住型：设定为都市的集合住宅	40	55（55）	75（65）	95（85）
		一般型：设定为郊外和非都市的单户住宅	55	75（75）	100（87.5）	125（112.5）

注：① 括号（ ）内为有1名3～5岁儿童家庭的面积。
② 2006年，日本颁布了《居住生活基本法》，上述居住生活基本计划是根据该法编制的，计划期为2006～2015年。

居住生活基本计划的成果目标如下：

2006～2015年日本居住生活基本计划的成果目标　　　　表8-7

形成可留给下一代的优良住宅社会资产
（1）新抗震基准的合格率：75%→90%； （2）集合住宅的共用部分的无障碍化设计率：10%→25%； （3）具有节能措施的现有住宅比率：18%→40%； （4）旧房改造率：2.4%→5%； （5）建立合理的修缮公积金制度的优良集合住宅的比率：20%→50%。
打造良好的居住环境
（1）重点密集市区的防火安全措施整备率：0%→100%； （2）地震时有危险的现有人工填地：1000处→500处。
建设多样化的住宅市场环境
（1）新建住宅的性能表示率：16%→50%； （2）既有住宅的市场投入率：13%→23%； （3）延长住宅使用寿命：30年→40年； （4）有孩子家庭的住户推荐居住面积达标率：37%→50%（大城市）。
解决困难人群的居住问题
（1）尽早消除未达到最低居住面积水准的比率（3人：40m²，4人：50m²）； （2）高龄人、残疾人的住宅无障碍化率为：29%→75%。

8.5 住房消费

按住房所有权关系分类统计的居住费用支出比例见图8-12。居住费用包括租金、修缮费和住宅贷款的偿还额,从图中可以看到所有类别的居住费占实际收入的比例都呈增加的趋势,其中自有住宅类的居住费比例最高占15.8%,单位低租金住宅的居住费比例最低,为4.8%。

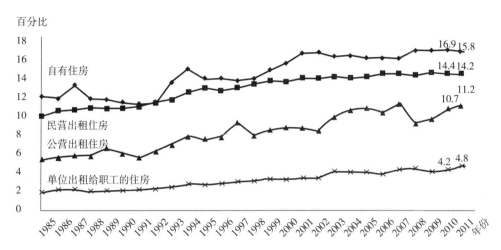

图8-12 日本职工家庭居住费用支出占收入的比例

日本职工家庭住房借款返还负担率(单位:日元/月、%) 表8-8

年份	总收入 A	可支配收入 B	土地、住房借款返还额 C	返还负担率 C/A	返还负担率 C/B
2000	653 760	545 334	101 770	15.6	18.7
2001	644 779	537 701	106 995	16.6	19.9
2002	647 108	537 586	108 167	16.7	20.1
2003	613 979	509 139	99 616	16.2	19.6
2004	624 314	517 991	102 263	16.4	19.7
2005	619 833	516 135	99 775	16.1	19.3
2006	622 014	516 582	99 960	16.1	19.4
2007	624 128	515 563	99 996	16.0	19.4
2008	622 599	510 685	104 475	16.8	20.5
2009	605 154	494 631	101 594	16.8	20.5
2010	604 723	495 200	102 069	16.9	20.6

续表

年份	总收入 A	可支配收入 B	土地、住房借款返还额C	返还负担率 C／A	返还负担率 C／B
2011	587 104	479 275	99 542	17.0	20.8
2012	598 490	485 362	94 295	15.8	19.4

总务省的家计调查显示，对有住房贷款家庭的平均收入和住房贷款平均偿还额进行统计，每月住房贷款平均偿还额在20世纪90年代初维持在7万日元左右，此后逐渐增加，近15年来每月住房贷款平均偿还额都稳定在10万日元左右，占每月收入的比例也从1990年的13.9%增加到2012年的19.4%。

8.6 住房金融与税制

8.6.1 住房金融

日本的住房金融按资金来源可分为官方融资和民间贷款两大类。日本的民间金融机构在住房信贷方面也非常活跃，提供众多的符合市场要求的产品。民间和官方相结合，较好地满足了日本住宅产业的资金需求，极大地促进了日本住宅产业的发展和住房政策目标的实现。

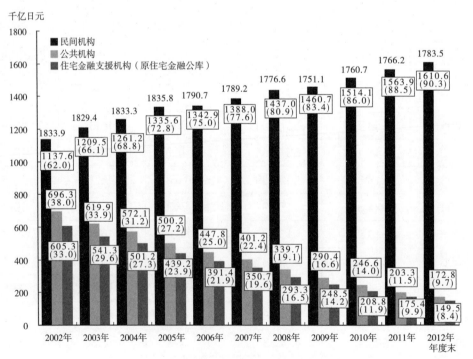

注：括号（ ）中为所占比例（%）

图8-13　日本住房贷款余额变化

（1）官方融资

官方融资即中央政府、地方政府以及自治团体所提供的住宅投融资，在整个住房金融体系中发挥着巨大的作用。日本财政提供的住房融资资金来源主要有三个方面：一是邮政储蓄归集的资金，约占50%（2007年前）；二是各种退休金、保险金，约占14%（2007年前）；三是政府债券，约占6%（2007年前）。日本通过发达的邮政系统筹集资金，然后交给住宅金融公库（现更名为住宅金融支援机构）为居民发放住房贷款。2005年以前，日本的官方融资主要分为四大类：公库融资、年金住宅融资、财产形成住宅融资和自治体融资，其中年金住宅融资已于2005年1月废止；住宅金融公库也从2007年4月1日起改名为住宅金融支援机构，性质发生了变化。

（2）民间贷款

近年来，随着日本房地产金融政策的调整，政府对民间贷款的重视程度和扶持力度都有所加强。同时，由于民间贷款本身的灵活多样性和贷款条件相对于官方融资的优惠，民间贷款的发展极为迅速。日本的民间住房贷款根据贷款主体的不同可以分为以下几种：① Flat35贷款；② 银行贷款；③ 信用金库、信用组合贷款；④ 劳动金库、农协系统贷款；⑤ No Bank系统贷款。

8.6.2 住房税制

（1）购买住房的课税

购买住房时的课税有以下几类：

① 不动产取得税（都道府县税）：获得土地或建筑物时的税金，根据固定资产税的评价金额进行计算，为不动产价格的4/100。

② 消费税、地方消费税（国税、都道府县税）：取得住房的价格上进行5/100的课税，其中地方消费税为1/100，取得土地时不进行征税，租赁住房的租金不征税。

③ 登录证明税（国税）：土地、建筑物的表示登记、保存登记、买卖时发生所有权转移登记的税金，根据固定资产税评价金额进行计算。若使用了住房贷款，就必须进行抵押权设定登记，在法务局登记时交付。所有权保存登记为不动产价格的4/1 000，所有权转移登记为20/1 000，抵押权设定登记为4/1 000。

④ 印花税（国税）：工事的合同书等上粘贴的印花税，根据合同金额的不同缴纳不同的税金。

⑤ 赠予税、继承税（国税）：赠予及继承时发生的税费。

（2）持有住房的课税

持有住房的课税有以下几类：

① 固定资产税（市町村税）：市町村对土地、建筑物的固定资产税评价金额进行征税，为固定资产评估额的1.4/1 000，每年的1月1日，由房屋的所有者交付。

②都市规划税（市町村税）：用于都市规划事业，对市街化区域内的土地、建筑物进行的课税，与固定资产税同时交付，为固定资产评估额的0.3/1 000。

(3) 卖出住房的课税

转让所得税：卖出土地、建筑物时，对其获得的利益进行征税，若是自己居住用的住宅可以对不超过3 000万日元的转让利益免除征税。

8.6.3 住房保险

日本的一半家庭都加入了火灾保险，火灾保险不是强制性的保险，但是与住房贷款组合在一起的火灾保险，是许多贷款的前提条件。火灾保险不能对因地震造成的住房损坏进行赔偿，为此还需要加入地震保险，地震保险常与火灾保险组合，加入火灾保险的家庭中有35%左右也同时加入了地震保险，但地域差别很大，地震危机意识高的区域，加入地震保险家庭的比率也较高。

8.7 住房的可持续发展

8.7.1 住房领域的环境对策

(1) 实施《节能法》

1979年日本颁布《节能法》（能源使用合理化法律），以后又对该法进行了两次修改（1998年和2005年）。

2005年进行了第二次修改，其主要内容是：① 统一了工厂企业能源管理标准；② 运输部门也引入节能对策；③ 贯彻实行建筑物的节能对策，提高消费者节能意识，投身节能行动。

近年来原油等能源价格的上涨给人民生活造成极大的影响。再加上温室效应的加剧，要求加强防治温室效应政策，进一步推进节能的呼声不断加强。因此，需要对《节能法》进行修改，这次节能的重点由过去的产业部门转向了能源消费量不断增加的办公室、商店和家庭。

《节能法》提出两点措施作为业主的"努力义务"（自觉实行，不强制）来实行：

·防止建筑物外墙、窗户等的热损失（绝热）；

·提高建筑物的空调和设备的效率。

但是，若建筑物达到一定规模（2 000m^2以上新建、增建、大规模修缮住房等），就有义务向所属行政厅报告节能措施。行政厅可以对不合格的节能措施提出警告，如不服从，可将其不当行为进行公示（不作处罚）。

住房的节能基准主要由下面两个文件组成：

①《所有者的判断基准》

②《设计施工指南》。

《所有者的判断基准》是性能型的基准，通过冷暖气负荷、热损失系数、相当间隙面积、采光系数等来表示住房节能措施的基准。而《设计施工指南》则是标准型的基准。它具体规定了住房的哪些部分需要采用保温结构、保温材料和开口部的措施以及施工时要注意的地方。

日本将节能基准的水准与其他国家的进行了对比，认为1992年的节能基准虽然与欧美国家的基准存在一定的差距，但是现行的新节能基准基本与欧美国家达到同一水平。

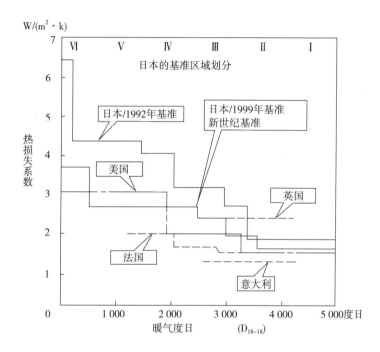

图8-14　日本建筑节能标准的国别比较

（2）实施《建设再利用法》

为促进建筑材料的正确使用和资源再利用，2000年颁布了《建设再利用法》(《建设工程材料资源再资源化法律》)，并于2002年全面实施。

该法的主要内容是：①对于一定规模的建筑物，施工者必须将建筑材料分类拆卸。然后对分类好的特定的废弃物，进行资源再利用处理；②发包者必须事先向都道府县知事提出工程的分类拆卸方案。另外，施工者必须在完成建筑材料再资源化之后，以书面形式向发包者报告并妥善保存好记录；③拆卸施工者必须事先得到都道府县知事的认可。另外，拆卸施工者必须任命工程的技术管理人。

《建设再利用法》的适用范围是，建筑物的拆卸工程：建筑面积合计80m²以上；建筑物的新建、增建工程：建筑面积合计500m²以上；建筑物的维修工程（改修等）：工程承包金额1亿日元以上；建筑物以外的拆卸工程、新建工程等（土木工程等）：工程承包金额500万日元以上。

《建设再利用法》还规定，对资源再利用的特定建筑材料（混凝土、木材、沥青混凝土等）必须进行分类。

8.7.2 建筑物综合环境效率评价体系（CASBEE）

日本的建筑物综合环境效率评价体系（Comprehensive Assessment System for Building Environmental Efficiency）是由日本政府、企业、学者组成的联合科研团队于2002年推出的。CASBEE 的评价对象包括新建建筑、既有建筑、短期使用建筑、改造建筑和热岛现象对策等，可以对建筑物的环境性能进行评价进而提出环境整治的建议。CASBEE不仅可以用来指导设计师的设计过程，还可以用于确定建筑物的环境标签等级，为能源服务公司和建筑更新改造活动提供咨询，指导建筑行政管理等方面。

8.7.3 延长住房使用寿命

日本自认为本国住房是短命的。20世纪60、70年代所建的住房大量拆除重建。究其原因，与战后大规模兴建，建筑材料缺乏有一定关系，也与热衷于"木文化"的日本人有喜欢拆旧盖新的意向有关。与住房寿命较短相对应，新建住房量较为庞大，从而造成社会资源的极大浪费。因此，日本提出了一个住房平均寿命指标，即用住房现有套数除以每年新建套数。经计算，日本的住房平均寿命仅为40多，而英国为120多。

为了延长住房的使用寿命，日本提出了S1住房（骨架+填充体住房）、百年住房体系（CHS）和200年住宅构想。

"200年住宅构想"并不是单纯地建设耐用型住房的硬技术。除了建立包括有利于超长期维护管理在内的建设系统以外，同时还需建立切实可行的维护管理系统、对既有住房的正确评价方法和使其在市场上顺畅流通的系统、适合200年住房的金融系统、适合200年住房的包括社会基础设施和街区在内的整顿等。由此可见，它是由几个系统集成的一元化系统。

对于200年住房的意义可归纳为以下几点：

① 减轻住房建设、购入、维护管理的国民负担。

② 减少产业废弃物和二氧化碳的排放量。

③ 纠正过于偏重土地的不恰当的国家财政结构。

200年住房的具体要素如下：

① 把结构（Skeleton）与室内装修和设备（Infill）分离，在确保结构的耐久性和抗震性的同时，提高室内装修和设备的可变性。

② 确保易于进行维护管理。

③ 具有能够沿用到下一世代的品质（节能性能、无障碍性能等）。

④ 实行有计划性的维护管理（检查、修理、更换等）。

⑤ 考虑与周边街区的协调性。

8.7.4 住宅产业工业化

（1）部件化

在住宅产业工业化方面，特别值得重视的是日本"部件化"的发展。

日本于20世纪60年代中期将发展"部件化"作为发展住宅产业工业化的一个重要组成部分，有意识地加以扶植和发展，从而使产业工业化水平得到明显地提高。

所谓"部件化"，就是大力发展主体结构构件以外的通用部件。从用户角度看，通用部件是"具有一定功能、在社会范围内实行标准化（尺寸、性能等）、由两家以上厂家生产、具有互换性并可任意选用的产品"，从厂家角度看，它是"以非特定用户为对象，按估算量进行生产，并可不断向市场提供的符合标准要求的产品"，从设计角度看，它是"不限于特定类型建筑物，只要功能符合要求便可选用的目录化产品"。日本认为，发展通用部件是在满足建筑部件工业化生产的条件下求得住宅建筑多样化的一条途径。

1959年，在日本住宅公团的大量订货保证下，几家厂商根据公团提出的规格开发出了模压成型的不锈钢厨房水池，虽然该水池开始仅是公团内的专用部件，但由于质量稳定，价格低于原来的水磨石水池，而逐步成为几乎所有住宅建筑都采用的全国通用部件。以不锈钢水池部件为起点，门扇、厨房排风扇、信箱、浴缸等系列化部件（简称KJ部件）相继问世。以后，部件化的发展经历了KJ部件、BL部件、部件集成化和多功能化与智能化几个阶段的发展，使部件化成为日本住宅产业工业化不可缺少的一部分。

日本发展部件化主要抓了以下三个方面的工作：

① 标准化。主要指部件尺寸和功能标准，至于所用材料和生产工艺则可由厂家选定，从而保证生产的竞争环境、部件的多样化和互换性。

② 建立质量认证制度。日本主要抓三个环节：一是保证第三方认证机构的权威性和非营利性；二是企业要有完善的质量保证体系；三是认证合格产品必须贴以标签。

③ 实行保险制度。当产品出现质量问题时，用户可向厂方索赔，保护用户利益。

（2）工业化住宅

工业化住宅是全部或大部分在工厂生产，然后到现场组装的独户住宅。在日本亦称为预制组装住宅。它的结构种类有钢结构、木结构、钢筋混凝土结构等多种。从图8-15可见，工业化住宅占全部住宅建设户数的15%左右。全部住宅建设户数的半数左右是集合住宅。如果仅从独户住宅来看，工业化住宅所占的比例达三成以上。从结构种类上看，钢结构住宅的六成以上实现了工业化生产。

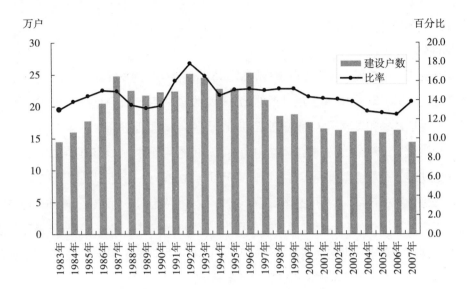

图8-15　日本工业化住宅的建设户数与所占比例

（3）建筑结构体系

日本针对集合住宅，先后开发了W-PC结构（装配式大板结构）、WR-PC结构（装配式大板框架结构）、框架结构（H-PC H型钢预制结构）、R-PC钢筋混凝土预制结构、复合结构（PC施工法与现浇施工法相结合）等。但与部件相比，主体结构构件的通用化尚有待解决许多复杂的技术问题。

8.7.5　高龄社会的住房政策

① 制定确保高龄者居住安定的相关法律。为了应对高龄社会的急速发展，实现高龄者可以安心生活的居住环境，2001年制定了《确保高龄者居住安定的相关法律》。2009年修订了该法律，为了有效利用民间的活力及既存住房，促进面向高龄者住房的供给，对不拒绝高龄者入住的住房信息进行广泛地收集，并形成制度，在各都道府县制定确保高龄者安定居住的政策。

② 制定高龄者住房的设计方针。根据确保高龄者居住安定的相关法律的规定制定了确保高龄者安定居住的基本方针，随着年事渐高身体机能的下降，为了使高龄者还能继续居住在原有的住房内，制定了高龄者住房的设计方针。根据该方针，除了需要考虑一般住房设计上的事项外，还要基于社会状况的变化及技术的进步能及时做出调整。

③ 实施高龄者住房置换支援制度。家庭人员不多的高龄者家庭居住在规模较大的住房内，而抚育小孩、家庭成员较多的家庭却居住在规模较小的住房内，这是住房市场的资源错配。因此，高龄者家庭（本制度指50岁以上）可将自有住房租赁给抚育小孩的家庭，将住房置换为适合高龄者居住的住房。

主要参考文献

[1] 日本国土交通省：http://www.mlit.go.jp．

[2] 财团法人共同住宅管理中心：http://www.mankan.or.jp．

[3] 社団法人 日本住宅协会：http://www.jh-a.or.jp．

[4] 公益财团法人日本赁贷住宅管理协会：http://www.jpm.jp．

[5] 政府統計の総合窓口：http://www.e-stat.go.jp．

[6] 地方公共団体におけるリフォーム支援策に関する調査結果．

[7] 日本总务省统计局：http://www.stat.go.jp/data/nihon/index.htm．

[8] 日本总务省统计局：日本的统计 2014．

[9] 日本总务省统计局：平成20年住宅・土地统计调查结果．

[10] 日本总务省统计局：平成24年家计调查．

[11] 日本国土交通省 住宅局：平成20年 住生活综合调查结果．

[12] 日本国土交通省 住宅局：平成24年度 住宅市场动向调查报告书．

[13] 日本国土交通省 住宅局：平成21年度 空家实态调查报告书．

[14] 日本国土交通省：平成25年度 住宅着工统计．

[15] 内阁府：国民经济计算年报．

[16] 日本国土交通省 住宅局：公的赁贷住宅等をめぐる现状と课题について、平成18年6月29日．

[17] 国土交通省総合政策局情報政策課建設統計室：「建築統計年報」．

[18] 一般财团法人日本建筑中心：A Quick Look at Housing in Japan．

[19] 住宅Eco point：http://jutaku.eco-points.jp/．

[20] 八木寿明：転换期にある住宅政策――セーフティ・ネットとしての公営住宅を中心として．

[21] 小见康夫等・日本住宅建设与产业化[M]．北京：中国建筑工业出版社，2009．

[22] 亚太建设科技信息研究院・国外住宅建设及其产业化对策研究，2005（5）．

9 新加坡

GDP：2765.15亿美元（2012年）

人均GDP：52074美元（2012年）

国土面积：699km^2

人　　口：531万人（2012年）

人口密度：7596人／km^2

城市化率：100%（2012年）

9.1 住房基本情况

9.1.1 住房类型

新加坡的住房从总体上可分为两大类，即私人房屋和公共住房。

私人房屋是由私人房地产商投资兴建的按市场价格销售的高级房屋，其数量很少，其类型有：

① 有地产业（Landed Properties），指有私有花园、车库的私人房产。外国人和新加坡永久居民不可以买，年限分99年、999年、永久（freehold）等。

② 私人公寓（Private Apartments）：年限分99年、999年和永久（freehold）。共分为四类：共管式公寓（Condominium），一般有泳池、网球场等健身设施；公用土地和其他设施排屋（Town house）；楼顶房屋（Penthouse）（有屋顶花园）；一般公寓（Apartment）。

私人公寓面积从不到50m^{2}到几百平方米都有。套型从单间，1、2、3和4卧室到顶楼双层豪宅。这类公寓外国人可购买，没有限制，公寓居民分享公寓设施，譬如俱乐部、操场、健身房、游泳池、网球场和烧烤台，一般使用设施都无须付费。多数公寓有24小时安全监视和对讲机装置。

新加坡的公共住房是指由政府投资建设并实行有偿提供，价格由政府统一规定，一般以低于市场价出售或出租给中、低收入者的公屋，是新加坡最主要的住宅类型，年限99年。

公共住房类型有：

① HDB（建屋发展局）组屋（HDB flats）；

② 珍宝型组屋（Jumbo flat）：4室2厅4卫；

③ 执行跃层复式组屋（Executive maisonette）：3+1室2厅3卫；

④ 执行共管公寓（Executive condominium）：3+1室2厅3卫，一般有泳池，网球场等健身设施；

⑤ 执行公寓（Executive apartment）：3+1室2厅3卫；

⑥ 中等入息组屋（HUDC flats）：3+1室2厅3卫；

⑦ 私人发展商在设计、兴建和销售计划（Design，Build and Sell Scheme，简称DBSS）下带资承包建造的私人组屋；

⑧ 乐龄公寓（Studio Apartment）：超过55岁的老年人租住30年，不能出售，户型同HDB二房。

中等入息组屋、执行共管公寓（Executive Condominiums）仍是组屋，但兼具私人住宅的某些特点，功能更加合理，配套设施更加齐全，售价要比普通组屋高出1~2倍。

执行共管公寓（Executive Condominiums）1995年首次推出，是组屋与私宅混合的产物，主要针对的是那些无法负担私人共管公寓的"夹心层"家庭。执行共管公寓申请者每月家庭收入顶限1万元，需组成家庭核心，而且只限于新加坡人购买。屋主必须住满五年方能出售，住满10年后完全私营化，才可把屋子卖给外国人。

中等入息组屋既不是私有房产也不是需要严格申请资格的政府组屋。20世纪70年代政府开始建造中等入息组屋，是政府为满足收入比较高，但是又无经济能力购买私人商品房公寓而特别开发的一种楼盘，同建屋局的HDB组屋一样也有99年的地契权，中等入息组屋居住面积大，设有大门，提供住户更多的隐私和独立性。中等入息组屋项目在1987年暂且搁置了。1995年，新加坡政府宣布中等入息组屋的私有化。私有化的受益者当然是房屋居住者。他们能很好地管理自己的房产，而且可以根据自己的需要建造公寓式的设施，如游泳池和其他健身设施等。

为满足不同人口、不同收入家庭的住房需求，新加坡政府为中、低收入家庭设计和建造了不同类型的组屋，供家庭选择。标准HDB组屋类型包括一房式（33 m^2）、二房式（一室一厅，45 m^2）、三房式（二室一厅，60 m^2）、四房式（三室一厅，90 m^2）、五房式（四室一厅，110 m^2）和公寓式（130 m^2）。公共住房大多为中层或高层住房。

9.1.2　每套住房人口平均数和各类住房人口百分比

表9-1显示，2012年，1~2房建屋发展局住户的居住人数为2.36，5房户和执行公寓（Executive Flats）的居住人数最高，为3.98人。共管式公寓（Condominiums）和私人组屋（Private Flats）平均每户3.48人。

新加坡不同住房类型每户人数（单位：人）　　　　　　　表9-1

年份	全部	公共住房				私人住房	
		HDB 1~2房	HDB 3房	HDB 4房	HDB5房 执行公寓	共管式公寓 私人组屋	有地 产业
2000	3.70	2.20	3.11	3.95	4.13	3.67	4.65
2001	3.61	2.19	3.01	3.87	3.97	3.58	4.33
2002	3.55	2.07	2.93	3.75	3.96	3.48	4.19
2003	3.52	1.96	2.85	3.75	3.96	3.45	4.30
2004	3.52	2.04	2.81	3.73	3.93	3.56	4.33
2005	3.56	2.04	2.80	3.76	4.00	3.52	4.54
2006	3.46	2.00	2.77	3.69	3.93	3.33	4.22
2007	3.48	2.01	2.76	3.65	3.93	3.44	4.22
2008	3.50	2.09	2.77	3.66	3.93	3.46	4.32
2009	3.49	2.12	2.77	3.66	3.93	3.45	4.28
2010	3.50	2.11	2.78	3.66	3.96	3.41	4.39
2011	3.51	2.24	2.77	3.65	3.99	3.43	4.38
2012	3.53	2.36	2.79	3.63	3.98	3.48	4.35

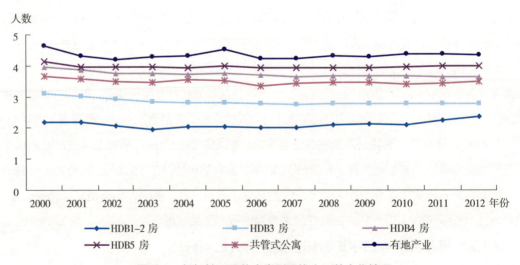

图9-1　新加坡不同住房类型平均人口数变化情况

在新加坡的不同的HDB组屋与其他类型住房里居住的人口百分比也不尽相同，从表9-2与图9-2可以看出，HDB4房的居住人口百分比是最大的，而HDB1房和2房与有地产业的居住人口百分比则都比较少。

新加坡各种房屋居住人口百分比（单位：%）　　　　表9-2

年份	合计	HDB组屋					执行共管公寓和私人住宅	有地产业
		HDB合计	1房和2房	3房	4房	5房和执行公寓		
2000	100	87.7	5	25.8	33.1	23.5	6.3	5.1
2001	100	86.3	4.5	25	32.3	24.2	6.5	6.1
2002	100	85.6	4.3	23.4	32.8	24.8	6.8	6.6
2003	100	84.5	4.5	22.8	32.2	24.7	8	6.7
2004	100	83.7	4.1	22.4	31.5	25.4	9.8	5.6
2005	100	84.4	4.3	20.7	32.5	26.6	9.7	5.4
2006	100	82.9	4.4	21.8	31.7	24.8	10.5	5.7
2007	100	83.1	4.2	20.6	32.1	26.1	10.9	5.4
2008	100	82.7	3.9	20.4	32	26.2	10.8	5.7
2009	100	83.5	4.4	20.2	32	26.6	10.4	5.5
2010	100	82.4	4.6	20	31.9	25.6	11.2	5.7
2011	100	82.6	4.6	20.4	32.1	25.5	11	5.8
2012	100	81.6	4.7	18.6	32.6	25.5	12.1	6.0

图9-2　新加坡各种房屋居住人口百分比对照

9.1.3 住房存量

图9-2、图9-3为新加坡人口数、HDB组屋人口数和HDB组屋人口数占新加坡人口数的百分比。表9-3为1994~2013年不同类型公共住房总存量。截至2013年3月，新加坡82%的人口居住在924 729套国家提供的公共住房里，其中约79%的人已购下所住房屋。

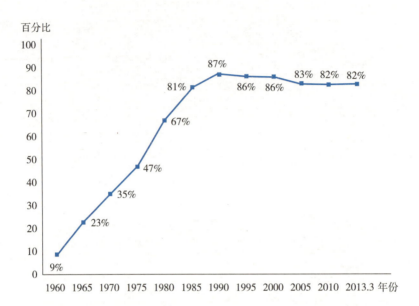

图9-3　新加坡居住在HDB组屋人口数占新加坡人口数的百分比

新加坡公共住房总存量（单位：套）　　　　　　　表9-3

年份	HDB组屋					执行公寓	乐龄公寓	HUDC	总和
	1房	2房	3房	4房	5房				
1994	27 446	36 644	244 280	217 589	92 437	37 356	0	5 411	661 163
1995	26 457	36 055	241 772	226 351	102 874	41 996	0	5 411	680 916
1996	25 926	35 067	240 851	240 137	113 876	44 596	0	5 271	705 724
1997	25 562	34 803	239 741	254 638	128 020	48 777	0	4 791	736 330
1998	25 197	34 539	238 630	269 138	142 164	52 958	0	4 311	766 936
1999	24 833	34 275	237 520	283 639	156 308	57 138	0	3 830	797 542
2000	24 468	34 011	236 409	298 139	170 452	61 319	0	3 350	828 148
2001	23 293	33 401	234 630	307 078	183 984	63 677	351	3 008	849 422
2002	21 274	30 661	232 234	315 381	195 506	64 501	936	2 425	862 918
2003	20 457	30 567	229 226	319 428	201 152	65 143	936	1 865	868 774
2004	20 321	29 495	228 463	324 642	205 010	65 155	936	1 865	875 887

续表

年份	HDB组屋					执行公寓	乐龄公寓	HUDC	总和
	1房	2房	3房	4房	5房				
2005	20 141	29 351	227 113	327 701	207 299	65 160	936	1 865	879 566
2006	20 144	29 183	223 409	330 416	207 879	65 153	1 043	1 865	879 092
2007	20 145	28 712	222 098	331 787	207 975	65 150	1 081	1 865	878 813
2008	20 309	29 546	221 996	336 712	208 403	65 070	1 239	1 865	885 140
2009	19 652	29 431	220 545	337 020	209 069	65 075	1 239	1 865	883 896
2010	21 217	30 210	220 770	340 069	209 765	65 077	1 239	1 865	890 212
2011	22 087	31 077	222 095	346 938	211 034	65 075	1 800	1 865	901 971
2012	24 559	32 917	222 242	354 942	213 321	65 076	2 250	1 535	916 842
2013	25 384	34 716	222 704	357 940	214 798	65 078	2 932	1 177	924 729

注：1994~2013年，统计时间为每年3月31日。

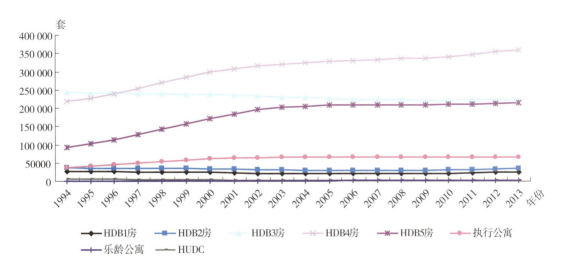

图9-4 公共住房总存量（1994~2012年）

9.2 住房建设

9.2.1 住房建设量

表9-4为1986~2012年新加坡住房建设量及需求量情况。从2004~2009年的居住房屋建设量则比较低，从2012年起，情况则有所好转，2012年新加坡居住房屋建设量上升至32 689套。

新加坡住房建设量及需求量（单位：套） 表9-4

年份	总量	公共住房建设量	商业开发量	居住需求量	租住需求量
1986	38 896	38 097	799		
1987	29 203	29 008	195		
1988	27 517	27 071	446		
1989	11 979	11 793	186		
1990	13 805	13 739	66		
1991	10 562	10 452	110	50 417	9 327
1992	18 623	18 482	141	40 973	9 261
1993	17 900	17 888	12	76 759	7 281
1994	26 043	25 987	56	77 941	6 893
1995	26 429	26 185	244	62 364	6 438
1996	27 603	27 484	119	67 346	7 428
1997	31 418	31 312	106	24 836	5 718
1998	36 632	36 609	23	7 160	5 546
1999	35 081	34 836	245	14 360	5 302
2000	27 887	27 678	209	12 711	3 973
2001	23 950	23 913	37	9 396	3 948
2002	10 211	10 141	70	13 846	4 318
2003	10 145	10 082	63	11 004	4 493
2004	5 488	5 326	162	7 347	5 138
2005	5 721	5 673	48	7 884	5 071
2006	2 752	2 733	19	8 455	5 643
2007	5 111	5 063	48	12 449	5 970
2008	3 183	3 154	29	9 870	3 695
2009	5 220	5 208	12	13 200	2 681
2010	11 877*	13 777	26	11 280	3 362
2011	18 930*	19 945	59	33 140	4 918
2012	32 774	32 689	85	62 941	9 804

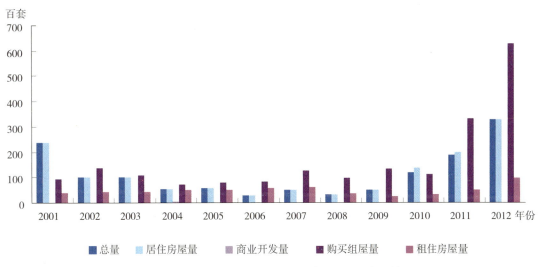

图9-5　新加坡2001～2012年住房建设量及需求量情况

9.2.2　住房平均面积

表9-5、图9-6为1970～2010年各类型公共住房平均面积。至1997年3月底，HDB4房、HDB5房、执行级组屋的建筑面积最大，分别为98 m^2、125 m^2、150 m^2。其后建筑面积逐渐减小，2013年3月底分别为96 m^2、118 m^2、145 m^2。HDB3房的建筑面积由1970年的55 m^2提高到2013年的68 m^2。HDB1房、HDB2房面积维持不变，分别为30 m^2、45 m^2。

新加坡公共住房平均面积　　　　　　表9-5

户型		1房	2房	3房	4房	5房	执行级	乐龄公寓	HUDC	总和
至1970年3月底	单元数	40 781	28 983	45 992	2 744	44	0			118 544
	百分数	34.40%	24.45%	38.80%	2.31%	0.04%	0.00%			100.00%
	平均面积（m^2）	30	45	55	85	115	145			44.67
至1980年3月底	单元数	69 846	46 049	152 903	49 059	16 587	0			334 444
	百分数	20.88%	13.77%	45.72%	14.67%	4.96%	0.00%			100.00%
	平均面积（m^2）	30	45	65	90	120	145			61.33
至1990年3月底	单元数	28 741	42 227	252 374	196 194	70 341	19 661			609 538
	百分数	4.72%	6.93%	41.40%	32.19%	11.54%	3.23%			100.00%
	平均面积（m^2）	30	45	65	95	120	150			80.71

续表

户型		1房	2房	3房	4房	5房	执行级	乐龄公寓	HUDC	总和
至1997年3月底	单元数	25 539	34 933	240 006	255 960	124 541	46 971			727 950
	百分数	3.51%	4.80%	32.97%	35.16%	17.11%	6.45%			100.00%
	平均面积（m²）	30	45	67	98	125	150			90.82
至2000年3月底	单元数	24 468	34 011	236 409	298 139	170 452	61 319	0	3 350	828 148
	百分数	2.95%	4.11%	28.55%	36.00%	20.58%	7.40%	0.00%	0.40%	100.00%
	平均面积（m²）	30	45	67	98	123	148	40	160	94.06
至2005年3月底	单元数	20 141	29 351	227 113	327 701	207 299	65 160	936	1 865	879 566
	百分数	2.29%	3.34%	25.82%	37.26%	23.57%	7.41%	0.11%	0.21%	100.00%
	平均面积（m²）	30	45	68	97	119	146	40	160	95.13
至2010年3月底	单元数	21 217	30 210	220 770	340 069	209 765	65 077	1 239	1 865	890 212
	百分数	2.38%	3.39%	24.80%	38.20%	23.56%	7.31%	0.14%	0.21%	100.00%
	平均面积（m²）	30	45	68	96	118	146	40	160	94.65
至2013年3月底	单元数	25 384	34 716	222 704	357 940	214 798	65 078	2 932	1 177	924 729
	百分数	2.75	3.75	24.08	38.71	23.23	7.04	0.32	0.13	100
	平均面积（m²）	30	45	68	96	118	145	40	160	93.99

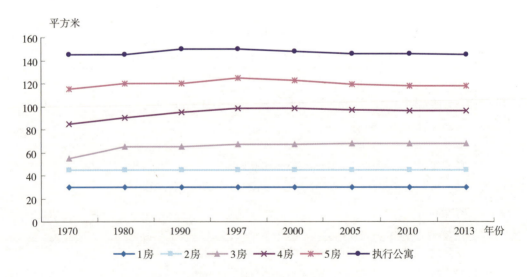

图9-6 公共住房平均面积

9.3 住房发展管理体制

国家发展部是新加坡政府14个政府部门中负责城市规划、市区建设、公共工程和城市其他建设的主管部门,其主要职责是:① 规划全国土地使用和发展,优化使用有限的土地资源;② 规划并提供足够的公屋;③ 建设并维护城市基本设施。如道路、学校、公共建筑、公园以及其他娱乐设施;④ 在城市的快速发展与传统的建筑特点上寻求合理的平衡;⑤ 对房屋发展商、设计师、工程师进行管理,以保证房屋建设不违背国家政策;⑥ 大力支持工程质量优先、有竞争力的建筑企业,以适应经济发展需要;⑦ 动物的卫生管理,以保证新加坡新鲜的食物供应;⑧ 保护自然环境。

发展部的城市重建局和建屋发展局是国家发展部的两个法定机构[①],分别负责规划和住房发展。

城市重建局是国家规划和旧屋保留的主管部门。在策划城市的发展未来,拟定长远的规划和详细的小区规划方面,该局扮演着重要的角色,起着协调和指导的作用,使城市规划得以实施。

建屋发展局是公共住房建设的法定机构,负责向新加坡居民提供高水准的住房,同时协助社区建设,其具体任务是:① 建造各种型式、档次、价格的住房;② 负责住房的修缮,提高旧房的使用年限;③ 配合制订和实施住房政策,加强调查研究,以应对客观条件的变化,并做出快速反应;④ 不断提高住房设计、建设及物业管理水平,推动小区建设发展。目前,建屋发展局已成为新加坡最大的住房发展商和物业管理者。

9.4 住房政策

9.4.1 基本政策与立法

(1) 居者有其屋计划

1964年,政府推出"居者有其屋计划(The Home Ownership for people)",旨在使公民购买HDB组屋获得长期资产。在2011年,该计划卖出了12 560套组屋。目前约79%的

---

① 法定机构(半官方机构)是新加坡经济管理系统中地位比较特殊的机构,是新加坡经济管理体制颇具特色的一环。所谓法定机构,是指由国会立法批准而设置(其撤销或合并也必须由国会批准)、担任特定职能的政府机构。法定机构是形式上隶属于但又相对独立于政府各部门的半官方专业管理部门,它通过部长向国会负责,它比政府部门享有更大的自主权和灵活性。这些机构在运作过程中一般不会遇到政府部门所经常面临的障碍,即僵硬的规章条例和缺乏灵活性。大部分法定机构均具有政府行政和公共企业(国有企业)的双重职能。在行使行政职能方面,法定机构和政府部门的分工是:政府各部门主要是制定长远规划、政策和日常事务,而法定机构则在法定的领域里负责具体计划的实施。

HDB组屋居民有其房屋的所有权。

(2) 中央公积金 (Central Provident Fund)

1994年十月,为了加强家庭之间的联系,HDB实施了中央公积金住房(CFP Housing Grant Scheme)资助计划,对于那些在相同城镇、社区或者其父母组屋2公里范围内购首套二手房的新家庭给予住房资助。在1995年实施了双重资助体系,那些在他们父母附近购首套二手房或者购二手房与其父母一起居住的新家庭将会获得比较高的住房资助;新家庭购买任何首套二手房都会得到一些低的住房资助。在1995年10月此计划的范围增加了购买执行共管公寓(Executive Condominiums),在1998年6月增加了对单个公民购买二手房的资助,在2008年4月,引入了单身公民购买二手房与其父母居住的高资助计划。

为了能为更多的居民家庭提供额外的能负担得起的住房选择,2011年8月资助组屋(例如成熟社区3房新组屋,4房以及更大的组屋和CPF资助的二手房)购买者的每月收入上限从8 000美元提高到10 000美元。购买执行共管公寓的月收入上限也从10 000美元提高到了12 000美元,符合条件的首套房居民可以申请的CPF资助也升到了30 000美元。对于老人购买的一室公寓(乐龄公寓),月收入上限也从8 000美元提高到10 000美元。

单身公民购买二手房可以得到更多的帮助,对于单身公民来讲,在新加坡单身公民计划(SSC)和CPF住房资助与HDB优惠住房贷款共同帮助下,购买一套达到5房大小的二手房,月收入上限从3 000美元提高到5 000美元。另外,CPF住房资助也从11 000美元提高到15 000美元。在联单计划(Joint Single Scheme, JSS)下,对于购买二手房的单身公民或者与其父母一起购买二手房的公民来讲,他们会得到更高的单身资助,月收入上限从8 000美元提高到10 000美元。

HDB分别在2006年7月和2004年8月,在订单建造制度(the Build-To-Order)下开始提供新2房和3房小型的组屋,这样的组屋如建在非成熟社区,分别提供给家庭月收入低于2 000美元和5 000美元的申请者。

建屋发展局2006年推出额外公积金房屋津贴(Additional CPF Housing Grant),让首次购买组屋的中下收入阶层获得援助,减轻购屋负担。

通过额外公积金房屋津贴(AHG)低收入家庭可以得到额外的援助,此计划在2007年8月份得到增强,在2009年2月对中下收入家庭提供较大的援助。目前,每月收入少于5 000美元的新购房家庭购买新房或者二手房都会得到5 000美元到40 000美元的AHG住房津贴。

2011年2月,建屋发展局为月收入低于2 250美元的家庭设立了特别公积金购屋津贴(Special CPF Housing Grant,简称SHG),以帮助他们购买首套组屋。此津贴高于普通住房补贴和额外公积金房屋津贴。补助金额从5 000美元到20 000美元,用来从HDB购买非成熟社区的标准的2房或3房组屋。

申请额外公积金房屋津贴和特别公积金购屋津贴，必须满足在新加坡连续工作12个月。因为购房是一个长期的经济负担，因此要求确保申请者有工作并且有偿还房贷的能力。

（3）房地产重建策略

为了减少新城镇与老社区之间的差距，自1995年9月开始实施房地产重建策略。其举措包括"主体升级计划（Main Upgrading Programme, MUP）"，"电梯升级计划（Lift Upgrading Programme, LUP）"，"室内升级计划（Interim Upgrading Programme, IUP）"，"选择性全部重建计划（Selective En bloc Redevelopment Programme, SERS）"，"家居改进计划（Home Improvement Programme, HIP）"，"邻区更新计划（Neighbourhood Renewal Programme, NRP）"。

"主体升级计划"实施于组屋、公寓楼和管理区。2011年末，所有的主体升级计划完成。

"电梯升级计划"从2001年3月开始，建设每层都可以停靠的电梯，确保居民可以方便快捷地到家。2011年年末，428个管理区开始建设，并且191个管理区建设完成，预计到2014年可以全部建设完成。

自2002年5月起，"室内升级计划"结合"电梯升级计划"（IUP+计划）开始实施。旨在加快升级，在2011年年末，所有的84个管理区都已完成。

"选择性全部重建计划（SERS）"于1995年8月开始对已售组屋整体重建以优化土地利用。参与此计划的组屋承租者可以在附近租一套新的组屋，租期为99年。因此，"选择性全部重建计划（SERS）"使得旧屋居民搬进新的更好的组屋，并不改变他们的邻居，这样保留了过去建立的社区关系。这样也会吸引一些年轻的家庭住进这些成熟社区。符合条件的SERS组屋住户，政府还会按市场价对其旧组屋进行评估并补偿。到2013年底，有78个地段获选重建，造福了35 800户家庭。

2005年3月开始实施"设计、建设、出售一体化计划（DBSS）"。该计划允许私营企业承担公共住房从土地招标、建筑设计到组屋出售整个开发过程，不仅保留了公共住房的性质又确保了建筑的质量和安全。2011年末，13块（26公顷）"设计、建设、出售一体化计划（DBSS）"场地已经售出。

"家居改进计划"（Home Improvement Programme，简称HIP）2007年实施，系统而全面地帮助承租人解决相同地址，在1986年或之前兴建完成但还没有进行主要翻新计划的组屋的共同维护问题，分基本改进配套和选择性改进配套两部分。基本配套包括维修剥落的洋灰及结构性裂缝、更换排污管和竹竿撑管或安装晾衣架，以及提升电流供应系统，费用全由政府资助。选择性改进配套包括翻新厕所，更换大门、铁门和垃圾槽拉门。如果承租人自己已经对房屋做了些基本的改善，他们可以灵活地选择不参与修缮计划或者只支付自己想要的修缮。每座组屋的翻新费用约27 000元，但高达95%的费用将由政府承担，居民届时只需支付700~800元的费用。在2011年末，60个管理区申请了"家庭改善计划"，32个已经被考察。在被考察的管理区中有10个已经完成了修复，其他22个已经着手修复。

2007年推出的邻区更新计划，通过在老组屋区增设有顶棚走道、健身等设施，提升组屋区整体硬件，改善居民生活环境。建于1989年或更早时期，不曾进行主要翻新计划、中期翻新计划和中期翻新延伸计划的组屋才有资格入选邻区更新计划。邻区更新计划的所有费用由政府承担，目前每个组屋单位的预算顶限为3 400元。在2011年末，59个工程申请"邻区更新计划"，其中38个已经开始公共磋商，其中18个已经通过了磋商。另外，4个工程的建设已经完成。

2007年，新加坡结合"家居改善计划"和"邻区更新计划"推出了"中心改造计划"（ROH）。"中心改造"旨在为新加坡人将HDB城镇改造为独特且优质的家园，榜鹅、义顺和道森属于第一批ROH城镇。

（4）基本立法

① 住房发展法（Housing and Development Act）。新加坡政府自20世纪60年代公布并实施了《新加坡建屋与发展令》，明确了政府发展住房的目标、方针、政策，确立专门法定机构行使政府组屋建设、分配和管理职能，同时政府还颁布了许多相关条例，如建屋发展局法、特别物产法等，通过立法确定解决居民住房问题的大政方针，为"居者有其屋"目标的实现提供了法律保障。

② 土地征用法（Land Acquisition Act）。1966年，政府颁布了《土地征用法令》，规定政府有权征用私人土地用于国家建设，可在任何地方征用土地建造公共组屋；政府有权调整被征用土地的价格，价格规定后，任何人不得随意抬价，也不受市场影响。

③ 中央公积金法（Central Provident Fund Act）。国家制定了《中央公积金法》，以保护公积金会员的合法权益，规范管理公积金储蓄的使用。这种从制度上规定人民支持组屋的政策，是目前组屋能稳定发展的重要因素。公积金制度使政府积累了大量的住房建设资金，因此使居民的住房总是能在较短的时间内得到解决。

9.4.2 公共住房建设政策

（1）规划政策

根据人多地少的国情特点，在城市住房建设的整体规划上，新加坡建屋发展局始终坚持"避开大道，直取两厢"的建设方针，选择城市边缘地带，避开住房密集的市中心区。这种规划有利于居民疏散，且拆迁量少，地价便宜，从而大大降低组屋建设成本。只有在市区人口减少到一定程度、新区住房充足的情况下，建屋局才会考虑集中力量进行旧城改造。

新加坡的土地资源极其有限。政府在积极地进行填海工程"向大海要地"的同时，也十分重视提高土地的利用效率。有三方面的发展趋势对居住密度有较大的影响。首先是未来长远的社会、经济和人口结构的变化与发展；其次是对较大面积单元需求的日益增大；最后是新市镇建设中非居住用地在居住区用地中所占比例逐渐增大的趋势。

组屋区的规划采取了"高层高密度"的方针。通过对1960～1985年各种居住因素的分析和回顾，HDB提出了200户/公顷的综合居住净密度，与之相应的新市镇居住毛密度为64户/公顷。组屋以高层住房为主，一般都是十几层的板式住房，少数为20多层。

组屋区规划有传统的"新镇、邻区、邻里"的三级结构和新型的"新镇、街坊（ESTATE）"两级结构。不同规模的居住区配套建设不同规模的福利设施。在建屋局进行土地开发后，由各职能部门负责建设，包括商业中心、银行、学校、图书馆、剧院、诊所等。采用公交导向型开发模式（Transit Oriented Developments）。新镇内部、各组屋小区与各级中心以及配套设施之间的联系目前以提供短程支线公共汽车为主的形式来解决。至于新镇与新镇之间以及新镇与市中心区之间通过地铁和干线公交系统来进行联系。

为了解决居民的就近就业问题，新镇内预留10%～20%的土地用于工业配套设施，一般位于新镇的边缘。主要设置一些无污染的小规模劳动密集型工业，如制衣、纺织和电子配件制造厂等。

组屋规划时还强调各类人群的混合居住，以提高社会的稳定性。具体做法包括：组屋内穿插建设私人物业，由于新镇的配套优于其他地区，对于新镇内的私人物业也是十分有利的条件；组屋内应提供多种类型的住房，以保证各种经济收入与各种年龄人群的需求。

（2）土地政策

新加坡的土地所有制度包括国有制和私有制两种形式，其中国有土地又可以分为国有土地和公有土地两种形式。国有土地的所有权属于国家，由政府部门土地管理局掌管，包括尚未开发利用的土地，如暂时闲置的土地、围海造地增加的土地等；公有土地的所有权虽然仍属于国家，由半官方法定机构，如建屋发展局、城市重建局、港湾局、民航局以及其他社会团体所掌管，一般是正在使用的土地。目前，国有土地约占53%，公有土地约占27%，私有土地仅占20%左右。

新加坡组屋建设用地的获取一部分来自于国家的直接转让，另一部分来自于从私人部门的强制征收。新加坡建屋发展局在《土地征用法》的授权下，拥有强制征地的权力，以确保新加坡公共住房建设能以远低于私人开发商购地价获取土地。由于所有的征地成本均由政府承担，大大降低了组屋的成本。组屋均为99年地契。

新加坡的土地征用价格由税务局首席评估师根据土地外围市场行情进行评估。如土地所有者不服其评估价格，可向上诉委员会上诉。委员会对价格有最终裁决权。对于有地契的所有者，政府按评估价补偿后，提供优先购买组屋的权利。对于占用土地但没有地契的所有者，政府赔偿建于土地上的资产，并提供一年的生活费以及优先购买组屋的权利。对最终裁决后还拒不执行的,申请法院强制执行。这样既有效保障了经济社会的用地需求,又实现了和谐征地。

新加坡土地出让收益纳入国家储备金,属于议会决定使用范围,不属现政府管辖与支配,这种安排使土地收益与政府预算脱钩,有效抑制了政府高价卖地冲动的弊病,避免了地方政府对土地财政的依赖,防止了地方政府的财政风险。

（3）财政政策

新加坡建屋发展局的资金来源主要包括：物业租赁、管理和服务收入；政府贷款；组屋出售收入。

政府贷款有三种：第一是抵押贷款（mortgage financing）贷款；第二是翻新融资（upgrading financing）贷款；第三是住房开发（housing development）贷款,其利率随浮动的中央公积金存款利率,比其高2个百分点,贷款偿还期为20年。至今,政府已经累计为建屋发展局提供了数额为159亿元的补助金。其次,政府还为建屋发展局提供担保,使它在金融市场发行公开债券,目前,建屋发展局已经发行了17笔5年到10年期债券,其利息从2.4%到5%。由于有政府的担保,建屋发展局发行债券的性质与国家债券差不多,受到较多投资者的青睐。

9.5 住房金融与税制

9.5.1 住房金融体系

创建于1955年的中央公积金制度是一项全面的强制储蓄制度,公积金按照雇员月工资一定比例缴纳,其中一部分由雇员缴纳,另一部分由雇主缴纳,公积金缴交率和分配率与年龄和收入有关。缴纳的公积金连同利息均属于会员名下,公积金局统一管理。随着缴费人年龄的增长,缴交的公积金款在三个户头中的分配比例会发生变化,存入保健储蓄户头的比例将逐渐提高。会员储蓄的公积金80%可用于日常生活费用,改善生活,主要是用于购买住房和支付保险费,12%用作医疗费用,6%用作退休养老等特殊费用。居民用公积金购买的公共住房价格低于市价,初次购买有贷款利率的优惠。

中央公积金局分别向住房建设和购买住房贷款,其中,住房建设融资包括：第一,购买国家投资局发行的债券,帮助政府建造组屋。第二,直接向住房建筑承包商提供贷款。用中央公积金储蓄购买住房,可以用来支付住房的全部或部分款额,也可以用来支付住房的月供。政府在居民购房时提供额外公积金津贴（3万~4万元）。从2006年7月1日起,已经使用中央公积金储蓄购买了一套住房（公共住房或私人住房）的家庭如果打算使用中央公积金储蓄购买另一套住房,则必须在普通账户和特殊账户里留存中央公积金最小额要求的存款数。

新加坡组屋计划之所以能够顺利推行，良性循环的中央公积金制度起到了十分关键的作用。一方面，中央公积金局将公积金归集起来后，除留足会员提款外，其余全部用于购买政府债券，政府以贷款和补贴等形式注入建屋发展局，从而使建屋发展局有能力大规模地进行公共住房建设。另一方面，中央公积金直接履行住房金融职能，即向建屋局发放公共住房建设贷款，同时向个人购房者提供住房公积金贷款。新加坡的中央公积金制度不仅解决了公共住房建设资金问题，而且解决了中低收入家庭购买力不足的问题。

9.5.2 税制

在新加坡政府的财政收入中，税收收入占80%以上，但新加坡仍是税率较低的国家之一，其房产税在新加坡政府税收体系中占的比重非常小。

新加坡房地产税法有《遗产税法》、《财产税法》、《印花税法》。税收政策注重促进社会公平和优化资源配置，有钱人多征，普通人少征，并且依据不同时期内国家的经济政策进行调整。2011年税制改革之后，凡是年产值低于6000新币的，免收房产税，体现了房产税制度更加倾向于弱势群体的政策意图。

新加坡的房产税主要归于财产税中，属一般财产税。由中央政府下属的税务署全权负责国内税务的征管，其内部机构设置比较精简，并严格区分纳税评估机构与稽查机构。税务署设有税收电脑中心，负责所有税收的征收以及资料的存储和查询，是一个非常完整、高效的系统。

房产税的征税对象主要是土地、房屋、公寓等不动产。政府组屋、公寓和私人洋房都必须缴纳房地产税，征税范围很宽泛。房产税每年征收一次，其计税依据是房屋的年产值，而房屋的年产值是由新加坡国内税务署按照房屋每年可赚取租金的净收入，即年租金减去物业管理、家具以及维修的费用得出的综合价值。房屋年租金也由国内税务署来做综合评估，参考年景好坏，房屋新旧程度、地段、是否有健身设施等因素。

而在税率上，新加坡采用的是比例税率，依据两种不同的用途，采用两种计算方式。自用房采用4%的低税率，其他用途的房屋则按照10%来征收，其中，自用居民、政府组屋居民、小户型居民还可以进一步享受一系列的优惠或折扣，因此，普通居民缴纳的税款是很少的。

通过房产税有效调节房地产市场。如果已经从HDB购买过组屋，或者享受过购房津贴，出售住房后，再次购买新HDB组屋时必须支付再售税（如果第二次购买的是乐龄公寓，私人组屋或者执行共管公寓，公开市场的二手组屋或者私人住宅都不收再售税）。如果以前在中央公积金计划下买过执行共管公寓，卖掉后购买新组屋将支付55 000新元的再售税。2006年3月前按固定额度征收，根据第一次购买的房型不同，收取15 000~50 000新元，现在改成按比例收取。对已购住房，自住的按出租的评估价收取4%的房产经营税，出租的按评估价的14%征收房产经营税。对外籍人士购房征收15%的契税。这样就避免了炒房现象。

9.6 住房可持续发展

9.6.1 绿色建筑

（1）新加坡绿色建筑标志（BCA Green Mark）

新加坡的绿色建筑主要指的是符合新加坡建设局（BCA）于2005年出台的"绿色建筑标志"评价体系，从能效、用水效率、环境保护、室内环境质量及其他绿色特性和创新五个方面对建筑物进行评级。评级标准分为4个等级：白金、黄金+、黄金及认证合格。

在推出绿色标志计划之后，新加坡建设局分别于2006年和2009年发布了第一个和第二个绿色建筑总体规划，推出了一系列政策鼓励绿色建筑的发展。第二个规划包含了新建建筑、现有建筑、基础设施、建筑群及其他，规划中提出以下6大策略（表9-6）。

发展绿色建筑的第二个总蓝图　　　　　　　　　　　表9-6

策略	三大领域（新建建筑，现有建筑，基础设施、建筑群及其他）
1	政府公共项目带头挑战"绿色建筑标志"更高水平
2	通过奖励机制，鼓励私人发展商开发更高能效、更高等级的绿色建筑
3	"绿色建筑标志"发展和绿色建筑技术进步的有机结合
4	通过培训扩大认知，提高建筑业整体水平
5	提高国内外知名度，维持市场需求
6	设定最低标准

"绿色建筑标志"认证是分阶段推进的。自2005年1月起，实行的是自愿认证。从2007年4月起，所有新建公共建筑，建筑面积在5 000m^{2}以上的，必须进行强制认证。在2008年，作为新加坡推动绿色建筑发展的重要手段和可靠保证，政府进一步完善《建筑控制法》，发布了《建筑控制（环境可持续性）条例》，要求新建建筑和进行重大改造的既有建筑至少达到规定的最低环境可持续性标准，即达到绿色标志认证合格等级，它表明所有新建建筑及部分既有建筑改造被纳入强制认证的范畴。2014年1月，新加坡将最低绿色标志标准延伸至所有进行改造的既有建筑。

（2）相关规范及标准

新建非居住建筑绿色标准（BCA Green Mark for Non-Residential New Buildings）（第4版），2010年12月1日施行；

新建居住建筑绿色标准（BCA Green Mark for New Residential New Buildings）（第

4版），2010年12月1日施行；

已建非居住建筑绿色标准（BCA Green Mark for Non-Residential Existing Buildings）（第2.1版），2009年12月1日施行；

已建居住建筑绿色标准（BCA Green Mark for Existing Residential Buildings）（第1版），2009年5月19日施行；

办公室室内装修绿色标准（BCA Green Mark for Office Interior）（第1版），2009年5月27日施行；

基础设施建设绿色标准（BCA Green Mark for Infrastructure）（第1版），2009年5月27日施行；

区域建设绿色标准（BCA Green Mark for Districts）（第1版），2009年10月29日施行；

新建建筑绿色认证标准（BCA Green Mark Certification Standard for New Buildings）（第4.0版），2010年12月1日施行；

环境可持续性规则（Code for Environmental Sustainability of Buildings）（第2版）；

建筑控制-环境可持续规定［Building Control Act（Chapter 29）］-Building Control（Environment Sustainability），2008年3月31日施行；

建筑设备节能标准（Code of Practice for Energy Efficiency Standard for Building Services and Equipment）。

（3）加大扶持力度

为发展绿色建筑，新加坡政府采取了灵活多样的政府激励机制和奖励措施，除财政资金补助以外，还包括税收、土地等资助方式。

对于达到绿色标志"白金"和"黄金+"等级的开发项目，HDB将在其总体规划的总容积率控制线之外额外许可其一定的建筑面积（"黄金+"项目额外许可1%的建筑面积，对于"白金"项目额外许可高达2%的建筑面积）。此外，取得绿色建筑标志项目也可以获得政府的现金奖励。奖励分两类：一类是升级和改造建筑物的现金奖励，主要承担为提升既有建筑能效而安装高能效设备的50%费用（绿色标志"白金"项目最高为300万美元）；另外一类是对空调设备能耗效率的"健康检查"计划，新加坡建设局承担这一健康检查的50%费用，其余50%由业主承担。

（4）扩大认知

新加坡建设局制订了一个非常全面的培训框架，其旗下的培训机构建设局专业学院开设了多种培训课程，以实现到2020年时培养出1.8~2万名PMET（专业人士、经理、执行人员与技师）及绿色专家，用以开发、设计、建设、运行和维护绿色建筑。这些专业人士将是引领新加坡未来走向更持续的核心能力基础。

9.6.2 太阳能利用能力建设

太阳能公共房屋的能力建设方案涉及在新的和现有的院内大规模太阳能光伏（PV）测试台建设。该测试台将使得组屋实现以下发展目标：

① 研究不同模块配置、地理位置和技术研究系统的性能；

② 研究太阳能发电的间歇性对电网稳定性的影响；

③ 收集和学习设计和开发技术，进一步提高机构的整体可持续发展的建筑设计方法；

④ 协助业界建立技术专长和能力；

⑤ 开发更具成本效益的太阳能光伏发电系统。通过太阳能光伏测试台所获得的知识可以用来开发更具成本效益的太阳能光伏发电系统，以便将来可以推广到其他地区。

2008年在龙岗和惠灵顿两区进行了第一批太阳能测试台项目。在各区七幢住宅大厦及一座多层停车场（MSCP）内，安装容量为73千瓦的太阳能光伏发电系统。在榜鹅也安装太阳能系统来满足公共服务的绿色能源需求，例如零能量的公共服务，太阳能供电的公共服务，包括走廊和楼梯照明、电梯和水泵。

建屋局逐步大规模在新的和现有的组屋区集中推出测试台。这也与将Punggol改造成热带生态镇和零能源镇的计划相一致。迄今为止，建屋局已承诺为80个公屋建设1 800万美元的4兆瓦的太阳能光伏发电系统。建屋局目前是新加坡的太阳能光伏系统安装的最大利益相关者。他们将实现规模经济，批量招标购买和安装太阳能电池板，以使太阳能系统成本下降50%以上。

9.6.3 住房建筑工业化

新加坡的建筑工业化主要是通过其组屋计划得以实现和发展的。建屋发展局既是政府机构，又是房地产经营企业。作为国家开发部下属的法定机构，建屋发展局全权负责所有的公屋房产及其规划、建设、租赁和管理业务，不仅可以强制征地进行公屋建设，而且可以得到政府强大的财政支持，有效解决了建筑工业化发展初期成本较高的问题，从而使新加坡的建筑工业化得以顺利发展。

新加坡建屋发展局于20世纪60年代开始尝试用工业化的施工方法进行住房建设。采用法国"Barets"大板预制体系建造10幢10层住宅建筑，但因当地承包商缺乏预制经验而以失败告终。

1973年，采用丹麦的"Larsen & Nielsen"预制体系，计划在6年内建造8 820套4房的公寓住房，承包商为一家当地和丹麦的合资企业。最后由于承包商的施工管理方法不适应当地条件，加上建材价格上涨而终止合同。

1981年和1982年，新加坡开始在公共住房项目即组屋建设中推行大规模的工业化。为了得到适合新加坡本土国情的工业化建筑方法，建屋发展局分别和澳大利亚（2个合同）、法国、日本、韩国和新加坡的承包商签订了六个合约。项目的结构分别采用了完全预制和半预制体系，广泛使用了预制混凝土构件，比如预制梁、框架、墙、管、垃圾槽和楼梯等。通过这几项合约的实践，新加坡对工业化建筑方法进行了及时评估，结合新加坡建筑的具体情况，决定采用预制混凝土组件，如外墙、垃圾槽、楼板及走廊护墙等进行组屋建设，并配合使用机械化模板系统，新加坡的建筑工业化由此开始稳步发展。

HDB还制定了行业规范来推动建筑工业化的发展。2001年规定"Code of Practice on Buildable Design"（易建设计规范），建筑项目的可建性分值必须达到最低分，建筑规划才具备获得批准的条件，以此推动预制技术的使用和建筑工业化的发展。

在建筑工业化的发展初期，为了使合同条款对有预制经验的外资承包商更有吸引力，新加坡建屋发展局为承包商对工厂和现场设备的部分投资提供免息融资，为新加坡引进工业化建筑方法，发展建筑工业化起到了良好的支持作用。

新加坡在建筑工业化的发展历程中一直都很重视工业化建筑方法的本土化。建屋发展局一方面要对承包商进行严格审查，要求他们在国外已建造过预制系统，有预制经验；另一方面要求他们必须结合新加坡的具体情况作预制系统，并保证结构的安全，而且，对于建筑品质的所有结构部分，必须符合建屋发展局所规定的微差限额。正是通过这些工业化建筑方法的本土化，新加坡的建筑工业化才得以快速发展。

从新加坡工业化住宅发展的经验来看，在推进工业化住宅发展的初期，政府必须在行业规范和标准制定、试点推广、经济优惠政策和密切联系本国实际、吸收国外先进经验中起到主导作用，来启动一个国家和地区工业化住宅发展的这台战车，更好更快地实现工业化住宅建设的可持续发展。

主要参考文献

[1] Key statistics 2011-2012.

[2] HDB Sample Household survey 2008 "PART 1 profile of HDB population and Households."

[3] http://www.singstat.gov.sg/Publications/population.html#household_income_and_expenditure Key Household Income Trends, 2012.

[4] http://www.taoalida.com/singapore/hdbstatistics HDB statistics.xls.

[5] financial report 2012.

[6] 新加坡组屋的规划建设及其启示，China Academic Journal Electronic Publishing, 2011.

[7] 新加坡集合住宅的操作层面研究，China Academic Journal Electronic Publishing, 2011.

[8] Estate Renewal Strategy 2012.

[9] 'Gross Domestic Product Based on Purchasing-power-parity（PPP）Per Capita GDP'. International Monetary Fund. 2010.

10 南非

GDP：3 695.8亿美元（2012年）

人均GDP：7 139美元（2012年）

国土面积：122.104万km²（2012年）

人　　口：5 177万人（2011年）

人口密度：42.4人／km²

城市化率：62%（2012年）

10.1 住房基本情况

10.1.1 住房数量

南非住房以基本形式和功能可分为正式住房、非正式住房、传统住房和其他住房四类。数据显示，南非传统住房在不断减少，正式住房在稳步增长，非正式住房的比例也在逐步减少，但速度还比较缓慢。表10-1显示南非各种房屋类型及其户数比例，它反映出南非住房政策的不断努力所起到的住房改善作用。

1995~2012年南非住房数量及类别　　　　　　表10-1

类别	1995年		1999年		2006年		2012年	
	数量（单位）	占总量%	数量（单位）	占总量%	数量（单位）	占总量%	数量（单位）	占总量%
城市住房	5 089 000	56.0	6 503 000	60.4	8 115 000	64.2	10 109 000	66.9
正式住房	3 626 000	39.9	3 824 000	35.5	4 512 000	35.7	5 470 000	36.2
非正式住房	443 000	4.9	1 074 000	10.0	1 479 000	11.7	1 949 000	12.9
传统居所	39 000	0.4	62 000	0.6	113 000	0.9	151 000	1.0
其他	981 000	10.8	1 543 000	14.3	2 010 000	15.9	2 539 000	16.8
乡村住房	3 991 000	44.0	4 268 000	39.6	4 525 000	35.8	5 002 000	33.1
正式住房	1 890 000	20.8	2 352 000	21.8	2 819 000	22.3	3 536 000	23.4
非正式住房	233 000	2.6	255 000	2.3	240 000	1.9	181 000	1.2
传统居所	1 032 000	14.3	1 111 000	10.3	90 000	7.1	892 000	5.9
其他	566 000	6.2	550 000	5.1	568 000	4.5	392 000	2.6

续表

类别	1995年		1999年		2006年		2012年	
	数量（单位）	占总量%	数量（单位）	占总量%	数量（单位）	占总量%	数量（单位）	占总量%
总住房量	9 080 000	100.0	10 771 000	100.0	12 640 000	100.0	15 111 000	100.0
正式住房	5 516 000	60.7	6 176 000	57.3	7 331 000	58.0	9 006 000	59.6
非正式住房	676 000	7.4	1 329 000	12.3	1 719 000	13.6	2 131 000	14.1
传统居所	1 341 000	14.8	1 173 000	10.9	1 001 000	8.0	1 043 000	6.9
其他	1 547 000	17.0	2 093 000	19.4	2 578 000	20.4	2 932 000	19.4

注：① 非正式住房：未经政府许可、不符合政府规定程序与规划建造的住房，这类住区配套设施不齐全，生活条件差。
② 传统居所：非洲传统茅屋。
③ 其他：篷车、房车、帐篷等。

南非人口增速较快，相应的国内住宅建设压力也较大。在所有南非的居住场所内，约有6成是设施较齐全的正式住房。目前，南非政府重点在人口相对稠密的城市区进行大规模的贫民居住区改造及周边配套设施的建设，使居民的生活条件有所改善。

10.1.2 家庭数量

2002~2012年南非按省份及年份划分的住户数量表　　　表10-2

省份	家庭数（万户）										
	2002年	2003年	2004年	2005年	2006年	2007年	2008年	2009年	2010年	2011年	2012年
西开普	119.8	123.3	126.9	130.7	134.8	138.9	143.2	147.7	152.4	157.1	161.9
东开普	140.5	142.6	144.5	146.4	148.2	150.3	152.5	154.9	157.3	160.0	163.1
北开普	23.1	23.6	24.2	24.8	25.4	26.1	26.8	27.5	28.2	28.9	29.6
自由	68.6	69.8	71.0	72.5	73.8	75.5	77.3	79.0	80.6	82.3	84.3
夸祖鲁-纳塔尔	190.2	195.0	199.9	204.9	210.1	216.1	222.4	229.0	235.8	242.8	250.4
西北	83.7	85.7	87.8	90.1	92.6	95.2	98.0	101.0	104.0	107.1	110.5
豪登	274.3	284.8	296.0	308.3	321.7	335.6	350.4	366.1	382.3	399.0	415.3
姆普马兰加	77.4	79.9	82.5	85.2	88.2	91.4	94.7	98.1	101.5	105.1	108.8
林波波	103.7	106.6	109.6	112.7	115.9	119.5	123.2	127.0	130.9	135.0	139.2
总计	1 081.4	1 111.3	1 142.5	1 175.4	1 210.7	1 248.5	1 288.6	1 330.3	1 373.1	1 417.3	1 463.1

表10-2显示南非各个省份从2002~2012年十年间的家庭数量的变化。根据南非最新的官方综合住户统计调查数据（General Household Survey），截止到2012年，南非共有1 460万以上户家庭。其中，豪登省一直是家庭数量最多的省份，接下来的住户大省包括夸祖鲁-纳塔尔和东开普。而北开普省则是拥有最少人口的省份，同时其拥有的家庭数量也是最少的。

10.1.3 居住状况

1994年，新南非在曼德拉的领导下宣告成立。由于长期以来的种族隔离制度，绝大部分资源与生活生产资料被白人所掌握，导致大量贫穷的南非黑人只能生活在"非正式"住房里，聚集成城市贫民区，由此也滋生出许多负面的社会现象。自新政府组阁以来，南非城镇居民住房建设与改造一直是南非政府的工作重点。作为一个政策框架，新南非政府在1994年就制定了住房重建与发展计划（The Reconstruction and Development Programme，简称RDP），旨在改善南非底层穷人的生活与居住条件。这些RDP住房由政府投资兴建，并免费提供给符合条件的本国公民居住。该计划一开始就被认真执行，当年即交付了2万套免费住房供南非公民使用。

根据南非住房年度统计数据，从1994年到2014年1月，南非政府已经累计提供了近400万套免费住房给生活在南非的底层穷人，为超过1 600万南非国民提供了居住场所，缓解了大部分贫民的住房问题。截止到2014年1月，全国2 700余个亟待改造的"非正式"住区中，南非政府累计完成了约1 200个住区的重建与改造工作。

但是，根据2012年的数据，仍有14.1%的南非家庭生活在非正式住房中，这一数字较2002年的13.2%还有增加，西北省和豪登省这一比例明显高于平均水平，也是上升率最高的两个地区。豪登省是南非人口最稠密的地区，其首府为南非最大的城市约翰内斯堡，所在的比勒陀尼亚-威特班克-弗里尼欣地区城市化程度很高，已达到97%，城市中非正式住区与贫民区人口增速非常快，政府兴建免费住房的步伐远不及需求缺口。这一现象同样出现在南非其他大城市中。2002、2012年南非生活在非正式住房家庭比例分省数据见图10-1，2007年9个家庭数超过20万的南非主要城市中居住在非正式住房中的家庭数量与比例见表10-3。

2007年南非大城市中非正式住房的家庭数量和比例　　　表10-3

市/县	家庭数量（户）	非正式住房比例（%）	非正式住房数量（套）
艾古莱尼	849 349	26.0	220 830
约翰内斯堡	1 165 014	18.4	214 362
茨瓦内	686 640	26.8	184 019
班特克维尼	833 859	17.1	142 589
开普敦	902 278	15.5	139 853
勒斯滕堡	146 542	37.3	54 660
水牛城	208 389	24.5	51 055

续表

市/县	家庭数量（户）	非正式住房比例（%）	非正式住房数量（套）
纳尔逊·曼德拉	276 881	13.7	37 937
布隆方舟	202 762	18.2	36 902

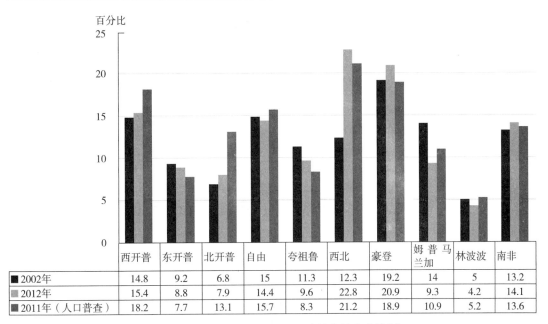

图10-1　南非各省生活在非正式住房的家庭比例

2012年南非住房产权普查数据显示，过去10年中，家庭完整自有产权住房比例保持最高，占所有正式住房的50%左右。最大的变化发生于2008~2009年，受环球金融危机影响，完整自有产权住房比例由61.4%下滑至55.3%。2002~2012年家庭拥有正式住房产权比例数据见图10-2。

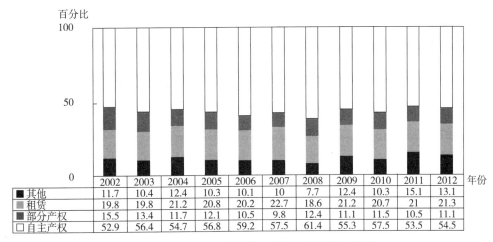

图10-2　2002~2012年南非正式住房产权拥有比例

2012年的数据显示，根据人种的不同，南非居民的居住条件有很大的差异。占南非人口总数80%以上的非洲黑人中，仅有34.8%居住在拥有6间房间以上的住所内，但这一比例较2011年的31.0%有所上升，居住条件稍有改善。根据统计，非洲黑人、有色人种、亚裔人种与白人为户主的家庭分别平均拥有5.2间、6.2间、8.0间和10.0间房间的住所。房间数量包括卧室、客厅、卫生间、浴室等。

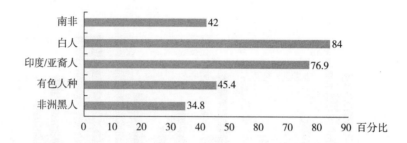

图10-3 2012年拥有6间房间及以上的正式住房南非居民比例

从南非住房基本设施看，南非住房的自来水、电、供暖状况差距比较大。参考1996年、2001年、2007年和2011年的普查数据，可以看出南非居住区基本设施正在逐步完善，住房自来水使用率从1996年的60.7%上升到2011年的73.4%，住房电力照明使用率从1996年的58.2%上升到2011年的84.7%，使用电力供暖从1996年的46.3%上升到2011年的58.8%。

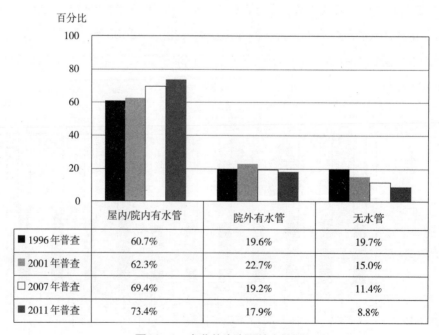

图10-4 南非住房生活给水情况

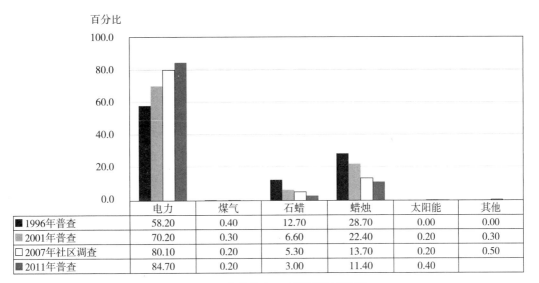

图10-5　南非住房照明能源使用情况

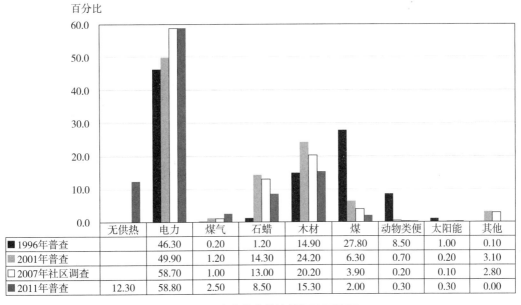

图10-6　南非住房供热能源使用情况

10.2　住房建设与标准

10.2.1　住房建设

南非2004年新建住房量760万m², 约7.1万套, 并逐年增加, 2006新建住房量最高达918万m², 但因套均面积增大, 套数减少至4.6万套, 此后新建量逐年减少, 2011年新建面积及套数均下降到最低487.2万m²和3.9万套, 2012年略有回升。

2004~2012年南非新建私有住房套数及面积 表10-4

项目	2004年	2005年	2006年	2007年	2008年	2009年	2010年	2011年	2012年
新建住房量（套）	70 680	70 620	46 308	54 804	70 020	53 796	39 552	40 656	42 876
新建住房（km^2）	7 596	8 856	9 180	9 108	8 808	6 816	4 944	4 872	4 848
新建住房套均面积	107.5	125.4	198.2	166.2	125.8	126.7	125	119.8	113.0

注：数据仅指私有住房竣工量。

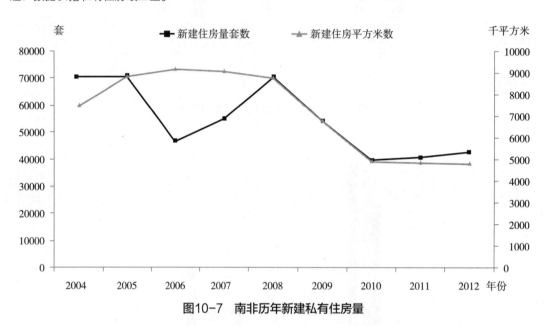

图10-7　南非历年新建私有住房量

南非私有住房套均面积均在100m^2以上，2006年最高达198 m^2，后回落到113 m^2。

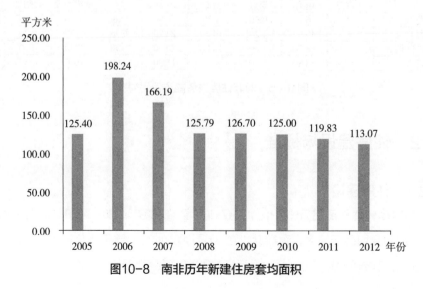

图10-8　南非历年新建住房套均面积

与其他发展中国家类似，经济快速发展让南非的各大城市出现了高楼大厦与贫民窟并存的情景。许多工业和繁荣商业区隔几条街之外可能就会突然出现大片的贫民窟。但南非又有自己的特色，许多贫民窟边缘往往还有政府修建的RDP住宅区。

南非的这些RDP住宅由政府投资兴建，免费提供给符合条件的本国公民居住。当然，这样的住宅只提供给全家无收入或每月总收入低于2 000兰特（约合1 574元人民币）的贫困家庭。等待审批的时间很长，有的甚至等了七八年，但这样的免费住房水电等设施俱全，有的住宅区房顶还安装着统一的太阳能热水器，因此穷困家庭对此热情有加。

南非总人口约为5 200万，到目前为止，政府已经提供了400万套免费住房给穷人，这在相当大程度上解决了贫民的住房问题。

1994年，南非政府共提供了2万套全免费住房；1999年，数字上升到20万套。2012年，南非共建设了11.3万套住房。虽然政府不断提供免费住房，但住房缺口却没有减少，近年来住房交付量有所减少，住房缺口甚至有所增加，1996年，南非的住房缺口为180万间，但到2013年2月，这一数字已经增长到210万间。

由于住房建设速度和交付数量不能完全满足南非居民的需要，南非非法侵占土地问题逐渐显露。之前甚至有人打着政府的旗号在居民中间兜售土地，很多人在"购买"了土地之后，又花费自己的血汗钱在上面兴建住房。虽然这些确属国有土地，但如果政府强行拆除住房，就意味着居民之前投入的土地成本和建筑成本都将毁于一旦。面对错综复杂的利益关系，政府部门还将和公共保护官、人权委员会、审计署等部门协商解决方案，新的干预计划能否收到效果，人们显然不敢有丝毫乐观。

虽然住房建设任务如此艰巨，南非政府并没有停止他们的努力，2014年，南非总统雅各布·祖马正式启动了位于Ottawa的250亿兰特（23.5亿美元）Cornubia综合社区开发建设项目。项目完工后，该社区将建设2.8万套混合收入住房，还包括轻工业工厂，学校，零售区以及其他的商业及娱乐区。项目预计在15年内可持续创造4.8万个就业机会。

10.2.2 住房标准

南非住房的类型有独立别墅（Free Standing House）、别墅小区（Cluster House）、连排别墅（Town House）、经济住房（Economic House）和低成本房（Low Cost House）等形式。独立别墅和别墅小区一般在一到两层，占地面积从几百到几千平方米不等，属于中高档住宅；连排别墅一般为两到三层的小区，属于中档及中档以下住宅；经济住房一般为一到两层的简单房屋，属于中档以下住宅；而低成本房一般由政府为当地贫困家庭提供的38~50m^{2}的单层单间简易住房。

（1）低成本房和经济住房

1994年曼德拉总统执政以后，当地黑人的生活和住房有了很大的改观，南非政府为当地贫困家庭新建了一大批低成本房，每套造价在20 000兰特左右。尽管如此，还是有相当一部分人生活在贫困线以下，居住在铁皮搭成的房子里。低成本房依然供不应求，目前年需要量约300万套，由于人口增加和新家庭的建立，这个数字每年会增加约20万套。此外，尚有一些中等偏低收入的家庭或个人通过贷款可以买5~30万兰特的住房。

（2）中档成本房

中档成本房的价格范围比较大，在40多万到100多万兰特之间不等。稳定的中等收入家庭或个人是中档成本房的购买者。南非的信贷业非常发达，住房贷款比较容易获得，新增中等收入者越来越多，再加上近一两年以来南非的住房贷款利率达到了三十年以来的最低水平，因此中档成本房的市场需求量较大。

（3）高档住房

南非的高档住房主要分布在开普敦（Cape Town）、约翰内斯堡（Johannesburg）、比勒陀利亚（Pretoria）、布隆方丹（Bloemfontein）等沿海地区和大城市，购买者为高收入家庭或个人和外国人，例如开普敦市海岸区域、约翰内斯堡的高档住宅区聚集了世界各地的名流富商。高档住房的需求量目前也有增无减。

10.3　住房政策与立法

10.3.1　1994年前的住房政策

南非曾是荷兰和英国的殖民地，殖民统治时期的南非长期实行种族隔离政策，这使得大量的南非黑人居无定所，社会矛盾极其突出。南非以往的种族隔离制度的重要支柱政策之一是居住区域的隔离。中心城市郊区是白人的聚居区，基础设施完备，环境优雅。而黑人城镇大多远离中心城市，缺少基础设施，住房简陋而且拥挤。

种族隔离制度导致了严重的种族歧视，激化了社会矛盾，这种局面很不利于南非的发展。为了缓和社会矛盾，为南非的发展扫清道路，改善广大黑人的生活条件和住房条件，1979年南非颁布了《贫民窟法》（Slums Act, 1979），该法致力于高效率的拆除贫民窟和提供高层住房，以满足广大黑人严重的住房短缺。1986年南非废除了流入管制法，允许黑人向白人住宅区流动，意在解决黑人与白人在住房问题上的不平等现象。南非通过这一时期的调整，在一定程度上缓和了社会矛盾，改善了广大黑人的居住条件。

10.3.2　1994年后的主要住房政策与立法

自独立以来，南非一直致力于公民住房权的保障和救济工作，通过了一系列的法律、法规，使得南非成了公民住房权救济领域的新星。南非新政府在1994年公布的第一项政策白皮书，即是有关住房问题的《南非住房的新政策和战略》，它阐明了国家住房政策。1994年的重建与发展计划强调对妇女、儿童，流动人口等特殊人群的住房权进行保护。该计划结合南非的实际情况，旨在优先救济社会的弱势群体的住房权，最大限度的解决最需要住房保障的人群的住房权，在条件许可的情况下，再进一步扩大住房权保护的范围，推进公民住房权的保障和救济进程。

1996年南非共和国通过了《南非共和国宪法》，其中第二章明确规定"保障每一个公民的基本人权"，其中第26条第1款规定，人人有权获得适当居所；第2款规定，国家必须在现有资源的范围内采取负责任的立法措施和其他措施，以逐渐实现这项权利；第3款规定，没有经法院审理有关情况后所发布的命令，不得将任何人驱逐出自己的家或者将他们的房屋拆毁。任何法律均不得允许任意驱赶。

1997年颁布《住房法》，其序言中明确指出，颁布该法是有鉴于1996年南非共和国宪法第26条的规定及南非共和国议会认识到住房作为人类的基本需要，住房既是一种产品又是一个过程，是人类努力和计划的结果，它是国民经济的关键领域，关于国家和社会的福祉。并且在该法的立法目的中开宗明义指出：制订本法是为了制订适用于各级政府的住房发展的一般原则，并确定在住房发展方面的国家、省和地方政府的职能，给住房持续发展提供便利。1997年《住房法》第一章明确规定国家住房开发必须遵守以下原则，以切实落实和实现公民的住房权：① 优先考虑穷人的住房发展需要；② 尽量满足妇女及其他劣势群体的住房需求；③ 确保住房开发尽可能提供广泛的住房选择和期限选择；④ 通过提供土地、服务和技术援助的方式，鼓励和支持个人和社区，支持他们通过自己的努力实现自己的住房需要；⑤ 正确对待住房发展的周围环境；⑥ 促进种族、社会、经济和城乡一体化；⑦ 尊重、保护、促进、实现《宪法》第2章权利法案中的人权。

1998年南非政府颁布了《住房消费者保护措施法》，其中规定住房建设公司必须在国家住房建筑商注册委员会登记，并且有责任向该委员会的缺陷保修计划登记所有新建住房。该法的目的是保护住房所有者免遭劣质施工之苦。建筑商对于住房的设计和材料缺陷在3个月内负有责任，漏顶在1年内负责，住房结构问题在5年内负责。所有政府补贴的新建住房项目的施工质量都受到监督。国家住房建筑商注册委员会的检查员在住房建设过程中或完工后应评估建筑质量。

1998年南非颁布了《防止非法驱逐和非法侵占土地法》，规定禁止非法驱逐房屋住户，并规定了详细的条例。

1999年南非《租赁住房法》在2001年8月生效，该法规定了政府对租房市场的责任，也规定了房主和房客的权利和责任，并建立各省的租房法庭，以便快速和低成本地解决租房纠纷。

2000年《住房贷款和抵押贷款披露法》规定，建立"披露办公室"，监督金融机构向需要住房信贷的社区提供服务，要求金融机构披露信息，指出歧视性的借贷做法。该法的实施规则颁布后，即开始实施。

经过一系列的调研和考虑，2004年政府颁布了《社会住房可持续发展的综合计划》。该计划是以住房白皮书和政府战略框架为基础，以期达到政府的整体住房目标。虽然这个计划并没有明确地提出新的政策方向，但是它提出了发展可持续人居住区环境的综合计划提纲。

南非《社会住房可持续发展的全面计划》的构成要素和目标　　表10-5

构成要素	目标
1. 住房物业市场的发展 2. 从住房到可持续性人类居住环境发展 3. 利用现有的和新的住房设备 4. 调整政府内部的制度安排 5. 构建制度和职能 6. 确定财政收支 7. 创造新的就业和住房机会 8. 构建信息交流平台 9. 建立监测和评估系统	1. 加速住房分配作为扶贫的一个重要手段 2. 动用住房相关规定作为创造就业的途径 3. 确保房产作为创造财富的资产 4. 增强经济杠杆的作用 5. 打击犯罪，提高社会凝聚力，改善穷人生活质量 6. 支持住房物业市场的发展，降低政府的压力 7. 利用住房制度作为发展可持续性人类住居的重要条件，同时改善住房空间结构

2008年《社会住房法》第一章第二节确定了如下社会住房的一般原则：① 建房计划必须顺应各地的住房需求，必须特别优先考虑妇女、儿童、残疾人和老年人的住房权的实现；② 作为房屋政策的目标应确保供应可持续的和匹配支付能力的社会住房；③ 按宪法第9条所述不得以任何理由歧视包括艾滋病毒感染者和艾滋病人的居民；④ 通过提供靠近工作、市场、交通场所的房屋，促进住房服务和建造业的发展；⑤ 为居民提供一个清洁、健康和安全的环境，保证其基本的尊严和隐私；⑥ 社会、物质和经济一体化，构建城市和农村优质的生活环境；⑦ 发展社会住房，提供相应的康乐设施；⑧ 发展具有文化特性和多样性的社会住房；⑨ 在距离社会住房的合适位置提供一定的就业机会；⑩ 实施社会与经济上可行的社区发展和维护，确保消除和防止贫民窟和贫民窟现状。

10.3.3　对住房权的保护

在几十个将住房权写进宪法的国家中，南非是其中之一。1996年通过的南非《宪法》第26条中写道，所有南非人都有权"得到合适的住房"。然而，这并不意味着国家有绝对的义务去对需求者提供免费住房，正如《宪法》所称"国家应该采取适当的立法和其他手段，在其所具备的资源内，去逐步实现……"（第26条）。政府的责任是采取合理的立法和其他措施，在其所具备的资源内，逐步实现充足的住房权利。

为了确保国家履行《宪法》第26条规定的对住房权的义务，南非议会通过了大量法律，旨在保护那些占有土地或获得住房的人的权利。例如，《租赁房屋法》保护合法住房财产占有者的占用权；《土地改革法》保护农业土地的合法占有者；《占有保障延期法》保护基于土地所有人同意合法地占有土地的人的占用权；《缺乏法定形式的土地权利临时保护法》保护在缺乏法定形式的土地权利中土地的合法占有者；《土地赔偿权利法》保护那些已经提出赔偿诉讼的土地占用者；《阻止非法从土地驱赶和非法占有土地法》则是为了贯彻《宪法》第26条第3款的基本精神，对非法占有者的驱赶进行规制。从获得住房权的角度来看，上述法律保护网中最重要的当属《阻止非法从土地驱赶和非法占有土地法》。该部法律适合于两种明显的情况：第一种是驱赶特定土地的非法侵入者和占有者；第二种是驱赶那些合法占有但随着时间的流逝而变为非法的占有者。

此外，南非成立了大量的组织机构来保障公民的住房权，这些组织机构遍布于社会的各个领域，既有政府性质的，也有民间性质的，它们共同构成了公民住房权保障和救济的一道屏障。

10.3.4　住房租赁

21世纪初，南非政府在住房机构、社区、私营部门以及非政府组织的参与下，向超过133.42万户家庭提供了住房补贴。南非政府在促进住房自有化方面的成功是有限的，还不能掩盖其住房租赁政策上的不足。尽管政府的大规模自有住房补贴政策让500万南非人获得了住房所有权，但仍然有超过750万南非人需要提供适当的住房。由于政府无力在自有住房补贴上持续高额投入，住房自有化政策已经接近极限。尽管南非政府仍然致力于推进住房自有化政策，但很快就认识到单凭促进住房所有权的政策无法解决南非面临的所有住房短缺问题。因而住房租赁政策已经逐渐成为南非政府促进公民住房权逐步实现的一项重要措施。

1998年9月，南非国家住房部提出修正住房租赁政策的法案，这就是1999年的《租赁住房法》。这部法律旨在为住房租赁提供一个全国性的法律框架，让各省政府以此为基础制定地方的租赁住房立法。

公共租赁住房项目由社会性的租赁住房协会负责运营和管理。租赁住房协会的董事会由来自政府、企业、劳工和社区的代表组成。对于公共租赁住房项目的推行，南非的工会起到了十分重要的作用。公共租赁住房项目的运作主要是由私人公司负责开发建设，中央政府通过国家住房金融公司以及各地的社会住房基金帮助新建项目进行融资。

尽管南非政府在公共租赁住房政策方面取得了一定的成绩，但仍然不能完全满足南非低收入家庭的住房需求。目前，仍然有很多南非家庭居住在正式或非正式的由私人房东出租的私有租赁住房中，在南非私有住房租赁市场上，家庭出租是城市低收入家庭的重要居住形式。由于从事出租的房东往往也属于中低收入群体，缺乏必要的资本，因此小规模的家庭出租存在空间不足、设施缺乏、卫生和安全状况差等问题。但这种灵活的租赁形式为低收入居民提供了经济上可以负担的住房，对于城市融合、经济发展和减少贫困具有重要意义。

南非政府最初片面追求住房自有水平的提高，在住房改革中强调"居者有其屋"，忽视了部分居民对租赁房的需求以及租赁住房在社会住房保障中的功能和作用，因此没有能够解决南非社会面临的住房短缺的危机，最后不得不转向住房租赁政策。在住房租赁政策的实施过程中，南非政府较偏重公共租赁住房的开发建设。在培育和完善私有住房租赁市场，特别是采取补贴等措施鼓励私有住房房东提供合格和可负担的租赁住房方面发展缓慢。对于公共租赁住房尚需发展的国家而言，小规模的私有租赁住房，包括相当一部分非正式的租赁住房，对于满足城市化进程中不断增长的居住需求仍然起着不可替代的作用。如何处理好自有住房、公共租赁住房和私有租赁住房之间的关系，仍然是南非住房租赁政策亟待解决的课题。

10.4 设立多层次的住房保障机构

住房保障制度的实施是一个复杂的过程，涉及金融、财政、规划等很多的部门，为了能使各部门之间能够有效地进行工作，南非成立了各类专门的机构，以保障各项具体政策和措施的顺利实施。

10.4.1 住房部

住房部（the Department of Housing）是根据 1994 年南非《宪法》成立的负责全国住房和城市发展的主管部门，该机构的主要目的是实现《宪法》规定的"每个人都有权获得适当住房"，在2009年5月住房部改名为"人居署"（The Department of Human Settlements）。国家政府住房保障工作主要是由住房部部长执行，主要负责：国家住房政策的制定，提供住房交付的立法、监管、金融和政策框架；确立住房方面的国家标准和规范；确定住房供应目标并进行预算；协调各级政府之间的住房事务并加快住房交付；研究社会住房发展计划，指定省级和市级提交的住房计划中的重组区；对省市政府住房政策制定工作进行领导与监督，并加强与住房相关利益者之间的信息交流。住房部的工作原理主要是住房部与省级政府和市级政府的住房部门共同合作。同时，住房部指导省市级政府的住房工作。省市级政府的职责：必须确定住房发展方面的省级政策；促进省级立法以确保有效的住房交付；采取一切合理和必要的步骤推进住房进程；省政府与地方当局一起确定重建方案，并提交住房部门批准。省级政府在全国住房制度方面的工作必须向住房部长进行报告，在住房部的指导下因时因地制宜，制定自己的住房政策。从这一明显的统一规划，分层执行的政策的制定方式可以看出，住房部对全国的住房保障制度有全局的把握，地方政府是本地区具体住房保障制度制定者，更加能因时因地制宜，制定出最优选择的政策和措施。住房部和各级政府都有着明确的分工和职能，能更好地避免在制度实施过程中出现职权重复的现象。另外，设立的其他住房保障的机构都必须是在住房部制定的住房政策的框架内行使其职权，并向住房部报告工作。

10.4.2 全国城市重建与发展局

全国城市重建与发展局（National Urban Reconstruction and Housing Agency），成立于1995年，是在1994年重建和发展计划指导下设立的是一个政府机构。全国城市重建与发展局以扩大住房市场、实现房屋及相关设施和基础设施的建设和实现融资的最大化选择、促进公共部门和私营部门之间的协同与合作为发展原则。

其主要任务是加快保障住房的交付；启动住房项目并进行风险评估；确保中低收入家庭住房建设、住房补贴、社区设施和基础设施建设拥有可持续发展的流动资金；与住房市场所有的参与者建立合作伙伴关系，致力于发展和改善人居环境，努力为可持续人类社区的实现做出贡献。

全国城市重建与发展局成立初期的工作主要是为提供过渡性融资贷款给房屋开发商和承建商来建造保障住房，或者当房屋开发商和承建商无法从银行等金融机构获得住房贷款时，全国城市重建与发展局主动与银行等金融机构达成贷款协议并提供担保，促使银行等金融机构为其提供住房建设的资金，以加快保障住房的建设，同时也加强公共部门和私营部门之间的合作，被认为是过渡性融资方案的首选合作伙伴。

现在，全国城市重建与发展局采取项目与资金管理的投资组合模式（Programme and Fund Management Portfolio）来协助房屋建设和财务的管理的工作，也就是提供项目与管理服务（Programme Management Support Services），其主要的职能是进行房屋建设的规划与预算、采购与承包、合同的管理与监控、受益人管理、财务管理、创建新的住房交付模式以及新的住房交付办法的测试和试点、制定整体房屋交付和建设计划。

10.4.3 房屋发展局

住房发展局（Housing Development Agency）是根据2008年的《住房发展局法》成立的，是一个全国性的住房机构，根据住房部长的授权展开工作，是在部长领导下的国家行政机关，以创造可持续的人类住宅区、土地规划和房屋服务为主要目标。根据《住房发展局法》的规定，房屋发展局职能主要体现在：对土地进行确定、获取、持有、开发国家、公共和私人所有的土地以用于建设可持续、适当的住宅和社区建设；通过对人类住区的定位和进行适当的土地规划，从而促进住房交付和人类住区可持续发展；在优化住宅和社区发展的过程中，努力创造就业机会，为实现该目标进行基础设施规划和提出资金提供方案；该机构的成员都是在住房领域方面有着专业技术和知识的人士，为住房项目提供管理和技术支持服务；住房发展局与各省市政府对住房发展计划进行磋商，并将计划报请住房部长批准，协助国家机关实现非正式居住区的升级。从这些职能可以看出，住房发展局的成立主要是为了补充政府在住房建设用地规划的职能，进一步加快土地的收购和住房发展服务，建立可持续发展的人类住区。

10.4.4 全国住宅建筑商注册委员会

全国住宅建筑商注册委员会（National Home Builders Registration Council）是在1998年《住房消费者权益保护措施法》中设立的一个独立的非营利性的法人机构，委员会的宗旨是防止提供给住房消费者的住房有缺陷，并对房屋建筑商的行为进行管理使其遵守其义务。该委员会的组成人员七人以上十五人以下，其主席和副主席由住房部长在任命期间指定，每次指定不得超过三年，其中委员会的组成人员有：

① 购房者利益代表；

② 最广泛的建筑商利益代表，提供商品房、商品房服务以及相关专业服务的销售商的利益代表；

③ 对审查房屋缺陷并预防该缺陷和资金管理方面有相关技能和经验的人；

④ 对住房、贸易、工业、财政以及公共工程负责的国家政府部门的利益代表。

全国住宅建筑商注册委员会的职能包括：按照住房部长制定的关于登记和重新登记的标准对住房建筑商进行登记；登记和审查部长规定的房屋类别；与省住房发展部门签订协议，并且在特殊情况下签订住房建设工程服务合同。除应支付的定金外，工程建设资金只能从国家住房津贴的收益中获得；设立基金，在住房建筑商未能履行法律规定义务的情况下，该基金为购房者提供帮助；协助解决登记的住房建筑商和购房者之间的争端；告知购房者依此法所享有的权利以及其他相关事宜，积极与他们进行沟通；为财政机构、房屋让与人、省住房发展部门以及其他利害关系人提供信息，促使他们遵守该法所规定的义务；制定住房建筑商等级划分的审查标准，并以此来鼓励良好的建筑业务的发展，阻止不良的建筑业务的产生；制定一个适用于不同等级的住房建筑商登记费用的标准；应部长的要求，对符合规定已登记在登记薄的住房建筑商进行审查，并向部长提供建议；就部长提出的关于保护购房者和符合该法宗旨方面的事项提出建议。通过履行这些职能，全国住宅建筑商注册委员会既有效地保护了住房消费者的权利，又对住宅建筑商进行了管理，为保障住房的建设发挥了重大作用。

10.4.5 社会住房机构

社会住房机构是根据2008年《社会住房法》成立的，经社会住房法认可或者临时认可，在合理价格的基础上提供或者经营社会住房给中低收入家庭的机构，并对该社会住房进行质量保障和长期管理。简而言之，是为中低收入家庭提供社会住房的机构。社会住房机构是半官方机构，它既是社会住房的管理机构又具有住房开发商的身份。这主要是说社会住房机构是国家社会住房计划的执行者，即通过参与政府住房计划接受政府提供的资金来提供保障住房的机构，同时又是提供社会住房的建筑商和物业管理者。

社会住房机构必须遵从法律规定获得资格认证，然后参与到当地政府支持的为中低收入者提供社会住房的项目建设中。其主要职责是：根据每年与市政府在其管辖区域内核准项目的协议，研究和执行社会住房政策；根据国家社会住房项目来建造社会住房；对所提供社会住房进行质量保障以及对其所提供的社会住房进行长期管理；告知居民在社会住房方面的消费者权利和义务；负责出售其建造的社会住房，但社会住房的出售不能侵害已满足申请社会住房的居民的住房权的安全，并且必须把已销售社会住房获取的部分收益用于建造社会住房。社会住房机构主要是向居民提供低成本的社会住房，这种提供社会住房的住房模式解决了大部分人的住房需求，已经成为南非住房保障制度中社会住房的主要提供者。

10.4.6　社会住房监管机构

社会住房监管机构是根据2008《社会住房法》设立的，对社会住房的相关事宜进行监督管理工作的政府机构。社会住房监管机构具有社会住房监管人的身份，其主要职责是：

①促进社会住房的发展，支持社会住房机构执行有关政策，促进全国社会住房建设方案的落实；

② 向社会住房机构提供财政援助，对社会住房机构的申请资格进行认证，并对其工作进行认可和指导；

③ 采取一切必要的措施确保社会住房机构的良好治理和可持续发展，促进社会住房机构能力的建设；

④ 根据社会住房机构的工作报告，及时地提供监管信息并分析社会住房的现状，同时总结出社会住房的发展趋势，并据此向住房部长提供关于社会住房计划可行的建议；

⑤ 认可社会住房机构提出的可行性社会住房项目申请，并报请住房部长批准；

⑥ 当社会住房机构的行为失当时，社会住房监管机构将采取必要的措施予以纠正。

相对于其他机构而言，社会住房监管机构不直接从事住房建设工作，但是它的作用是不可忽视的。社会住房机构是政策的执行者，又是社会住房项目的申请者和社会住房的管理者，只有通过住房监管机构对其进行监督，才能保证社会住房机构朝着正确的方向发展，确保国家的住房政策能够落到实处。

10.5　住房金融与税制

10.5.1　住房金融

南非的住房保障制度的资金来源方式是多样化的，既有政府直接投入财政资金，有专门的政府性住房金融机构，还鼓励和引导银行机构参与到住房保障进程中，通过提供住房抵押贷款和小额住房贷款等方式来提供住房资金，并制定了住房贷款风险降低措施。政府采取多种途径筹措住房资金，为南非实施住房保障制度提供了坚实后盾。

（1）全国住房金融公司

1994年的重建与发展计划中，南非政府提出并建立了"国家住房银行"来负责住房信贷事务，后改称为全国住房金融公司。另外又在1996年4月成立了国家住房金融公司（National Housing Finance Corporation），旨在促进住房建设提供资金的住房开发金融机构的运作。

全国住房金融公司为中低收入家庭提供大量的住房信贷，协助政府的住房保障工作，并在实施国家住房计划过程中，通过与政府部门、社会住房机构以及有关部门批准的住房项目的开发商签订贷款合同，为它们提供资金支持，从而确保住房建设的顺利进行，以促进大幅度增加保障住房的供应量。同时，全国住房金融公司通过提供住房贷款担保，促使银行等金融机构为住房建设提供贷款，与金融机构共同合作，为住房问题找到必要可行的解决方法，以确保每个有合理收入的南非人都能有机会获得住房。

另外，在农村地区还专门成立了非营利性的住房贷款机构，即成立于1996年的农村住房贷款基金，其主要业务是通过中介或者零售房产金融贷款机构筹集资金，为农村地区的低收入人群提供住房贷款。农村住房贷款基金是由国家住房部设立的，在2002年3月31日之前是作为全国住房金融公司的附属公司存在的，从2002年4月1日开始作为一个独立的实体存在。在2003年，农村住房贷款基金资助超过54000户家庭进行住房条件的改善。

（2）第三方金融机构

来自国家层面的住房资金是有限的，因此政府在颁布的《抵押贷款和低收入家庭社区再投资》中，要求国内的金融机构提供住房贷款参与到保障住房的建设中。在很大程度上，住房贷款的资金主要来源于银行。目前，住房抵押贷款是除了住房补贴外，能大量解决中低收入家庭住房保障的方法。抵押贷款的偿还期限最长可以至25到30年，利率是固定的。2005年度，银行提供170亿兰特的抵押贷款给月收入在1 500兰特至7 500兰特之间的人群。其中南非四大银行（联合银行、标准银行、莱利银行和第一民族银行）拥有所有抵押贷款中的85%。在2004～2005年度报告中，各个银行抵押贷款市场占有份额分别为：联合银行占有31.5%，标准银行占有25%，莱利银行的占有份额23.5%，第一民族银行占有份额16%，其他较小的银行在抵押贷款市场中累计拥有4.9%的市场份额。

10.5.2 住房税制

南非从1836年就开始征收现代意义上的住房房地产税。南非政府分为中央、省、地方三个级别，共有9个省、283个地方政府。南非实行分税制财政体制，地方政府财力较强，可以负担80%以上的支出，而省一级政府则多依赖于中央财政拨款。在南非，住房房地产税属于地方财政，中央政府和省级政府无住房房地产税的课税权。

南非房地产税占地方财政收入情况（单位：%）　　　表10-6

收入来源	2004~2005年	2005~2006年	2006~2007年	2007~2008年	2008~2009年
房地产税	18.8	18.1	17.5	18.1	18.6
服务费	44.3	41.9	42.0	41.6	42.0
政府拨款	15.7	18.1	25.7	22.4	23.1
服务委员会收费	8.0	7.9	0.4	0.1	0.0
投资	2.4	2.5	2.8	3.2	3.1
其他收入	10.8	11.5	11.8	14.5	13.3
总收入	100.0	100.0	100.0	100.0	100.0

（1）**房地产税制度**

南非的住房房地产税长期以来仅将城市的土地、房屋、公共服务设施列入征税范围。2005年新实施的地方财产税法案将农村土地纳入征税范围。纳税人为住房的产权所有者，当住房产权属于政府时，承租人则为纳税人。征税对象为南非境内所有的土地和建筑物。南非采用从价计税的方式，统一采用评估值作为计税依据。

税率由当地政府部门确定，每年公开一次。不同类别房地产税率有所不同，中央政府确定税率年增长上线，并确定不同类别房地产税率之间的比率。

南非的新《财产税法》对税收优惠进行了详细的规定。对于海滩、岛屿、非盈利为目的的自然资源、宗教房产免收房地产税。对于住房价值规定了一个免税区间，高于免税区间价值的需要缴纳房地产税。公共服务基础设施的30%免收房地产税。

（2）**房地产税征管体系**

由于南非的住房房地产税属于地方政府税，因而南非的住房房地产税征管人员为地方的税务人员。课税对象为住房的纳税人，可以在一年内按月分期缴纳税款。纳税人拖欠税款除需补缴税款外，还需缴纳利息。对于拖欠税款达3年以上的，政府可以查封应税房地产并进行拍卖。

（3）**房地产税评税体系**

南非对于房地产评税很看重，新《财产税法》一共有9章，其中涉及评税的就有5章。南非的房地产评税分为全面评估和补充评估两类。全面评估是对所有课税对象进行的定期评估，补充评估则是因申诉、价格变动等对单个课税对象进行的评估。

南非的评税方法为市场法。地方政府参与对注册估价师的管理，并不直接参与评税，评税是由注册评估师来完成的，采用公开、竞争的程序选聘。对于评税周期，南非统一规定为4年，可延长一年的弹性制度。评税系统则采用了计算机批量评估系统（CAMA）。政府仅仅是进行资料的维护。

对于纳税人不服评税结果的，可以向评税委员会提出异议，如果对回复不满意，可以向评税申诉委员会进行申诉。

10.6 住房可持续建筑原则

随着保障性住宅政策的实施，南非的建筑业在可持续发展方面，有了长足的进步。南非标准局（SABS），在1993年公布了"环境管理系统实践规范"，在一定程度上量化国内建筑标准，并结合国际标准组织（ISO）在1995年制定的EMS（环境管理系统）国际规定，为南非国内建筑提供了综合性的核查清单，构筑了基本的可持续建筑原则，以改善建筑业的环境管理实践。这一原则在南非住房建设方面，主要体现在可持续性的社会属性、经济属性、生物物理属性和技术属性。

10.6.1 社会可持续性

① 提高居民生活质量，包括缓解贫困；

② 在发展规划中为社会自决和文化多样性做准备；

③ 通过健康与安全的环境，保护和促进居民身体健康；

④ 改善社会地位低下人群的技能培训状况；

⑤ 力求公平或平等地分配建筑的社会成本；

⑥ 力求平等地分配建筑的社会效益；

⑦ 力求做到代际平等。

10.6.2 经济可持续性

① 促进就业机会，促进劳动密集型建筑；

② 采取能推进可持续发展的政策与实践，如南非环境管理系统实践规范、2010综合资源规划等；

③ 利用全成本会计法和真实成本定价法，确定价格和税收；

④ 选用有环境责任感的供应商和承包商；

⑤ 把使用不可再生资源得到的部分收益投资于社会资本，以保持满足未来需要的能力。

10.6.3 生物物理可持续性

① 减少住宅建筑中使用的四类资源的使用量，即能源、水、材料和土地，倡导绿色、节能建筑；

② 最大限度提高资源重复利用或再循环利用率；

③ 优先使用可再生资源；

④ 最大限度减少住宅区及周边的空气、土地及水体污染；

⑤ 最大限度减少对敏感景观的损害，包括自然、文化、历史和建筑的景观。

10.6.4 技术可持续性

① 建设耐用、可靠的住宅建筑物，追求质量；

② 用可服务性来促进可持续建筑；

③ 使大型住宅区及建筑物趋于人性化；

④ 对现有城市基础设施进行补缺并使其恢复活力，重点是非正式住宅区、贫民住区的维修及改造，重建混合用途的步行街区。

南非是非洲大陆最大的碳排放国，同时也被列入全球20大二氧化碳排放国名单。

近午来，南非政府一直积极推广节能减排的低碳发展模式，包括制定相关的减排法律，鼓励民众使用太阳能，兴建绿色建筑，以及实现可持续发展。

南非拟从2015年1月1日起征收碳排放税，如果碳排放超过限定门槛，每吨二氧化碳当量征税120兰特，并且在2015-2020年期间，碳税标准将以每年10%的速度递增。南非出台的碳税政策，使南非成为非洲首个征收碳排放税的国家。南非财政部表示，他们希望通过征收碳排放税，推动消费者更加注重绿色环保。

根据南非绿色建筑委员会的调查，该国碳排放总量有30%左右来源于建筑物。因此，尽管前期投资比较昂贵，但是南非政府仍看好绿色环保建筑。

主要参考文献

[1] 南非国家统计局，General Household Survey（GHS）2012，南非：Statistic South Africa, 2013.

[2] 南非国家统计局，Income Expenditure Survey（IES）2013，南非：Statistic South Africa, 2013.

[3] 南非国家统计局，Census 2011，南非：Statistic South Africa, 2011.

[4] 南非人居署，KwaGae at Home，南非：Department of Human Settlements, 2014.

[5] 世界银行，Housing markets in developing country cities, the World Bank, 2009.

[6] 南非人居署，Together doing more and better, Medium Term strategic framework, A framework to guide government's programme in the electoral mandate period（2009-2014），南非：Department of human settlement, 2009.

[7] 联合国人居署，United Nations Human Settlements Programme, Rental Housing: A Much

Neglected Housing Option for the Poor, United Nation Human Settlements Programme（UN HABITAT），2011.

[8] 中国国家统计局官方网站http://www.stats.gov.cn.

[9] 中国住房和城乡建设部官方网站http://www.mohurd.gov.cn.

[10] 南非人居署官方网站http://www.dhs.gov.za.

[11] 南非统计局官方网站http://www.statssa.gov.za.

[12] 南非政府绿色公报网站http://www.greengazette.co.za.

[13] 南非法律资源中心网站http://www.lrc.org.za.

[14] 南非政府在线http://www.info.gov.za/aboutgovt/dept.htm.

第三部分 | 统计篇

1　经济与社会发展
2　住房建设投资与建设量
3　现有住房状况与标准
4　公共住房
5　住房家庭负担能力与市场
6　住房金融
7　住房可持续发展

1 经济与社会发展

1.1 国内生产总值（GDP）

1.1.1 世界十一国国内生产总值（1990~2012年）

（单位：亿美元）表1-1

国家	1990年	2000年	2005年	2010年	2011年	2012年
法国*	12 442	13 263	21 366	25 490	27 730	26 111
德国	17 145	18 864	27 663	32 589	35 706	33 973
俄罗斯	5 168	2 597	7 640	14 875	18 578	20 148.85
英国	10 126	14 772	22 805	22 519	24 316	24 440
巴西	4 620	6 447	8 822	21 430	24 767	20 390
美国	57 508	98 988	125 643	144 471	150 940	162 400
印度	3 266	4 747	8 342	16 843	18 480	18 250
日本	31 037	47 312	45 719	54 884	58 672	59 590
新加坡	361	959	1 235	2 132	2 397	2 764.8
南非	1 120	1 329	2 471	3 635	4 082	3 695.8
韩国	2 638	5 334	8 449	10 149	11 162	11 292
世界	219 769	323 293	456 753	631 360	699 937	—
高收入国家	182 734	264 422	359 145	431 195	466 435	—
中等收入国家	35 622	57 201	95 212	196 554	229 755	—
中低收入国家	37 029	58 886	97 690	201 014	234 763	—
低收入国家	1 452	1 667	2 412	4 251	4 744	—

注：*包括法属圭亚那、瓜德罗普、马提尼克和留尼汪。
资料来源：世界银行WDI数据库；《世界经济年鉴2013》。

1.1.2 世界十一国人均国内生产总值（1990~2012年）

（单位：美元）表1-2

国家	1990年	2000年	2005年	2009年	2010年	2011年	2012年
法国	21 384	21 775	33 819	40 477	39 170	42 377	35 563
德国	21 584	22 946	33 543	40 275	39 852	43 689	41 499.04
俄罗斯	3 485	1 775	5 337	8 616	10 481	13 089	14 056
英国	17 688	25 083	37 867	35 129	36 186	38 818	39 276
巴西	3 087	3 696	4 743	8 392	10 993	12 594	10 263.89
美国	23 038	35 082	42 516	45 192	46 702	48 442	51 700
印度	363	450	732	1 127	1 375	1 489	1 600
日本	24 754	37 292	35 781	39 473	43 063	45 903	46 128
新加坡	11 845	23 815	28 953	35 274	41 987	46 241	52 000
南非	3 182	3 020	5 235	5 738	7 272	8 070	7 139
韩国	6 153	11 347	17 551	16 959	20 540	22 424	11 292

资料来源：《国际统计年鉴2013》；2012年数据来源于世界经济年鉴（2013）.

1.2 国民收入与生活消费水平

1.2.1 世界十一国国民总收入（1991~2011年）

（单位：美元）表1-3

国家	1990年	2000年	2005年	2009年	2010年	2011年
世界	4 080	5 278	7 104	8 674	9 067	9 491
高收入国家	18 375	25 324	34 000	37 800	38 765	39 783
中等收入国家	892	1 252	1 921	3 349	3 722	4 125
中低收入国家	820	1 127	1 712	2 959	3 283	3 631
低收入国家	287	267	343	496	534	567
法国	20 160	24 270	34 850	42 380	42 190	42 420
德国	20 630	25 300	34 780	42 400	42 970	43 980
俄罗斯	—	1 710	4 460	9 290	9 880	10 400

续表

国家	1990年	2000年	2005年	2009年	2010年	2011年
英国	16 600	26 010	38 850	40 970	38 140	37 780
巴西	2 700	3 860	3 960	8 150	9 540	10 720
美国	23 260	34 890	44 670	46 080	47 350	48 450
印度	390	450	730	1 150	1 260	1 410
日本	27 090	35 040	39 140	37 580	42 050	45 180
新加坡	11 450	24 500	27 240	36 030	39 410	42 930
南非	3 390	3 050	4 850	5 730	6 090	6 960
韩国	6 000	9 910	16 900	19 650	19 720	20 870

资料来源：世界银行WDI数据库.

1.2.2 世界七国人均可支配收入（1970～2012年）

（单位：美元）表1-4

国家	1970年	1980年	1990年	2000年	2005年	2010年	2011年	2012年
法国	14 233.0*	18 585.0	22 309.0	25 756.7	26 316.0	25 896.1	25 968.9	—
德国	14 632.2*	18 341.0*	23 331.4*	25 854.9	26 881.2	29 036.0	29 789.9	29 880.4
俄罗斯	—	—	—	7 539.4*	10 822.0	13 138.5	14 440.4	—
英国	—	—	20 040.6*	25 690.1	29 878.6	29 778.8	29 595.0	—
美国	19 459.4	23 090.5	28 481.8	35 931.9	38 088.1	36 939.8	37 263.8	—
日本	12 052.4*	158 00.0*	22 865.2*	23 914.8*	24 948.5	24 411.2	24 208.5	—
韩国	2 532.3*	4 643.6*	11 040.6*	16 712.0*	19 764.0*	22 361.3*	22 446.7*	22 973.0*

注：*表示预测估计值。
资料来源：OECD；世界经济年鉴（2013）.

1.2.3 欧洲二十八国贫困率（2007年、2011年）

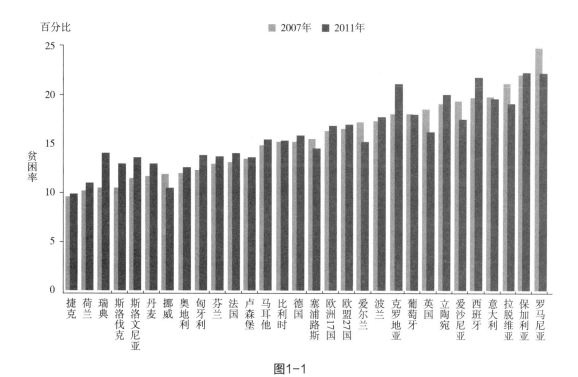

图1-1

注：贫困率指家庭可支配收入低于全国平均水平的60%家庭比重。
资料来源：CECODHAS Housing Europe.

1.2.4 世界十国消费指数水平（CPI）（2010~2012年）

（以2005=100）表1-5

国家和地区	2010年	2011年	2012年
法国	107.8	110.1	112.3
德国	108.2	110.4	112.6
俄罗斯	162.8	176.5	185.4
英国	114.5	119.6	123
巴西	125.7	134.1	141.3
美国	111.7	115.2	117.6
印度	151.4	164.8	180.2
日本	99.6	99.3	99.3
新加坡	113.6	119.6	125.0
南非	134.6	141.4	149.5
韩国	116.1	120.7	123.4
OECE-欧洲平均水平	113.1	116.7	120
OECD总体水平	111.7	114.9	117.5

资料来源：OECD.Stat；国际货币基金组织数据库.

1.2.5 世界十一国家居民生活水平比较

表1-6

项目	居民人均最终消费支出(2000年价格,美元)(2010年)	享有卫生设施人口占总人口比重(%)(2009年)	享有清洁饮用水源人口占总人口比重(%)(2009年)	医疗卫生支出占GDP比重(%)(2011年)	公共医疗支出占GDP比重(%)(2011年)	人均医疗卫生支出(美元)(2011年)	每千人口内科医生数(人)(2011年)	每千人口病床数(张)(2011年)	社会保障支出占中央政府各项支出比重(%)(2010年)	每万人出境旅游人数(人)(2010年)	每百平方公里公路长度(km)(2009年)	每千人拥有汽车量(辆)(2009年)	每百人拥有移动电话(部)(2012年)	每千人互联网用户(人)(2012年)
法国	13 717②	100	100	11.63	8.92	4 952.00	3.38	6.64①	28.4④	2 161	173	598	98.14	83
德国	14 103②	100	100	11.06	8.39	4 874.99	3.69①	8.20	55.98⑥	7 230②	180	564	131.30	84
俄罗斯	1 960	71	97	6.20	3.70	806.70	4.31①	9.66⑤	37.71	3 932	6	271	183.52	53.27
英国	18 354②	100	100	9.32	7.71	3 608.65	2.77	2.98①	33.87②	5 556	172	523	130.75	87.02
巴西	3 122	80	97	8.90	4.07	1 120.56	1.76①	2.30	—	531	—	209	125.19	49.85
美国	26 783②	100	99	17.85	8.20	8 607.88	2.42①	3.00①	32.24	6 142②	67	802	98.17	81.03
印度	459②	33	91	3.87	1.20	59.10	0.65①	0.9⑥	—	1 299	125③	—	68.72	12.58
日本	22 173②	100	100	9.27	7.42	3 958.47①	2.14①	13.65④	36.80⑦	1 664②	320	589	109.43	79.05
新加坡	11 467	101	101	4.56	1.42	2 286.38	1.92①	2.71	12.26③	734	473	180	153.4	74.18
南非	2 299	79	91	8.52	4.06	689.27	0.76	2.84⑥	14.55②	517	—	162	134.80	41.0
韩国	7 842②	100	98	7.21	4.13	1 616.32	2.02①	10.25③	21.11③	949②	105	355②	110.36	84.10

注：每一个项目内，默认为相应项目栏内的年份，如有不同，则特殊标注。每一个项目的默认年份不全一致。
① 2010年数据；② 2009年数据；③ 2008年数据；④ 2007年数据；⑤ 2006年数据；⑥ 2005年；⑦ 1993年。

资料来源：国际统计年鉴（2012）；世界经济年鉴（2013）.

1.3 国土面积与人口

1.3.1 世界多国和地区国土面积与人口密度（2000年、2005年和2012年）

表1-7

国家和地区	国土面积（万平方公里）	年中人口（万人）	人口密度（人/平方公里）		
	2012年	2012年	2000年	2005年	2012年
法国	55.2	6 370	111	115	115.40
德国	35.7	8 200	236	237	229.69
俄罗斯	1 707.54	1 4334.7	9	9	8.38
英国	24.41	6 370	243	249	260.96
巴西	851.49	19 840	21	22	23.30
美国	916.20	31 400	31	32	34.27
印度	298①	116 600①	355	383	391.28
日本	37.79	12 875.2	348	351	340.70
新加坡	0.07158	531.24	6 012	6 273	7 421.63
南非	122.104	5 177*	36	39	42.40
韩国	10.02	5 094.8	476	497	508.46
中国香港	0.1104	717.79	6 396.4	6 538.6	6 501.72
中国澳门	0.0033	58.2	15 423.8	17 192.5	17 636.36
中国台湾	3.6	2 332	615.6	629.2	647.78
世界	13 426.9	709	47	50	54②

注：① 不包括中印边境印占区和克什米尔印实际控制区；
② 印度人口为2009年数据；南非人口为2011年数据。世界人口密度为2011年数据.
资料来源：世界银行WDI数据库；世界经济年鉴（2013）.

1.3.2 亚洲部分国家贫困人口情况（2007年）

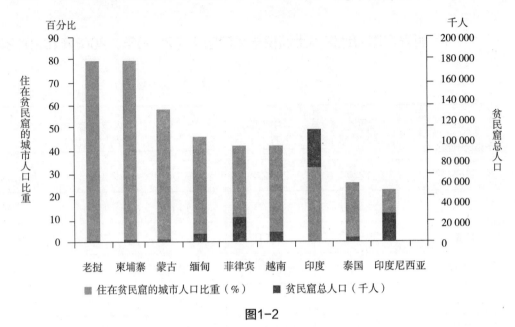

图1-2

资料来源：Affordable Land and Housing in Asia.

1.3.3 法德俄英美五国家庭结构及变化（1980~2010年）

表1-8

国家	1980年	1990年	1995年	2000年	2010年
（1）单人户					
法国	—	26.1	28.9	30.8	—
德国	30.2	35	34.9	36.1	—
俄罗斯	—	—	—	—	25.7
英国	22	27	—	28.5	29
美国	22.7	24.6	25	25.5	26.7
（2）无小孩的家庭户					
法国	—	6.6	6.7	7.2	—
德国	6.3	6	6.8	6	—
俄罗斯	—	—	—	—	11.5
英国	9	10	—	9.6	10.7
美国	7.5	8.3	9.1	8.9	9.1

续表

国家	1980年	1990年	1995年	2000年	2010年
（3）1个小孩的家庭户					
法国	—	38.6	35.4	32.8	—
德国	—	31.5	30	28	—
俄罗斯	—	—	—	—	15.9
英国	39	33	—	29.4	27.8
美国	30	25.2	25.5	31.2	29.2
（4）多个小孩的家庭户					
法国	—	26.2	26.7	27.1	—
德国	—	25.7	27.5	28.8	—
俄罗斯	—	—	—	—	22.8
英国	26	28	—	28.9	28.4
美国	29.8	29.2	28.9	25.2	26.9
（5）其他					
法国	—	—	—	—	—
德国	3	4.6	5.1	1.2	—
俄罗斯	—	—	—	—	24.1
英国	4	2	—	3.7	4.1
美国	—	—	—	9.1	8.1

资料来源：UNECE Statistical Division Database.

1.4 城市化与人口老龄化

1.4.1 世界十一国城市人口比重（2000~2011年）

（单位：%）表1-9

国家和地区	2000年	2005年	2008年	2009年	2010年	2011年	2012年
法国	76.9	81.6	83.8	84.5	85.2	85.7	86
德国	73.1	73.4	73.6	73.7	73.8	73.9	74
俄罗斯	73.4	72.9	73.4	73.5	73.7	73.8	74

续表

国家和地区	2000年	2005年	2008年	2009年	2010年	2011年	2012年
英国	78.7	79	79.3	79.4	79.5	79.6	80
巴西	81.2	82.8	83.7	84.0	84.3	84.6	85
美国	79.1	80.7	81.6	81.9	82.1	82.4	83
印度	27.7	29.2	30.3	30.6	30.9	31.3	32
日本	78.7	86.0	88.7	89.6	90.5	91.1	92
新加坡	100	100	100	100	100	100	100
南非	56.9	59.3	60.6	61.1	61.6	62.0	62
韩国	79.6	81.4	82.3	82.6	82.9	83.2	83
世界	46.6	49.1	50.6	51	51.5	52	52.5

资料来源：世界银行WDI数据库。

1.4.2 全球各区域城市化发展趋势（2010～2015年）

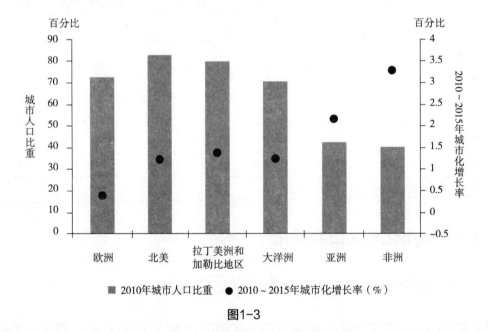

图1-3

资料来源：Affordable Land and Housing in Europe and North America.

1.4.3 世界七国人口老龄化率的发展与预测（1950~2050年）

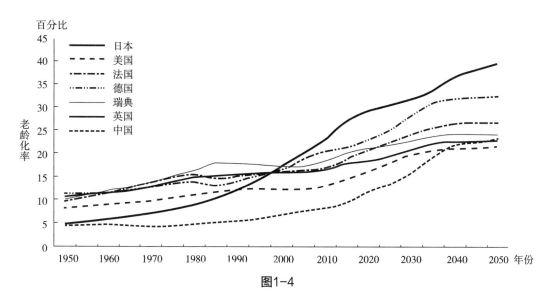

图1-4

表1-10

国家	1995年	2005年	2015年	老龄化率由7%增加到14%的年数
日本	14.4%	19.9%	26.8%	24年（1970~1994年）
美国	12.6%	12.3%	14.5%	72年（1942~2014年）
法国	15.2%	16.4%	18.6%	126年（1864~1990年）
德国	15.4%	19.1%	21.5%	40年（1932~1972年）
瑞典	17.5%	17.3%	20.0%	85年（1887~1972年）
英国	15.8%	16.0%	18.0%	46年（1929~1975年）
中国	6.4%	7.6%	9.5%	25年（2001~2025年）

注：老龄化率指65岁以上人口占总人口比重。按联合国标准，65岁以上人口占全国总人口比重超过7%，被称为"老龄化社会"，而超过了14%就被称为"老龄社会"。

资料来源：日本住宅经济数据集 2013.

2 住房建设投资与建设量

2.1 住房投资情况（1980~2011年）

2.1.1 法德英美日住房投资（1980~2011年）

（单位：%）表2-1

国家		1980年	1982年	1984年	1986年	1988年	1990年
法国	A	6.1	5.5	4.9	5.2	5.2	5.1
	B	21.9	20.8	19.0	19.2	20.5	21.4
	C	28.0	26.3	25.8	27.1	25.6	24.0
德国	A	6.7	6.2	6.4	5.3	5.2	5.6
	B	22.7	20.5	20.0	19.5	19.6	21.0
	C	29.6	30.3	31.7	27.3	26.5	26.6
英国	A	2.8	3.4	3.7	3.5	4.0	3.6
	B	17.2	16.4	17.1	16.9	19.0	19.3
	C	16.2	20.4	21.3	21.0	21.2	18.8
美国	A	3.9	3.0	4.8	5.1	4.8	3.9
	B	18.5	16.5	18.1	17.7	17.1	14.6
	C	21.2	17.9	26.7	28.9	27.9	26.9
日本	A	6.7	5.9	5.0	5.0	6.2	6.2
	B	31.6	29.5	27.7	27.3	29.9	32.2
	C	21.4	20.0	18.0	18.1	20.6	19.1

国家		1995年	1998年	2001年	2007年	2009年	2011年
法国	A	4.3	4.1	4.2	6.9	6.4	6.1
	B	18.8	18.4	20.0	22	20.5	22
	C	23.1	22.2	20.8	31.3	31.2	30.5

续表

国家		1995年	1998年	2001年	2007年	2009年	2011年
德国	A	7.9	7.4	6.3	5.6	5.6	5.6
	B	22.4	21.4	20.1	18.2	17.5	18.1
	C	35.1	34.5	31.5	30.7	32.0	31.0
英国	A	3.0	2.9	2.8	4.1	2.7	3.2
	B	16.3	17.6	16.5	18.6	14.8	14.2
	C	18.4	16.7	16.8	22.1	18.2	22.6
美国	A	3.9	4.2	4.4	4.8	2.5	2.3
	B	17.7	19.4	19.2	19.2	15	14.8
	C	22.0	21.4	22.9	25.0	16.7	15.5
日本	A	5.1	4.2	3.9	3.5	3.0	3.0
	B	27.7	26.8	25.6	24.3	21	20.8
	C	18.6	15.7	15.4	14.4	14.3	14.4

注：A：住房投资/国内生产总值；
　　B：固定资产形成总值/国内生产总值；
　　C：住房投资/固定资产形成总值；
　　2007、2009、2011年的B值是由A/C计算得出。

资料来源：日本. 住宅建筑手册. 1997，2003.
　　　　　日本. 住宅经济数据集 2009，2011，2013.

2.1.2 法德英美日五国住房投资（名义）（2011年）

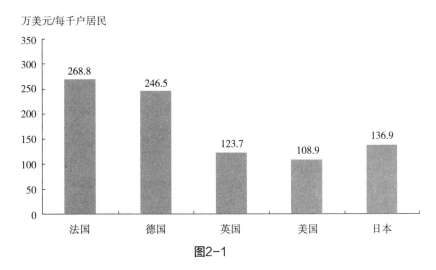

图2-1

资料来源：日本. 住宅经济数据集，2013.

2.1.3 法德英美日五国住房投资占GDP的比例（名义）(2011年)

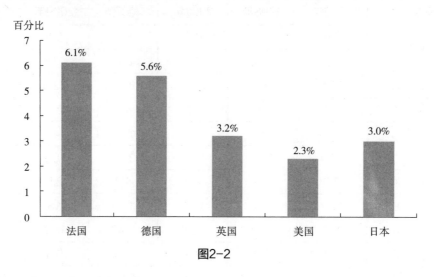

图2-2

资料来源：日本. 住宅经济数据集，2013.

2.1.4 法德英美日五国住房投资占国内固定资产总值的比例（名义）(2011年)

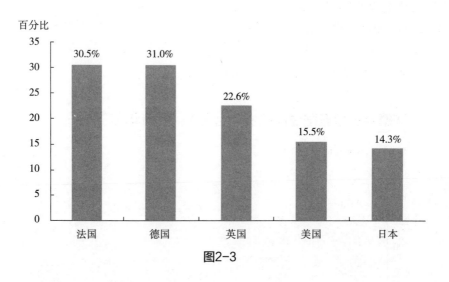

图2-3

资料来源：日本. 住宅经济数据集，2013.

2.2 住宅相关产业的生产诱发效果（2011年）

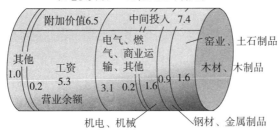

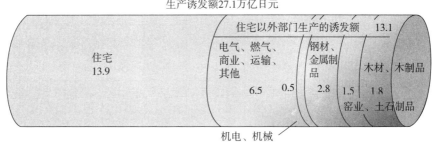

图2-4

注：2011年住宅建筑业的生产诱发系数为27.1/13.9≈1.95——编者。
资料来源：日本. 住宅经济数据集，2013.

2.3 新建住房量

2.3.1 法英美日每千居民新建住房量（1995~2012年）

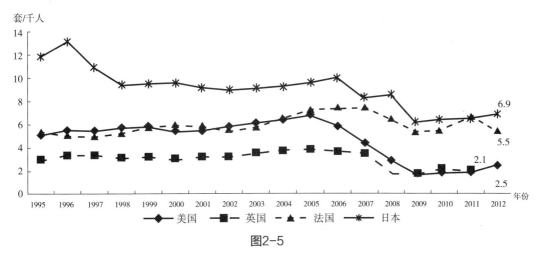

图2-5

资料来源：日本. 住宅经济数据集，2013.

2.3.2 世界七国月均新建住房套数及面积（2004~2012年）

表2-2

国家	项目	备注	2004年	2005年	2006年	2007年	2008年	2009年	2010年	2011年	2012年
法国	月平均数量：套	开工量	33 143	37 016	38 358	38 807	33 349	27 869	28 831	35 109	28 872
法国	月平均单位：km²		3 497	3 802	3 900	3 917	3 363	2 956	2 743	3 296	2 715
德国	月平均数量：套	计划建设量	20 036	17 942	18 370	13 414	12 637	13 116	13 982	17 441	19 477
德国	月平均单位：km²		2 334	2 085	2 142	1 522	1 444	1 493	1587	1 968	2 209
俄罗斯	月平均数量：套		39 787	42 942	50 713	60 204	64 009	58 502	59 510	65 463	69 836
俄罗斯	月平均单位：km²		3 420	3 630	4 213	5 102	5 338	4 992	4 843	5 189	5 480
英国	月平均数量：套	②	16 958	17 465	17 732	18 869	15 687	13 198	11 438	11 833	—
美国	月平均数量：套	开工量	184 000	161 000	165 000	125 000	94 000	66 000	54 000	49 000	54 000
日本	月平均数量：套	①	104 093	107 889	112 230	92 214	94 839	68 813	67 970	69 510	73 566
日本	月平均单位：km²		9 314	9 368	9 546	7 917	7 947	5 917	6 408	6 605	6 869
南非	月平均数量：套		5 890	5 885	3 859	4 567	5 835	4 483	3 296	3 388	3 573
南非	月平均单位：km²		633	738	765	759	734	568	412	406	404

注：① Data excludes capital repairs.　② Data refer to privately-owned housing completions only.
资料来源：http://unstats.un.org/.

3 现有住房状况与标准

3.1 住房存量与自有率

3.1.1 欧洲27国住房总量

表3-1

序号	国家	年份	总住房量（套）	每千户居民住房量（套）
1	奥地利	2009	—	436*
2	比利时	2009	5 043 000	457
3	保加利亚	2011	3 859 460	—
4	捷克共和国	2004	4 336 000	—
5	塞浦路斯	2002	293 000	—
6	丹麦	2009	2 680 000	500
7	爱沙尼亚	2009	651 000	485
8	芬兰	2009	2 784 000	531
9	法国	2009	31 264 000	509
10	德国	2011	39 268 000	490
11	希腊	2004	5 465 000	—
12	匈牙利	2009	4 303 000	429
13	爱尔兰	2004	1 554 000	371
14	意大利	2001	—	479*
15	拉脱维亚	2009	1 042 000	461
16	立陶宛	2009	1 308 000	390
17	卢森堡	2009	188 000	389
18	马耳他	2009	139 000	349
19	荷兰	2009	7 107 000	431

续表

序号	国家	年份	总住房量（套）	每千户居民住房量（套）
20	波兰	2009	13 302 000	348
21	葡萄牙	2011	5 880 000	557
22	罗马尼亚	2009	8 329 000	390
23	斯洛伐克	2009	1 767 000	326
24	斯洛文尼亚	2004	798 000	—
25	西班牙	2009	25 129 000	544
26	瑞典	2009	4 508 000	479
27	英国	2009	27 108 000	443

注：*奥地利和意大利的总住房存量无数据。奥地利和意大利的每千户居民住房量仅含部分。

资料来源：（1）HOUSEING EUROPE REVIEW，2012.
（2）Housing statistics in European Uion 2010, national correspondents updates.

3.1.2　欧盟27国住房总量结构

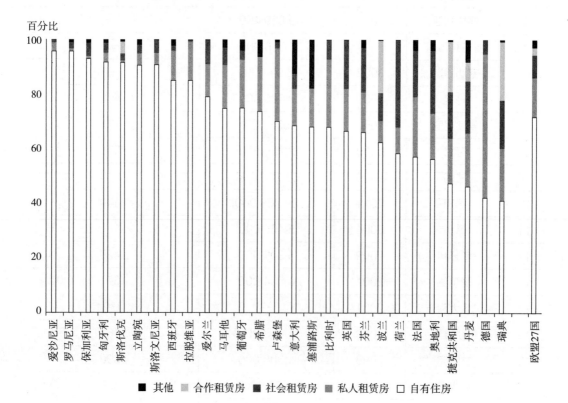

图3-1

资料来源：HOUSEING EUROPE REVIEW，2012.

3.1.3 法德英美日五国住房存量结构（按所有权划分）

（单位：千套）表3-2

国家	总计	自有住房	出租住房	其中	
				民间出租	公营出租
法国（2006年）	100% 26 280	57.2% 15 032	42.8% 11 248	19.4% 5 104	17.1% 4 487
德国（2010年）	100% 36 089	45.7% 16 494	54.3% 19 595	—	—
英国（2011年）	100% 21 787	65.9% 14 352	34.1% 7 435	16.6% 3 620	17.5% 3 815
美国（2011年）	100% 114 907	66.2% 76 091	33.8% 38 816	29.2% 33 533	4.6% 5 283
日本（2008年）	100% 49 598	61.1% 30 316	35.8% 17 770	26.9% 13 366	6.1% 3 007

资料来源：日本住宅经济数据集，2013.

3.1.4 欧洲西部14国和中东部14国住房空置率

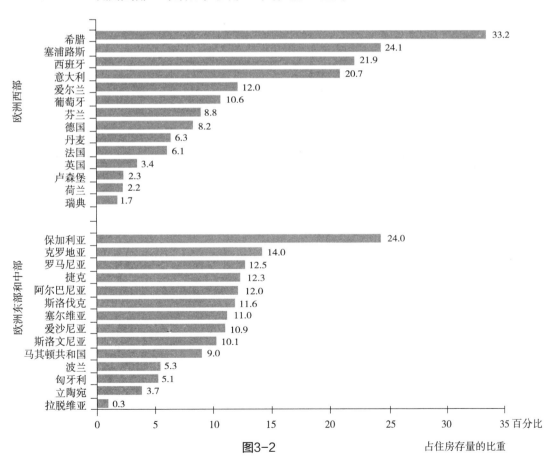

图3-2　　占住房存量的比重

资料来源：Affordable Land and Housing in Europe and North America；Moiir, 2006 and Tsenkova, 2005.

3.1.5 欧洲15国自有住房比率

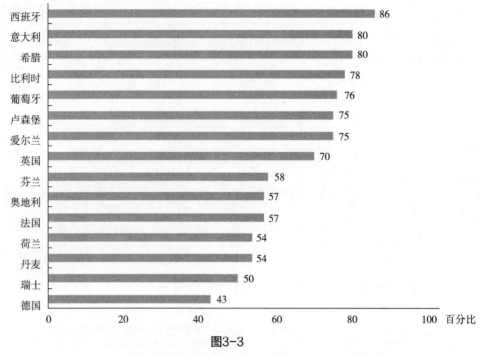

图3-3

资料来源：德国科隆经济研究所,德国住房调查,2012.

3.1.6 世界经济合作发展组织（OECD）成员国家的住房自有率变化趋势

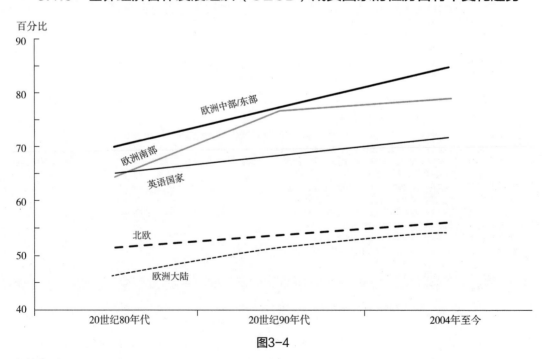

图3-4

资料来源：HOUSEING EUROPE REVIEW，2012.

3.2 现有住房平均面积

3.2.1 法德英美日五国住房套均面积（按墙体中-中计算）

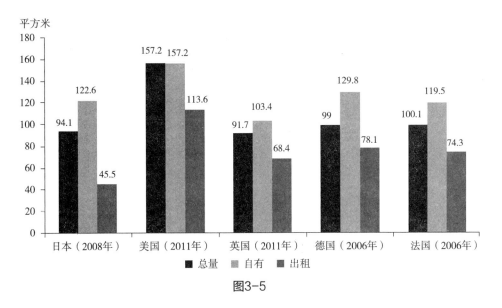

图3-5

资料来源：日本 住宅经济数据集，2013.

3.2.2 法德英美日五国住房人均建筑面积（按墙体中-中计算）

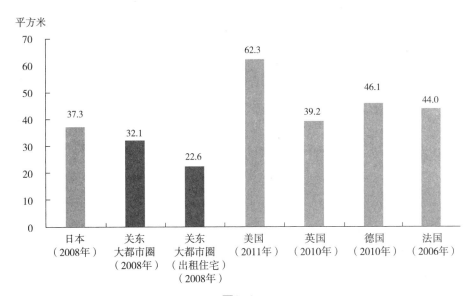

图3-6

资料来源：日本. 住宅经济数据集，2013.

3.3 住房使用与满意度

3.3.1 欧洲27国居住在不同建筑类型住房人口比重

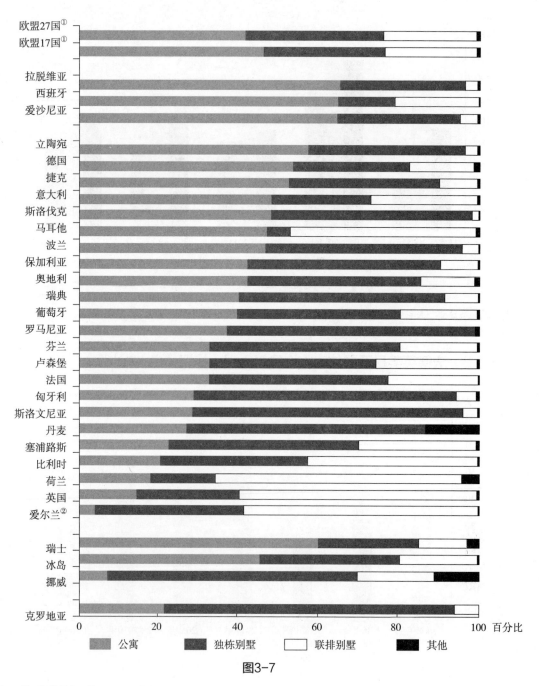

图3-7

注：① 估算数据 ② 2010年数据。

资料来源：European social statistics 2013.

3.3.2 欧洲住房不足率（2010年）

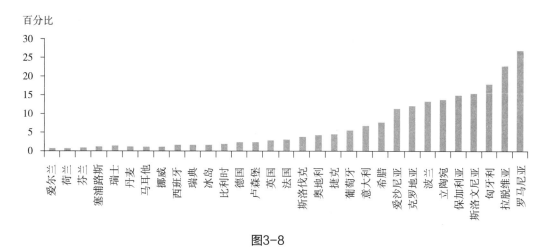

图3-8

注：住房不足率是指住在过度拥挤住房（至少一间住房，没有淋浴或洗手间，或屋顶漏水或室内太黑暗等）内人口的比重。

资料来源：Housing investments supported by the European Regional Development Fund，2007–2013.

3.3.3 日美英拆除住宅的使用年限

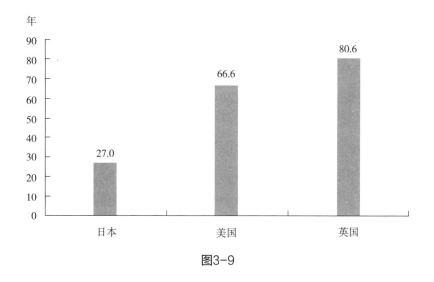

图3-9

资料来源：日本. 住宅经济数据集，2013.

3.3.4 几个国家住房与环境满意度比较（60岁以上人群）

（单位：%）表3-3

(1)住房满意度	德国	美国	日本	韩国	瑞典
满意	78.1	74.9	33.3	24.7	84.0
基本满意	18.7	19.2	49.0	52.4	14.4
稍有不满	2.9	4.4	15.4	19.1	1.5
非常不满	0.3	1.5	2.2	3.8	0.1

(2)环境满意度	德国	美国	日本	韩国	瑞典
满意	71.5	75.2	35.0	29.6	86.8
基本满意	25.5	19.2	54.8	58.0	12.3
稍有不满	2.4	4.2	9.5	11.7	0.8
非常不满	0.4	1.4	0.8	0.7	0.1

资料来源：日本. 住宅经济数据集，2013.

3.3.5 欧盟城市和农村社区存在问题（5000个社区调查结果）

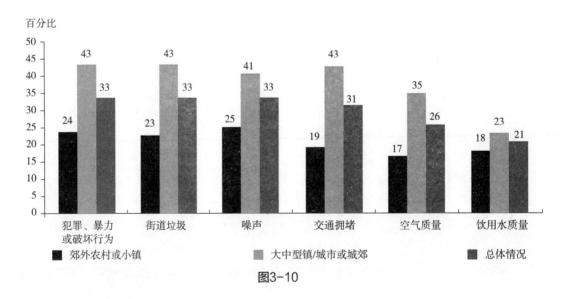

图3-10

资料来源：CECODHAS Housing Europe.

3.4 住房标准

3.4.1 联合国提出的3~5人家庭住宅的最小建筑面积

表3-4

房间	起居加就餐	第一卧室	第二卧室	第三卧室	厨房	总面积
建筑面积（m²）	18.6	13.9	12	8	7	59.5

资料来源：罗应光等.中国保障性住房建设的理论与实践,中共中央党校出版社,2011.

3.4.2 欧洲不同规模家庭住宅的最小居住面积标准

表3-5

住宅卧室数/家庭人数	2/3	2/4	3/4	3/5	3/6	4/6	4/7	4/8	5/8
面积（m²）	46	51	55	62	68	72	78	84	88

注：1958年国际家庭组织联盟、国际住房和城市规划联合会共同提出.

资料来源：住房和城乡建设部住宅产业化促进中心.保障性住房套型设计及全装修指南.北京：中国建筑工业出版社，2010.

3.4.3 日本第八个住房建设五年计划的居住水平（2001~2005年）

（1）一般诱导居住水平

（单位：m²）表3-6

家庭人数	居住室面积（净面积）	住户专用面积（墙体中到中的面积）
1人	27.5	50
1人（单身中年人或老年人）	30.5	55
2人	43.0	72
3人	58.5	98
4人	77.0	123
5人	89.5	141
5人（包括1位老年人）	99.5	158
6人	92.5	147
6人（包括老年夫妇）	102.5	164

(2) 城市诱导居住水平

(单位：m²) 表3-7

家庭人数	居住室面积（净面积）	住户专用面积（墙体中到中的面积）
1人	20.0	37
1人（单身中年人或老年人）	23.0	43
2人	33.0	55
3人	46.0	75
4人	59.0	91
5人	69.0	104
5人（包括1位老年人）	79.0	122
6人	74.5	112
6人（包括老年夫妇）	84.5	129

(3) 最低居住水平

(单位：m²) 表3-8

家庭人数	居住室面积（净面积）	住户专用面积（墙体中到中的面积）
1人	7.5	18
1人（单身中年人或老年人）	15.0	25
2人	17.5	29
3人	25.0	39
4人	32.5	50
5人	37.5	56
6人	45.0	66

注：标准的家庭构成指3人以上家庭且有需要与夫妇分居的小孩；居住室面积包括：卧室及餐室兼厨房；住户专用面积包括：卧室、餐室兼厨房、厕所、浴室、贮藏空间等，但不包括阳台。

资料来源：日本. 住宅·建筑手册，2003.

4 公共住房

4.1 社会住房量与支出

4.1.1 欧盟18国社会住房比重

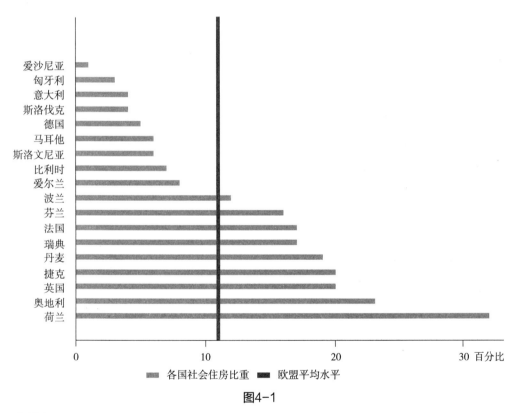

图4-1

资料来源：Social Housing in the EU，2013.

4.1.2 欧洲十国公共住房与社会住房量

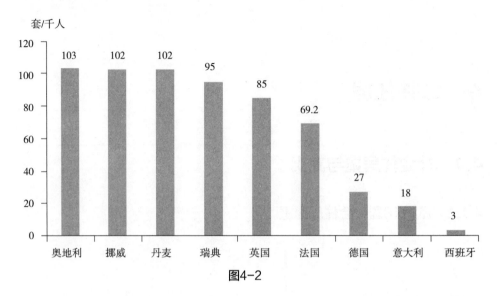

图4-2

资料来源：Chauvot, Myriam (January 2011).

4.1.3 欧盟27国社会住房支出占GDP比重（欧盟平均值）

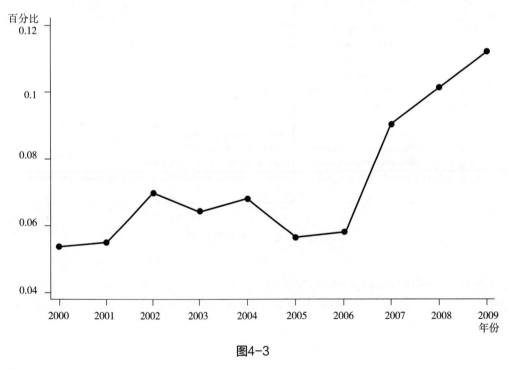

图4-3

资料来源：Social Housing in the EU，2013.

4.1.4 社会住房支出占GDP比重(按GDP高低将欧盟国家分为四组)

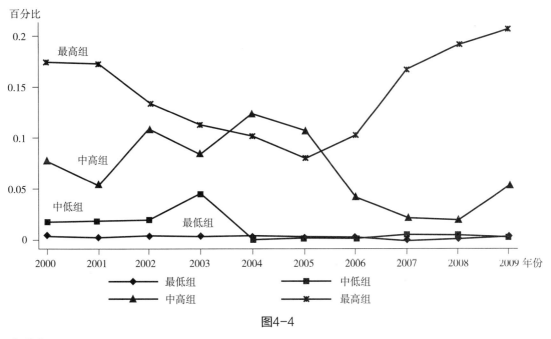

图4-4

资料来源:Social Housing in the EU,2013;Eurostat.

4.2 公共住房经济政策

4.2.1 美英德公共住房主要经济政策

表4-1

美国		
经济政策	供给方(开发企业或非营利机构)	需求方(低收入家庭)
住房补贴政策	政府直接提供补贴	**提供住房补贴**:家庭收入未达到所在地区家庭平均收入的80%者可申请住房补贴
		租金资助计划:政府对支付房租超过家庭收入25%的低收入家庭给予合理市场平均租金差价补贴
		住房券计划:政府负担合理市场租金与家庭收入30%的差额,向低收入家庭发放"住房券",房主凭券兑取差额部分的现金
贷款优惠政策	提供低于市场利率的贷款	**低息贷款**
		联邦住宅管理局提供抵押贷款保险:期限最长为30年且贷款利率低于其他长期贷款利率
		退伍军人管理局提供抵押贷款保险:退伍军人不需支付保险费、免首期款、利率低、偿还期长

续表

美国		
经济政策	供给方（开发企业或非营利机构）	需求方（低收入家庭）
税收优惠政策	**税金信用计划**：发放税金信用证，以减免私人开发商或非营利机构一定额度的收入税。 **低收入住房返税**：给予开发公共住房的企业税务返还优惠。开发商获得返税额度后，可用于减少其他收入的税负，也可将其出售给其他投资机构进行融资。	**低收入购房者税收抵免**：低收入购房者可在10年内享受个人所得税的抵免

英国	
经济政策	内容
房价优惠政策	**购买**：凡租用公共住房满2年的租户要购买此房，均可享受价格上的优惠。单幢住宅起点优惠为32%，公寓住宅起点优惠44%，以后每增加1年，单幢住宅可增加1%优惠，公寓住宅可增加2%优惠。所有住房优惠金额的最高限度为5万英镑
	转售：购得公共住房的第一年内，若转售该住房需补交100%的折扣款；以后，补交折扣款逐年减少20%，即第六年开始，居民可以自由转售住房并获得全部转让收益
产权分享政策	低收入家庭根据其收入水平和购买能力，购买房屋部分产权，其余部分继续向住宅协会租用，在未交完全部房款前，房屋所有权归居民和房主共有
住房补贴政策	对在支付房租后收入低于社会补助收入水平的租户，政府按相应标准进行房租补贴
抵押贷款优惠政策	偿还期限长：一般为15~25年，最长可达30年；贷款率高（即首付款比例低）：一般为80%，最高可达90%；贷款利息免税

德国	
经济政策	内容
住宅储蓄政策	储户根据自己住房需要及储蓄能力，与住房储蓄银行签订储贷合同，储户每月按照合同约定存钱，当存满储贷金额的一定比例（40%~50%）后，即可取得贷款权。 封闭运行，固定利率：存贷款利率不受资本市场供求关系和通货膨胀等利率变动因素的影响。 政府对参与住房储蓄的居民给予储蓄奖励和购房奖励
租金管理政策	政府要求各地方政府按照不同区位、不同房屋结构和房屋质量，提出相应的指导租金水平，作为住房出租人和承租人确定住房租金的参考标准，以保障居民的基本住房条件
房租补贴政策	政府负担居民实际交纳租金与可以承受租金（通常为家庭收入的25%）的差额，以保证每个家庭都能够有足够的房租支付能力。房租补贴的资金由联邦政府和州政府各承担50%
购建房税收政策	建房费用可在最初使用住宅的12年内折旧50%（后又改为在最初8年内折旧40%），从而降低房主应纳税的收入。 申请建房的贷款也可从应纳税的收入中扣除。 免征10年地产税，并在购买建房地产时免征地产转移税

资料来源：中国房地产动态政策设计研究组. 国外公共住房发展政策及启示 2011.06.

4.2.2 日本各类公共住房建设执行机构和业绩

表4-2

特征	公库	公营住房	公团住房（UR住房）	公社住房	优良租赁房
开始实施年份	1950年	1951年	1955年	1965年	1993年
运营主体（成立时）	住宅金融公库	地方公共团体	日本住宅公团	地方住宅供给公社	地方公共团体，地方住宅供给公社民间事业者
运营主体（现在）	住宅金融支援机构（2005~）	地方公共团体	住宅、都市整备公团（1981~1999年），都市基盘整备公团（1999~2004），都市再生机构（2004~）	共57个公社：47个都道府县及10个城市公社。但是，青森县、岩手县、福岛县及富山县于2009年3月底解散	地方公共团体，地方住宅供给公社民间事业者
法律依据	《独立行政法人住宅金融支援机构法》（2005年）	《公营住宅法》（1951年）	《独立行政法人都市再生机构法》（2003年）	《地方住宅供给公社法》（1965年）	《促进特定优良租赁住宅供给的法律》（1993年）
主要目的	向建造或购买住宅的个人提供长期、固定、低息的住宅金融贷款。成立初期为政策性金融机构，2005年后由独立行政法人接管	由地方公共团体直接建设和管理，向低收入者提供廉价租赁住宅	在大城市圈及周边范围内，大规模提供拥有良好居住环境的住房和住房用地，对市街地进行开发。它可超越地域的界限开展范围广泛的事业	向有一定以上收入的劳动者提供符合各地区住房条件的良好住房和住房用地。公社由地方公共团体设立，并由其提供资金和运筹住房建设与销售业务	对民间土地所有者所建设的优良租赁住宅进行补助，并且进行征借，作为公共租赁住宅提供给中产阶层群体（也有提供房租补贴的形式）
主要资金	到2000年为止是财政投资及融资（退休公积金、邮政存款、简易保险等）。2001年转为独立行政法人后，以财投机关债、政府保证债、财投债等形式向社会筹措资金	用税款来进行住房建设，维修管理费等的不足部分也用税款进行填补	对借款、债权及事业收入等进行独立核算，但也有一部分税款补助。2004年转为独立行政法人后，主要为租赁住宅的房租收入和城区开发所获得的出售土地收益	公积金及公库获得的融资	国债、地方债

续表

特征	公库	公营住房	公团住房（UR住房）	公社住房	优良租赁房
分售住宅租赁住宅	—	租赁住宅	租赁住宅和租赁用的特定销售住宅（建成以后整体转让的租赁住宅）。分售住宅（1999年以后停止）	分售住宅租赁住宅	租赁住宅
阶层对象	没有收入限制	收入水平处于25%以内（家庭收入水平处于倒数25%以内）。但对于高龄者，收入水平处于25%~40%范围的可酌情处理	没有收入限制	没有收入限制	收入水平处于25%~50%以内，但是，处于0%~80%范围的情况则可由都道府县的知事进行酌情处理
供给实绩	贷款总数1909万户，贷款实绩180兆日元（统计截止于2002年3月）	总数218万户（统计截止于2002年3月）	总数151.8万户。其中租赁住宅84.4万户，租赁用的特定销售住宅39.2万户，分售住宅28.1万户（统计截止于2004年6月）	总数74.1万户。其中租赁住宅17.5万户，分售住宅56.6万户（统计截止于2007年3月）	总数15.9万户（2005年3月）
房租设定（只限租赁）	与邻近同类的房租保持一致	①房租估算基本额（根据收入设定）×位置系数×新旧系数×便利性系数 ②与邻近同类的房租为上限	与邻近同类的房租保持一致	与邻近同类的房租保持一致	与邻近同类的房租保持一致。房租补助额每年减少5%（20年后将无补助）
其他事业	直接贷款（2005年以后原则上禁止），住房证券化支援事业等	—	出售住房用地，城区再开发，都市再生的协调化业务等	出售住房用地，城区再开发，公营住宅的代行管理等	—

续表

特征	公库	公营住房	公团住房（UR住房）	公社住房	优良租赁房
今后的方向	实现彻底的事业转换，以提高业务运营效率为前提，尽早偿还财政贷款资金（免除补偿金），缩减补助金，补助金的投入将于2012年3月前结束	现有住房老化和入住者的高龄化等正在加剧，住房的改良事业需要进一步加强，但是由于地方自治体的财政困难，进展并不顺利	现有租赁住房的整理顺利进行。为了确保入住者的居住安定，首先努力抑制住宅重建或改良给低收入者带来的房租负担的增加，还在住宅区内引进福利设施	根据《地方住宅供给公社法》的部分修正规定（2005年），设立团体可以自主解散。现今不少公社已处于超负债的状况，预计今后将进行缩小业务或解散	采用房租补助的情况下，补助额降低，房租每年上升5%，因此不少入住者在住房新建几年后便搬出，向土地和房产所有者保证房租的自治体等的风险也非常大，1997年达到最大以后供给户数急剧减少，现有的住房也开始谋求向高优赁的转换

资料来源：吴东航，小见康夫等.日本住宅建设与产业化[M].北京：中国建筑工业出版社，2009.

4.2.3 韩国公共住房政策的特点

表4-3

特点	政策和具体措施
计划性和计划依据	从1962年开始，每五年发布一次住房发展计划，并将其纳入韩国社会经济发展计划。1972年发布了《住房建设10年计划》（1972~1981），还发布了《住房200万户建设计划（1988~1992）》和《住房综合计划》（2003~2012）。 从1960年开始进行住房普查，以后每五年进行一次，形成制度。普查的重点集中在两个方面：一是通过住房普及率（住房数量与家庭户数之比）和新建住房数量来掌握住房供应情况，二是通过每百人住房数量、每套住房平均面积、人均居住面积、人均住房间数与厨卫系统普及率等指标来掌握居民的居住质量
立法保障和完善体制	制定有关法律，其中重大的有《住房供应法》（1963年），《住房建设促进法》（1972年），《租赁住房建设促进法》（1984年），《租赁住房法》（1994年），《住宅法（2003年）》等。依据《住房建设促进法》，政府设立国家住房政策审议委员会，负责制定国家住房发展规划，审批全国住房建设计划。住房行政管理事务由建设与交通部实施，下设韩国住宅公社和大韩土地开发公社等机构，专门负责建造出租公房
确定适当的面积标准	针对家庭人口规模有比较明确的规定，如小型商品房、公共租赁房全部在85m²以下，多数是65~85m²

续表

特点	政策和具体措施
享受优惠的公平性	细分目标对象。目标对象分为绝对支援阶层（再分为不负担最低居住费阶层和可负担最低居住费阶层）、部分支援阶层和自立阶层。对不同阶层实施不同的公共住房政策。如收入水平下位40%以下的为绝对支援对象，提供居住费补贴或入住公共租赁住房优选权；收入水平下位40%~60%的为部分支援对象，提供购买中小型公共住房或入住公共租赁住房的优选权，并且对此提供国民住宅基金贷款
公共住房的供给	提供多种形式的公共住房。公共住房的主要类型有：小型商品住房，针对拥有购买力的中低收入户而建设的小型公共住房，住房面积大致在60m²以下；公共租赁住房，由国家或地方政府投入建设或通过"国民住宅基金"的支持而建设的租赁住房，租赁住房又分为"永久租赁房"、"公共租赁房"和"国民租赁房"等几类，其中"永久租赁房"是专门针对城市贫困居民建设的非营利性住房，"公共租赁房"和"国民租赁房"是微利性的，供给对象仅限于中低收入家庭
支援手段的完善	（1）1981年设置了"国民住宅基金"，支援小型商品房和公共租赁住房的建设和土地开发；（2）为降低土地成本，由韩国住宅公社或土地开发公社等公共机构开发公共住房用地，一律以低于市场价格供给；（3）为减轻低收入阶层购买住房的负担，实施了大幅度的税收优惠

资料来源：金银姬（韩国）．韩国公共住房政策对中国的启示．城市开发，2006．11．
金大鸿（韩国）．从韩国的公共住房制度看中国保障性住房制度的建立．经济导刊，2008.02.01．

4.2.4 发展住房合作社

表4-4

概述	住房合作社已有200多年的发展历史。1775年英国伯明翰建立了世界第一家互助性建筑社团，标志着合作建房组织的诞生。在它的影响下，法国、德国分别于1860年和1862年出现了住房合作社，以后住房合作社逐步推广到世界40多个国家，对解决广大中低收入居民住房问题起到了积极的作用。
类别	由于人们的需求多种多样，各国的实践也千差万别，所以实践中涌现出了多种类型的住房合作社。国外住房合作社依据合作住房的所有权形式不同大致可分为以下几类： （1）房产私有的住房合作社。 　　这种合作社社员在申请入社时必须认购入社股金或交纳一定会费，合作社则负责联系贷款，并以合作社名义出面购买宅基地。社员可以优先得到住房，社员以分期付款方式偿还贷款本息和合作社的其他开支，待贷款本息缴清时住房便归社员个人所有，合作社也随之解体。 （2）房产共有的住房合作社。 　　这种住房合作社社员在入社时缴纳一定数额的会费或认购相应的股金，合作社负责贷款和购买土地，房屋建成后，房屋由社员共同所有，当社员入住房屋后合作社也不解散，而是由合作社成员选举出代表继续管理合作住房业务，如各种物业管理的费用、抵押贷款的偿还等，发挥社员民主管理的能力。一般房屋不能买卖，但可以退出，当社员退出住房合作社时会得到一笔适当的费用。

续表

类别	（3）普通型的住房合作社。 　　它是介于房屋共有与个人私有之间的中间式住房合作社。社员对住房享有居住权，但没有所有权，社员仅对其持有的股份享有所有权，住房的所有权直接归住房合作社。并且社员不能对外转让其股份，社员只能在社内选择买主转让自己的股份。社员可组织住房的管理委员会参与住房合作社的管理工作。 （4）租房式住房合作社。 　　这种住房合作社要求申请加入合作社的人必须投资，合作社则可以得到低息抵押贷款。房产归合作社所有，出租给社员居住，社员一般按年或按月向合作社缴纳一定的租金。但和一般的房屋出租不同，该种类型住房合作社的住户可以通过组织管委会参与合作社社务。 （5）劳动合作式住房合作社。 　　这种住房合作社的社员不仅要缴纳会费，而且还要亲自参加房屋的建设，不仅是资金的合作更是劳动的合作，形成了良好的生活氛围。这种住房合作社一般限于小型的住房合作社，特别是农村地区的住房建设。
特点	虽然住房合作社有不同的类型，但住房合作社也有其共同特点。 （1）非营利性法人。 　　首先，住房合作社具有社团法人资格，享有独立的民事权利能力和民事行为能力，承担独立的民事责任。其次，住房合作社为非营利性的社团组织。住房合作社是一种服务性的合作组织，不以营利为目的，而以服务为目的。 （2）实行民主管理和民主监督。 　　住房合作社都有自己的章程，章程对住房合作社的组织机构及其运行、社员的权利义务及其行使做出了规定。住房合作社的组织机构一般包括由全体社员构成的社员大会和由社员选举出的人员组成的理事会。社员大会是住房合作社的最高权力机关，社员向住房合作社发表对住房选址、住房设计、住房环境、住房功能以及住房建成后的物业管理、房屋维修等问题的意见，住房合作社通过民主程序决定有关社员切身利益的问题，反映大多数人的意愿。理事会或者管委会是负责住房合作社日常运行的常设性机构，严格执行社员大会的各项决议，为社员的利益提供服务。同时社员对理事会及组成人员享有民主监督的权利，保障住房合作社正常运行，维护社员自身利益。 （3）具有价格和质量优势。 　　住房合作社建造的住房一般会比商品房便宜，其主要原因是：第一，国家优惠政策的支持。第二，中间环节减少。住房合作社实行自建自销，比商品房减少了销售环节，可以减少营业税、广告费、交易费等；第三，没有利润负担。第四，包括部分劳动价值。住房合作社成员直接参与合作社的管理，有些住房合作社还由社员参加住房建设，节省了用工量，节约了成本。同时由于住房合作社建造的住房是自己居住的，比任何房地产企业更关注住房的质量，对建造过程的监督更严格，从而保障了住房的质量。 （4）具有自救性和互助性。 　　合作经济组织服务的对象是社会上的弱势群体，他们只有联合起来依靠相互结合的力量，互相帮助，进行自救。因此住房合作社往往是面向中低收入家庭，国家给予一定的扶持，但最主要的还是依靠社员们的力量，共同出资，民主管理，互相扶持，自力更生，通过社团凝聚力量解决自己的住房问题。

资料来源：陆介雄等.住宅合作社立法研究.北京：法律出版社，2006.
　　　　　刘勇.国外住宅合作社的发展概貌（上）.中国合作经济，2005.7.
　　　　　搜狐焦点网北京站业主论坛——孟宪生论坛 2004.12.31.

5 住房家庭负担能力与市场

5.1 住房负担能力

5.1.1 第九届国际住房支付能力调查81个大城市房价收入比

表5-1

国家 房价/收入	3.0和以下	3.1~4.0	4.1~5.0	5.1及以上	城市数量	房价收入比
澳大利亚	0	0	0	5	5	6.5
加拿大	0	2	1	3	6	4.7
爱尔兰	0	1	0	0	1	3.6
新西兰	0	0	0	1	1	6.7
英国	0	0	8	8	16	5.1
美国	20	20	5	6	51	3.2
中国香港	0	0	0	0	1	13.5
总计	20	23	14	24	81	—

注：（1）房价收入比指用房价中位数除以家庭税前年收入的中位数。（2）这81个大城市人口均超过100万；这项调查的组织者将住房支付能力分为四类：① 房价为收入的3倍及以下为"可负担"；② 4倍或以下为"中度不可负担"；③ 5倍或以下为"较严重不可负担"；④ 超过5倍为"严重不可负担"。

资料来源：9th Annual Demographia International Housing Affordability Survey: 2013.

5.1.2 第九届国际住房支付能力调查337个城市房价收入比

表5-2

国家 房价/收入	3.0和以下	3.1~4.0	4.1~5.0	5.1及以上	城市数量	房价收入比
澳大利亚	0	0	9	30	39	5.6
加拿大	8	17	4	6	35	3.6
爱尔兰	1	4	0	0	5	3.2
新西兰	0	0	3	5	8	5.3
英国	0	2	14	17	33	5.1
美国	100	87	13	16	216	3.1
总计	109	110	43	75	337	—

资料来源：9th Annual Demographia International Housing Affordability Survey: 2013.

5.1.3 历届国际住房支付能力年度调查各国房价收入比

表5-3

项目	调查城市数量	澳大利亚	加拿大	爱尔兰	新西兰	英国	美国
2006第二届	100	6.2	3.8	6.0	5.9	5.9	4.6
2007第三届	159	6.6	3.2	5.7	6.0	5.5	3.7
2008第四届	227	6.3	3.1	4.7	6.3	5.5	3.6
2009第五届	265	6.0	3.5	5.4	5.7	5.2	3.2
2010第六届	272	6.8	3.7	3.7	5.7	5.1	2.9
2011第七届	324	6.1	3.4	4.0	5.3	5.2	3.0
2012第八届	324	5.6	3.5	3.3	5.2	5.1	3.0
2013第九届	337	5.6	3.6	3.2	5.3	5.1	3.1

资料来源：Annual Demographia International Housing Affordability Survey:2006～2013.

5.1.4 世界七个国家城市住房支付能力比较

表5-4

具备住房支付能力的24个主要城市圈					
排位	城市（国家）	房价收入比	排位	城市（国家）	房价收入比
1	底特律（美国）	1.5	10	罗克福德（美国）	2.1
1	埃文斯维尔（美国）	1.5	10	萨吉诺（美国）	2.1
3	拉斯克鲁塞斯（美国）	1.9	10	南本德（美国）	2.1
4	亚特兰大（美国）	2.0	16	爱普敦（美国）	2.2
4	弗林特（美国）	2.0	16	费耶特维尔（美国）	2.2
4	兰辛（美国）	2.0	16	史密斯堡（美国）	2.2
4	卢博克市（美国）	2.0	16	尤蒂卡（美国）	2.2
4	托莱多（美国）	2.0	20	弗雷德里克顿（加拿大）	2.3
4	扬斯敦（美国）	2.0	20	蒙克顿市（加拿大）	2.3
10	坎顿（美国）	2.1	20	奥古斯塔（美国）	2.3
10	韦恩堡（美国）	2.1	20	莱克兰（美国）	2.3
10	荷兰（美国）	2.1	20	拉辛（美国）	2.3
严重不具有住房支付能力的24个城市圈					
排位	城市（国家）	房价收入比	排位	城市（国家）	房价收入比
1	香港（中国）	13.5	12	伦敦（英国）	7.8
2	温哥华（加拿大）	9.5	14	黄金海岸（澳大利亚）	7.6

续表

| \multicolumn{6}{c}{严重不具有住房支付能力的24个城市圈} |
排位	城市（国家）	房价收入比	排位	城市（国家）	房价收入比
3	檀香山市（美国）	9.3	15	圣路易斯奥比斯波（美国）	7.5
4	伯恩茅斯&多赛特（英国）	8.7	15	伍伦贡（澳大利亚）	7.5
5	麦觉理港（澳大利亚）	8.6	15	墨尔本（澳大利亚）	7.5
6	悉尼（澳大利亚）	8.3	18	德文郡普利茅斯（英国）	7.3
7	圣克鲁斯市（美国）	8.2	19	曼哲拉（澳大利亚）	7.0
8	阳光海岸（澳大利亚）	8.0	20	基隆拿（加拿大）	6.9
8	科夫斯港（澳大利亚）	8.0	21	伦敦远郊（英国）	6.8
10	圣巴巴拉市（美国）	7.9	21	阿博茨福德（加拿大）	6.8
10	圣何塞（美国）	7.9	23	斯文顿&威尔特郡	6.7
12	圣-旧金山-奥克兰（美国）	7.8	23	奥克兰（新西兰）	6.7

注：通过2013年第三季度对澳大利亚、加拿大、爱尔兰、新西兰、英国和美国等7个国家337个城市住房市场数据的调查显示，具备住房支付能力的城市24个，最不具备住房支付能力的城市24个。报告还提供了这337个城市的房价中位数值和家庭收入中位数值。

资料来源：9th Annual Demographia International Housing Affordability Survey:2013.

5.1.5 世界六国历年房价收入比（2004—2012年）

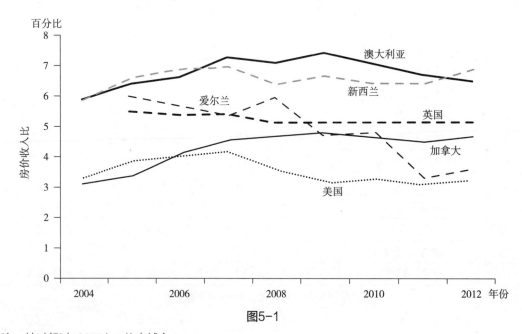

图5-1

注：针对超过100万人口的大城市。

资料来源：9th Annual Demographia International Housing Affordability Survey: 2013.

5.1.6 美英德日四国房价收入比

表5-5

国家	年份	新建住宅价格（A）	单位	家庭年收入（B）	A/B
美国	2010	221 800	美元	49 445	4.49
英国	2009	187 088	英镑	36 373	5.14
德国	2006	145 688	欧元	41 868	3.48
日本	2012	3 824	万日元	691	5.53

资料来源：日本住宅经济数据集，2013。

5.1.7 美国国家房地产经纪人协会发布的美国住房可支付性指数（HAI）（2000~2013年）

表5-6

年度	HAI指数		
	综合HAI	固定利率抵押贷款的HAI	调整利率抵押贷款的HAI
2000	121.9	120.5	133.3
2001	128.1	128.1	137.3
2002	126.4	124.2	138.7
2003	130.7	128.2	141.8
2004	123.9	120.3	132.2
2005	112.6	110.9	116.4
2006	107.6	107.1	109.6
2007	115.4	115.3	117.6
2008	137.8	137.4	143.0
2009	169.4	169.2	—
2010	174.0	169.0	—
2011	186.4	183.4	—
2012	196.5	193.3	—
2013	175.8	176.7	—

注：① 美国国家房地产经纪人协会National Association of Realtors, NAR。
② HAI（Housing Affordability Index）是国外比较成熟的房地产市场分析指标，用来评价居民住房支付能力。当中位收入家庭正好能够承受中位房价的住房时，HAI为100；当家庭只能承受更低价格的住房时，HAI小于100；HAI大于100，则说明该家庭能够承受价格更高的住房。

资料来源：http://www.realtor.org/topics/housing-affordability-index/data。

5.1.8 美国住房建造者协会(NAHB)历年住房机会指数(HOI)(2000~2013年)

表5-7

年份	季度	住房机会指数(HOI)	全国中位房价(千美元)	加权平均利率	利率		百分数		覆盖城市数(个)
					固定利率	可调整利率	固定利率	可调整利率	
2004	I	61.2	187	5.62%	5.90%	4.90%	73%	27%	163
	II	55.6	204	5.72%	6.09%	5.06%	64%	36%	162
	III	50.4	225	5.83%	6.12%	5.35%	62%	38%	162
	IV	52.0	219	5.77%	5.93%	5.48%	64%	36%	160
2005	I	50.1	225	5.79%	5.95%	5.43%	68%	32%	158
	II	45.9	241	5.82%	6.02%	5.42%	67%	33%	158
	III	43.2	253	5.84%	5.97%	5.49%	72%	28%	161
	IV	41.0	254	6.21%	6.36%	5.81%	71%	29%	160
2006	I	41.3	250	6.39%	6.51%	6.10%	72%	28%	182
	II	40.6	250	6.65%	6.72%	6.45%	75%	25%	199
	III	40.4	248	6.77%	6.82%	6.55%	81%	19%	203
	IV	41.6	247	6.52%	6.55%	6.36%	86%	14%	202
2007	I	43.9	238	6.40%	6.41%	6.29%	89%	11%	219
	II	43.1	240	6.44%	6.46%	6.27%	89%	11%	215
	III	42.0	239	6.73%	6.76%	6.54%	88%	12%	215
	IV	46.6	227	6.42%	6.43%	6.22%	92%	8%	220
2008	I	53.8	219	6.02%	6.05%	5.66%	92%	8%	223
	II	55.0	215	6.12%	6.16%	5.69%	92%	8%	222
	III	56.1	206	6.39%	6.43%	5.91%	92%	8%	222
	IV	62.4	190	6.02%	6.02%	6.03%	98%	2%	222
2009	I	72.5	176	5.14%	5.14%	—	100%	0%	222
	II	72.3	177	5.03%	5.03%	—	100%	0%	226
	III	70.1	179	5.33%	5.33%	—	100%	0%	227
	IV	7.08	180	5.11%	5.11%	—	100%	0%	227
2010	I	72.2	175	5.12%	5.12%	—	100%	0%	225
	II	72.3	179	5.11%	5.11%	—	100%	0%	225
	III	72.1	180	4.79%	4.79%	—	100%	0%	226
	IV	73.9	175	4.59%	4.59%	—	100%	0%	223
2011	I	74.6	165	4.98%	4.98%	—	100%	0%	222
	II	72.6	172	4.95%	4.95%	—	100%	0%	223

续表

年份	季度	住房机会指数（HOI）	全国中位房价（千美元）	加权平均利率	利率		百分数		覆盖城市数（个）
					固定利率	可调整利率	固定利率	可调整利率	
2011	III	72.9	176	4.71%	4.71%	—	100%	0%	225
	IV	75.9	170	4.43%	4.43%	—	100%	0%	225
2012	I	77.5	162	4.32%	4.32%	—	100%	0%	226
	II	73.8	185	4.05%	4.05%	—	100%	0%	226
	III	74.1	189	3.80%	3.80%	—	100%	0%	225
	IV	74.9	188	3.57%	3.57%	—	100%	0%	226
2013	I	73.7	184	3.62%	3.62%	—	100%	0%	222
	II	69.3	202	3.73%	3.73%	—	100%	0%	225
	III	64.5	211	4.45%	4.45%	—	100%	0%	223
	IV	64.7	205	4.54%	4.54%	—	100%	0%	224

注：该指数是指当地出售的住房有多少比例是中间收入水平的家庭能支付得起的。美国住房建造者协会按照10%首付和30年期限的贷款标准来计算按揭月付，然后计算每月住房支出，不仅包括按揭月付也包括不动产税和住房保险。美国住房建造者协会认为，只有每月住房支付低于月家庭总收入的28%，才是有支付能力的。

资料来源：http://www.nahb.org/.

5.1.9　美国历年住房支付能力（1990～2011年）

表5-8

年份	全美房地产经纪人协会可支付性指数	贷款支付额（2011美元）	还贷-收入比	价格-收入比	还贷款-租金比	价格-租金比
1990	108.1	1 183	0.28	3.23	1.45	204.1
1991	111.2	1 109	0.27	3.39	1.37	207.6
1992	122.4	1 026	0.25	3.43	1.27	208.6
1993	131.6	925	0.23	3.46	1.15	210.0
1994	128.7	1 041	0.26	3.49	1.30	213.5
1995	126.4	997	0.24	3.40	1.25	214.2
1996	126.8	1 007	0.24	3.43	1.27	219.5
1997	127.4	1 014	0.23	3.46	1.27	224.1
1998	134.3	985	0.22	3.47	1.21	228.8
1999	132.3	1 053	0.23	3.45	1.28	230.5
2000	122.8	1 125	0.24	3.45	1.37	231.5
2001	130.0	1 041	0.23	3.62	1.24	234.6
2002	127.8	1 055	0.24	3.86	1.23	242.8
2003	132.2	1 026	0.23	4.09	1.19	253.1

续表

年份	全美房地产经纪人协会可支付性指数	贷款支付额（2011美元）	还贷-收入比	价格-收入比	还贷款-租金比	价格-租金比
2004	125.8	1 082	0.24	4.31	1.26	266.5
2005	113.7	1 184	0.27	4.70	1.38	291.9
2006	107.7	1 240	0.28	4.58	1.44	287.5
2007	117.0	1 163	0.25	4.25	1.33	267.9
2008	139.0	984	0.22	3.76	1.13	234.7
2009	172.3	780	0.18	3.43	0.87	202.2
2010	174.1	739	0.17	3.45	0.84	202.2
2011	186.1	669	0.15	3.20	0.77	191.0

资料来源：美国哈佛大学住房研究联合中心. 美国住房现状报告，2012.

5.1.10 欧盟27国住房负担过重家庭比例（2011年）

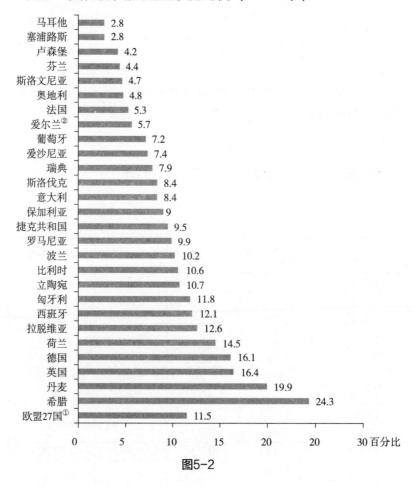

图5-2

注：① 估算数据；② 2010年数据；③ 住房负担过重指家庭住房支出（净住房成本）占可支配收入的40%以上。

资料来源：European social statistics, 2013.

5.1.11 美国历年住房超负担家庭（按照居住权和收入来划分）

表5-9

年份		2001			2007			2010			2011		
	项目	中等负担	严重负担	总计	中等负担	严重负担	总计	中等负担	严重负担	总计	中等负担	严重负担	总计
房主	低于15000美元	932	2 779	4 858	979	3 096	5 029	957	3 469	5 401	1 000	3 635	5 651
	15 000～29 999美元	1 909	1 830	8 421	2 149	2 423	8 752	2 359	2 777	9 554	2 374	2 763	9 678
	30 000～44 999美元	2 224	993	9 444	2 587	1 581	9 904	2 726	1 571	10 184	2 743	1 494	10 268
	45 000～74 999美元	3 152	643	17 331	4 083	1 400	18 125	4 006	1 218	18 061	3 766	1 053	17 859
	75 000美元及以上	2 054	240	29 932	3 817	671	33 702	3 203	493	31 747	2 774	399	30 920
	总计	10 270	6 485	69 986	13 615	9 172	75 512	13 251	9 528	74 948	12 657	9 345	74 376
租户	低于15 000美元	1 021	5 026	7 607	1 113	5 665	8 423	1 155	6 900	9 730	1 212	7 268	10 222
	15 000～29 999美元	3 386	1 965	8 015	3 522	2 508	8 563	3 859	3 057	9 417	3 939	3 207	9 641
	30 000～44 999美元	1 913	283	6 966	2 139	466	6 771	2 373	581	6 999	2 408	589	7 103
	45 000～74 999美元	714	78	7 909	1 009	123	7 512	1 261	148	7 729	1 263	152	7 785
	75 000美元及以上	147	9	5 951	204	11	5 598	233	7	5 744	244	8	5 865
	总计	7 180	7 361	36 450	7 988	8 773	36 866	8 881	10 694	39 620	9 066	11 224	40 615
合计	低于15000美元	1 953	7 805	12 466	2 093	8 761	13 451	2 112	10 369	15 131	2 213	10 903	15 873
	15000～29999美元	5 294	3 795	16 436	5 671	4 931	17 315	6 218	5 834	18 971	6 313	5 970	19 319
	30000～44999美元	4 137	1 276	16 410	4 726	2 047	16 674	5 099	2 152	17 183	5 151	2 083	17 371
	45000～74999美元	3 866	722	25 240	5 092	1 523	25 637	5 267	1 366	25 790	5 029	1 205	25 644
	75000美元及以上	2 201	249	35 884	4 021	682	39 299	3 436	501	37 491	3 017	407	36 785
	总计	17 450	13 846	106 436	21 603	17 944	112 378	22 132	20 222	114 567	21 724	20 569	114 992

注：中等负担：指住房支出占家庭收入的30%～50%，超过50%为严重负担。没有负担，收入截止点按照2011年美国消费价格指数（CPI-U）进行调整。家庭零收入或者负收入的被认为是严重负担，支付房租不用现金被认为是没有负担。

资料来源：The State of the Nation's Housing 2013；US Census Bureau, Housing Vacancy Surveys.

5.1.12 欧洲17国历年住房价格指数（1980~2012年）

表5-10

年份	变化率（%）	变化率（2007=100）
1980	—	23.24
1981	13.898	26.47
1982	3.4 001	27.37
1983	5.8 093	28.96
1984	2.0 718	29.56
1985	2.1 989	30.21
1986	4.2 039	31.48
1987	8.418	34.13
1988	9.8 447	37.49
1989	11.923	41.96
1990	10.724	46.46
1991	7.6 625	50.02
1992	4.2 583	52.15
1993	2.4 353	53.42
1994	2.1 715	54.58
1995	1.2 642	55.27
1996	1.8 274	56.28
1997	1.9 723	57.39
1998	2.8 925	59.05
1999	4.9 111	61.95
2000	5.908	65.61
2001	5.3 498	69.12
2002	6.6 985	73.75
2003	6.1 559	78.29
2004	6.8 591	83.66
2005	7.3 751	89.83
2006	6.568	95.73
2007	4.4 605	100
2008	1.9	101.9
2009	-3.199	98.64
2010	0.9 631	99.59
2011	1.0 844	100.67
2012	-1.738	98.92

资料来源：CEIC Generate；European Central Bank.

5.1.13 亚洲若干城市住房价格/租金收入比

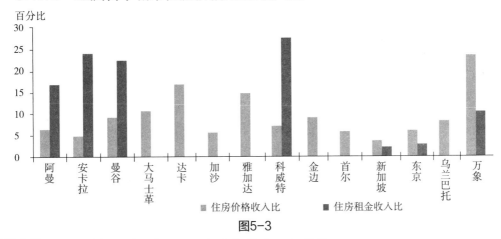

图5-3

资料来源：Affardable Land and Housing in Asia. Volume2. 2011

5.1.14 世界多国住房实际价格变化率

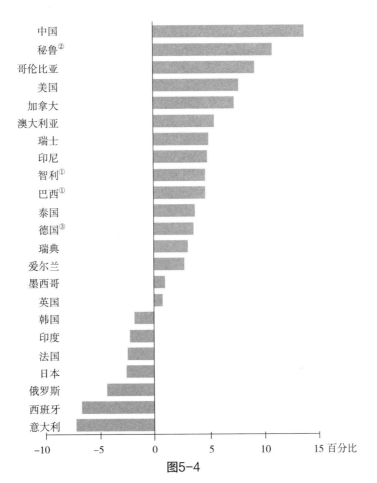

图5-4

注：① 2012年7~8月　② 2013年第二季度　③ 2012年　④ 2013年第三季度与前一年同期相比的变化率
资料来源：Global Real Estate Trends. 2013.12.

5.2 住房市场及调控

5.2.1 美英法日四国既有住房市场流通比例

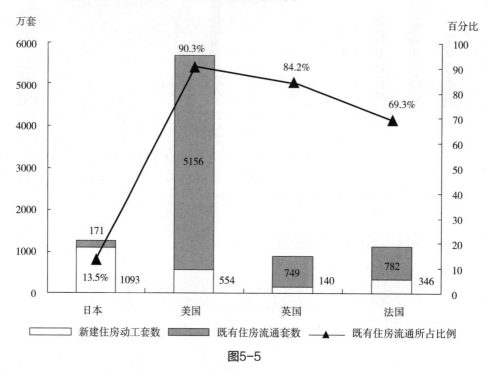

图5-5

资料来源：日本住宅经济数据集，2013.

5.2.2 市场调控与管理（以日本为例）

（1）政府规范住房市场秩序、调控住房市场的目标和手段

目标：在维持住房市场秩序，确保住房市场总体稳定的前提下，保证国民最低居住水平并且满足其追求提高居住水平、居住质量和居住环境的要求，保持社会总体平衡发展。

主要手段：

① 立法。日本政府首先在立法上进行了制度支持。如日本政府先后制定实施了《住房金融公库法》（1950年）、《公营住宅法》（1951年）、《日本住宅公团法》（1955年）、《城市住房计划法》（1966年）等。此后又陆续制定了一系列相关法规，逐步建立健全保障住房和规范住宅市场的法律体系，这类法律共颁布40多部。

② 积极做好基础设施建设，为充分发挥市场机制功能创造条件。

具体做法是积极提供有利于稳定地价、住宅价格和房租的住宅和宅基地等。同时，高度重视交通在居住区建设中的重要性。地方政府重视住宅的维修养护和管理，投入资金较大。同时，通过优惠政策鼓励私营企业投资旧区或旧住宅更新改造。鼓励发展二手房交易市场，

近年来交易规模呈扩大趋势。

（2）调节住房供给结构，增加中小户型普通商品住房供给

日本政府主要通过制定住房发展规划，制定指导性住房标准，增加公共供给，来对住房市场施加导向性影响，但对民间供给并不具有强制力。1966年至2005年，日本政府已经实施了8个"住房建设五年规划"。在每个五年住房发展计划中，注重因地制宜，引导目标区分为都市型标准和一般型标准（都市型指大城市中心区及周边地区住宅和公寓住宅，一般型指大城市郊区及中小城镇的独立住宅）。同时，按不同收入阶层分别确定对应的发展目标，分为基本保障性目标和引导性标准，基本保障性目标指同地区最低住房保障目标，引导性目标指政府提倡和预期计划期将达到的目标。如第六、七个五年计划和新的《住宅生活基本法》中，4口之家基本保障型住房使用面积标准都是50m^2。《住宅生活基本法》确定的都市居住型和一般型目标分别为95m^2和125m^2，并根据每年计划的建设量确定每五年能达到的基本保障型和引导型标准的比例。通过这种方法，基本有效地保证了市场上符合普通消费者需要的商品房能够保持一定比例，对于防止民间过度开发大户型高档商品住房具有一定积极作用。此外，政府还通过诸如环境影响及基础设施承载影响评估等技术标准对新开工住房户型等做出政策性规定。

（3）遏制住房投资投机性需求扩张和房价、地价过快上涨的政策措施

① 灵活掌控公共供给，保持市场房源的相对充足。在公共供给和民间供给两大住房来源中，政府可以直接控制公共供给，当市场住房相对紧张、房价出现明显上涨倾向时，政府会适度增加公共供给数量，当住房市场相对萧条时，政府会放慢公共供给的步伐，改由民间供给主导市场，以充分发挥市场功能。

② 税收调节。日本住房转让时买方应纳税为固定资产取得税，税率为3%。出卖方纳税税种为利润所得税，税率在扣除项目后按20%～30%缴纳。在住房持有环节征税主要是不动产税，税基按评估值的80%计征，税率为1%。

③ 大力发展基础交通设施，扩大普通居民便捷活动范围，间接增加了土地供应和住房供应，一定程度上有助于抑制地价和房价过快上涨。

④ 住宅用途严格限转。所有物业都须按原土地使用用途使用，不得随意更改，防止住宅用地挪作他用导致住宅地减少，出现地价乃至房价飞涨现象。

⑤ 严格控制外籍人士购房。对于外籍人士购房，通过金融手段进行调节，控制金融风险。即对自有资金不限制，对贷款购房，则在利率、贷款比例、还款期限等方面与本国居民差距较大。

（4）住房市场监管制度和办法（包括政府管理住房的机构设置、法律法规等，特别是住房金融等机构的作用）

日本政府设有专门的决策协调机构——建设省（现国土交通省）住宅局，代表政府行使住房建设决策和管理监督的职能。在建设省住宅局的统管之下，日本政府构建了以日本住宅金融公库、日本住宅都市整备公团和地方住宅供给公社为主体的社会保障性住房供应体系。其中住宅金融公库作为政策性住房金融机构，承担为住房建设和购买住房提供长期低息资金的住宅资金融通职能，公团和公社则直接建造和提供公共住宅。

住宅金融公库是直接隶属于政府的法定机构。它依照《住宅金融公库法》的规定向自建或购买住宅的国民提供长期、稳定的低息贷款，为民间住房信贷机构提供贷款保险，并向建造出租用住宅的土地所有者提供贷款。住宅金融公库对贷款利率和额度的控制体现了政府对中低收入者的支持。

1981年住宅公团与宅地开发公团合并成立了住宅都市整备公团。公团为非营利性质，直接隶属于中央政府，面向全国居民提供住宅。公团主要职能是以中心城市为主，以中等收入阶层为对象，直接建造低成本住宅，向中等收入家庭出售、出租。

资料来源：中国驻日本经济商务参赞处资料

5.2.3 抑制房价措施（以韩国为例）

（1）限制与规范交易

在住宅价格增长过快的地区进行是否是"投机过热地区"的认定。一旦被认定为"投机过热地区"，在签订购买公寓合约1年后，且满足一定条件，方能转卖出售，如果在最近5年内有过中标事例或拥有两处以上住宅的家庭将被排除优先预售行列。必要时实施禁止住宅预售权转让制度；逐步建立住宅实际交易价格申报制度，根据住宅实际买卖价格征收房地产登记税；2007年9月起改变新房销售体系，优先卖房给带有至少两个小孩的无房户和那些已经长期拥有房屋的年长者，不过那些单身和刚结婚的夫妇则也因此面临更大的买房困难；2007年的"1.11对策"禁止首都圈所有新住房在5～7年内进行转让交易。

（2）紧缩按揭融资

2006年的"3.30对策"，宣布从当年4月5日起针对首尔江南、京畿盆唐等被认定为"投机过热"地区内市价超过6亿韩元的公寓申请贷款时，引进"总负债偿还比率"制度，要求贷款本利金偿还额和其他负债利息偿还额加在一起的金额不超过申请人年收入的40%。2006年"11.15对策"规定金融机构提供住房贷款的额度不能超过房屋实际市场价格的40%。2006年内央行三次提息。但由于商业银行竞争房贷十分激烈，按揭房贷款利率上升不大，2006年12月加权平均利率为5.88%，仅比一年前上升0.28个百分点。为此，韩国央行转而采取数量方法控制货币供给。2006年11月23日，韩国央行将一年期以下存款储备金率从5%提高到7%，同时将长期存款准备金率从1%下调至0，从12月23日起生效。这是韩国自1990年以来首次上调存款准备金率。2007年的"1.11对策"对"投机过热"地区按揭贷款规定一人最多只能一次。

（3）抑止土地倒卖

2006年的"3.30对策"，宣布从2007年1月1日起，对于非土地所有人自住的土地交易征收60%的交易税。从韩国建设交通部的统计来看，新政策出台后，韩国的土地价格涨幅从2006年4月开始放缓，土地成交量则迅速萎缩，减少了36.3%。

（4）打击房产投机

为进一步抑制住房投机现象，韩国政府2006年4月将转让第二套以上住宅的收益所得税再次提高到50%，以打压炒房投机的收益。对拥有3套以上住宅的居民户转让房地产课以60%的高标准转让税；对那些在全国拥有公寓累计价值在9亿韩元以上的个人，将征收1%～4%的房屋拥有税、财产税、综合地产税（后来因形势的变化，将纳税的标准下降到6亿韩元，最后是3亿韩元）；对多套住宅拥有者进行税务调查，对因房地产投机得来的利润课以重税。2007年的"1.11对策"在全国范围对房价施行最高限价。

（5）积极增加住房供应

"3.30房地产对策"中提出，为促进首尔江北地区的开发，决定到2006年9月为止，在江北地区选定2～3个"城市重新整顿推进地区"示范区，并为其大幅放宽容积率和楼层高度限制；与此同时，为保证重建开发融资，重建开发利益最多要交给国家50%的"重建开发负担金制"从2006年8月开始全面执行。2006年10月宣布有增加建设大规模新城（600万坪级别）和扩大在建新城规模的计划。随后政府在2006年11月15日公布的"11.15房地产对策"中，决定扩大对金浦、坡州等新城市的开发，并提高建筑容积率，缩短建设工期约1年，增加小户型，将截止到2010年公共租赁住房楼盘供应量比原计划增加了12.5万套，扩大到86.7万套。同时还放开对民间住宅用地的限制，向上放宽容积率，改进多户型住房建筑限制，使民间宅地新建住房截止到2010年累计新增加77.3万套。也就是说，韩国截至2010年应总新供应164万户住房。这样，自2007年起4年间，首都圈年均住房供应量达到36万户，将超过首都圈年需求量30万户。与此同时，研究进一步扩大公开房屋成本价的方案，并向新城市周边的基础设施建设增加投入预算。以期通过这一系列政策将房价调低25%左右，其中8%的降幅来自容积率降低，10%来自土地价格计算的调整，6%来自建筑工期缩短。2007年的"1.31对策"则计划把长期公共租赁房的存量从2006年的80万套在2017年增加到340万套，在全部住房存量中的比重从6%上升到20%。

（6）改革售房制度

新住宅要完成80%的工程量才允许预售。但对民间开发公寓保留预购销售的制度。2007年4月起还要求建筑商公开所有公共和民用公寓房屋成本，同年11月起在首都执行。

（7）措施实施效果

自2006年"3.30房地产对策"以及后面一系列措施出台后，韩国住房市场就开始出现浓厚的观望气氛。尤其二套住房交易重税，对房产投机者造成巨大的心理压力。首尔江南地区的平均房价在政策宣布的当月就下跌了0.29%。在江南开浦住宅区，面积在40～57m²的小户型公寓价格一个月内下滑了2万美元。而"11.12房地产对策"出台，房价彻底企稳，本来2006年下半年房价虽反弹强烈但交易量其实已经不大，11月韩国房价环比上涨了3.1%（首尔4.8%），双双刷新了1990年4月之后16年7个月以来新高，部分地区甚至还出现单月15%的涨幅，但已是最后的疯狂，当时已有一些地区房价出现稳定迹象，甚至釜山地区还轻微下跌，而进入12月后全国范围内房价就基本都没有涨幅了。首尔的公寓交易量从2006年的19万套下降到2007年的15万套，下降25%，其中10月之后同比下降2/3。

韩国建设交通部2007年4月27日宣布，随着一系列调控政策，包括以扩大施行出让价上限制为主要内容的《住宅法》修正案获得国会通过，以及住宅担保贷款规定发挥作用，韩国各地（包括首都圈和首尔）房价，在自2005年1月持续上涨2年零3个月后，首次实现同时下降。综合2007年全年表现来看，韩国房地产市场实现了软着陆。

资料来源：陈杰. 城市居民住房解决方案——理论与国际经验. 上海：上海财经大学出版社，2009.

6 住房金融

6.1 住房融资

6.1.1 国外住房金融的四大融资模式

表6-1

分类	公共住房银行模式	强制住房储蓄模式	合同住房储蓄模式	商业资本市场模式
运作说明	政府设立政策性住房银行，从财政或资本市场吸纳资金，执行政策性融资	政府强制居民进行住房（专项）储蓄，汇集住房贷款资金来源；参加者可获得优惠住房贷款	通过契约吸纳存款成为住房贷款资金来源；住房贷款发放与存款挂钩或不挂钩	通过吸存居民活期与定期存款、储蓄存款或者在二级市场发放抵押贷款证券来获得住房贷款资金来源
典型代表	日本住宅金融公库，韩国国家住宅基金（NHF），挪威、芬兰等的国家银行；美国联邦住房贷款银行（FHLB）	新加坡的中央公积金、巴西的失业与保障公积金	德国和奥地利住房储蓄银行、法国住房储蓄计划	美国、英国、澳大利亚、韩国等大多数国家的主要住房金融市场
贷款资金来源	政府财政或者会员单位集体，资本市场	会员职工工资收入	股本投入、居民或会员契约储蓄	居民的活期与定期存款，储蓄存款；资本市场上机构与个体投资者资金
贷款与预存存款关系	没有关系	挂钩；贷款额度与预存存款额度直接相关	有挂钩，也有不挂钩	没有关系
贷款发放对象	居民；银行和专业房贷机构；公共住房开发	参加居民	参加居民，普通居民	普通居民
贷款利率	低息	与市场利率挂钩，但较低	低存低贷且稳定	市场化；固定或浮动利率
优点	成本较低	强制规模化集资，贷款资金来源稳定，较充足	贷款资金来源稳定，较充足，成本较低	如果运作好，贷款资金来源非常充足，成本低廉
缺点	贷款资金来源不稳定，不充足，融资成本较高	贷款分配机制不尽合理；实际机会成本不低；闲置率较高；投资单一，风险较高	有可能发生资金来源危机，融资成本不稳定	信用风险容易失控；成本可能较高；中低收入者可能难以进入

续表

分类	公共住房银行模式	强制住房储蓄模式	合同住房储蓄模式	商业资本市场模式
政府作用力度	强/中	强	中	弱
政府作用体现	发起资本提供者、管理者	强制储蓄，雇主配比，储蓄利息免税	储蓄配比奖励、储蓄利息收入免税等	政府对住房贷款的损失/收益的担保与保险
运行特征	封闭为主	封闭为主	封闭式	开放式
发展趋势	增加对资本市场的利用	增加对资本市场的利用	打破封闭运行	多样化和全球化

资料来源：陈杰.城市居民住房解决方案——理论与国际经验.上海：上海财经大学出版社，2009.

6.2 住房消费信贷

6.2.1 欧洲26国房贷占GDP的比例

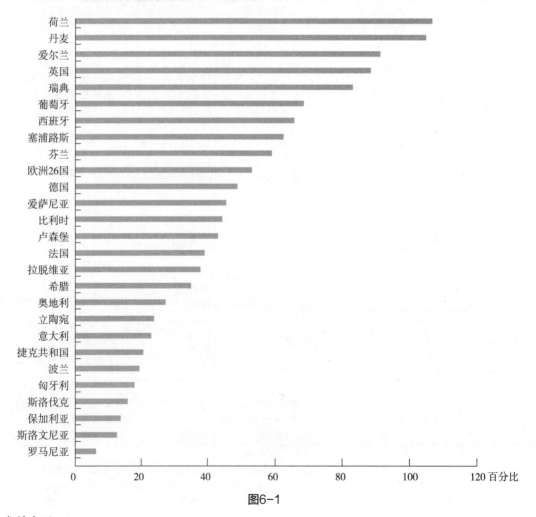

图6-1

资料来源：Housing Europe Review，2012.

6.2.2 亚洲11国和地区房贷占GDP比重（2012年）

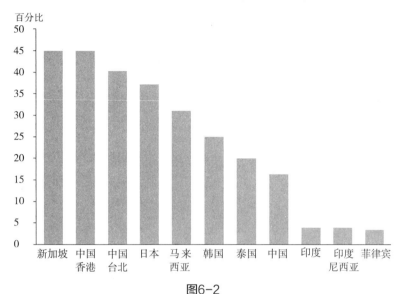

图6-2

注：中国台北、中国、印度为2011年数据，菲律宾为2009年数据。

资料来源：Housing and Housing Finance—A Review of the Links to Economic Development and Poverty Reduction. ADB Economics Working Paper Series, 2013.

6.2.3 国外一、二级市场联动的市场化住房抵押贷款模式

表6-2

住房抵押贷款模式	住宅抵押贷款模式是以住宅抵押为基础，各种住宅信用方式交织成网络、受政府有效的间接调控、以私有金融机构为主体的住宅消费融资模式。
主要特点	（1）住宅抵押贷款市场由相互衔接的一级市场和二级市场构成，一级市场和二级市场相互促进。一级市场的参与者，在借款一方是居民；贷款一方是金融机构。二级市场是金融机构对住宅抵押贷款进行担保和发行抵押支持证券的市场。住宅抵押贷款在二级市场证券化，能够有效地控制金融风险； （2）私人信用占住宅抵押贷款市场的主导地位。住宅信用活动基本上是由各种私人金融机构按市场原则自主地组织经营。获得贷款的条件是以所购房产作抵押。住宅信用的风险均由私人金融机构承担，贷款的利率完全由市场决定。 （3）政府对住宅抵押贷款市场进行全面的间接调控。这种调控主要集中在二级市场，采取的干预形式有三种：一是立法。如美国在20世纪30年代起就对住宅市场进行干预，制定了联邦住宅法，1980年的《存款金融机构放松管制和货币控制法》、1980年的《银行法》、1984年的《二级抵押市场增补法案》等。二是建立以政府为主体或政府为最终支持者的抵押贷款机构，为规范整个融资活动设立了担保体系。如70年代，美国先后建立了联邦国民抵押贷款协会，政府国民抵押贷款协会与联邦住宅抵押贷款公司等三家政府信用公司通过购买金融机构的抵押贷款，为抵押贷款的流动性提供担保。三是通过资本市场控制资产负债的期限匹配风险，住宅抵押贷款金融机构发行住宅抵押贷款债券，债券的利率约低于住宅抵押贷款利率，期限通常与抵押贷款的期限相同，债券和贷款的利率与资本市场利率挂钩，可以较好地控制资产负债期限匹配问题。四是税收优惠。如美国国会通过的"税收改革法案"，增加了住宅抵押投资渠道条款，为各种住宅抵押贷款证券提供了一个合理的税收结构体系，使证券的发行者免于纳税，并实行购房者核减税收的优惠制度；对使用抵押贷款购买社会住宅的中等收入者，按照每月归还贷款的数额，核减一定比例的税款，并免缴财产增值税，以鼓励私人购房。

	续表
运行的支撑条件	（1）必须有发育良好的资本市场，能为抵押贷款债券提供充足的市场空间容量，解决抵押贷款的资金来源问题。 （2）住宅抵押贷款工具要标准化，包括贷款的期限、利率、首付款、偿还条件、偿还方式、转售条件等，抵押贷款债券化才可操作实施。 （3）要有足够数量的机构投资者。该模式当前在二级市场的市场化程度、交易工具的种类上都有了进一步发展。现在这种模式在发展中国家也成为一种趋势。

资料来源：廖湘岳等.国外住宅消费融资的经验比较与启示.当代经济管理，2008，30（7）.

6.3 住房财税政策与基金制度

6.3.1 欧洲国家不动产税和其他财产税占GDP比重（2011年）

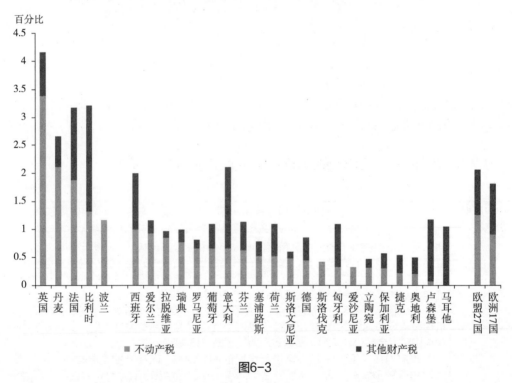

图6-3

资料来源：Taxation trends in the European Union 2013 Edition（ISSN1831-8789）.

6.3.2 国外住房保障体系中财税政策与措施

表6-3

国家	财税政策与措施
美国	1. 购房减免课税政策。美国住房减免税主要是面向中低收入阶层自购住房贷款的减免税。对其购买自有住房实行税收减免，免征贷款利息税、所得税，减征财产税；对使用抵押贷款购买公共住房的中等收入者，按照每月归还贷款的数额，核减一定比例的税款，并免征财产增值税，以鼓励私人购房。住房投资人为使用贷款而支付的利息从其年收入中扣除，从而冲减纳税基数，相应减轻纳税负担。

续表

国家	财税政策与措施
美国	2. 租金补贴政策。家庭收入为所在地区中等收入家庭年收入的80%以下者，都可以申请住房补助。补助有两种方式：一是直接向低收入家庭提供低租金的公共住房，一般低于市场价20%~50%，这种补贴主要提供给家庭收入占美国家庭平均收入37%、并申请居住公共住房的最低收入家庭；二是发放住房券，获得住房券的补助家庭必须拿出其总收入的25%支付房租，租金超过部分可以由住房券来补充，接受补贴租户每5年接受重新审查，最长补贴期为20年。 3. 政府投资兴建公共住房。美国解决公共住房的一个基本思路是，根据中低收入者占居民总数的比重，每年保证建设一定比例的公共住房，经过若干年的积累，解决了数量问题后，再转向提高住房水平，公共住房主要由财政投资建造。
日本	1. 政府以低税和免税优惠促进私人住宅的兴建与购置。《住宅取得促进税制》中规定，利用住宅贷款自购、自建住宅的居民，在5年内可以从每年的所得税中扣除当年年底的住宅贷款剩余额的1%。另外，对财产登记税、不动产所得税、城市建设税实行了减免，并且规定，住房资金中的赠款部分可以免缴赠与税。这些税收规定在刺激住房建设、鼓励个人拥有住房方面发挥了重要作用。 2. 以低息贷款促进企业从事民间住房建设，依靠政府建立的住房金融公库影响和支持住房建设。公库作为政府向居民自建或购买住房提供长期、稳定、低息贷款的机构，利息比市场低1%~2%。 3. 发挥地方群众团体的作用，吸收社会资金发展住宅建设。日本政府还与地方公共团体共同成立住宅供给公社，分别建造面向中等收入者出售和面向低收入者出租的住房。其租金水平严格按收入线确定，一般占各收入层家庭收入的18%~20%，平均为市场租金的55%。
新加坡	1. 实行住房公积金制度。允许动用公积金存款的一部分作为购房的首期付款，不足部分由每月交纳的公积金分期支付。 2. 分级提供公有住宅补贴。严格按家庭收入情况来确定享受住房保障的水平，住房短缺时期只有月收入不超过800新元的家庭才有资格租住公有住宅。购买一室一套的公有住宅，政府补贴1/3；购买三室一套的公有住宅，政府只补贴5%；购买四室以上一套的公有住宅，不仅无补贴，而且按成本价加5%上缴政府。直接补贴的货币形式每年从财政预算中安排。新加坡公共租屋的租金一般占住户家庭收入的4%~15%。 3. 减让土地费用。建屋发展局是新加坡最大的住房供应者，政府通过减让土地费用的方式向建屋发展局进行间接补贴。
韩国	韩国近年来房地产价格上涨很快，为此政府推出了"住房市场稳定综合对策"，在一户一宅的基础上，对在投机地区拥有3套或以上住房的房主，征收60%的资产增值税，再加上居民税等，政府取得的税率高达75%。此外，还推出一些优惠政策，如对房地产开发企业出租的商品住房（包括房地产投资购买的商品住房），其开发期间申请的贷款（出租住房部分）可转为流动资金贷款，适当延长贷款年限，以加大对从事租赁业务的房地产企业的金融支持力度。鼓励具有一定条件的企业或社会组织利用自有房屋，按规定向中低收入家庭出租，减免出租单位的营业税、企业所得税、房产税。为了尽量减少低收入阶层购买住宅所面临的经济负担，韩国还对建设和购买小型住宅、租赁住房者给予相当大的税收优惠，即对在流通和保有住房环节上产生的取得税、登录税和转让所得税给予免税或减税的优惠。

资料来源：席卫群.国外住房保障体系中财税政策的借鉴及启示，2009.11.
http://www.mof.gov.cn/mof/zhengwuxinxi/diaochayanjiu/200809/t20080909_72440.html.

6.3.3 住房公积金、储蓄与基金制度

表6-4

国家	住房公积金、储蓄与基金制度
新加坡	**中央公积金制度。** 1955年新加坡建立中央公积金制度的初衷是以养老为主，1968年后进入住房领域。在微观上，公积金会员不仅可以用公积金养老，而且可以用来购买廉价住房，进行医疗保险，甚至可以进行教育投资和证券股票投资，使会员得到很多实惠；在宏观上，增强了社会保障能力，并可以利用这笔资金进行宏观经济调控，有利于社会、经济和政治的稳定。 为使养老保障资金保值增值，新加坡中央公积金对存款利率实行高利率政策，且与市场利率挂钩，本息都不缴税。新加坡的公积金利率是根据新加坡四大银行的平均存款利率来确定的，利率水平基本上在6.5%水平上下波动。由于新加坡的通货膨胀率较低，公积金利率平均高于通货膨胀率2%左右，所以中央公积金一般不会贬值。 新加坡中央公积金局的资金除了保证正常支取公积金外，大部分资金存入政府投资局，政府投资局通过发行债券筹措的资金作为"国家发展基金"贷放给政府机构和企业，建屋发展局是最主要的贷款对象，贷款利率高于国债两个百分点。值得注意的是，政府建屋发展局从中央投资局获得的资金仅比公积金的存款利率高0.1个百分点，这意味着政府从中给以大量贴息。因此，新加坡的公积金既是购房信贷的主要来源，也是建屋发展局住房建设投资的主要来源。
德国	**德国合同住房储蓄制度。** 合同住房储蓄制度的基本运作模式是，任何居民按照合同规定，连续几年（一般需要4~6年）存入一定数额的定期储蓄存款，存足一定金额时（大约40%的未来贷款额），即可成为住房储蓄银行的"社员"，并取得从住房储蓄银行获得住房贷款的权利。住房储蓄银行贷款利率由法律规定，低于市场利率，贷款期一般为10~15年。法律同时规定，此类金融活动的存款利率和贷款利率必须保持固定的利差，一般为2.5个百分点的利差。当贷款需求超过信贷资金来源时，则按存款时间先后顺序或按存款额度多少规定的顺序分配贷款，先存多存早贷。目前，德国的住房储蓄存款利率是1.5%，贷款利率是4.0%。住房储蓄银行只经营住房储蓄贷款一项业务。与一般商业银行住房贷款不同，住房储蓄银行的资金是封闭运作的，它只向住房储蓄客户吸存，也只向自己的住房储户放贷，此外不进行任何其他投资，储户的存贷差是它唯一的利润来源。
巴西	**巴西失业与保障公积金和住房储蓄制度。** 巴西失业与保障公积金（FGTS）1966年建立，保障公积金是一种负有失业保险与住房保障功能的社会保障综合资金。根据法律，正式员工每月薪水的8%要存入FGTS的私人账户，年利率是3%加通胀，个人存款账户可以用来支取失业、养老和医疗，参加5年后可用于购房。FGTS的资金由巴西国家住房银行进行管理，主要资金也是通过巴西国家住房银行提供住房信贷。2003~2004年，FGTS 65%的贷款提供给家庭月收入低于1125美元的中低收入家庭。 巴西的住房储蓄制度（SBPE）1967年成立，SBPE意味着存款免税，同时所有参加的银行要强制进行住房贷款，巴西各银行至少65%的存款要用于住房信贷或者购买住房贷款证券MBS。2006年上半年，SBPE的存款超过41.43亿巴西克鲁赛罗（约合20亿美元），同比增长了104%。 巴西国家住房银行：1964年成立，是巴西政府住房计划的融资主体和主管机构，也是独立的政策性住房金融机构。巴西国家住房银行的资金来源以"失业与保障公积金"转化而来的长期服务保证金为主，其资金80%用于长期住房贷款。巴西国家住房银行还对储蓄银行和住房信贷公司等其他住房金融机构进行指导，规定他们的存贷款利率和贷款额度，还提供流动性担保，相当于整个巴西住房金融体系的"中央银行"。 巴西国家住房银行只对中低收入家庭发放贷款，但是通过商业银行如"大众住房公司"等中间机构发放，不直接向家庭提供贷款；对低收入家庭实行优惠利率，利率优惠程度随着收入而有差别，收入越高，优惠程度越少。

续表

国家	住房公积金、储蓄与基金制度
韩国	**韩国国民住房基金**（NHF）。早期主要用于支援公共住房建设包括公售房和公共租赁房，现在主要是资助中低收入家庭住房需求的政策性贷款与补贴，但对居民的贷款额度与房屋价格的比值（LTV）一般不超过40%。由于近年住房需求的增长，国民住房基金（NHF）的贷款总额从2004年的8.6亿美元增加到2006年的21亿美元，翻了一倍多。 国民住房基金（NHF）侧重为低收入者和第一次购房者提供优惠购房贷款。购买面积小于60m^2公售房的，还可以免除住房交易税、转让税和所得税。 亚洲有很多类似机构采用了韩国国民住房基金（NHF）这种运行模式，如印度于1988年建立的国家住房银行、泰国的政府住房银行等。

资料来源：陈杰. 五国住房公积金制度的比较. 中国中小企业，2009. 8.

7 住房可持续发展

7.1 住房维修与管理

7.1.1 美国自有与租赁住宅维修改造投资

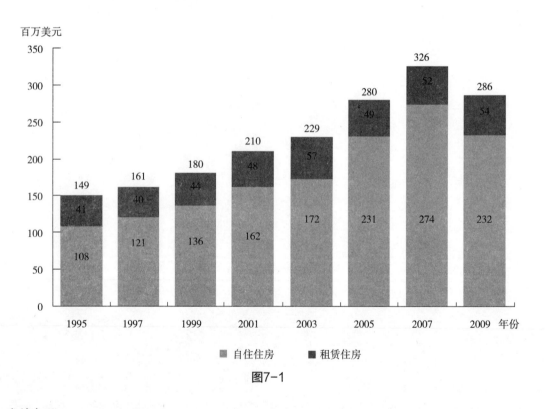

图7-1

资料来源：A New Decade of Growth for Remodeling.2011.Joint Center for Housing Studies of Harvard University.

7.1.2　美国历年住房维修投资占住房建设投资比例

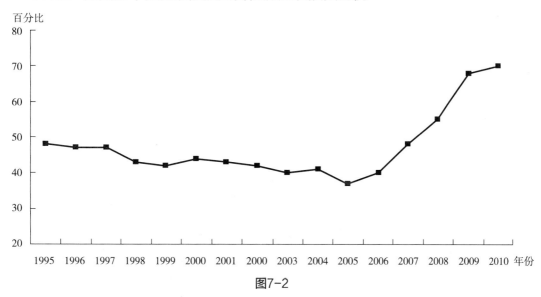

图7-2

资料来源：A New Decade of Growth for Remodeling. 2011. Joint Center for Housing Studies of Harvard University.

7.1.3　维修市场规模

（1）住宅维修分类（以美国为例）　　　　　　　　　　　　　　　　　　　　　　　　　表7-1

（1）日常性维护保养 　　这是发生最频繁的一类养护活动。对于大多数住宅物业，建筑四周和公共区域必须天天巡视、清扫，因而费用支出会相当大，所以，清洁和保养工作应该慎重地安排并加以控制。
（2）预防性维修养护 　　这类维修养护活动应事先做好安排，例如，定期清洁、在供暖期开始前检查功能设备等均属于预防性维修养护。它是保持物业使用功能完好并减少突发性修缮费用支出的一种修缮方式。通过对楼宇设备定期维修以及日常检查，便于在大修之前发现物业结构和设备方面的问题。
（3）维护性修缮 　　这是指根据租户合约要求对建筑设备、公用设备和娱乐设施进行的修缮工作，例如更换漏水的龙头以及损坏的空调机等都属于维护性修缮。
（4）新项目建设 　　这通常是应租户要求进行，费用由租户承担的一种修缮方式，它与租赁及租户相联系。建筑外观的维护通常是为了增加物业的市场竞争能力。如果新建项目费用很大，这意味着建筑的"升级"。这通常包括：新建、改建入口，增加游泳池的附属设施等。新建筑物外观的修缮工作对于吸纳一个新住户来说被称为"锦上添花"，对于早期房屋进行改造则称作"修复改造"。新建项目的建设通常按照住户的要求和支出而定。当出租人为租户装修或重修房屋并以此作为续租的一个条件时，这种做法称为"再装修"。

注：被延修复虽然不属于修缮方式之一，但是在物业管理事务中是一个常用术语。其含意是由于推迟建筑物的维修，导致建筑物的毁损或者价值上的损失，这种损失只要进行必要的维护、加固即可挽回，亦可称为"可恢复性损失或可挽回的损失"。

资料来源：美国、日本物业管理与老旧住宅整治开发研究报告. 亚太建设科技信息研究院，2011. 11.

（2）住宅维修改造市场规模（以日本为例）

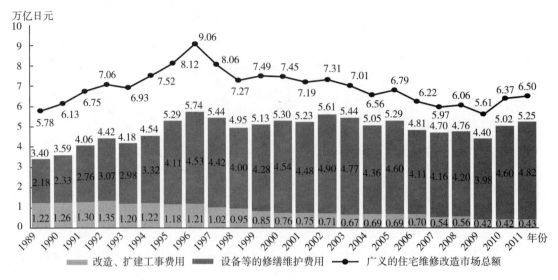

图7-3

注：① 广义的住宅维修改造市场规模，是指在住宅开工统计上，包含了扩建、改造工事，与空调、家具等的装修相关的耐用品消费，也包含了内装修的费用。
② 推算的市场规模，不包含分期付款共同住宅的大规模修缮、公共部分的改造、租赁住宅所有者对租赁住宅的维修改造、结构外立面的改造。
③ 本市场规模是根据"建筑开工统计年报（国土交通省）"、"家庭收支调查年报（总务省）"、"全国人口、家庭户数、人口动态表（总务省）"等统计数据，由住宅装修、纠纷处理支援中心推算统计获得的。

资料来源：日本住宅经济数据集，2011.

（3）住房建筑和设备的维护管理（以日本集合式住宅为例）

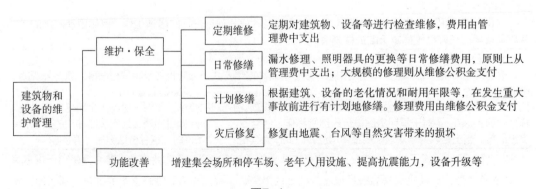

图7-4

摘自：日本东京住宅局《分售集合住宅的长期修缮计划及计划性修缮指南》
资料来源：吴东航，小见康夫等. 日本住宅建设与产业化[M]. 北京：中国建筑工业出版社，2009.

（4）住房计划修缮周期（以日本集合式住宅为例）　　　　表7-2

部位	材料	修缮分类	1	2	3	4	5	6	7	8	9	10	11	12	13	14	15	16	17	18	19	20	备注（修缮周期）
建筑 屋顶	外露防水沥青	覆盖或更新												○									外保温20年
	防水沥青	覆盖或更新																覆	盖	○			覆盖维修周期12年 更新30年
	瓦屋面（石棉水泥瓦）	修补												○									
	PC屋面板防水	修补												○									
建筑 外墙	砂浆	修补、涂饰												○									
	瓷砖	修补												○									
	清水墙	修补、涂饰												○									
	PC、HPC板缝的防水	更换												○									
建筑 天花板（顶棚）	灰浆	重新粉刷												○									
	水清天花	重新粉刷												○									
建筑 地板	水泥砂浆	重新粉刷												○									
	双层地板	更换																		○			
	瓷砖	更换																			○		
建筑 阳台	防水	改善										○											
建筑 外部五金	铁制	重新粉刷				○				○				○				○				○	
建筑 外部器具	铁制	重新粉刷				○				○				○				○				○	
电器 电器设备	专用开关	更换																		○			
	主开关	更换																		○			
	公共配电盘	修补																		○			
	照明（室外公共灯）	更换										○		○						○			
	照明（室内公共灯）	更换										○		○						○			
	控制器	修补																○					
电器 电视接收设备	天线	更换										○								○			
	辅助装置	更换											○										
	共听器件	更换																		○			
	同轴电缆	更换																		○			

续表

修缮项目		修缮分类	建成年数（年）																		备注（修缮周期）
部位	材料		1	2	3	4	5	6	7	8	9	10	11	12	13	14	15	16	17	18	19	20	
供水排水设备	混凝土水池	重新粉刷										○										○	
	钢制水池	重新涂装							○					○									
	FRP水池	更换																					25年
	供电泵	修缮、更换						大修○							更换○								
	各户水表	更换																○					
	室外供水管	更换																○					氯化乙烯内套钢管20年
	室内供水管	更换																○					
污水设备	排水共用竖管	更换																				○	浴室排水共用25年
	排水共用管	更换																				○	
	室内污水管	更换																					30年
燃气设备	室内燃气管	更换																					30年
	室外燃气管	更换																			○		
EV设备	升降式电梯	更换																					30年
消防设备	消防栓	修缮、更换						大修○						更换○									
	室内消防栓配管	更换																					30年
	报警设备	更换																					24年
土木，造园	游戏设备	维修											○										
	渠	维修																			○		
	室外污水管	更换																					24年
	室外雨水管	更换																					30年
其他	信箱	更换																	○				

7.2 住宅可持续性认定与评价标准

7.2.1 日本"200年住宅构想"与长期优良住宅认定标准

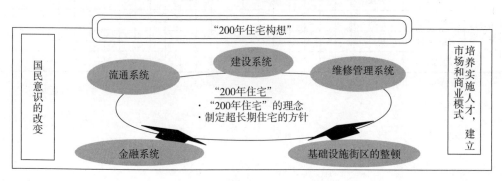

图7-5

表7-3

200年住宅构想

"200年住宅"的意义：
① 减轻住宅建设、购入、维护管理的国民负担；
② 减少产业废弃物和二氧化碳的排放量；
③ 纠正过于偏重土地的不恰当的国家财政结构。

"200年住宅"的具体要素：
① 把结构（Skeleton）与室内装修和设备（infill）分离，在确保结构的耐久性和抗震性的同时，提高室内装修和设备的可变性；
② 确保易于进行维护管理；
③ 具有能够沿用到下100年（一世代）的品质（节能性能、无障碍性能等）；
④ 实行计划性的维护管理（检查、修理、更换等）；
⑤ 考虑与周边街区的协调性。

"200年住宅"构想的12条建议：

1	制定超长期住宅的指导与针	让民众与住宅有关的企业、国家、地方公共团体形成对"200年住宅"的共识
2	建立住宅档案	不仅包括新建时的图纸和施工记录，还包括检查、维修、变更的记录
3	确立分售集合住宅的适当的维护管理方法和权利设定方式	第三管理者管理、信托运用等方式
4	建立改善支援体制，制定长期修缮计划，充实对改建的融资	
5	提供关于现有住宅的性能、品质的信息	制定简单而确保一定客观性的《现有住宅评价方法指南》
6	提供既有住宅交易的信息	交易价格等
7	建立对移居和两地居住的支援体制，整备对移居的融资制度	
8	建立对建设或购买"200年住宅"（SI住宅）的融资制度	建立对skeleton的超长期贷款和对infill的中期贷款方式； 由公共团体通过运用期间所有权进行"200年住宅"的供应
9	建立考虑"200年住宅"的资产价值的新的融资制度	高龄人可以以住宅作为担保申请生活资金贷款，死亡时以处置住宅作为返还
10	减轻"200年住宅"的有关税额	既有住宅交易时的消费税差别化； 探讨对"200年住宅"实行优惠税制
11	征集实现和普及"200年住宅"的引导模式的方案	
12	建设和维护良好的街区	灵活运用地区计划制度．培养可担任住宅区管理的人才

注：继SI住宅（骨架与填充体分离）、100年住宅体系后，于2007年日本推出了"200年住宅构想"，目的是形成超长期可持续循环利用的高品质住宅资产。"200年"是住宅寿命的象征性概念，而不是指具体的耐用年限。

资料来源：吴东航，小见康夫等．日本住宅建设与产业化[M]．北京：中国建筑工业出版社，2009．

日本长期优良住宅认定标准　　　　　　　　　　　　　表7-4

性能项目	概要	对应的住宅性能评价
抗老化对策	住宅的结构主要构件可经数代人的使用，在正常的维修管理条件下，住宅的主要构件至少可以使用100年以上	抗老化对策等级3+alpha
抗震性	针对数百年一遇的地震，减少结构损伤的程度，对于大规模的地震，结构的变形应满足的一定的限制	防止倒塌抗震等级2等
维修管理更新的便利性	比结构主要构件寿命短的内部装修、设备管理的便利性。比如，给排水管道的定期检查和修理	维修管理便利性（专用配管、共用配管）3级 更新对策等级（共用给排水管道）3级
可变性	根据生活方式的改变能方便地修改住宅的平面布置	更新对策（住户专用部分）天井高2.65m以上
无障碍设施	根据未来的需要可以改造为无障碍出入。共用的走廊、楼梯和电梯可改造为无障碍出入	对高龄者和其他特殊需要的居民的考虑对策（共用部分）3级
节能性	必要的隔热性能等	能性等级4
居住环境	和周边环境的协调	无
住户面积	确保良好的居住水准，集合住宅55m²以上，独立式住宅75m²以上	无
定期检查维修计划	定期检查、维修计划	无

注：日本国土交通省于2009年6月4日开始实施《长期优良住宅普及促进相关法律》。该法是为了能有效地利用住宅、最大限度地延长住宅的寿命而设立的，以此促进"长期优良住宅"的普及，减轻环境的负担，建立高质量的在用和待用住宅。该法对住宅结构的抗震性能、维修管理便利性、更新灵活性、残疾人无障碍设施、节能性等给予一定基准的认定，满足条件的长期优良住宅可以享受税收上的优惠待遇。

资料来源：吴东航，小见康夫等.日本住宅建设与产业化[M].北京：中国建筑工业出版社，2009.

日本建筑物综合环境性能评价体系"CASBEE"　　　　　表7-5

	主要使用者	方案设计阶段	设计阶段	后设计阶段		
		规划阶段	设计阶段（初步设计、施工图设计）	完成阶段	运行阶段	改造阶段
工具0.方案设计工具 应用于新建建筑	甲方、规划师、建筑师	评估规划阶段研究的相关问题（包括项目选址和规划）	评估方案设计阶段需要考虑的问题	工具0		

续表

	主要使用者	方案设计阶段 规划阶段	设计阶段 设计阶段（初步设计、施工图设计）	后设计阶段 完成阶段	运行阶段	改造阶段
工具1.新建筑设计工具 应用于新建建筑	甲方、建筑师、结构师、设备工程师		评估设计阶段研究的相关问题 1）能源使用效率 2）资源使用效率 3）本地环境 4）室内环境	评估细部设计阶段研究的相关问题（包括设计的修改，直到整个设计过程结束）	工具1	
工具2.即存建筑工具 应用于建造完成投入使用的建筑	甲方、建筑师（甲方委托建筑师进行自评，然后向相关部门申请评估。）			在建造完成初期，利用DIE工具进行评估，得出粗略的BEE值	在投入使用一年或者更长时间之后，对其运行效果进行评估，给出相应的经济标签	工具2
工具3.改造工具 应用于建造完成投入使用的建筑	甲方、建筑师（甲方委托顾问进行评估）			工具3	在投入使用十年或者更长时间之后，对其运行效果进行评估，给出相应的经济标签	在建筑投入使用后，评价改造设计

注：CASBEE（*Comprehensive Assessment System for Building Environmental Efficiency*）是2001年日本国土交通省推出的一项评价体系。

CASBEE对规划、设计和建筑设备的要求　　　表7-6

CASBEE对城市规划的主要要求

（1）保护与营造新建筑周围的地域生态环境和文化环境：在"Q3室外环境"指标中提出"对周边生物环境实施调查，保护既有地形、地表土壤、树木、水面，保障动植物生息环境的监测与管理计划，提高居民与生物的接触机会。"关于地域文化环境CASBEE在"Q3室外环境"指标中提出"考虑对当地原有文化的继承；营造居住者与当地社区的交流场所。"把保护、发展和创造地域文化作为绿色建筑的内涵，是CASBEE体系的特色。
（2）减轻新建筑建造引起的地域环境负荷：例如，在"LR3建筑用地外环境"指标中提出"利用屏障和树木等阻隔噪声向邻近地区的传播；合理的选择停车场位置；把可能成为恶臭发生源的建筑设置在对相邻地区没有影响的地方。"

续表

CASBEE对建筑设计的主要要求
（1）舒适健康的室内物理环境：在"Q1室内环境"指标中，对建筑室内的声、光、热环境提出了基于人的主观感受舒适性和人体健康要求的一系列评价指标。 （2）重视建筑的耐久性、灵活性与适应性："Q2服务质量"指标中提出考察"建筑物的功能性与易操作性；建筑物与设备的协调能力；抗震性能；部件与材料的耐用年限。" （3）重视建筑使用者的主观心理感受："Q2服务质量"指标中提出考察"建筑的开阔感与景观、休闲空间和内装修方案。" （4）从建材含能的角度考虑建筑材料的选择和再利用：所谓含能，是指生产建筑材料全过程中所消耗能量的总和。 （5）避免由于建筑材料选择不当造成的环境污染：在"LR2资源与材料"指标中提出"使用对健康无害的材料"，并给出了在日本化学物质排放管理促进法中指定为不含有害物质的建材。
CASBEE对建筑设备的主要要求
（1）重视各类建筑设备的耐久性和可靠性：在"Q2服务质量"指标中提出评价"管道与线材、各类机器设备的更新周期。"更新周期越长，建筑设备的耐久性越好。关于建筑设备的可靠性，主要要求对空调和通风、给排水和卫生、电器等各类设备进行分区管理，设有紧急备用设备，当灾害发生时，不致使整个建筑陷入瘫痪状态。 （2）重视各类建筑设备的节能设计、可再生能源利用和减少资源消耗：在"LR1能源"指标中提出利用ERR值评价通风设备、照明设备、热水供应设备和电梯设备的能源消耗。所谓ERR值，是指建筑物的能耗降低率。 （3）减小建筑设备可能造成的环境污染：在"LR2资源与材料"指标中提出"避免使用氟利昂与哈龙。"在"LR3建筑用地外环境"指标中提出"减少由于建筑设备运行造成的空气污染，降低噪声与震动，防止照明设备光污染。"

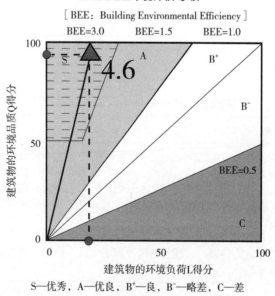

图7-6

注：CASBEE从两个方面进行评价，一方面是建筑物和用地内部环境品质Q（积极影响），另一方面是用地对外部产生的环境负荷L（消极影响）。将Q/L值作为环境效率（BEE），并分为S、A、B⁺、B⁻、C五个等级进行评价。

资料来源：建築環境省エネルギー機構：環境共生住宅認定制度のご案内.

7.2.2　美国绿色建筑协会LEED for Homes 2008评价体系

LEED for Homes评价分类及各分类的具体内容　　　　表7-7

评价分类	具体内容
革新设计	集合工程规划
	耐久性管理
	地域性设计
位置和交通	LEED社区开发
	场地选择
	理想位置
	基础设施
	通讯
	宽阔空间可接近性
可持续场地设计	场地管理
	景观
	局部热岛效应
	地表水管理
	无毒害虫控制
	紧致开发
有效利用水资源	用水
	灌溉系统
	室内用水
能源和大气	优化建筑能效
	水加热
	制冷剂充注管理
材料和资源	节约材料的建筑框架
	环保产品
	废弃物管理
室内环境质量	"能量之星"气密性规定
	燃气通风
	湿度控制
	室外空气流通
	局部排风
	采暖、空调空间分配
	空气过滤
	污染控制
	防辐射
	车库污染防控
意识和教育	住户教育
	建筑管理教育

评价分类及评分条款数目所占分值   表7-8

评价分类	必须指标（个）	最低分要求	可获得的最高分
革新设计	3	0	11
位置和交通	0	0	10
可持续场地设计	2	5	22
有效利用水资源	0	3	15
能源和大气	2	0	38
材料和资源	3	2	16
室内环境质量	7	6	12
意识和教育	1	0	3
总和	18	16	136

LEED for Homes认证级别与所需要的分数   表7-9

认证级别	认证	银奖	金奖	白金奖
所需要的分数	45~59	60~74	75~89	90~136

资料来源：LEED for Homes Rating System.

7.2.3 英国可持续住宅规范2008评价体系

（1）可持续住宅规范2008评价指标   表7-10

评价领域	评价内容
能源/CO_2	2006版建筑规范标准规定的目标排放率
	建筑构造
	内部照明
	晾衣处
	生态标签的白色家电
	外部照明
	低碳或零碳能源技术
	自行车棚
	家庭办公室

续表

评价领域	评价内容
水资源	内部饮用水的消耗
	外部饮用水的消耗
材料	材料的环境影响
	可靠的材料来源——主要构件
	可靠的材料来源——装饰部位
地表水径流	减少地表水径流
	洪水风险
废弃物	家用再循环处理设备
	建筑垃圾
	堆肥设施
污染	隔热材料导致全球变暖的可能性
	一氧化二氮排放
健康和舒适	日光
	隔声
	私密空间
	房屋寿命
管理	住户指导
	周到的建设者方案
	建筑场地影响
	安全
生态	场地的生态价值
	生态强化
	生态特征的保护
	场地的生态价值的改变
	建筑占地面积

（2）可持续住宅规范评价分类及评分权重

表7-11

评价领域	评价分值	权重（%）
能源/CO_2	29	36.4
水资源	6	9.0
材料	24	7.2
地表水径流	4	2.2
废弃物	7	6.4
污染	4	2.8
健康和舒适	12	14.0
管理	9	10.0
生态	9	12.0
总分	104	100.0

（3）可持续住宅规范等级规定的能量/二氧化碳排放、水资源最低标准表

表7-12

规范等级	最低标准				其他需要的分数
	能量		水		
	标准（高出L2006版的百分比）	得分	标准（每人每天的升数）	得分	
1（★）	10	1.2	120	1.5	33.3
2（★★）	18	3.5	120	1.5	43.0
3（★★★）	25	5.8	105	4.5	46.7
4（★★★★）	44	9.4	105	4.5	54.1
5（★★★★★）	100	16.4	80	7.5	60.1
6（★★★★★★）	零含碳量	17.6	80	7.5	64.9

（4）达到可持续住宅规范六星级标准的条件

表7-13

1. 房屋使用时零碳排放，从以下方面满足要求
（1）围护体系保温性能非常好； （2）墙板隔温系数≥0.8W/m^2·k； （3）采暖、热水、照明、风扇、水泵均利用可再生能源； （4）其他低碳特征得分。
2. 每天每人的内部饮用水消耗量不超过80（升/人·天），从以下方面满足要求
（1）水循环利用； （2）使用精确地水能计算器。

续表

3. 材料的环境影响，建筑物中屋盖及其面层、外墙、顶层楼盖、内墙、门窗五个关键部分中至少要有三个达到2006版的英国研究院的绿色指导（Green Duide）中D级。
4. 地表水径流，要保证径流量低于已开发的场地以前的状况，且处于洪涝灾害小的地方。
5. 废物，住所里有废品箱的体积要满足最小标准要求，场地废物要有管理计划。
6. 还要获得其他需要的分数（86%）。

资料来源：Code for Sustainable homes-doc.（英国可持续住宅规范）.

7.2.4 加拿大绿色建筑GBTOOL 2005评价体系

（1）GBTOOL 2005评价指标

① 场地选择、开发计划与发展，包括场地选择、开发计划、都市设计与场地发展。

② 能源与资源消耗，包括建筑物生命周期中主要能源总和，建筑物使用时尖峰用电时段需求、再生能源、建筑设备运行、材料、饮用水六个评价细项。

③ 环境负荷，包括温室气体排放量、其他气体的排放、固体废弃物、场地影响、地区性的影响（在建造过程中，对所在地生态系统的影响；在高楼周边的风环境；对邻近住户采光的影响；对邻近住户冬季日照的影响；建筑噪声对邻近住户的影响；湖水域地下蓄水层热利用时的环境影响）等六个评估细项。

④ 室内环境质量，包括空气质量、通风、温度与湿度（住宅主要房间的温度；住宅主要房间的平均辐射温度；住宅主要房间的温度和相对湿度；住宅主要层面的空气流动）；采光、照明、噪声和隔声（建筑外围护结构的隔声；建筑设备噪声；住户间的隔声）、电磁波干扰，共六个评估细项。

⑤ 功能性与操作性，包括空间使用率、停电时维持的基本性能、操作性，共三个评估细项。

⑥ 耐久性，包含建筑物外观维持、弹性与更新可行性、运营管理维护，共三个评估细项。

⑦ 社会与经济方面，包含成本与经济、社会等评估项目。

（2）GBTOOL 2005评价方法

各评估项目得分乘以各项权重，最后将各项加权后得分合计，即为建筑物的评价结果。评分范围为-1～5分，其中：5分代表了高于当前建筑实践标准要求的建筑环境性能；1～4分代表了中间不同水平的建筑性能表现；0分，基准指标，是在本地区内可接受的最低要求的建筑性能表现，通常是由当地规范和标准规定的；-2分，不合要求的建筑性能表现。这种相对的评价尺度有助于GBTOOL在国际上的推行，不同的国家或地区可以结合自己的实际情况和要求进行重新设置。

GBTOOL评价项目与内定权重 表7-14

评价项目	内定权重（%）	平均得分
场地选择、开发计划与发展	20	-1~5
能源与资源消耗	15	-1~5
环境负荷	10	-1~5
室内环境质量	15	-1~5
功能性与操作性	15	-1~5
耐久性	10	-1~5
社会与经济方面	15	-1~5

注：GBTOOL于1998年开始实施，2002年9月在挪威的第二次可持续建筑国际研讨会上以各国的实际实施案例进行GBTOOL2002成果交流（各国参与整体建筑环境评估的案例，包括法国、意大利、挪威、西班牙、瑞典、以色列、加拿大、美国、日本、韩国、澳大利亚、巴西、智利等国家）。2003~2004年可持续建筑国际会议将GBTOOL2002修订为GBTOOL2005版，除了修订部分评估项目和权重，更考虑建筑物生命周期的阶段性评估，可分场地开发阶段、规划设计阶段、施工阶段及使用阶段分阶段评估。GBTOOL2005适于办公、学校、医疗机构、公共建筑、旅馆、商店、住宅等。

资料来源：The State of Energy Efficiercy in Canada, Office of Energy Efficiercy Report 2006.

附 录

我国港澳台地区住房发展与政策研究

说明：港澳台地区属我国领土，其住房发展与政策研究状况本应列入国内资料。但由于港澳台地区的特殊历史条件，资料收集往往难以齐全，故相当一部分图书资料未能将其列入书内。本书虽系《国外住房发展报告》，但为弥补上述缺憾，特将港澳台地区有关资料作为附录列入书后，供读者参考。

1　香港

G　D　P：20 419亿港元（折合2635亿美元，2012年）

人均GDP：285 403港元（折合36825美元，2012年）

面　　积：1 104km^2

人　　口：717.79万人（2012年末）

人口密度：6 502人／km^2

1.1　住房基本情况

香港地少人多，人口密度大，却是世界上公认的住房问题解决得比较好的地区之一。

① 不同类别房屋居民所占比例。香港住房分为公营永久性房屋、私人永久性房屋和临时房屋三大类。2012年，公营永久性房屋中的居民人数占全港人口的比例为46.5%；私人永久性房屋居民占比例最高，为53%，且近年来不断有所上升；临时房屋居民比例最低，为0.5%。

香港不同类别房屋居民所占比例（单位：%）　　　表1-1

年份	2002年	2007年	2012年
公营永久性房屋	49.8	48.2	46.5
其中：公共租住房屋	31.0	30.1	29.6
资助自置居所房屋	18.8	18.2	16.9
私人永久性房屋	49.3	51.1	53.0
临时房屋	0.9	0.6	0.5

② 不同类别房屋住户平均人数。2012年，公营永久性房屋家庭住户平均人数为2.9人，私人永久性房屋家庭住户平均人数为2.9人，临时房屋家庭住户平均人数为2.4人。

香港不同类别房屋住户平均人数（单位：人）　　　表1-2

年份	2002年	2007年	2012年
所有房屋	3.2	3.0	2.9
公营永久性房屋	3.4	3.1	2.9
其中：公共租住房屋	3.3	3.0	2.8
资助自置居所房屋	3.5	3.3	3.1
私人永久性房屋	3.0	2.9	2.9
临时房屋	2.4	2.3	2.4

③ 永久性住房量。截至2013年3月底，香港特区公共租住房屋永久性住宅单位数为766 000套，资助自置居所房屋永久性住宅单位数为391 000套，私人永久性房屋永久性住宅单位数为1 458 000套。

香港永久性住房量（单位：千套）　　　表1-3

年份	2003年	2008年	2013年
总数	2 332	2 486	2 616
公共租住房屋	679	712	766
其中：房委会公共租住房屋	634	674	728
房委会中转住房	12	6	5
房协公共租住房屋	32	33	34
资助自置居所房屋	395	397	391
其中：房委会出售房屋	376	380	375
房协出售房屋	19	17	16
私人永久性房屋	1 258	1 377	1 458

注：截至2013年3月底

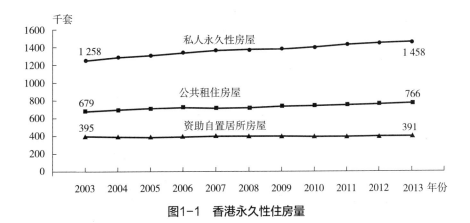

图1-1　香港永久性住房量

香港按楼龄划分的房委会公租住房量（单位：千套）　　表1-4

年份	2003年	2008年	2013年
0~5年	144	83	78
6~10年	95	141	80
11~15年	86	95	141
16~20年	115	71	94
21~25年	114	104	64
26年以上	79	181	271
总计	633	675	728

注：截至2013年3月底

④ 永久性住房建屋落成量。2012年，香港特区永久性住房的建屋落成量为24 000套，房委会公共租住房屋全部集中于九龙，没有房屋出售；私人永久性建屋在香港岛、九龙和新界的比例分别为17.3%、33.6%和49.2%。

香港永久性住房建屋落成量（单位：千套）　　表1-5

年份	2003年	2008年	2013年
总数	55	21	24
房委会公共租住房屋	20	5	10
房协公共租住房屋	—	—	—
房委会出售房屋	1	2	—
房协出售房屋	—	1	—
村屋	3	3	4
私人永久性房屋	31	10	10

由下图可以看出，从2008~2012年，房委会公共租住房屋和出售房屋总体呈减少趋势，私人永久性住宅总体呈增加趋势。2012年，房委会公共租住房屋和私人永久性住宅建成数量基本相当。

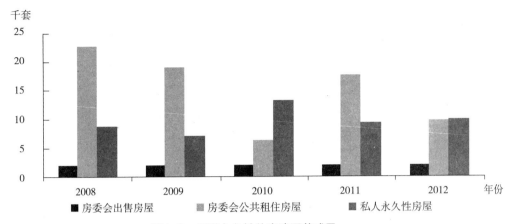

图1-2　香港永久性住房建屋落成量

⑤ 房委会建屋计划。2013/2014～2017/2018年的房委会公共租住房屋和出售房屋计划分别为82 000套和9 000套。

香港特区房委会住房建屋落成量计划（单位：千套）　　　表1-6

年份	2008/2009~2012/2013年	2013/2014~2017/2018年
房委会公共租住房屋	72	82
房委会出售房屋	3	9

香港重建及清拆计划受影响的住户（单位：千套）　　　表1-7

年份	2008/2009~2012/2013年	2013/2014~2017/2018年
房委会公共租住房屋屋邨重建计划	10	1
清拆执法行动影响的安置计划	少于500	3
寮屋区清拆计划	1	1

⑥ 房委会公共租屋租户的居住面积。截至2012年3月底，房委会公共租住房屋租户的人均居住面积为13m^2。

香港特区房委会公共租屋租户的居住面积　　　表1-8

三月底的情况　　　年份	2003年	2008年	2013年
人均居住面积（m^2）	11.3	12.4	13.0
人均居住面积少于5.5m^{2}的住户所占比例（%）	1.4	0.7	0.4

注：三月底的情况。

⑦ 永久性住房租金。截至2012年3月底，房委会公共租住房屋在香港岛、九龙和新界的楼面面积平均月租为50港元、55港元和54港元/m²；私人永久性住房的实用面积平均月租为323港元、253港元和189港元/m²。

香港房委会公共住房室内楼面面积的平均月租金（单位：港元/m²） 表1-9

年份	2003年	2008年	2013年
香港岛	46	43	50
九龙	49	45	55
新界	41	38	54

注：三月底的情况。

香港私人永久性房屋使用面积的平均月租金（单位：港元/m²） 表1-10

年份	2003年	2008年	2013年
香港岛	154	269	323
九龙	120	193	253
新界	94	140	189

注：第一季度。

⑧ 私人永久性住房价格。2012年，香港岛、九龙和新界的私人永久性住房每平方米使用面积的平均价格分别为111 438港元、88 358港元、65 678港元。

香港私人永久性住房价格（单位：港元/m²） 表1-11

年份	2002年	2007年	2012年
香港岛	32777	58915	111438
九龙	24372	44284	88358
新界	24556	33693	65678

⑨ 房屋公共开支。2012/2013年度，房屋方面的公共开支为221.2亿港元，占公共开支总额的5.5%。从2002~2013年的房屋公共开支占公共开支总额的百分比走势来看，总体呈下降趋势。

香港房屋公共开支 表1-12

年份	2002年	2007年	2012年
房屋公共开支（十亿港元）	23.54	14.34	22.12
占公共开支总额的百分比（%）	8.8	5.7	5.5

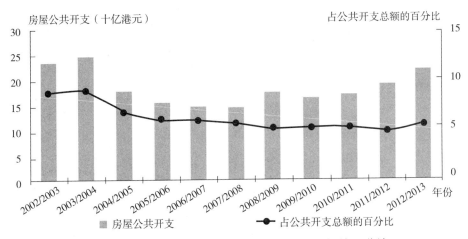

图1-3 房屋公共开支额及其占公共开支总额的百分比

1.2 公共住房类别

香港的公共住房可以分成三类:

第一类是公屋,就是只能用来租赁的公共房屋。香港的公屋很有特色,港人基本上能从建筑的外观作出判断。现在此类住户人均居住面积为12.8m²,因此以香港标准的一家四口(一对夫妇加两个孩子)来计算,一般的公屋面积是50m²左右。

第二类公共房屋称为"居屋"("居者有其屋"的缩写)。建筑面积大约在40～80m²。房屋价格远低于市场价,当时建设居屋的目的是让公屋中"富户"可以搬出来,这样留下的公屋可以分配给有需要的人士。而建造的居屋质量比一般私人住房好。

第三类公共房屋指的是相关政府部门近二十年发展的各类小型项目。比如"夹心阶层住屋计划"房屋,这种房屋专门提供给经济上属于夹心阶层的人群,而"长者房屋计划"房屋则专门提供给老年人使用。同时还推出"置安心"房屋计划。这个项目的主要目标群体是那些工资收入已超过公屋和居屋要求的人,而其在近期也无力购买私人楼宇。住户可以租"置安心"房屋,也可以购买此类房屋。

1.3 公共住房政策

1.3.1 政策沿革

港英政府于1954年开始实施公共房屋计划,经历五十多年社会、政治、经济的巨大变迁,从最开始的仅仅只有单间房,到现在的每家每户都有相关配套卫生间和厨房等,中间经历了改造、翻新、完善,通过主管部门和公众人士讨论及监督,700多万人的香港目前已经解决了近一半人口的住房问题。同时在解决各种问题的过程中逐渐形成一套完善的公共房屋制度，不仅持续大规模地提供着公屋，并且致力于为公屋居民提供满意的居住环境和管理服务。

香港的公屋政策发展可分为三个阶段：

1952~1973年为第一阶段，特征是"廉租"，目的在"应急"。港英政府兴建了大量的"徙置大厦"和"廉租屋"，以安置灾民和极端贫困的家庭。房屋标准低、租金低，只租不卖。

1973~1977年为第二阶段，特征是"有计划地建公屋"。期间成立了房委会，负责推行香港公营房屋计划，策划和兴建公营房屋，并推出了十年建屋计划。

从1978年开始进入第三阶段，特征是"租售并举"。先后推出了"居者有其屋"计划和"长远房屋发展策略"。以房屋委员会建房与私人机构参建居屋相结合的方式，继续提供公营的租住房屋；又以特惠折扣价（一般为市场价的50%左右）出售居屋，协助符合资格的中低收入家庭和公屋租户置业。

已经在港运行大半个世纪的公屋政策制度行之有效，其相对公平的分配原则、严格的轮候审查制度、政府的长期投入、公屋管理部门高效务实的专业运营和有效的财政资金安排保证了香港成为世界上公屋制度做得最好的地方之一。通过成功地实施一系列公共房屋计划，香港在20世纪六七十年代新增外来人口成倍于本地原有人口的移民潮下，创出繁荣稳定的世界经济发展奇迹。

1.3.2　建设政策

香港建设公共房屋采取由房委会"四统一"的高度集权政策。它包括：

① 统一规划。建屋规划受土地供应的控制，每年供应多少土地由更高层决定。房委会在提供建设公屋土地量范围内制定年度建房计划和5年、10年中长远规划。

② 统一建造。所有公屋均由房委会属下的机构统一兴建，或由房委会交私营机构营建。完成后按规定价格由房委会收回，不管是房委会或发展商建房，都必须按房委会批准的单位面积和标准兴建。

③ 统一编配。公屋分不同的档次，公屋的申请人必须遵照制定的公共租屋入住条件或购置居屋资格准则，统一向房委会提出申请，经审查合格后由房委会公开编号统一轮候，按号入住，或公开抽签挑选购置居屋。

④ 统一管理。所有公屋的管理均由房屋署屋邨管理处负责，设一总部，执行屋邨方面的政策、公屋申请人登记注册、住宅与非住宅楼宇的统配、清理屋邨的合约，以及"居者有其屋"计划的设计、兴建和屋宇管理，每个邨设一个办事处，负责日常管理事宜。

1.3.3　资金来源

香港公屋建设的资金来源途径主要有两个：一是政府通过免费拨地、拨出资金和贷款提供资助；二是房委会通过出租公屋及其附属商业楼宇、出售自置居所单位获得维护及兴建公屋所需的资金。

在香港建设公屋的初期，港英政府通过直接注资或提供土地的方式，资助公屋的发展。1973年，新的房委会成立后，政府以免费拨地及贷款的形式提供资助，并根据每年公屋建设的规模和当年的建筑成本，推算出所需的建设费用总额，由政府发放贷款基金贷给房委会。1988年4月房委会改组后，由政府资助部门成为自负盈亏的财政独立机构，但仍免费拨地及以优惠条件拨出资金对其提供支持。

房委会的经常性收入来自公屋租金收入、公共房屋附属的商业楼宇租金收入、出售资助自置居所收入。房委会按市值租出公共房屋附属的商业设施和非住宅设施，如商场、街市铺位及停车场。房委会辖下的公屋小区附属设施齐全，不仅方便居民生活，也使房委会成为香港最大的商场及停车场设施业主，其市场占有率分别约为11%和16%，房委会每年通过出租商业楼宇可获得十几亿港元的盈利；房委会通过各种自置居所计划出售房屋。自1978年起，房委会通过居者有其屋计划、私人机构参建居屋计划和混合发展计划，以及租者置其屋计划等各项资助自置居所计划，共推出超过40多万套房屋，以折扣价出售给合资格的家庭及人士。在租金政策上，房委会以租户的负担能力作为厘定公屋租金的主要考虑因素。其他考虑因素包括屋宇价值、通胀、差饷（香港对地税的说法），以及维修及管理费用。

1.3.4 准入退出机制

香港建立了一套严格的准入机制与退出机制，筛选出有真正住屋需要的家庭作为当局公屋资助的对象。

（1）准入机制

目前入住公屋的家庭分为以下几类：

① 受清拆、重建、天灾等影响而无家可归者；

② 因体恤理由而需要房屋安置者。体恤安置个案由社会福利署署长推荐。这类个案的申请人一般都有特殊困难，诸如严重疾病、弱能或社会问题；

③ 初级公务员及退休公务员；

④ 调迁及舒缓挤迫居住环境；

⑤ 不能负担租住私人物业昂贵租金的家庭。

这类家庭是入住公屋数量最多的家庭，他们需要在公屋轮候册上登记，并要接受家庭收入和资产审查；申请人及其家庭成员的每月总收入及现时的总资产净值不得超过房委会规定的最高收入及总资产净值限额，申请人申请公屋时必须申报收入（可扣除法定的雇员强制性公积金或公积金供款额，即收入的5%）及提交房委会所指定的薪金证明书。房委会每年检讨轮候册收入及资产限额，以确保限额配合当前的经济和社会状况，并确保真正有需要的人才申请公屋。

单身人士及一般家庭收入及总资产净值限额　　　　　　表1-13

家庭人口（人）	每月最高收入限额（港元）	总资产净值限额（港元）
1	8 880（9 347）	212 000
2	13 750（14 474）	286 000
3	18 310（19 274）	374 000
4	22 140（23 305）	436 000
5	25 360（26 695）	485 000
6	28 400（29 895）	524 000
7	31 630（33 295）	560 000
8	33 810（35 589）	587 000
9	37 850（39 842）	648 000
10人及以上	39 740（41 832）	698 000

注：① 假如"强制性公积金"或"公积金"计划供款额为住户收入的5%，则实际收入限额显示在括号（　）内。
② 2013年4月1日生效。

若住户虚报资料，房屋委员会可终止其租约，并可根据法律规定予以检控。香港房屋条例规定，任何人士如故意向房屋委员会虚报资料，即属违法，一经定罪，可判罚款及监禁。

（2）退出机制

早期对于租住公屋的住户，并没有受资助者经济状况改善之后，是否要迁出公屋的规定。自20世纪70年代中期开始，香港经济高速增长，居民收入普遍增加。许多公屋租户家庭经济状况得到明显改善，有些公屋住户甚至拥有私人住房物业。不加区别地继续对那些经济状况已经大大改善的家庭提供公屋，对那些等候在公屋轮候册上和租住私人住宅的家庭来说，有失公平。1987年4月起，房委会开始实施"公屋住户资助政策"，旨在减少对经济能力较好的住户的资助，确保房屋资助能给予真正有需要的人。该政策规定，在公屋居住满十年或以上的住户，须两年一次申报家庭收入。不申报收入或家庭收入超过所定限额的租户须缴付额外的租金。1996年4月，房委会又通过实施"维护公屋资源合理分配政策"，规定收入和净资产值两项准则，作为衡量公屋住户是否继续享受公屋资助的资格，凡在"公屋住户资助政策"必须缴付额外租金的住户，仍须两年一次申报财产，目前香港房委会规定的公屋住户净资产限额约为2013/2014年度轮候公屋登记册收入限额的84倍（表1-14）。如公屋住户家庭收入及拥有的净资产均超逾所定上限，或选择不申报资产，便必须缴交市值租金，并于一年内迁出所住的公屋单位。

收入及净资产限额　　　　　　　　　　　　表1-14

家庭人口（人）	月收入限额（港元）	资产净值限额（港元）
	（2013/2014年度轮候册收入限额3倍）	（2013/2014年度轮候册收入限额84倍）
1	26 640	750 000
2	41 250	1 160 000
3	54 930	1 540 000
4	66 420	1 860 000
5	76 080	2 140 000
6	85 200	2 390 000
7	94 890	2 660 000
8	101 430	2 850 000
9	113 550	3 180 000
10人及以上	119 220	3 340 000

注：2013年4月1日生效。

1.3.5　公共住房保障政策的特点

纵观香港公共住房政策发展的过程，可以看出以下特点：

（1）港英政府和香港特区政府主导住房发展，但各时期干预方式不同

在过去50多年时间内香港对解决居民的住房问题是非常重视的，并且因时制宜制定了一系列住房发展计划。通过这些计划的实施，有效地解决了广大居民的住房问题。但是由于各个时期面临的客观环境有所不同，政府对于住房问题的干预方式也经历了一个变化过程。

战后初期，由于大批居民重返香港，人口急速增加，对房屋数量的需求强烈，加之当时天灾影响，人们的居住需求亟待改善，所以承担了住房供给的责任，通过投资兴建公共住房（廉租公屋和居屋），以提供实物房屋的方式来满足居民的居住需求，这种状况持续了相当长的时期，并且取得了巨大的成功，但后来，由于受亚洲金融风暴的影响，香港经济环境和市场需求发生变化，香港特区政府逐渐调整住房策略和政策，而寻求以更灵活、更有效和更直接财务资助的方法，取代传统兴建实物公营房屋的资助方式。

（2）政府、民间及私人机构共同推进住房发展

住房发展规划的实施不仅有政府的主要参与，而且还充分调动民间机构、私人发展商等多方面的力量共同致力于住房问题的解决。

香港政府在解决居民住房问题中承担着重要职责，发挥了主导作用。但20世纪70年代中期以来，政府开始意识到减轻住宅供给负担的重要性，并注意发挥私营部门在住房供给中的作用。1977年，为配合居者有其屋计划的实施，房委会提出私人机构参建居屋计划，目的就是借助私人发展商的经验、资源及专业知识，以辅助政府实施居屋计划，提高建屋量，缓解市民对居屋的需求，为更多家庭提供自置居所机会。长远房屋策略更将确保私人机构的建屋资源得以善用作为其策略要点之一。政府鼓励公众参与，并且非常重视公众的意见，将其作为政策修订的重要依据。

（3）设定不同时期住房发展的特定目标群

在解决住房问题时，根据不同时期的具体情况，设定不同时期的特定目标群。先是大量兴建公共住房低价出租给广大的贫苦居民或灾民及拆迁户，以基本解决房荒问题，如香港房屋协会战后初期兴建的租住公屋，1953年香港当局的"徙置事务处"兴建的"徙置屋"以及"屋宇建设委员会"为月收入400港元至900港元的家庭建造的公屋。之后，考虑到居民经济能力的增长，又开始将目标群定位于中低收入家庭，并推行住房自有化的政策。通过推行居者有其屋计划和私人机构参与居屋发展计划以及多元化的自置居所计划，鼓励居民买房，将公共住房出售给广大居民，切实有效地满足了广大居民不同时期的住房需求。近期，政府的公营房屋计划又开始发生变化，政策将集中照顾低收入家庭的居住需要，为他们提供租住公屋，而对于中等收入家庭的置业需求则交由市场来满足。

（4）政府对于公屋发展提供土地、金融等方面的支持

香港的一般房地产开发用地，通过招标或公开拍卖和协议批租的方式，将土地使用权以一定的条件和期限批租给土地使用者，其形式为签订租约，约定土地的用途、租用年限和每年应缴的地租等。而公共住房用地是政府无偿或低偿划拨给住房委员会，使得公共住房的价格明显低于私人机构开发的物业，一般要低20%~40%。政府把从土地资源上取得的可观收益，用于补贴公共住房的发展和改善市民的居住条件，这在一定程度上减小了贫富差距，促进了社会安定，树立了良好的政府形象，推动香港的繁荣与发展。

政府为公屋的建设提供了重要财政支持，从而保证了公屋的供给，提高了居民的支付能力。比如，在20世纪七八十年代，房委会建造的公屋近60%的资金来自当时的香港的发展贷款基金。对于香港房委会提供的居屋，政府也通过设立居屋基金提供居屋的有关运营费用。香港的住房金融也十分活跃，20世纪90年代初，香港银行对房地产业的放款额占全港放款的30%以上，住房的建设与住房金融制度的支持息息相关。

（5）公屋运营实施以商养房策略

香港的公屋租金十分低廉，且还包含管理费。房屋署大量投入建房资金、管理人员，每年耗资巨大，但房屋署近年来却还是盈利的。这主要是商业楼宇为房屋署带来了可观的收入。房屋署建造的公屋和居住小区，区内设施齐全，学校、娱乐设施、福利设施布局合理，更有

大型的商场可满足小区内居民的购物需要，小区内的商场和停车场都属于房屋署的产业，房屋署根据区内各行各业的需求设定好铺位后，向社会公开招标，竞价出租，向中标的承租者定期收取租金和管理费。近年来，房屋署还采用协商的方式，与一些有影响的商业集团进行接触，把小区内的大型商场全部或部分以低于招标价的价格租给他们，再由他们分割商铺招商经营。这样，房屋署一方面可以利用这些大商业集团的声誉吸引更多的消费者，另一方面把繁杂的物业管理任务交给商业集团，以减少房屋署的工作人员。房屋署还定期对其属下的商业楼宇进行改造，使之更加适合消费者的购物要求。房屋署每年对屋邨进行商业推广，虽然耗资巨大，但提高了知名度，增加了屋邨商户的经营利润，房屋署则可获得更高的租金收入。香港房屋署的商铺空置率只有1.7%，世界上一般商铺的空置率则为10%~15%，由此可见，香港房屋署以商养房策略还是颇见成效的。

1.4 住房管理机构及其职能

1.4.1 运输与房屋局

运输与房屋局是香港在运输和房屋方面的决策部门，负责政策制订。该局既为有需要人士提供资助房屋，也负责维持私人住宅物业市场稳健发展。

1.4.2 房委会

香港房屋委员会（房委会）是根据《房屋条例》于1973年4月成立的法定机构。房委会负责制定和推行本港的公共房屋计划，以满足无法负担私营租住楼宇人士的住屋需要，从而达到港英政府的政策目标。除策划及兴建公营房屋外，房委会还负责管理公共屋邨、中转房屋及临时收容中心。房委会亦拥有和经营部分分层工厂大厦，以及附属商业设施和非住宅设施。房委会并配合政府的政策，为符合资格人士提供资助置业的机会。

房委会主席由运输及房屋局局长兼任，房屋署署长则为房委会副主席。除主席及副主席外，房委会成员还包括两名官方及26名非官方委员，全部由行政长官委任。所有非官方委员都是以个人身份接受委任。

房委会下设若干小组委员会：常务小组委员会；建筑小组委员会；商业楼宇小组委员会；财务小组委员会；策划小组委员会；资助房屋小组委员会；投标小组委员会。

1.4.3 房屋署

房屋署是香港房屋委员会（房委会）的执行机关。房屋署同时为运输与房屋局提供支援，处理有关房屋的政策和事务。运输及房屋局常任秘书长兼任房屋署署长一职，负责掌管房屋署。

房屋署下设策略处、发展与建筑处、屋邨管理处、机构事务处、一手住宅物业销售监管局、运输与房屋局常任秘书长（房屋）办公室、署长办公室等。

1.4.4 房屋协会

房屋协会是一个独立的非营利机构。协会于1951年取得法定机构的资格,并于1952年开始获得以低于市价批出土地兴建供低收入人士入住的房屋。由于香港房屋协会兴建的楼宇,在地价上获得优惠,因此被视为资助房屋。1968年开始,港英政府不断邀请房屋协会执行个别资助房屋项目,包括1968年的市区改善计划,20世纪70年代的郊区公共房屋计划,20世纪80年代作为辅助香港当局房屋委员会居者有其屋计划(简称"居屋")的"住宅发售计划",20世纪90年代的夹心阶层住屋计划,以及董建华执政期间的首次置业贷款计划等。此外,房屋协会还担当了"房屋实验室"的角色,发展及研究不同的房屋计划,例如20世纪90年代房协研究、发展及建造香港首个环保房屋——茵怡花园;1996年起至今,研究、发展、建造及管理长者房屋(如乐颐居、彩颐居及隽逸生活退休房屋计划)等。当前,香港房屋协会不但提供资助房屋,还与市区重建局合作推行多个市区重建计划,并推出楼宇管理维修综合计划。

1.5 屋邨管理与维修

1.5.1 屋邨管理

房委会不断致力改善屋邨管理服务,务必使公屋租户能够在良好环境及和谐社区中生活。优良的屋邨管理有赖租户、社区和房屋署的共同努力与紧密合作。为此,房屋署积极提高公屋租户的责任感和对所属屋邨归属感,鼓励其参与屋邨的管理工作,并与地区组织合作,建设充满关怀和凝聚力的社区。

① 实行屋邨管理扣分制。屋邨管理扣分制是一项重要的管理措施,既可保障公共屋邨的环境卫生,又有助于房屋署妥善执行屋邨的管理工作,从而为住户建立健康舒适的居住环境。扣分制同时可培养公屋住户的公德心,以及促进其对邻居和周围环境的关怀和爱护。

② 成立屋邨管理咨询委员会。屋邨管理咨询委员会(邨管咨委会)的成立,旨在将管理屋邨的职权下放至地区层面,加强房屋署的前线管理人员与租户之间的沟通,并鼓励租户积极参与屋邨管理工作,藉此提升屋邨管理工作的成效和效率。

③ 实施物业管理。优良物业管理是缔造安全、健康和舒适生活环境的关键。房委会公共租住房屋及其附属设施的管理工作,由其执行部门房屋署负责。由于公屋单位数量庞大,房屋署需要将部分公屋的物业管理工作,外判予私人物业管理服务公司承办,藉此提高服务素质和成本效益。目前约60%的公屋物业管理工作,已外判予私人物业管理服务公司承办,其余则由房屋署直接管理。物业管理服务公司须负责全面物业管理工作,包括清洁、保安、收租、小型保养和维修工程,以及改善工程等。它们须在承办服务的屋邨设立物业管理处,为

租户直接提供客户服务。此外，物业管理服务公司会提供简单的前线租务管理服务，例如向租户解释房屋政策和各类申请手续、分发标准表格和通知书、协助租户填写表格和申请表，以及安排租户与房屋署职员会晤等。

1.5.2 屋邨维修及改善工程

适时的保养维修和恰当的改善工程，不但确保住户享有安全和舒适的居住环境，更可延长房委会公共房屋的使用年限和经济价值。为此，房屋署在公共租住屋邨的生命周期，推行多项维修及活化计划。透过这些计划，房屋署可定时为住户提供切合所需的屋邨设施；亦贯彻房屋署多保养、少拆卸的理念，有助凝聚公屋邻里的联系和延续社区发展。

① 执行全面结构勘察计划。此计划为楼龄约40年的公共租住屋邨进行全面结构勘察，评估其结构安全和居住质素；并基于所需的维修费用，决定屋邨是否应清拆重建，或予以保留。

② 实施屋邨改善计划。屋邨改善计划旨在保证居住在旧屋邨的居民继续享有良好的生活环境。房屋署按序为有关屋邨更新上水管，提升闭路电视、保安系统，更换电线和重新为屋顶作防水处理等。此外，房屋署致力改善屋邨设施，方便居民出入，例如加建升降机等。另一方面，经全面结构勘察计划确认予以保留的屋邨，也会透过屋邨改善计划进行活化。除维修楼宇结构、优化公用场所和粉刷外墙外，还会加添各样新设施，以切合居民的需要，并为社区注入活力和加强邻里联系。

③ 实施全方位维修计划。全方位维修计划在2006年展开，有序地持续推行，以五年为一周期。房屋署派遣家居维修人员探访各住户，主动为其检查室内状况，并当场修补小问题；较严重的项目，则安排工程人员尽快跟进。有关记录会储存于一个全面的资料库，让房屋署及时掌握住房状况和维修记录，方便日后维修。同时，房屋署积极举办各类宣传活动，让居民了解公屋单位的室内设施和装置的正确使用和保养方法。

④ 日常家居维修服务。日常家居维修服务以全方位维修计划为蓝本，为所有公共租住屋邨住户提供妥善和迅速的室内单位维修服务。

⑤ 升降机（电梯）更新工程。升降机现代化计划旨在为公共租住屋邨住户提供更优良、安全和可靠的升降机服务。房屋署会按序在屋邨推行有关计划。过去数年，房屋署按年计已在公共租住屋邨更换了100部升降机。

⑥ 数码服务。房屋署采取积极措施，方便公屋住户在屋邨内使用数码服务，与时俱进。所有公共租住屋邨的公共天线分布系统已经全面升级，以配合数码地面电视广播。公屋住户只要有适当的电视和机顶盒，即可收看数码电视。此外，现有的公共租住屋邨均设有免费无线上网服务；新落成屋邨于入伙后亦会尽快提供有关服务。每个公屋住户可从两家指定网络供应商分别获得一个账户和密码，在贴有免费上网天地标志的地下升降机大堂及/或室外康乐用地，使用免费无线上网服务。

1.6 屋邨规划设计

1.6.1 公营房屋住区的规划布局

住房政策的有效性除了公营房屋供应的数量外，还与规划设计的理念、标准及区位选择有关。

香港岛的北面和九龙半岛的南侧人口密度较高，其中九龙的观塘区、油尖旺区和黄大仙区人口密度最高；而离岛区和新界的大埔区、北区人口密度最低。可能是由于地价原因，香港的湾仔区没有公屋，中西区、油尖旺区只有少量公屋，但除此之外，香港的其余地区均建有一定规模的公共屋邨。总体而言，香港公屋的空间布局较为均质与合理，公屋空间分布的数量基本能够与人口规模相对应，满足了不同地区居民的住房要求。

1.6.2 均衡的土地供应与选址

要满足不断增长的住房需求，就要维持充足的土地供应。土地是保证房屋建设计划和住房政策有效实施的基础。香港划拨房屋用地的过程，包括物色房屋用地（由规划署及拓展署负责）、决定私营及公营房屋的比例（由房屋局负责）、指定发展私营和公营房屋的地点（由规划地政局领导的委员会负责）。如果是发展公营房屋，还需决定是发展租住公屋还是资助自置居所（由房屋局咨询房屋委员会后决定）。任何土地，最终应发展成哪一类房屋，都要由用地督委会批核。

政府为了达到土地供应平稳，尽量弹性地处理土地供应，为私营和公共房屋制定适当的用地比例和开发强度，集中使用面积较大和许可发展密度较高的地块来开发公共房屋。另外，基础设施的建设与供应也要配合公营房屋的建设。在社会保障性住房的规划选址上，政府适当避开中心城区的"黄金地段"，即地价最高的位置及重要的地段，以避免土地用途上的冲突，使得政府通过买卖土地获得利益最大化。但保障性住房的规划选址要相对均衡，绝非只考虑地价因素而走向"边缘化"。

1.6.3 以新城为载体，以轨道交通为支撑

（1）新城建设

公营房屋的开发在香港的新城建设中占有重要的地位。新城建设的本质是疏散大城市中心城区拥挤的人口，而公屋建设就是满足城市中大量中、低收入者的住房需求。可见，新城是公屋建设主要的载体，公屋也是新城发展的主要动力之一，两者紧密相关，相辅相成。

（2）轨道交通建设

香港新市镇建设基本都依附于大容量及迅捷的轨道交通。每个主要住区都设有一个公交换乘枢纽，通过密集的公交线路、便捷的交通接驳服务和完善的步行系统，将乘坐地铁的市民迅速地输送到周边各个地区，同时，又可以将外向的交通需求有效地集中到地铁站而外输。

轨道交通站点周边是社区服务中心和具规模的商业区，外围是高密度综合性住区，最外围是相对低密度的发展区域和社区开敞空间。

香港的经验表明，社会保障性住房政策的成效，与交通设施建设和服务水平密切相关：交通若不便，保障性住房的供应将趋于无效。尤其是大城市、特大城市的高密度的保障性住宅开发建设，更需要依靠大容量的交通模式来高效地集疏人流。

1.6.4 人性化的房屋规划设计

（1）房屋设计

香港公屋采用标准化的设计原则，以便于大规模的工业化生产，从而提高生产效率，降低建造成本。另一方面，经过50年的不懈努力，公营房屋的设计和建造标准不断提高，公屋的房屋品质和环境已经与私人楼宇相差无几。同时，公屋的规划设计因地制宜，与周边环境（山地、植被、海岸线）有机结合。通过精心规划设计以及工业化生产，加上政府的优惠地价，完全可以实现"造价不高、品质高"的目标。

（2）公共服务设施

以香港首个运用新市镇概念设计的公共屋邨——华富邨为例。华富邨共有楼宇18栋，住宅单元1万左右，单元面积在27～40m²之间，总人口3万左右。华富邨共有29条公交线路，其中新巴9条、城巴12条、专线小巴4条、非专线小巴4条。华富邨还建有2个大型商场，分别是华富中心（属于第二期工程，1968年落成）和华富商场（属于第五期工程，1978年落成）。公共屋邨的公交线路齐全，交通便捷。同时，相应的公共服务设施（包括幼儿园、小学、体育设施、商业服务设施、公共活动空间等）也配置完备，使公屋的住户和私人房屋的住户，能够享受相同品质的配套服务和生活环境，从而保障社会公平（图1-4）。

图1-4 屯门社区服务中心

香港在公共屋邨的规划设计中，将公交站点引入到居住区内，考虑住区内部道路和步行系统，并与商业服务设施和公共活动空间相结合，形成居住区的公共中心。这样既缩短了居民的步行时间，保证居民出行的便捷与舒适；又可以合理利用公共空间，减少对周边居住环境的干扰。

香港公屋在规划设计过程中，尤其注重环境设计。包括在房屋屋顶设置天台花园，以提高居住区的绿化覆盖率，丰富景观层次，同时也改变高层住宅的临街尺度，以调节视觉界面；高层住宅底层架空，设置公共活动空间；高层建筑之间设置连廊，方便居民在居住区内的出行。

住房建设不等于单纯的住宅建筑，除了住宅外，还要有公共服务设施、交通设施，以及住区环境等多方面的同步配套建设和供应。所以住房政策具有综合性，需要各部门的协调和统筹。住房问题的解决与否，需要综合考察生活的便利程度和居住环境的优劣，而不仅仅是房价或租金高低的测度。

主要参考文献

[1] 《香港统计年刊2013》.
[2] 《香港房屋统计数字2013》.
[3] 《香港房屋委员会可持续发展报告》.
[4] 香港特别行政区房屋委员会官方网站.

2 澳门

GDP：3 482亿澳门元（折合402.881亿美元）
人均GDP：661 930澳门元（折合76 588美元）
面　　积：33km^2（2012年）
人　　口：58.2万人（2012年）
人口密度：17 636人／km^2

2.1 住房现状

2.1.1 住宅单元与空置情况

2011年人口普查共覆盖233 870个各类型的单元，其中231 908个为楼宇单元，包括189 861个住宅单元。按楼宇单元的占用情况划分，空置单元（待租/待售）共22 430个，整体空置率为9.7%；空置的住宅单元有13 382个，空置率为7.0%。住宅单元空置率以路环最高，达20.2%，而氹仔为6.9%。

澳门楼宇单元空置情况　　　　　表2-1

地区	楼宇单元			住宅单元			集体居住单元（个）
	总数（个）	空置单元（个）	空置率（%）	总数（个）	空置单元（个）	空置率（%）	
全澳	231 908	22 430	9.7	189 861	13 382	7.0	3 270
澳门半岛	201 194	19 934	9.9	162 316	11 354	7.0	2 351
氹仔	29 449	2 240	7.6	26 503	1 818	6.9	885
路环	1 265	256	20.2	1 042	210	20.2	34

2.1.2 居住状况

楼宇单元增加，一屋多户的情况有所减少。陆地人口住户数共170 535户，每单元的平均住户为1.01户，较十年前减少0.02户。

按楼宇单元类型划分，有168 937户是居住在住宅单元内，其中，在私人房屋居住的有146 620户，占86.8%，每户平均有3.08人。另外，有16 462户居住在经济房屋，占总数9.7%，每户平均3.30人；在社会房屋居住的有5 855户，占3.5%，每户平均有2.71人。

澳门按住户成员人数及房屋类型统计的陆地住户 （单位：户） 表2-2

住户成员人数	总数	私人房屋	经济房屋	社会房屋
总数	168 937	146 620	16 462	5 855
1人	25 342	22 269	1 649	1 424
2人	39 337	34 799	3 168	1 370
3人	39 337	33 741	4 273	1 323
4人	39 087	33 383	4 533	1 171
≥5人	25 834	22 428	2 839	567

按楼宇落成年份划分，有81 716户（占总数48.4%）的住宅单元在1990~1999年间落成，较2001年大幅增加14 926户。同时，有45 122户的住宅单元在1980~1989年间落成，占26.7%；有19 723户的单元在2000年以后落成，占11.7%。

澳门按楼宇落成年份统计的陆地住户 表2-3

落成年份	2001年		2011年	
	户	比例（%）	户	比例（%）
总数	133 005	100.0	168 937	100.0
1980年以前	21 011	15.8	22 137	13.1
1980~1989	41 289	31.0	45 122	26.7
1990~1999	66 790	50.2	81 716	48.4
2000年及以后	2 331	1.8	19 723	11.7
落成年份不详	1 584	1.2	239	0.1

按住宅单元的实用面积划分，大部分住户（45.8%）的单元实用面积为40~59.9m^2，有17.9%的单元实用面积为60~79.9m^2，有4.6%的住户的单元实用面积在120m^2以上。人均居住面积为20.1m^2。

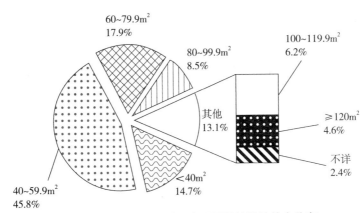

图2-1 澳门按住宅单元实用面积统计的住户分布

按单元的卧室数目划分，有58.8%的住户居住在两居室单元，25.7%居住在三居室单元，在一居室单元居住的有9.8%。每住宅单元平均卧室为2.2间，而人均卧室为0.7间。

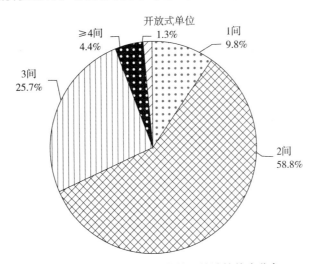

图2-2 澳门按住宅单元卧室数目统计的住户分布

按住户成员人数划分，67.8%的3人住户单元有2间卧室，而24.1%的有3间卧室。在4人住户方面，有59.7%的单元有2间卧室，32.6%的有3间卧室。

按住户规模及卧室数目的住户分布（单位：%） 表2-4

卧室数目	住户成员人数					
	1人	2人	3人	4人	5人	≥6人
总数	100.0	100.0	100.0	100.0	100.0	100.0
开放式单元	5.2	1.7	0.4	0.2	0.1	0.2
1间	26.8	15.4	5.4	2.9	1.7	1.4
2间	51.4	63.7	67.8	59.7	47.6	36.0
3间	14.6	16.9	24.1	32.6	41.7	42.1
≥4间	2.0	2.4	2.4	4.6	8.9	20.2

2.1.3 租住状况

过去十年,人口及住户总数增加,住户成员人数减少,居住在自置住宅单元的住户有119 578户,占总数的70.8%,较十年前增加17 276户,但业主比例较2001年下降6.1个百分点。另一方面,受楼宇价格上升、外地雇员租房需求增加等因素影响,居住在出租住宅单元的住户有41 376户,占24.5%,较十年前增加5.5个百分点。

此外,有86 595户居住在自置住宅单元的住户无须支付按揭贷款,较2001年增加23 530户;有32 983户须要支付按揭贷款,较十年前减少6 254户,反映部分住户在十年间已偿还完按揭贷款,而增加的住户以租客为主。

澳门按住宅单元租住权统计的住户　　　　　　　　　表2-5

年份		2001年		2011年	
		户	比例%	户	比例%
总数		133 005	100.0	168 937	100.0
业主/成员物业		102 302	76.9	119 578	70.8
其中	无须支付按揭贷款	63 065	61.6	86 595	72.4
	须支付按揭贷款	39 237	38.4	32 983	27.6
租客		25 243	19.0	41 376	24.5
雇主提供		2 786	2.0	2 303	1.4
其他		2 674	2.0	5 680	3.4

2.2 住房建设

2.2.1 私人住房

(1)私人住房竣工量

2012年,澳门建成39栋私人住房(含商住两用房),共2 443套,建筑面积325 051m^2,较上年分别增长122.3%和152.7%。

澳门私人住房竣工量　　　　　　　　　表2-6

年份	2002年	2007年	2010年	2011年	2012年
栋数(栋)	8	32	39	34	39
单元(套)	336	1 856	4 066	1 099	2 443
建筑面积(m^2)	36 387	265 266	515 304	128 607	325 051

澳门按居室类型统计的私人住宅竣工量（单位：套） 表2-7

年份	总数	无间隔	一居	两居	三居	四居及以上
2010年	4 066	142	94	1 154	2 598	78
2011年	1 099	281	80	318	404	16
2012年	2 443	87	869	341	854	292

注：① 无间隔是指单元内设有厨房、厕所及一个无间隔空间。类型有T0、T0I、T0II、T0III及T0IV，对应的最小实用面积分别为23m²、26.5m²、35.5m²、47m²及54m²。
② 一居至四居及以上是指单元内拥有厨房、厕所、客厅与1~4间及以上的房间。

（2）私人住房开工量

2012年，澳门有32栋私人住房（含商住两用房）动工建设，共1 526套，建筑面积达178 753m²，较上年分别减少25.7%和15.0%。

澳门私人住房开工量 表2-8

年份	2002年	2007年	2010年	2011年	2012年
栋数（栋）	22	40	38	48	32
单元（套）	1 196	4 040	781	2 053	1 526
建筑面积（m²）	103 319	573 461	98 741	210 343	178 753

澳门按居室类型统计的私人住宅开工量（单位：套） 表2-9

年份	总数	无间隔	一居	两居	三居	四居及以上
2010年	781	75	43	69	587	7
2011年	2 053	270	244	888	544	107
2012年	1 526	167	112	795	410	42

2.2.2 经济房屋

1980年葡澳政府推出《经济房屋法》，使中低阶层人士有机会购买价格受管制且低于自由市场价格的房屋。这些房屋具有一定质量，社区设施齐备，包括有学校、托儿所、活动中心以及商铺等。

根据2011年10月1日生效的第10/2011号法律《经济房屋法》，经济房屋改由澳门特区政府主导兴建，并由房屋局或其他由行政长官指定的公共机构负责推动房屋的建造。

2012年内，共处理8 585个家庭，其中5 431个家庭已获配售经济房屋，还有3 615个家庭在轮候。

2012年澳门年终不同建成年代的各类经济房屋数（单位：套） 表2-10

建成年份	总数	无间隔					一居	二居	三居	四居或以上
		T0	TOI	TOII	TOIII	TOIV				
总数	27 920	—	867	1 855	511	603	2 635	15 806	5 440	203
1970年以前	—	—	—	—	—	—	—	—	—	—
1971~1980	—	—	—	—	—	—	—	—	—	—
1981~1990	8 141	—	460	1 755	511	603	502	3 568	742	—
1991~2000	14 631	—	402	100	—	—	1 413	9 331	3 326	59
2001~2005	1 201	—	5	—	—	—	48	644	408	96
2006~2010	364	—	—	—	—	—	88	188	88	—
2011	880	—	—	—	—	—	288	192	352	48
2012	2 703	—	—	—	—	—	296	1 883	524	—

2.2.3 社会房屋

社会房屋是由澳门特区政府兴建，或由特区政府提供土地批给发展商投资兴建，当完工以后回报给特区政府，用来出租给低收入或有特殊情况的家庭的房屋。

从20世纪六七十年代开始，葡澳政府以租赁形式为低收入或有特殊困难的家庭提供五至七层高的楼宇作为社会房屋，多年来不断对这些楼宇进行修缮和改建，为有需要的家庭提供了较佳的居住环境及公共设施。

目前，社会房屋的分配和管理，主要依据第25/2009号行政法规《社会房屋的分配、租赁及管理》来进行规范。

自1996年起，社会房屋以公开竞投形式进行的申请已举行5次。2012年共处理1 943个家庭，其中666个家庭已获安排租住社会房屋，还有6 207个家庭在轮候。

2012年澳门年终不同建成年代的各类社会房屋数（单位：套） 表2-11

建成年份	总数	无间隔					一居	二居	三居	四居或以上
		T0	TOI	TOII	TOIII	TOIV				
总数	8 138	813	208	268	173	61	2 347	3 850	388	30
1970年以前	—	—	—	—	—	—	—	—	—	—
1971~1980年	270	84	—	—	—	—	150	36	—	—
1981~1990年	2 089	—	152	244	173	61	581	855	23	—

续表

建成年份	总数	无间隔					一居	二居	三居	四居或以上
		T0	TOI	TOII	TOIII	TOIV				
1991~2000	2 412	—	55	24	—	—	598	1 644	65	26
2001~2005	58	—	1	—	—	—	—	53	—	4
2006~2010	2 606	540	—	—	—	—	934	832	300	—
2011	357	189	—	—	—	—	84	84	—	—
2012	346	—	—	—	—	—	—	346	—	—

澳门近年各类社会房屋数（单位：套） 表2-12

年份		2002年	2007年	2010年	2011年	2012年
总数		9 656	6 522	8 072	8 165	8 138
无间隔 最小实用面积	23m^2	259	264	633	784	813
	26.5m^2	218	208	208	208	208
	35.5m^2	318	268	268	268	268
	47m^2	182	173	173	173	173
	54m^2	77	61	61	61	61
一居		1 890	1 896	2 467	2 491	2 347
两居		5 763	3 344	3 752	3 705	3 850
三居		876	262	465	438	388
四居及以上		73	46	45	37	30

除了经济房屋和社会房屋以外，在20世纪80年代初期，大量内地移民涌入澳门，导致木屋数量增长迅速，葡澳政府为改善木屋居民的居住环境，在1986~1992年间兴建了多个临时房屋中心，提供给因葡澳政府清拆木屋而又不符合入住社会房屋或购买经济房屋条件的家庭暂时居住。目前除北区临时房屋中心改做办公大楼外，其余的临时房屋中心均已拆除。

2.3 住房交易价格

以实用面积计算，2012年澳门住房交易平均成交价为57 362元/m^2，较2011年的41 433元上升了38.4%。其中，澳门半岛、氹仔及路环的住房平均成交价分别为52 573元/m^2、64 494元/m^{2}及80 981元/m^2。

澳门不同区域住宅交易平均成交价（单位：澳门元/m²）　　表2-13

年份	2004年	2007年	2010年	2011年	2012年
全澳	8 259	20 729	31 016	41 433	57 362
澳门半岛	7 605	18 740	28 340	39 599	52 573
氹仔岛	9 733	25 147	33 278	40 332	64 494
路环岛	8 534	15 707	60 769	68 991	80 981

澳门不同区域和建成年代的住宅交易平均成交价（单位：澳门元/m²）　　表2-14

建成年代	全部		2010年以后		2000~2009年		1990~1999年		1989年以前	
年份	2011	2012	2011	2012	2011	2012	2011	2012	2011	2012
全澳	41 433	57 362	54 301	79 229	44 488	62 267	33 597	44 186	26 723	34 166
澳门半岛	39 599	52 573	50 365	71 704	52 920	67 425	33 083	44 036	26 609	34 052
氹仔岛	40 332	64 494	52 242	96 723	34 803	56 882	34 568	45 149	33 926	41 966
路环岛	68 991	80 981	71 595	83 919	—	—	31 223	36 405	—	—

2.4　住房管理机构

　　房屋局是澳门的住房管理机构，于1990年7月28日成立，隶属于运输工务司，是行政、财政及财产自治的公务法人，分别于1997年、2006年及2013年进行职能调整和重组。

　　2006年重组时，房屋局增加了协调和辅助私人楼宇管理的职责。2013年7月1日重组，又增加了以下职责：研究建议有利于房地产中介业务发展的辅助措施；监察房地产中介业务活动，依法发给有关执照；与其他公共机构或部门合作，促进举办房地产中介业务范畴的培训活动，提升服务质量；建立并更新与房地产中介业务有关的资料库；对楼宇管理仲裁中心提供行政及技术支援。

　　目前，房屋局的职责主要有以下内容：
　　① 协助制定并实施澳门特别行政区的房屋政策；
　　② 执行有关公共房屋的措施、方案及工作；
　　③ 促进研究澳门住房情况，以评估住房需要及寻求满足需要的方式；

④ 对分层建筑物的管理做出协调与辅助；

⑤ 监察从事房地产中介业务的活动，依法发给有关执照；

⑥ 对楼宇管理仲裁中心提供行政与技术支援；

⑦ 对由澳门特区政府直接发展或按房屋发展合同以资助方式发展的社会房屋应遵守的技术标准做出研究及建议；

⑧ 协助澳门特区政府以直接发展制度或其他发展方式兴建社会房屋；

⑨ 对制定或修订规范公共房屋及楼宇管理的法律文件做出研究及建议；

⑩ 管理房屋局所属财产的住房及其他部门拨作社会房屋用途的单元；

⑪ 对房屋局所属财产的住房进行重建的工作；

⑫ 鼓励及协助履行适用于楼宇共同部分的法例及规范所规定的义务；

⑬ 对举办楼宇管理的培训活动做出建议及协助；

⑭ 对有利于楼宇管理的辅助措施做出研究及建议；

⑮ 建立有关楼宇管理的资料库；

⑯ 自行或与其他公共实体合作，确保对木屋的监察、控制及清拆。

房屋局以照顾低收入家庭居住需要为首要工作目标，按实际需求及房屋资源适当调配来满足居民的需要。面对社会环境变化，公共房屋需求带来的挑战，以及提升楼宇管理质量的迫切要求，房屋局肩负起协调私人楼宇管理的工作。为了促进房地产中介业务的专业发展，房屋局还承担监察从事房地产中介业务活动的工作。

2.5 住房政策

2.5.1 经济房屋政策

1980年澳门葡澳政府推出《经济房屋法》，使中低阶层人士有机会购买价格受管制且低于自由市场价格的房屋。

1984年，澳门葡澳政府推出《房屋发展合同》法例，缓解房屋短缺，特别是收入较低阶层对房屋的需求，辅助建筑业发展，增加房屋供应，以符合房屋实际需要，适应居民的购买能力。

根据2011年10月1日生效的第10/2011号法律《经济房屋法》，经济房屋改由澳门特区政府主导兴建，并由房屋局或其他由行政长官指定的公共机构负责推动房屋的建造。法律设立了收入与资产的限额；延长不可转让期，规定在不可转让期内经过一定年限后可将经济房屋转让给符合申请条件的住户，不可转让期满后转让房屋应进行价格补偿；保留原有经济房屋轮候人名单等。

有意购买经济房屋的居民，须向房屋局提出申请，申请人须年满18岁，或已解除亲权，在澳门居住满5年，除符合法定的收入水平外，申请家庭的财产状况也有严格规定，主要是在提出申请之前5年至签署买卖公证书之日，不得以任何形式拥有包括经济房屋在内的私人房产物业或土地；未曾放弃获交付的经济房屋或出售已购买的经济房屋；未曾享受自置物业的贷款补贴；家庭成员也不得重复申请。另外，在提交申请前的2年内，家庭成员名下的经济房屋的买卖预约合同曾被解除或曾被宣告无效的；或因作虚假声明、使用欺诈手段而被取消经济房屋申请的，都不可提出申请。

2.5.2 社会房屋政策

从20世纪六七十年代开始，葡澳政府以租赁形式为低收入或有特殊困难的家庭提供5~7层高的楼宇作为社会房屋，多年来不断对这些楼宇进行修缮和改建，为有需要的家庭提供了较佳的居住环境及公共设施。

目前，社会房屋的分配和管理，主要依据第25/2009号行政法规《社会房屋的分配、租赁及管理》来进行规范。

《社会房屋的分配、租赁及管理》，旨在规范用作社会房屋用途的楼宇或房屋的分配、租赁及管理，该法规自2009年8月5日起生效。《社会房屋的分配、租赁及管理》规定，社会房屋须通过申请进行分配。申请分为一般性申请和限制性申请。一般性申请是指符合分配社会房屋所需要的任何家庭或个人的申请。限制性申请则指为居住于澳门某区域且符合相关法规或行政长官批示所定的特定条件的家庭或个人而设置的申请。房屋分配的申请应通过向房屋局递交申请书以及收入与资产净值声明书来进行。房屋局可随时要求任何公共或私人实体确认候选人所提供资料的真实性，凡提供虚假声明的将依法予以处罚。

社会房屋申请在房屋局认为有需要时开展申请程序。申请租住社会房屋的家庭必须符合以下条件：申请人年满18岁，在澳门居留至少7年，持有澳门特别行政区永久居民身份证；申请人及家庭成员在申请前3年不得为澳门任何楼宇或独立单元的所有人或预约买受人，或任何私产土地的所有人或承批人；在提交申请表至与房屋局签订租赁合同期间，申请人及家庭成员不得为澳门任何楼宇或独立单元的所有人或预约买受人，或任何私产土地的所有人或承批人；不得为已购经济房屋的另一家庭申报表中所列成员；不得为按《取得或融资租赁自住房屋之贷款补贴制度》或《自置居所贷款利息补贴制度》的规定取得房屋的另一家庭申报表中所列成员；不得为前两年因违反社会房屋的法规而被处罚的家庭成员；家庭的每月总收入及总资产净值不得超过法例规定的限额。

分配房屋时应考虑房屋类型与家庭人数相符，避免出现房小人多或相反的情况出现。

澳门房屋类型与家庭人数对应表　　　　　　　　　表2-15

房屋类型	家庭成员人数
T0，T0I T_1	1~2人
T0II T_2	3~5人
T0III T_3	5~7人
T0IV T_4	7人或以上

申请租住社会房屋的家庭，每月总收入及总资产净值不得超过下表所列金额。

澳门每月总收入及总资产净值表　　　　　　　　　表2-16

家庭成员数（人）	每月总收入（澳门元）	总资产净值（澳门元）
1	7 820	168 920
2	12 210	263 740
3	15 050	325 080
4	16 970	366 560
5	18 360	396 580
6	21 660	467 860
7或以上	23 050	497 880

2.6　可持续发展规划

2.6.1　澳门环境保护规划（2010~2020年）

"构建低碳澳门、共创绿色生活"是澳门环境保护规划的愿景。环境保护规划围绕可持续发展、低碳发展、全民参与和区域合作等四个核心规划理念，将改善人居环境、保障市民健康作为环境保护规划的重要目标。本规划将按近期（2010~2012年）、中期（2013~2015年）及远期（2016~2020年）三个阶段有序推进。规划在资源能源利用水平、环境质量、污染物控制与资源化以及生态保护等层面分别提出了十一项量化的环境规划指标。

澳门环境保护规划指标体系 表2-17

资源能源利用水平					
指标名称	单位	2009年	2012年	2015年	2020年
单位GDP能耗	太焦耳/亿澳门元	17.0	12.0	10.0	8.5
清洁能源使用率	%	12.6	18	25	35
再生水回用率	%	—	—	<2	4
环境质量					
指标名称	单位	2009年	2012年	2015年	2020年
环境空气质量年达标率①	%	98	98	≥98	99
沿岸水体水质总评估指数	—	0.77	1.77	0.75	0.70
污染物控制与资源化					
指标名称	单位	2009年	2012年	2015年	2020年
城市生活污水集中处理率	%	95	95	97	99
区域噪声平均消减量	dB(A)	0	0.2	1.0	2.3
废弃物资源回收率	%	18.6②	20	30	45
特殊及危险废弃物资源化处理率	%	4	5	10	15
电子电器废弃物集中回收率	%	—	—	20	60
生态保护					
指标名称	单位	2009年	2012年	2015年	2020年
城市绿地率	%	39.1③	41.5	43.5	45.0

注：① 从2012年7月2日起，澳门的空气质量指数标准将提升至世界卫生组织建议的过渡时期目标值（IT-1）的水准，由于暂时未能积累足够的历史数据，有关规划目标仍以2009年的原有标准作为基准年，未来经全面评估后视实际情况再做滚动式修订。

② 由于澳门回收到的废弃物基本运往外地循环再造，因此根据统计普查局进出口资料中的废纸、废塑胶及废金属等数量估算得2009年废弃物资源回收率。

③ 根据《澳门园林建设与绿地系统规划研究》制定的澳门城市绿地分类标准，澳门绿地面积的统计于2010年做出了较大的更改，因此，此指标规划值的修订以2010年为基准，且该基准值根据《环境统计2010》及前述研究中的统计数据做出计算。

2.6.2 节水规划大纲

规划愿景：社会各界经过15年的努力，到2025年，一个崭新节水型城市将展现在澳门民众和来自世界各地的游客眼前。

为实现以上愿景，特区政府将致力推动社会各界共同努力，务求在2025年规划年内实现以下各项规划目标。

（1）节水措施规划目标

到2015年澳门特区政府部门节水器具普及率将达到90%，2020年全面普及；澳门特区政府资助机构的节水器具普及率2015年达到85%，2020年达到90%，2025年全面普及。

2015年，居民生活节水器具普及率达到65%以上，商业范畴节水器具普及率达到60%以上；2020年居民生活节水器具普及率达到85%以上，商业范畴也达到85%；2025年居民生活节水器具普及率达到90%以上，商业范畴也达到90%。

2015年，因节水器具的普及而产生的总体节水量为207万m^3；到2020年相关节水量将达到407万m^3；到2025年节水量将达521万m^3。相关节水效率分别为：2015年为2.6%，2020年为4.5%，2025年为5.1%。

在防止管网漏损的治理效果方面，2015年的供水管网漏损率将从2008年的13.03%下降到10%，经过供水公司进一步优化及改善措施后，2020年的供水管网漏损率进一步降至8.5%，以后至少维持在8.5%或以下。预计2015年，减少漏损水量284万m^3；到2020年，将减少漏损水量491万m^3；到2025年，将减少漏损水量491万m^3。节水效率：2015年为3%，2020年为4.5%，2025年为5%。

综合上述各项节水措施所得节水总量，2015年为492万m^3，2020年为898万m^3，2025年为1 139万m^3；节水效率：2015年为5.2%，2020年为8.2%，2025年为9.2%。

（2）非常规水利用的规划目标

全澳雨水利用量，2015年达到467万m^3，2020年达到528万m^3，2025年达到567万m^3。

将逐步在现有污水处理厂基础上增建再生水生产设备，第一期工程于2015年之前建成，总共年产量136万m^3；第二期工程于2020年前建成，总共年产量387万m^3；第三期工程于2025年前建成，总共年产量805万m^3。

通过各项开源节流措施的实施，预计澳门到2015年，可减少国内原水取水量853万m^3，预计节水率9.0%，相当于2008年国内原水取水总量的11.0%；2020年，可减少国内原水取水量1 572万m^3，预计节水率为14.4%，相当于2008年取水总量的20.3%；2025年，可减少国内原水取水量2 270万m^3，预计节水率为18.4%，相当于2008年取水总量的29%。

（3）海水利用

由于目前澳门周边海水利用存在各方面的制约，因此，把海水利用定位在研究和试验使用阶段，并积极支持和参与海水利用的研发工作，按照其效益的合理性进行适度发展。

2.6.3 再生水发展规划（2013~2022年）

规划愿景：澳门特区政府与社会各界经过十年的共同努力，澳门将进入水资源循环利用的新时代，再生水被广泛应用于各个新城区，分质供水概念将植根澳门，双管网覆盖面持续扩张，业界熟练掌握相关技术，居民普遍认识再生水特性，相关法规和管理体系基本形成，再生水应用伴随着各项节水措施成效同步彰显，并成功创建澳门的水源新结构。

为实现上述愿景，特区政府将大力推动社会各界积极参与，务求到2022年实现再生水总用量占全澳总用水量10%的总体目标。

短期目标（2013~2016年）：将再生水的相关技术及水质标准和规范纳入《澳门供排水规章》；路环再生水厂建成，产能达12 000 m^3/天；开始向石排湾社区及横琴岛澳门大学新校区供应再生水。

中期目标（2016~2019年）：拓展路氹城区再生水应用；再生水管道伴随着新城区和其他新发展区的道路及基建工程同步铺设。

远期目标（2019~2022年）：再生水厂产能达52 000 m^3/天或以上；位于澳门半岛污水处理厂附近及路环的再生水厂、新城区和其他新发展区的再生水公共管网系统基本连通，再生水逐步在该等区域使用；再生水使用量占全澳总用水量的10%。

主要参考文献

[1] 2012年统计年鉴，澳门统计普查局，http://www.dsec.gov.mo.

[2] 2011年人口普查，澳门统计普查局，http://www.dsec.gov.mo.

[3] 2012年建筑统计，澳门统计普查局，http://www.dsec.gov.mo.

[4] 2013年中央账目，澳门财政局，http://www.dsf.gov.mo.

[5] 2008~2012年中央账目，澳门财政局，http://www.dsf.gov.mo.

[6] 澳门公共房屋政策："居者有其屋"[J].中国房地产，2006（3）.

[7] 澳门公共房屋政策借鉴——兼谈"住房难"的解决措施[J].科学与财富，2011（10）.

[8] 澳门特别行政区的房屋税制度及其借鉴[J].税收经济研究，2011（6）.

[9] 《2013澳门年鉴》，澳门特别行政区政府新闻局，2013年9月.

[10] 《2012澳门年鉴》，澳门特别行政区政府新闻局，2012年9月.

[11] 澳门特别行政区政府，http://www.gov.mo.

[12] 澳门统计普查局，http://www.dsec.gov.mo.

[13] 澳门房屋局，http://www.ihm.gov.mo.

[14] 澳门环境保护局，http://www.dspa.gov.mo.

[15] 《澳门环境保护规划（2010~2020）》，澳门环境保护局，2011年.

[16] 绿色学校伙伴计划，http://www.dspa.gov.mo/greenschool/.

[17] 环保酒店，http://www.dspa.gov.mo/greenhotel/.

[18] 环保与节能基金，http://www.fpace.gov.mo.

[19] 土地工务运输局，http://www.dssopt.gov.mo.

[20] 能源业发展办公室，http://www.gdse.gov.mo.

[21] 《澳门建筑物能耗优化技术指引》，能源业发展办公室，2009年6月.

[22] 《澳门公共户外照明设计指引》，能源业发展办公室，2008年1月.

[23] 节能校园天地，http://www.gdse.gov.mo/e-campus/.

[24] 澳门旧区重整咨询委员会，http://www.ccrbam.gov.mo.

[25] 健康城市委员会，http://www.ssm.gov.mo/healthcity/.

[26] 推动构建节水型社会工作小组，http://www.marine.gov.mo/waterconservation/.

[27] 《澳门节水规划大纲》，推动构建节水型社会工作小组，2010年6月.

[28] 《澳门再生水发展规划（2013~2022）》，推动构建节水型社会工作小组，2013年.

[29] 澳门印务局，http://www.io.gov.mo.

[30] 许海岐. 可持续发展视角下的澳门建筑节能设计研究. 华中科技大学，2011年4月.

[31] 梁卓宏. 澳门经济房屋制度研究. 中国政法大学，2011年3月.

[32] 陈玉梅. 澳门住房抵押市场研究. 暨南大学，2000年11月.

[33] 陈君杰. 澳门房地产政策研究. 华中科技大学，2011年4月.

[34] 蒋祖威. 完善澳门公共房屋政策的研究. 华中科技大学，2009年4月.

[35] 郑国明. 澳门房地产可持续发展的研究. 华中科技大学，2004年10月.

[36] 王坚. 澳门自用住宅信贷风险研究，暨南大学，2007年5月.

[37] 刘志雄. 澳门物业管理的可持续发展研究. 华中科技大学，2011年4月.

3 台湾

ＧＤＰ：4 743亿美元（2012年）
人均GDP：20 386美元（2012年）
面　　积：36 000 km^2
人　　口：2 332万人（2012年）
人口密度：647.8人／km^2
城市化率：85%（2012年）

3.1 住房基本情况

① 住房存量及户数。2000年后，台湾地区住宅存量逐年增长，2000年住宅存量为6 993 099单元，到2012年总体住宅存量达到了8 233 900单元。

台湾历年住宅存量统计（单位：单元）　　　　表3-1

年份	2000年	2001年	2002年	2003年	2004年	2005年	2006年
存量	6 993 099	7 061 444	7 122 387	7 202 263	7 297 358	7 409 953	7 531 797
年份	2007年	2008年	2009年	2010年	2011年	2012年	
存量	7 659 486	7 767 945	7 838 643	8 074 391	8 150 203	8 233 900	

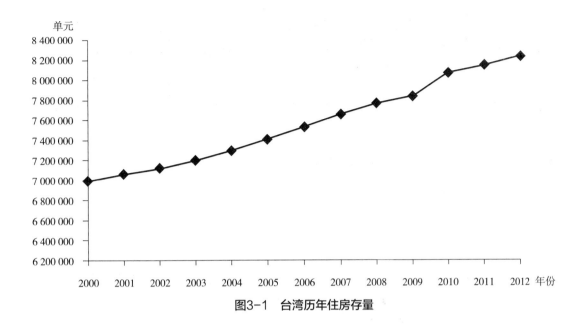

图3-1 台湾历年住房存量

台湾人口与户数（单位：单元） 表3-2

年份	总计（千人）	户数（千户）	每户人数	人口密度（人/km²）
1961	11 149	2 002	5.6	310.0
1971	14 995	2 703	5.5	416.7
1981	18 194	3 906	4.7	502.9
1991	20 606	5 227	3.9	569.5
2001	22 406	6 802	3.3	619.1
2005	22 770	7 293	3.1	629.2
2010	23 162	7 937	2.9	640.0
2011	23 225	8 058	2.9	641.7
2012	23 316	8 186	2.8	644.2

② 套均面积。台湾地区套均面积逐年增加，1977年套均面积为23坪（1坪≈3.3m²），到2012年套均面积增长到43.56坪。

台湾历年住房套均面积 [单位：坪（1坪≈3.3m²）]　　　　表3-3

年份	1977年	1978年	1979年	1980年	1981年	1982年	1983年	1984年	1985年	1986年	1987年	1988年
面积	23	24	25	26	27	28	29	30	30	31	31.7	32
年份	1989年	1990年	1991年	1992年	1993年	1994年	1995年	1996年	1997年	1998年	1999年	2000年
面积	33.3	33.9	34.4	35.5	36	36.8	37.2	38.1	39.2	39.79	39.59	40.42
年份	2001年	2002年	2003年	2004年	2005年	2006年	2007年	2008年	2009年	2010年	2011年	2012年
面积	40.99	41.68	41.87	42.41	42.21	42.84	43.34	42.23	43.96	43.06	44.01	43.56

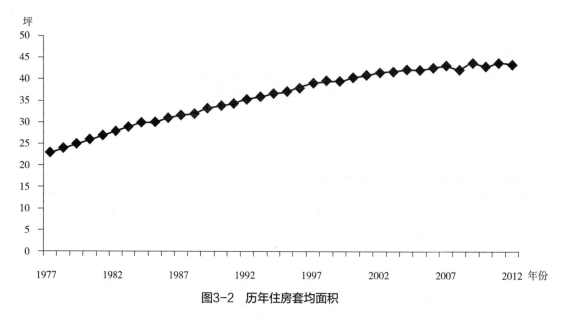

图3-2　历年住房套均面积

③ 人均居住面积。台湾人均居住面积逐年增加，其中，1977年人均居住面积为4.55坪，到2012年增长到13.49坪。

台湾历年人均居住面积 [单位：坪（1坪≈3.3m²）]　　　　表3-4

年份	1977年	1978年	1979年	1980年	1981年	1982年	1983年	1984年	1985年	1986年	1987年	1988年
面积	4.55	4.88	5.13	5.37	5.63	5.91	6.16	6.41	6.52	6.86	7.26	7.48
年份	1989年	1990年	1991年	1992年	1993年	1994年	1995年	1996年	1997年	1998年	1999年	2000年
面积	7.76	8.09	8.27	8.65	8.77	9.15	9.43	9.71	10.21	10.55	10.91	11.17
年份	2001年	2002年	2003年	2004年	2005年	2006年	2007年	2008年	2009年	2010年	2011年	2012年
面积	11.45	11.42	11.86	12.11	12.34	12.55	12.82	12.89	13.17	13.25	13.38	13.49

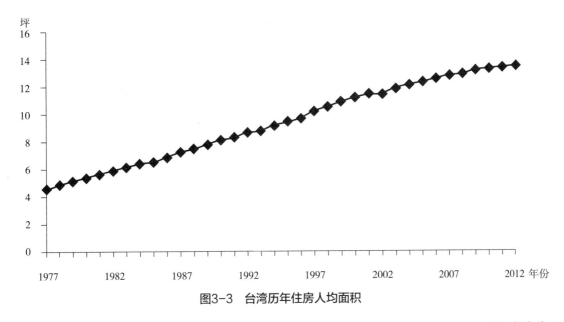

图3-3　台湾历年住房人均面积

④ 住房自有率和出租率。台湾住房自有率总体上逐年增加，其中，1977年住房自有率为68.05%，到2012年增长到89.2%。

台湾住房自有率（单位：%）　　　　　　表3-5

年份	1977年	1978年	1979年	1980年	1981年	1982年	1983年	1984年	1985年	1986年	1987年	1988年
自有率	68.05	69.57	71.62	73.52	73.33	74.24	74.94	75.99	77.34	77.56	78.58	77.76
年份	1989年	1990年	1991年	1992年	1993年	1994年	1995年	1996年	1997年	1998年	1999年	2000年
自有率	79.02	80.47	80.4	82.8	81.88	82.52	83.56	84.45	84.57	84.61	84.91	85.35
年份	2001年	2002年	2003年	2004年	2005年	2006年	2007年	2008年	2009年	2010年	2011年	2012年
自有率	85.64	85.4	85.11	86.8	87.33	87.83	88.14	87.36	87.89	88.27	88.45	89.2

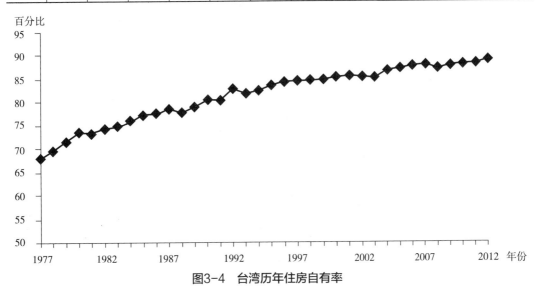

图3-4　台湾历年住房自有率

台湾住房出租比率逐年增加，其中，1977年住房出租率为19.62%，到2012年下降到8.01%。

台湾住房出租率（单位：%） 表3-6

年份	1977年	1978年	1979年	1980年	1981年	1982年	1983年	1984年	1985年	1986年	1987年	1988年
出租率	19.62	18.71	17.39	15.35	15.36	14.79	14.79	13.94	13.07	13.31	12.91	12.96
年份	1989年	1990年	1991年	1992年	1993年	1994年	1995年	1996年	1997年	1998年	1999年	2000年
出租率	12.55	11.88	12.06	10.38	10.68	10.4	9.78	9.39	9.18	9.09	8.86	8.78
年份	2001年	2002年	2003年	2004年	2005年	2006年	2007年	2008年	2009年	2010年	2011年	2012年
出租率	8.69	8.72	8.52	8.08	7.77	7.26	7.89	8.37	7.85	8.5	8.71	8.01

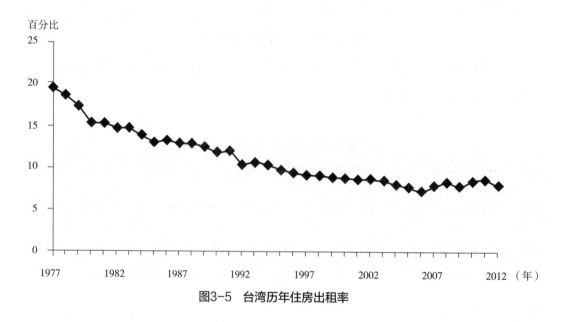

图3-5 台湾历年住房出租率

3.2 管理与研究机构

3.2.1 行政机构

台湾地区目前住房管理单位为"营建署"、住宅与都市发展处（台北、高雄是住宅处）、"国宅局"或工务局的"国宅科"。

"营建署"是营建行政机构。成立于1981年3月，为台湾地区土地资源规划、利用与管理方面的最高主管机关。"营建署"同时主管台湾都市计划、建筑行政、乡村建设及一般土木、市政工程等业务，以及主管住宅政策及法规的修订，住宅兴建计划的制定，协调土地供应及私有土地征收、购买、合建、劳工农民住房和军用住房改建事项、"国民住宅"社区管理维护与兴建资金统筹、运用等。

"营建署"行政业务单位有：道路工程组、建筑工程组、财务组、土地组、管理组、新市镇建设组、都市更新组、工务组（含材料组）、企划组、公共工程组、建筑管理组、"国民住宅"组、都市计划组、综合计划组等。

住宅及都市发展处，可以说是推动台湾地区住房建设的重要机关，其所执行的项目包括用地取得、兴建设计、出售经营、管理维护、基金运用管理等，除具有推动、协调、监督之功能外，实际还从事"国民住宅"的兴建及管理工作。

"国宅局"或工务局的"国宅科"，是台湾地区的"国民住宅"管理单位，由于所属层级不高，对于地方住宅建设计划的推动多依照上级单位计划书办理，所发挥功能不明显。

3.2.2 研究机构

（1）台湾建筑研究所

1995年10月30日，台湾建筑研究所正式成立。

台湾建筑研究所，其设置目的系为推动台湾地区建筑研究发展，达成台湾地区整体建设之目标；并着重公共安全性、政策性、管理性之实务研发工作，以提升建筑安全，改善全民整体居住环境品质，提高营建技术水平，及健全都市发展计划。

研究所相关部门包括：

综合规划组、安全防灾组、工程技术组、环境控制组以及三个实验中心。

防火实验中心：配置综合实验场、部材防火实验场、耐火构造实验场、户外火灾实验场、烟控实验塔、防火材料及消防器材实验区及行政区。

材料实验中心：配置大型力学实验室6000吨万能试验机、强力地板、反力墙2座、一般建筑材料实验室SEM电子显微镜、非破坏性检测设备及耐候耐久实验室相关实验设备。

性能实验中心：配置环境实验馆、设备实验馆及音响实验馆。

（2）台湾营建研究院

台湾营建研究院为非营利的财团法人组织，原名为台湾营建研究中心，是由荣民工程有限公司（原台湾地区最高行政机构所属退辅会荣民工程专业管理处）、台湾大学、台湾科技大学（原台湾工业技术学院）共同创立于1981年5月，1996年9月扩大改制为台湾营建研究院，以推动有关营建产业与经营管理的研究与服务为宗旨，并致力于聚合产业界、当局与学术界的力量，从事改善台湾地区营建环境和提升硬件技术水平的研究与发展，开创营建业的新局面，进一步加强营建市场竞争力。

主要工作：

① 营建法规、制度研究与服务。

② 营建产业与经营管理分析、研究及咨询服务。

③ 营建技术与材料研究与服务。

④ 营建管理研究与服务。

⑤ 营建产业电子化、自动化等相关资讯技术研究与服务。

⑥ 营建资料收集、分析与传播。

⑦ 营建人才培训、技术推广与建教合作。

⑧ 营建投资与营建管理分析、财务规划、研究与咨询服务。

⑨ 都市更新、都市计划及土地开发规划研究。

⑩ 绿色建筑、绿色营建及生态工程等相关研究与服务。

⑪ 其他与营建工程或硬件开发有关问题研究、检验、审查、鉴定及认证。

3.3 "国民住宅"及其政策措施

3.3.1 历史沿革

台湾地区早在20世纪初就已经着手制定了公共住宅政策。公共住宅的兴建始于1908年。截止到1938年，全台湾地区共有12处大规模的公共住宅，总计共1572个房屋单位，分布在高雄、台北、新竹、台东、基隆、屏东、台中、马公、员林等地。公共住房不仅分布在经济发达的北部，南部欠发达地区及山区也分布了公共住宅，实现了整个台湾岛的布局。与此同时还设置了价格低廉的出租房和免费集体宿舍，供工人和低收入者投宿。

从1950年开始，台湾当局划拨相关土地，集中兴建了富有当地气息的眷村，用以安置随军来台的眷属。

台湾真正实施全省低收入群体住房保障政策，始于1964年11月台湾最高民意机构通过《民生主义现阶段社会政策》，即平价住宅政策。

台北早在1950年就成立了"台北市住宅兴建委员会"，但在此期间，住宅政策主要是社会救济，初期是为解决大量大陆来台军眷的住宅问题。这期间住宅的面积较小，社区环境品质较差。在1975年《"国民住宅"条例》颁布之前，住宅建设发展一直很缓慢。

"国民住宅"条例于1975年7月制定颁发，明确"国民住宅"是由主管部门直接兴建、出售、出租，供收入较低家庭居住。1982年修订，增列贷款自建及奖励民间投资兴建；1988年颁发《辅助人民贷款自购办法》，运用银行资金并由主管部门提供利息补贴，协助民众购置民间住宅。

台湾地区住宅发展大致分为4个时期：

① 1976～1981年，主管部门直接兴建时期；

② 1982~1988年，主管部门直接兴建、贷款人民自建、奖励民间投资兴建时期；

③ 1989年以后，主管部门直接兴建①、贷款人民自建②、奖励民间投资兴建③、辅助人民贷款自购时期④；

④ 1999年以后，贷款人民自建、辅助人民贷款自购时期。

历年来，共计协助404 427户购（建）国（住）宅，其中174 891户属主管部门直接兴建住宅，41 751户贷款人民自建住宅，67 479户属奖励投资兴建住宅，120 306户辅助人民贷款自购住宅。

台湾地区住宅进入20世纪90年代之后，建设量逐年下降，直至接近停滞。造成这种现象的主要原因：一方面是台湾经济长期的低迷，房地产市场生存环境恶劣，竞争激烈，削弱了住宅的吸引力；另外，在经过了十几年的住宅大量建设的时期之后，很多原有住房困难者的住房问题已经得到了一定程度的解决。

3.3.2　住宅法律法规

台湾住宅的首部正式法规是1957年颁布的《兴建"国民住宅"贷款条例》。1975年出台的《"国民住宅"条例》为日后制定相关法规奠定了基础，之后产生的与之相配套的法规包括《"国民住宅"条例施行细则》、《"国民住宅"出售出租及商业服务设施暨其他建筑物标售标租办法》、《"国民住宅"贷款办法》、《"国民住宅"基金收支保管及运用办法》、《"国民住宅"社区管理维护办法》、《"国民住宅"管理维护基金收支保管及运用办法》等。

从第一部住宅法规诞生以来，台湾当局对几部主要的住宅法律法规不断进行修正。仅在2005年，就对《"国民住宅"条例》、《"国民住宅"贷款办法》和《贷款人民自建"国民住宅"办法》等几部法律进行了修订，目前已经形成了一个较为完善的住宅法律体系。通过《"国民住宅"条例》、《贷款人民自建"国民住宅"办法》、《台湾省奖励投资兴建"国民住宅"作业要点》等法律，逐渐形成住宅的几种主要供应方式。具体包括公费建造以平价出售或出租给低收入者、通过优惠政策鼓励民间营建或让居民贷款自购或自建（由住宅基金提供利息补贴）等多样化的提供形式。

---

① 主管部门直接兴建，是指由主管部门取得土地、规划设计、兴建并配售的住宅。
② 贷款人民自建，是指由主管部门给予贷款，人民自备土地，自行兴建管理维护的住宅。
③ 奖励投资兴建，是指由主管部门奖励，民间建筑投资自备土地、规划设计、兴建并出售的住宅。
④ 贷款人民自购，是指由主管部门补贴利息，协助收入较低家庭购置民间住宅。

国民住宅相关法规　　　　　　　　　表3-7

序号	法规名称	年份	备注
1	"国民住宅"条例	1975年7月颁发；1982年7月修正，2002年12月和2005年1月增补修订	对当局直接兴建、贷款人民自建、奖励投资兴建、辅助人民自购等进行规定
2	"国民住宅"条例实施细则	—	
3	"国民住宅"出售、出租及商业服务设施及其他建筑物标售、标租办法	2014年4月	修正
4	辅助人民自购"国民住宅"贷款办法	2003年6月	
5	贷款人民自建"国民住宅"办法	—	
6	奖励与投资兴建"国民住宅"办法	2003年9月	
7	"国民住宅"贷款办法	2003年6月	
8	"国民住宅"社区管理维护办法	2004年3月	"国民住宅"社区之管理及维护，除法律另有规定外，依本办法之规定
9	"国民住宅"管理维护基金收支保管及运用办法	2000年11月	"国民住宅"管理维护基金（以下简称本基金）之收支、保管及运用，除法令另有规定外，悉依本办法之规定办理
10	建筑投资业识别标志使用办法	1998年8月	为鼓励建筑投资业永续经营，建立良好形象，特制定本办法
11	绩优建筑投资业评选及奖励办法	—	
12	金融机构办理优惠购屋专案贷款工作简则	—	
13	住宅补贴工作规定	2007年4月发布，2012年7月最新修正	
14	金融机构申拨购置住宅贷款及修缮住宅贷款国库补贴利息工作程序	2007年4月发布，2012年7月最新修正	住宅补贴工作规定中的条目
15	购置住宅贷款利息补贴转贷须知	2012年7月修正	
16	乡村地区私有合法住宅	2010年1月	
17	修缮与兴建补贴及设计协助工作规定	2010年1月	

续表

序号	法规名称	年份	备注
18	金融机构申拨乡村地区兴建住宅贷款及修缮住宅贷款国库补贴利息工作程序	2010年1月	
19	青年安心成家工作规定	2010年2月修订	

3.3.3 资金来源

目前"国民住宅"的资金来源分为省"国民住宅"基金、全台湾地区"国民住宅"基金、收回"国民住宅"贷款及垫款和银行融资四个部分。

(1)省"国民住宅"基金

依照现行"国民住宅"条例实行细则,省及直辖市政府应设置"国民住宅"基金,其来源有如下几种:土地增值税提拨款(不少于总征收额的20%),这是省"国民住宅"基金的主要来源;"国民住宅"基金利息收入;运用"国民住宅"基金兴建出租性"国民住宅"的租金收入;"国民住宅"社区售租商业部分、服务设施等其他建筑物的收入;"国民住宅"社区土地开发收入;其他(如违约款等)。

(2)全台湾地区"国民住宅"基金

台湾当局依照"国民住宅"条例规定,自1977年起,设置全台湾地区"国民住宅"基金,由台湾当局内政部门基金管理委员会负责管理运用,其运用方式有以下两点:第一,拨贷地方政府统筹兴建"国民住宅"。此项贷款偿还情况良好,"国民住宅"兴建与销售结合紧密。第二,补贴省(市)主管部门银行贷款利息差额。此项为短期补贴,即在贷款偿还结束后就停止补贴。

(3)收回"国民住宅"贷款及垫款

承购户分二十年还清贷款本息及长期垫款之收回款,均继续作为兴建"国民住宅"基金。

(4)银行融资

"国民住宅"基金用于"国民住宅"贷款,土地垫款及工程垫款,均属中长期放贷,加上每年土地增值税提拨"国民住宅"基金数额有限,全台湾地区"国民住宅"基金拨贷也不多,所以每当"国民住宅"资金不足时,则需要向银行进行长期借贷。但是缺点是洽商过程复杂,费时费力,而且利率并不优惠。

3.3.4 规划设计

1975年之后开始推动《六年"国民住宅"兴建计划》以来,每户住宅面积逐渐加大,计划兴建户数增多,但由于"国民住宅"用地取得较为困难,导致"国民住宅"向高层发展成为必然趋势。

除了向高层发展之外，"国民住宅"同时也注重室外空间的质量。"国民住宅"户内空间品质改善的同时，户外空间的规划，除考虑交通系统及防灾系统外，越来越注重室外的环境品质，大量的集中绿化景观区在紧张的用地中越来越多地出现。同时注重健身休闲设施的配置，丰富居民的社区活动。此外，主管部门在选择"国民住宅"基地的时候更多地注重其周边的配套设施的齐备，在新社区规划的过程中连同道路系统、社区活动中心、学校、市场、邮电等，作整体规划。

台湾地区目前"国民住宅"内部平面隔间形式，一般约可分成为：（1）套房：不分客餐厅、卧室、厨房，仅有卫生间隔间，面积33m^{2}以下。（2）1房1厅：卧室及卫生间各1间，不分客餐厅及厨房，约50m^{2}左右。（3）2房2厅：卧室有2间，卫生间及厨房各有1间，及客餐厅，约66m^{2}左右。（4）3房2厅：主卧室含卫生间1间，卧室有2间，卫生间及厨房各有1间，及客餐厅，约99m^{2}左右。（5）4房2厅：主卧室含卫生间1间，卧室有3间，卫生间及厨房各有1间，及客餐厅，约132m^{2}以上。以上面积均包括该层楼梯间及公共设施面积。

3.3.5 准入程序

主管部门直接兴建的"国民住宅"依照《"国民住宅"出售出租及商业服务设施及其他建筑物标售标租办法》的规定，公开销售。台湾的"国民住宅"的出售和出租对象的资格获得，主要在遵循优先照顾的大原则下以抽签方式进行。符合申请购买或承租者，依下列顺序排列优先购买：（1）"国民住宅"社区原居民[①]；（2）参加购屋储蓄存款达一定标准者；（3）现为"国民住宅"承租户；（4）因工程拆迁或其他特殊情况，经报上级"国民住宅"管理机关核准者。

台湾当局对申请购置住宅贷款利息补贴者设立的准入条件及明细：

① 年满二十岁；

② 符合下列家庭组成之一：有配偶者；与直系亲属设籍于同一户者；单身年满四十岁者；父母均已死亡，户籍内有未满二十岁或已满二十岁仍在学、身心障碍或没有谋生能力之兄弟姊妹需要照顾者。

③ 住宅状况应符合下列条件之一：无自有住宅：申请人及其配偶、户籍内之直系亲属及其配偶均无自有住宅；申请人两年内购置住宅并已办理贷款者，且其配偶、户籍内之直系亲属及其配偶均无自有住宅。

台湾当局根据台湾的"平均每人生产毛额及家庭收支调查报告"，公布"国民住宅"出售、出租及贷款自建对象家庭收入标准。并且根据不同地区、不同城市，定期审核居民收入情况，修订申请住宅的家庭年收入标准，制定详细到县辖市的深度。

台湾对于"国民住宅"资格申购的标准制定，曾采用先进行全台湾人均收入和家庭收入

---

① 居住民指汉人大规模移居台湾前已在台湾定居的族群，台湾原居民原广泛分布在台湾山区，目前移居城市的原居民住宅也存在违章建筑、缺水、缺电、缺门牌、交通不便等问题。

调查，再结合当时各个城市一般房屋价格确定分级标准的方式。但由于这种方式动用资源过多，周期较长，而且不能保证每户提交的信息资料的真实性，故有关部门改变了每年修改的方式和依据，即根据上年该地区的收入标准和该地区的经济增长比值进行调整。

3.4 住房市场

台湾地区住房价格增长有着自己的特点：一是，台北、高雄、台中等城市从1980～2000年房价增加十二三倍，同期这几个城市国民生产总值增长了十倍多。2000年台湾地区人均国民生产总值超过13000美元，比1980年也增长了十倍多。也就是说，台湾地区的人均国民生产总值与房价的涨幅相差不大。二是，台湾采取过两次调控措施。第一次，在20世纪80年代初，由主管部门组织建设"国民住宅"，其售价比市价低一半多；第二次，在20世纪90年代，主管部门收购台湾糖业公司空出的种甘蔗用地，用以建住宅，其售价也比市价低一半多。这两次用经济手段进行的调控措施，较好地产生了阻止房价快速上升的作用。

台湾地区通常不使用房价收入比指标来衡量居民的购房能力。主要有以下原因：第一，世界各国的房价收入比，颇不相同。以联合国公布的各国居民户均收入和平均房价计算，有些发达国家的房价收入比在6倍以下，而大多数国家，特别是发展中国家，房价收入比较多地为8～10倍，少数超过10倍。由于各国的情况千差万别，因而不能采用同一水平的房价收入比来统一衡量各国或各地的房价水平。第二，房价收入比的计算方法，是以"白手起家"买一套房作为计算基础的，而实际情况是大多数居民有房住，他们卖掉现有住房再去买房，应以买入房扣除卖出房的价格来计算才能反映实际购房能力。第三，如果按现在的计算方法计算房价收入比，房价最高的台北市会超过10倍，高雄和台中也在8倍左右。对于炎黄子孙来说，成家立业是终身大事，为之艰苦奋斗"理所当然"，特别是绝大多数台湾居民都有房可住，卖掉现有住房再去买房，也会减低买房难度。

3.5 绿色建筑

3.5.1 绿色建筑政策

1979年第二次能源危机来临时，台湾地区"营建署"开始重视建筑节能政策。1981年能源局出台《能源审计制度》，1983年制定《建筑技术规则——建筑节约能源规范草案》，使台湾建筑节能跨出一大步。1990年起，台湾建筑研究所每年借助举办"建筑节约能源优良作品评选及奖励活动"，大力宣传报道并推广建筑节约能源观念。1995年"营建署"颁布《建筑外围护结构节约能源设计标准（ENVLOAD）》，主要对地面以上楼层的总建筑面积合计超过2000m²的建筑（办公类、百货商场类、旅馆类、医院类、住宿类、其他类建筑物）进行管制。1999年台湾建筑研究所颁布《绿色建筑标识推动使用作业要点》，主要对取得使用执照或既有合法建筑物进行绿色建筑标识，以及对取得建造执照但尚未完工的新建建筑物进行候选绿色建筑证书的认证。2001年推出《绿色建筑推动方案》，全面加速公有、私有建筑物的绿色建筑设计，2003年将部分绿色建筑设计规定纳入建筑技术规则，逐步落实绿色建筑设计。在"绿色建筑推动方案"下，台湾地区台湾建筑研究所特别设立"绿色厅舍改善计划"与"绿色空调改善计划"，每年预算2~3亿元新台币，针对所属机关与大专院校既有建筑物进行绿色建筑改造，以及针对空调主机、水泵及空气净化设备等三大部分进行节能改造工程，以作为既有建筑物可持续发展的示范。为支持绿色建筑发展，台湾地区于2004年实施了绿色建材标识制度，接受"生态绿色建材"、"健康绿色建材"等四种绿色建材的认证，同时在《建筑技术规则》中，规定最低绿色建材使用比例的强制性要求。2009年变更建筑节能设计，对屋顶、窗户等提出了更高的要求。相关的绿色建筑政策中，有专门针对绿色建筑的经济激励制度，如规定对于主管部门投入经费二分之一以上且工程造价在新台币5000万元以上的公有新建建筑物，强制要求进行绿色建筑标识认证审查。

台湾地区比较重视绿色建筑实施的管制，目前，每年78%的新建建筑受到建筑节能法规的管制。第一期（2003~2007年）绿色建筑推动方案，已建立了良好的绿色建筑政策基础。2008年起决定扩大绿色建筑进入生态都市的范畴，现阶段推出了生态都市绿色建筑推动方案（2007~2011年）。特别是为了鼓励整体开发高质量的乡村小区，吸引都市移民的进驻，提出田园小区开发方案，引进了绿色建筑评估体系的成功经验，建立"生态小区评估系统"。

3.5.2 绿色建筑指标

绿色建筑的具体指标包括9个方面：

1）生物多样化指针（6项指标）

包括社区绿网系统、表土保存技术、生态水池、生态水域、生态边坡／生态围篱设计和多孔隙环境。

2）绿化指标

包括生态绿化、墙面绿化、墙面绿化浇灌、人工地盘绿化技术、绿化防排水技术和绿化防风技术。

3）基地保水指针

包括透水铺面、景观贮留渗透水池、贮留渗透空地、渗透井与渗透管、人工地盘贮留。

4）日常节能指标

① 相关技术：

建筑配置节能、适当的开口率、外遮阳、开口部玻璃、开口部隔热与气密性、外壳构造及材料、屋顶构造与材料、帷幕墙。

② 风向与气流之运用：

包括善用地形风、季风通风配置、善用中庭风、善用植栽控制气流、开窗通风性能、大楼风的防治、风力通风的设计、浮力通风设计、通风塔在建筑上的运用。

③ 空调与冷却系统之运用：

包括空调分区、风扇空调并用系统、大空间分层空调、空调回风排热、吸收式冷冻机及热源台数控制、储冷槽系统、VAV空调系统、VRV空调系统、VWV空调系统、全热交换系统、CO_2浓度外气控制系统与外气冷房系统。

④ 能源与光源的管理运用：

包括建筑能源管理系统、照明光源、照明方式、间接光与均齐度照明、照明开关控制、开窗面导光、屋顶导光与善用户外式帘幕。

⑤ 太阳能的运用：

包括太阳能热水系统与太阳能电池。

5）二氧化碳减量指标

包括简朴的建筑造型与室内装修、合理的结构系统、结构轻量化与木构造。

6）废弃物减量指标

再生建材利用、土方平衡、营建自动化、干式隔间、整体卫浴、营建空气污染防治。

7）水资源指标

包括省水器材、中水利用计划、雨水再利用与植栽浇灌节水。

8）污水与垃圾改善指标

包括雨污水分流、垃圾集中场改善、生态湿地污水处理与厨余堆肥。

9）室内健康与环境指标

包括室内污染控制、室内空气净化设备、生态涂料与生态接着剂、生态建材、预防壁体结露、地面与地下室防潮、调湿材料、噪声防治与振动音防治。

主要参考文献

[1] 台湾统计年鉴，2012.

[2] http://pip.moi.gov.tw/NET/E-Statistics/E1-2.aspx台湾当局内政部门住宅资讯统计，年度各类用途建筑物申请建照执行之统计（"营建署"统计资料库网际网路报送系统）.

[3] http://www.dgbas.gov.tw/ct.asp?xItem=14616&CtNode=3566&mp=1年度GDP及人口统计资料.

[4] http://www.dgbas.gov.tw/np.asp?ctNode=4593详细人口统计资讯资料.

[5] 章月萍. 海峡两岸物业管理比较研究［J］. 重庆三峡学院学报，2013年，29（147）.

[6] 中国绿色建筑与节能委员会绿色建筑政策法规学组，国外绿色建筑政策法规及评价体系分析［J］. 建设科技，2011（06）.